KB142356

초독서

超

한 권으로 끝내는
직장인 필독서 32

초독서

김효주 지음

유노
북스

현재의 나를 뛰어넘는 책 읽기 방법

노력을 기울이다 보면 어느 틈엔가
자기와 같은 노력을 기울이는 사람들과 만나게 된다.

_아툴 가완디

'핑프족'이라는 말을 들어 본 적 있는가? '핑거 프린스finger prince'나 '핑거 프린세스finger princess'를 줄인 말로, 아주 간단한 정보조차 검색하지 않고 주변에 물어보는 사람을 뜻한다. 나도 핑프족을 비난할 입장은 못 된다. 내 지인들이 종종 "야, 검색해 검색."이라고 하는 걸 보면 말이다. 변명하자면 '검색해 보면 알 수 있다는 사실'을 정말 떠올리지 못할 때가 많다.

책 읽기도 비슷한 면이 있다. 어떤 책이 좋은지 안 좋은지는 읽어 보면 안다는 사실을 몰라서 책을 읽지 않는 경우가 생각보다 많다. 세상에 독서처럼 우리의 죄책감을 지속적으로 자극하는 주제가 또 있을까? 당당하게 "저는 책 따위 읽지 않습니다."라는 사람들이 혹시 있을지 모르겠지만, 그런 사람들도 대부분 책 읽기를 바람직한 일이라고 생각한다. 반면 "저는 책을 충분히 많이 읽고 있습니다."라고 말하는 사람은 보지 못했다. 당신과 나를 포함한 사람들 거의 대부분이 제목은 알지만, 저자는 들어 봤지만, 게다가 사 놓기까지 했지만 아직까지 읽지 못한 책들을 생각하면 부담감과 함께 〈가까이 하기엔 너무 먼 당신〉이라는 노래 가사를 떠올릴지도. 그런 우리의 질문은 이렇게 요약된다.

"무슨 책을 읽어야 해요?"

오랜 시간 저 질문을 듣기도, 하기도 했다. 나는 '질문이 틀렸다.'고 결론 내렸다. 정확히는 그동안 질문의 속뜻을 몰랐다. 무슨 책, 그러니까 '무엇 What'을 묻는 질문이지만 궁금한 건 'What'이 아니었다. 내가 저 질문을 누군가에게 할 때는, 죄책감을 덜고 싶었던 것이다. 마음의 소리는 이러했다.

'그래요. 난 책을 많이 안 읽었지만, 읽을 마음은 있는 사람이에요. 그러니까 어디 한번 좋은 책 있으면 말해 줘 봐요. 그럼 읽을게요. 아 물론, 당신이 말한 책이 쉽고 재미있어서 조금 읽어도 많이 아는 척할 수 있다면요. 그러니까 이제부터 내가 책을 안 읽으면, 그건 당신이 좋은 책을 추천해 주지 않았기 때문이에요.'

'무슨 책을 읽으면 좋을까?'

내 질문은 사실 조금만 읽고도 큰 성과를 얻을 책을 알고 싶다는 바람이었다. 결국 '아는 척 좀 더 할 수 있으면 좋겠다.'는 내 오랜 마음의 소리를 확인하는 순간, 나는 자유를 느꼈다. 당신도 나와 같다고 믿으며, 그런 당신을 위해 궁리해 봤다.

'내가 책을 읽으면서 막막하고 짜증 날 때는 언제일까? 어떤 책이 재미 있었고 또 유용했을까? 실제 읽은 책으로 잘난 척에 성공한 게 뭐였을까?'

책 읽기는 집중할 장소와 시간 등 에너지가 필요한데, 직장 생활을 하면 서 쉽지 않을 때가 많다. 출퇴근 지하철에서 책을 읽으면 된다는 사람도 있 다. 하지만 버스를 타고 다닐 수도 있고, 지하철 옆자리에 쩍벌남이라도 앉 는 날에는 기분을 망쳐서 핸드폰이나 보게 될 때도 많다. 무엇보다 책 한 권을 읽으면 뭘 얻을 수 있을지 확신할 수 없을 때가 많다. 그래서 이 책에 서는 한 권을 읽더라도 네 권을 읽은 듯한 방법을 소개하겠다.

저자에 대한 배경을 파악하라

'1만 시간의 법칙'은 그냥 1만 시간의 법칙이 아니다. 말콤 글래드웰이 《아웃라이어》에서 쓰고 히트 친 개념이지만, 실제로는 안데르스 에릭슨이 라는 심리학자가 처음 제시했다. 그렇다면 말콤 글래드웰은 뭘 하는 사람 일까? 저널리스트다. 〈워싱턴포스트〉, 〈더 뉴요커〉의 기자이자 작가인 그 는 왜 전문가가 되는 절대 시간에 대해 이야기했을까? 글래드웰이 쓴 다른 책은 없을까? 다른 책에서는 어떤 이야기를 했을까? 말콤 글래드웰이 쓴 책은 공저로 참여한 것을 제외하고 다섯 권이다. 이렇게 말할 수만 있어도 당신의 '아는 척 지수'는 상당히 올라간다.

"말콤 글래드웰이 쓴 책이 네다섯 권 되는데요."

《넛지》라는 책을 들어 본 적 있는가? 샀다면 혹시 다 읽었는가? 《넛지》 같은 책은 많이 들어 봤지만 끝까지 읽었다는 사람을 좀처럼 찾기 어렵다. 읽으셨다면, 칭찬한다. 당신은 대단하다. 읽지 않았다면, 괜찮다. 당신은 정상이다. 이와 비슷한 부류의 책으로는 마이클 샌델의 《정의란 무엇인가》나 재레드 다이아몬드의 《총, 균, 쇠》가 있다.

《넛지》의 공저자 중 한 명인 리처드 탈러는 경제학 교수다. 2017년에 노벨 경제학상을 수상했다. 이게 의미 있는 점이, 행동 경제학은 '인간은 합리적으로 행동한다.'는 전통 경제학에 비해 비주류였기 때문이다. 행동 경제학을 이야기하려면, 탈러 교수와 공동 연구자이기도 했던 대니얼 카너먼을 언급해야 한다. 2002년 노벨 경제학상 수상자인 그는 《생각에 관한 생각》을 썼다. 대니얼 카너먼과 그의 단짝 동료인 아모스 트버스키의 공동 연구를 다룬 책이 《생각에 관한 생각 프로젝트》인데, 저자는 마이클 루이스라는 사람이다. 마이클 루이스는 브래드 피트가 주연한 영화로도 나온 《머니볼》을 저술한 작가다.

리처드 탈러로 돌아가자. 그의 다른 저서로는 《똑똑한 사람들의 멍청한 선택》이 있다. 행동 경제학자답게 "인간은 비합리적으로 행동하고 의사를 결정한다."라고 주장했다. 이쯤에서 다시 《넛지》를 보면 좀 더 보인다. '팔꿈치 등으로 슬쩍 찌르다.'는 뜻이 있는 단어인 넛지nudge를, '강제가 아닌 부드러운 개입으로 선택을 돕는다.'는 의미로 쓴 것이다.

예를 들어 구글 사내 식당에서는 고칼로리 식단을 줄이기 위해, 메뉴를 바꿔 버리거나 음식의 가짓수를 빼는 대신 접시를 작은 것으로 교체했다. 이것이 넛지다. 접시가 클수록 원하지 않아도 많이 먹게 되기 때문에, 접시 크기를 줄이는 방법으로 칼로리 섭취를 줄여 주면서 선택의 자유도 뺏지 않았다.

이 정도면 《넛지》에 대해서 아는 척을 좀 할 수 있지 않을까? 책 한 권을 힘들게 다 읽어도 기억나는 것, 얻는 것이 별로 없는 경우가 많다. 그래서 이렇게 저자의 배경만 파악해도 안 읽었어도 읽은 것처럼, 읽었으면 더 많이 아는 것처럼 드러낼 수 있다.

'독불장군'에는 홀로 장군은 못한다는 뜻도 있다. 좋은 책을 쓰는 저자들은 상당수가 다른 많은 사람과 연결돼 있다. 그래서 어떤 책을 읽기 전에 그 저자의 다른 저작이나 최근 동향, 공동 연구자 등 주변 사람들을 간단히 찾아보는 것만으로도 이해도가 매우 높아진다. 물론 무작정 책을 읽는 방법에도 그 자체로 얻을 점은 있다. 하지만 힘들게 읽고도 티가 안 나는 게 안타까워서 그렇다. 나는 당신이 조금 읽어도 많이 아는 척할 수 있기를 바란다.

원어를 외워 두라

'핵심 가치'라고 말할 타이밍에서 '코어 밸류core value'라고 말하면 더 있어 보인다. 코웃음 치는 분이 있을까 봐 미리 말씀드리면, 이게 간단하지가 않은 문제다. 두 가지 예를 들겠다.

첫 번째, 앱app이다. 보통 스마트폰에 다운받아 사용하는 응용 프로그램을 지칭하는 말이라고 알고 있다. 앱은 프로그램이다. 그럼 '앱'이라고 말해야 할 때마다 '프로그램'으로 대체해서 말해 보면, 어떤가? 프로그램이라는 단어는 뉘앙스가 다르다. 비교적 오랜 기간 쓰이면서 어떤 이미지들이 덧입혔기 때문이다. 누군가는 크고 두꺼운 데스크톱 본체를 떠올릴 수도, 두꺼운 안경을 떠올릴 수도 있다. 앱보다는 더 올드한 느낌이 든다.

나는 스마트폰의 이미지를 한층 세련되게 만든 데 '앱'이라는 단어가 한 몫했다고 생각한다. 앱은 '애플리케이션'을 줄인 말이다. application에는 지원서, 적용, 응용이라는 뜻이 있다. 의미가 똑같으니 애플리케이션 대신 '적용'이라고 하면 어떤 느낌이 들겠는가? (안드로이드의 응용 프로그램의 이름은 '구글 플레이Google Play'다. 온라인 스토어인 '플레이 스토어Play Store' 역시 놀이 상점 혹은 플레이 상점이라고 하지 않는다.)

두 번째, 굿즈goods다. '굿즈'를 검색하면 "아이돌, 영화, 드라마, 소설, 애니메이션 등 문화 장르 팬덤계 전반에서 사용되는 단어로, 해당 장르에 소속된 특정 인물이나 그 장르 및 인물의 아이덴티티를 나타낼 모든 요소를 주제로 제작된 상품, 용품"이라는 사전적 의미가 나온다. 영어 단어의 원뜻은 '상품, 제품'이다.

온라인 서점에서 굿즈라는 단어를 처음 접했을 때 나는 고개를 갸웃했다. '사은품과 다를 바가 없는 것 같은데?' 그런데 이 굿즈의 퀄리티가 조악하지 않았고, 리미티드 에디션이나 작가 친필 한정 등 색다른 기획이 추가되자 상당히 매력적으로 보이기 시작했다. 어떤 사람들은 '책을 사면서 굿즈를 받는 게 아니라 굿즈를 받기 위해 책을 산다.'고 할 정도로, 굿즈의 가치가 추가로 증정하는 사은품 이상의 가치를 지니게 됐다. 그 근저에는 '굿즈'라는 단어의 마력이 있는 것이다. 이걸 '상품' 혹은 '사은품'이라고 발음해 보라. 아마 굿즈만큼의 느낌이 나지 않을 것이다.

모국어가 아닌 말을 할 때는 조금 더 이성적이 된다. 같은 의미라도 '왜'를 '와이why'라고 말하면 더 객관적으로 인식된다. 외국어에는 모국어만큼의 정서가 얽혀 있지 않기 때문이다. 책에서는 저자가 외국인이라면 그가 쓴 원어가 있을 것이다. 코어 밸류를 핵심 가치라고 할 수도, 중심 가치라고 할 수도 있지만, 적어도 스티브 잡스는 '코어 밸류'라고 말했을 것이다.

댄 애리얼리라는 경제학자가 《상식 밖의 경제학》을 썼다. 원제는 《Predictably Irrational》인데, '예상대로 불합리한, 예상 가능하게 비이성적인' 정도가 되겠다. 원어 표현을 알아봤을 뿐인데, 책 한 페이지 펼치지 않고도 이 책을 좀 알 것 같지 않은가?

투지나 노력이라고 말해야 할 때 '그릿Grit'이라고 해 보라. 우리가 왜 사업을 하는 거냐고 말해야 하는 상황에서는 '스타트 위드 와이start with why?'라고 말해 보라. 이는 사이먼 사이넥이 저술한 《나는 왜 이 일을 하는가?》의 원제다. 말콤 글래드웰을 글래드웰이라고 부른다든지, 리처드 탈러를 탈러 교수라고 말하는 것도 마찬가지 관점이다. 기업가 정신이라고 말해야 하는 상황에는 조금 연습해 놨다가 '엔터프러너십entrepreneurship'이라고 하면 주위의 시선이 달라질 것이다.

책을 세 가지로 분류한다

고전, 고전을 해석한 책, 쓰레기로 분류하고, 되도록 고전을 해석한 책을 많이 읽는 것이 아는 척하는 데 좋다. '1 : 7 : 2' 정도 비율로 읽으면 어떨까 한다.

고전은 꼭 《난중일기》나 《삼국지》, 《니체》 같은 책이 아니다. 예를 들어 《성공하는 사람들의 7가지 습관》은 내면으로부터 시작해 삶을 바꾼다는 개념의 자기계발의 고전 격이다. (이걸 영어 원제인 '세븐 해비츠The 7 Habits of Highly Effective People'라고 말하면 더 있어 보일 것이다.) 짐 콜린스와 제리 포라스가 저술한 《성공하는 기업들의 8가지 습관》 역시 영속하는 기업의 특징을 보여 주는 고전 격 책이다. (역시 '빌 투 래스트Built to Last'라고….)

고전은 좋은데, 어렵고 두꺼워서 소화하기 어려울 때가 많다. 그래서 고전을 해석한 책을 더 많이 읽는 것이 고전을 이해하는 데에도 도움이 된다. 오해하기 쉬운데, 모든 고전이 모두에게 동일하게 이로운 건 절대 아니다. 마케팅은 모두에게 중요한 주제지만 모든 사람이 필립 코틀러나 데이비드 아커가 쓴 책을 읽을 필요는 없다. 뒷골이 당길 정도로 어렵기 때문이다. 난 초등학생인 내 딸이 《채근담》을 읽어야 한다고 생각해 본 적이 없다. 이 책에서는 대부분 고전 격의 책들을 쉽게 해석하는 정도의 수준이라고 생각하는 책을 언급했다.

쓰레기라고 표현한 책들도 20퍼센트 정도 읽으면 좋겠다고 한 이유는, 엄밀히 말해서 진짜 쓰레기 같은 책은 없다고 생각하기 때문이다. 또한 어떤 책이 좋은지 나쁜지는 지극히 개인적인 판단이다. 어떤 책은 얻을 게 전혀 없다고 허탈함을 느낄 수도 있다. 그럴 때면 주저 말고 '이 책은 나에게는 쓰레기였다.'고 생각하고 넘어가면 그만이다. 나에게 도움이 안 되면 세상 모든 사람이 고전이라 칭송해도 나한테는 쓰레기인 것이다. 그러니 내가 좋아하는 책을 누군가 쓰레기라고 해도 전혀 위축될 필요가 없다. 나 역시 다른 사람이 읽은 책을 쓰레기라고 매도할 필요도 없다. 단지 개인적으로 갈무리해 두면 된다. 중요한 건 "저한테는 그 책이 큰 도움은 안 됐습니다."라고 말할 수 있다면, 아는 척 지수가 좀 더 올라간다는 것이다. '오, 저 사람은 책을 좀 읽었나 봐.'라고 생각할 것이므로.

이 책은 슈퍼마리오의 버섯이다

왜 아는 척해야 할까? 있는 그대로 솔직하게 보여 주는 게 더 좋지 않나?

옳고 그름을 판단하는 잣대로 보면 말이 아는 척이지 거짓말에 가깝다고 생각할 수도 있을 것 같다. 나는 기본적으로 직장 생활을 '포장의 생활'이라고 생각한다. 좋고 나쁨의 문제가 아니다. 진짜 자신을 숨기고 가면을 쓴 다중인격자를 말하는 것도 아니다. 직장은 가족이나 버디 그룹buddy group과는 다르다. 역할도, 해내야 할 책임도 있다. 그런 역할 앞에서 "전 그 역할이 제 진심과는 맞지 않는다고 생각합니다."라고 말하면 무책임하다. 그 사람의 속 깊은 곳에 있는 진심을 무시하자는 게 아니다. 진짜 진심이란 것은 나조차도 알기가 어렵기 때문에, 그 사람이 보여 주는 모습 그대로를 진심이라고 생각하겠다는 것이다. 오히려 진심을 더 존중하기 때문이라고 할 수 있다.

선물의 내용이나 마음이 중요하다고 포장을 아무렇게나 하면 어떻게 될까? 그 진실한 마음조차 오해받을 가능성이 크다. 포장하는 마음도 진심이다. 적어도 나를 보는 사람들에게는 그렇다. 그렇다면 '최대한 잘 포장할 의무'가 개인에게 있다. 그 포장이 진심을 드러낼 것이므로.

이 책은 초급, 중급, 고급 세 분류로 나눴다. 초급에서는 직장 생활 내내 일상적으로 쓰일 실무 개념을 다룰 때 도움이 될 책들로 구성했다. 중급에서는 관리 업무를 하거나 실무와 관리를 동시에 하는 사람들에게 필요한 책들을 정리했다. 고급에서는 더 깊이 있게 고민하면 좋을 작가를 다루거나, 서로 상충되는 개념을 비교했다. 이 형식이 개인별로 동일하게 적용되지 않을 수 있기 때문에, 흥미 있는 주제나 책이 있다면 순서에 집착하지 않고 편하게 읽어도 좋겠다.

좋은 답보다 중요한 것은 좋은 질문이다. 많은 좋은 책이 중요한 질문에서 시작된다. 답을 얻으면 좋지만, 답이 명확하지 않거나 없더라도 좋은 질

초독서

문을 던지고 그걸 해결하는 과정은 큰 의미가 있다. 그래서 나는 각 책이 쓰인 이유를 고민해 보고 이 책을 쓰기까지 가장 중요한 질문이 무엇이었을지 생각해 본 후, 내가 생각하는 핵심적인 대답을 정리했다.

각 장의 끝에는 궁리한 주제를 꿰뚫는 책들을 요약하여 동일한 관점으로 정리했다. 본문에서는 참고 도서를 다룰 때 전체적으로 살펴볼 때도, 그 책의 어느 한 부분에만 집중할 때도 있었다. 하여 비교적 개괄적인 요약을 덧붙인다.

슈퍼마리오라는 게임이 있다. 주인공인 마리오가 게임 아이템인 슈퍼 버섯을 먹으면 '띠링 띠링 띠링'하는 효과음과 함께 슈퍼마리오가 되어 몸집이 커진다! 이 상태에서는 벽돌을 부술 수 있다. 게다가 슈퍼 버섯을 먹은 상태에서는 공격받아 대미지를 입어도 죽지 않고 원래의 작은 마리오로 돌아간다. 플레이어의 생명을 한 번은 보존해 주는 것이다. 나는 이 책이 여러분에게 슈퍼 버섯 같은 책이 되기를 바란다. 실제보다 더 커져 벽돌도 부수면서 더 재미있게 게임할 수 있으면 좋겠다.

게임 같은 직장 생활, 슈퍼마리오가 되길 바라며!

김효주

차례

제1장
초급

일의 벽을
뛰어넘는 책

제2장
중급
사람을
움직이는 책

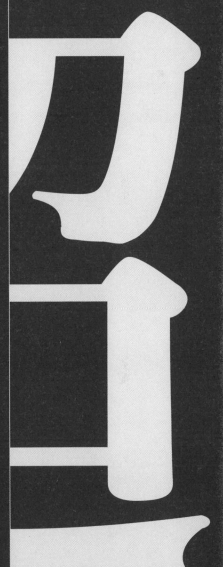

제1장
초급

일의 벽을
뛰어넘는 책

모든 것이
협상이다

《Yes를 이끌어내는 협상법》《어떻게 원하는 것을 얻는가》

/

아이들이 울타리에 흰 칠을 할 기회가
매일 오던가?

《톰 소여의 모험》中

당신이 야구 감독이라고 하자. 다 뛰어나고 강점도 확실한 선수들을 뽑았다. 어떤 순서로 타자를 배치할 텐가? 세 개의 베이스를 밟고 홈 플레이트까지 들어와야 점수를 얻는 야구 경기 규칙상, 베이스에 주자가 많을수록 높은 점수를 얻을 수 있다. 그래서 대부분 감독이 1번이 아닌 2번 이후에 타율이 높은 장타자들을 배치하는 편이다.

그렇지만 1번 타자도 3번이나 4번 타자 이상으로 중요한 순번이다. 기선을 제압하는 데 결정적이라는 이유 외에 한 번이라도 더 타석에 많이 서기 때문이다. 선수를 교체하는 경우를 제외하면 1번 타자가 타석에 제일 많이 선다. 그래서 내가 야구 감독이라면 1번 타자를 선정하는 데 시간을 많이 들일 것 같다. 이것이 생각할 여유 없이 급박하게 펼쳐지는 백병전에서 단

검처럼 쓰이는 주제와 책을 정리할 때 처음을 '협상'으로 잡은 이유다.

좋든 싫든 협상하지 않고 사는 사람은 없다. 우리는 접촉 사고가 나면 상대 운전자뿐 아니라 내 담당 보험사와도 협상을 한다. 명절이면 음식 가짓수와 방문 시기로 부모님과 협상하고, 용돈의 액수와 지급 시기로 자녀와 협상한다. 친구와 영화 시간으로 협상하고, 식사 메뉴를 두고 협상한다. 아침에 눈을 뜨면 어제 남겨 둔 설거지거리로 함께 사는 사람과 협상이 시작된다. 물론 이 사안은 전날 자기 전부터 협상했을 가능성이 크다.

특히나 직장인에게 점심시간은 매일 협상이 벌어지는 장이다. 거기에는 기획(식사 메뉴 선정)과 영업(새로운 루트를 찾음), 목소리 큰 사람(난 국물을 먹어야 한다고!), 고객 서비스(거긴 어제도 갔으니까 오늘은 여기 어떠세요?) 등 직장 내 모든 직무가 모여 협상을 펼친다. 이쯤 되면 협상은 과업이 아니라 생활이다.

협상의 기술도 중요하지만, 그 전에 협상을 기본적인 자세attitude로 생각할 필요가 있다. 여성학자 정희진의 《페미니즘의 도전》에는 "모든 발화 행위는 협상적 말하기"라는 표현이 나온다. 나를 포함한 모든 사람의 말과 글을 객관적 진리라고 생각하지 말고, 협상을 시도하고 있다는 것으로 이해하면 좋다는 뜻이다.

예를 들어 누군가가 '이 책은 쓰레기야.'라고 한다면, 그 말을 객관적으로 받아들이며 '그렇군, 이 책은 쓰레기구나.' 할 필요가 없다는 말이다. '쓰레기라니, 그런 심한 말을!'이라며 감정적으로 동요할 필요도 없다. '이 사람은 어떤 이유인지 이 책이 도움 되지 않는다고 생각하는구나.'라고 생각하면 질문이 가능하다.

"그렇게 생각하시는 이유가 궁금해요."

그리고 대화는 닫히지 않고 이어진다. 선생과 학생의 구도로 교육받는 일에 익숙해서인지, 많은 사람이 어떤 객관적인 사람의 객관적인 지식을 그대로 받아들이면 된다고 여긴다. 그럼 협상이 존재할 수가 없다. 객관적인 권위를 가진 누군가가 말하고 나머지는 그걸 받아들이면 되니까 말이다. 하지만 한 나라의 역사교과과정을 정하는 문제까지도 협상의 영역이 되는데, 누구나 받아들여야 할 보편타당한 객관성이 있다는 인식은 협상을 통한 창의적인 문제 해결을 가로막을 때가 많다.

감정적으로 크게 흔들릴수록 '협상적 태도'를 기억하면 도움이 된다. 당신의 상사가 "이 보고서는 엉망이야."라고 말했다면 낙담하거나 맞서 싸우지 말고 '내 보고서를 수정하고 싶어서 나와 협상을 시작했구나.'라고 생각하면 좋다. 또 당신의 자녀가 "아빠는 맨날 나만 미워해!"라고 했다면, 맨날은 아니라든지 미워하지 않는다든지 하는 식으로 방어하지 말고 이렇게 생각하는 거다. '아이가 나에게 얻고 싶은 걸 구체적으로 표현하지 못하고 뭉뚱그려 던지면서 협상을 시작했구나.'

협상이 시작되면 우선 협상 테이블에 앉으면 된다. 직장 생활은 출근하는 순간부터 퇴근하는 순간까지 협상이 시작된다. 퇴근 직전에 가장 과열되기도 하고 말이다. 모든 말과 글은 협상의 시도다. 첫 협상 테이블은 그 유명한 하버드 협상 프로젝트의 《Yes를 이끌어내는 협상법》이다.

우리의 생활은 매 순간 협상이다

'아는 척 지수'를 높이는 두 가지 방법은 '저자의 배경 알기'와 '원어 쓰기'다. 《Yes를 이끌어내는 협상법》의 저자는 세 명이라 외우기가 좀 불편하니까, 원제부터 익혀 보자. 원제는 《Getting to Yes》다. '게링 투 예스'라고 발음하기도 좋다.

저자인 로저 피셔, 윌리엄 유리, 브루스 패튼은 모두 하버드 협상 연구소 Harvard Negotiation Project의 공동 설립자다. 하버드 협상 프로젝트는 팔레스타인과 이스라엘의 분쟁을 포함해 세계적인 갈등에 대해 조사하고 솔루션을 내는 일을 해 왔다. 전문 직업인이나 기업들에게 제공할 수 있는 자료도 배포했다. 공동 저자 세 명을 각각 검색해 보면, 각자 또는 다른 저자들과 함께 쓴 책이 많고, 대부분 국제 관계나 인간관계에서 중재와 협상을 돕는 내용이다.

'협상'이라는 단어나 '협상 잘하는 법'을 생각할 때 무엇이 처음 떠오르는가? 사람들이 '저 사람은 협상을 잘해.'라고 말할 때 그는 어떤 성향일 때가 많은가? 많은 사람이 '순발력이 뛰어나다, 목소리가 크다, 똑똑하다.' 등의 이미지를 떠올릴 것이다. 내기할 때라면 '집요하다, 짓궂다.'는 이미지를 떠올릴 수도 있겠다.

협상을 잘하는 법에서는 '상대방의 입장에서 생각하라, 상대의 기분이 상하지 않게 거절하는 기술을 익혀라.' 등의 조언을 쉽게 접할 것이다. 첫 인식이 기준이 될 수 있으므로 무조건 처음에 최상의 조건을 제시하라는 의견도 있다. 다 맞는 말이고 개별적으로 쓸 만한 방법들이지만, 협상이라는 주제를 명쾌하게 정리하기 어렵다. 협상의 핵심을 관통하는 요소는 바로 '배트나BATNA'다. 그리고 《Yes를 이끌어내는 협상법》에서 당신이 기억해야 할 단 하나도 배트나다.

배트나(BATNA)

원어부터 짚고 가자. 배트나BATNA는 'Best Alternative To a Negotiated Agreement'의 약자다. 협상 합의안의 가장 좋은 대안이라는 의미다. 중요한 건 '대안'이다. 얻으면 제일 좋을 이상적인 합의안이 아니라, 그보다는 못한 대안이다.

'이 협상이 깨지면, 어떻게 되는가?'에 대한 대답이 바로 배트나다. 내 표현으로는 '아님 말고'에서의 '아님' 부분이 배트나다. "아님 말고!"라고 힘차게 말할 수 있는 사람이면 협상에서 아쉬울 일이 없다. 그런데 아님 말아 버릴 수 없는 상황이라면 어떻게 할 것인가? 협상을 하는 이유는 협상 없이도 얻을 수 있는 어떤 것보다 더 좋은 결과를 얻고 싶기 때문이다. 협상 전후가 똑같다면 협상할 필요가 없다. 그게 바로 당신의 배트나가 된다. 배트나가 좋을수록, 배트나를 만들 때 다양한 대안을 고민한 만큼 협상에서 우위에 선다.

한 가지 주의할 점은, '아님 말고'를 자주 무성의하게 내뱉으면 안 된다는 것이다. '안 되면 관두지 뭐!' 이 말은 진짜 관둘 게 아니라면 자제하는 게 좋다. 협상은 절대 이기고 지는 게임이 아니다. 모 아니면 도, 이것 아니면 저것 중 선택해야 끝나는 쌍갈랫길이 아니다. 수치로 비유하면 87일까, 73일까, 아님 81 정도일까를 찾아가는 일이지, 100과 0 중에서 선택해야 하는 일이 아니다.

배트나를 더 잘 이해하기 위해 최저선 개념과 비교하자. 당신이 땅을 팔려는데 값을 2억 원으로 정하고, 1억 6천만 원 이하는 안 받겠다고 정했다면 최저선은 1억 6천만 원이다. 최저선은 당신이 불합리한 값으로 협상할 일을 막아 줄 것이다. 하지만 동시에 더 좋은 해결책을 원천적으로 막아 버리는 경직성을 발휘한다.

모든 협상에는 대부분 대안이 한 가지 이상 있다. 땅을 파는 경우, 가격 외에 지급 시기와 방법이라는 요소가 있고, 건물 도배, 페인트칠 등 많은 조건을 생각해 볼 수 있다. 땅을 2억 원에 팔고 끝내지 않고, 1억 4천만 원만 받고 30평은 내가 창고로 쓰다가 2년 후에 우선적으로 넘긴다는 조건을 걸 수도 있다. 무엇보다 금액으로만 최저선을 정해 놓으면 구매자의 지불 능력과 거래 시기에 대해 아무것도 알 수 없게 된다. 때로는 거래 금액보다 거래 시기에 따라 결과가 크게 달라지기도 하기 때문이다.

그럼 이 경우 배트나는 무엇일까? 이 협상이 깨지면, 즉 '땅을 팔지 않으면 무슨 일이 벌어지는가?'다. 땅을 안 팔면 내가 주차장이나 캠핑장으로 쓸 것인가? 임대를 줄 것인가? 임대를 주려면 갖춰야 하는 설비 가격은 얼마일 것인가? 설비를 직접 할 임대인이 있을까? 이도저도 아니라면 그냥 계속 묵혀 둘 텐가? 이 중 1억 6천만 원에 땅을 파는 것보다 매력적인 안도 있을 수 있다. 무조건 최저선을 지키기보다는 지금 당장 1억 4천만 원에 팔아야 더 좋을 수도 있다.

배트나를 만드는 방법은 어렵지 않다. 우선 원하는 합의에 이르지 못하게 될 때 취할 행동 목록을 작성한다. 이 단계에서는 아이디어들을 빠짐없이, 풍성하게 꺼내야 한다. 그리고 아이디어들을 실현 가능한 방법들로 바꿔 보라.

예를 들어 올 연말에 성과급이 기대에 못 미친다면, 당신은 어떻게 할 것인가? 첫 단계에서는 '항의한다, 불평한다, 부서 이동을 요청한다, 이직하거나 대학원을 간다.' 등 빠짐없이 생각하는 것이다.

그다음 실현 가능한 방법으로 만들어 본다. 항의는 어떻게 할 텐가? 근무 마치고 술 한잔하자고 할 것인가, 점심 식사 후 살짝 카페에 가자고 할 것인가? 항의하면 금액이 바뀌거나 더 좋아지는 점이 있는가? 부서 이동은 현실적으로 가능한가? 이직하려면 얼마의 기간 동안 무엇을 준비해야 하는가?

마지막으로 그 모든 대안 중 가장 좋은 것을 선택하면 된다. 그게 당신의 배트나다. 이후 당신이 받는 모든 제안을 그 배트나와 비교해서 생각하면 된다. 배트나가 좋을수록 협상에서 조건을 개선할 여지가 커진다. 협상이 깨지면 뭘 할지 알기 때문에 자신감도 생긴다. 역설적이게도, 협상을 결렬해도 좋다는 의지가 클수록 당신의 요구가 더 강력하게 받아들여질 가능성이 높다.

협상의 4대 방법론

협상은 판단과 인식을 심고, 행동을 요구하거나 요구받는다는 면에서 이성적이다. 하지만 사람이기 때문에 감정이 협상의 결과를 크게 움직이는 것도 사실이다. 《Yes를 이끌어내는 협상법》에서는 이성과 감정 어느 한쪽에 치우치지 않고 어떤 상황에서든 적용할 수 있는 네 가지 협상 방법을 소개한다.

① 사람과 문제를 분리하라.

참 맞는 말이고 단순한 말인데 엄청나게 어렵기도 하다. 모든 협상자의 이해관계는 두 종류다. 하나는 협상에서 논의하는 거래 내용, 또 하나는 인간관계다. 문제와 관계를 뒤섞는 반응은 주의하지 않으면 거의 자동으로 나타난다. 실제 문제를 해결하는 것과 좋은 인간관계를 유지하는 것이 꼭 상충되지는 않는다. 그래서 둘을 분리하고 문제와 관계를 직접적으로 다루되, 문제는 강하게 사람은 부드럽게 다뤄야 한다. 문제를 양보한다고 관계가 좋아지지는 않는다.

② 입장이 아닌 이해관계에 초점을 맞춰라.

입장이 '이미 결정된 상태'라면, 이해관계는 '그렇게 결정하게 만든 동기'다. 모든 이해관계에는 많은 경우 그걸 만족시킬 여러 가지 입장이 있다. 이해관계를 충분히 살피기 전에 입장을 결정해 버리면 해결책이 좁아진다. 또 서로 입장이 배치돼도 그 외에 더 많은 이해관계가 존재할 때가 대부분이기 때문에, 이해관계 조정이 입장을 갖고 타협하는 것보다 효과적이다.

시간을 칼같이 맞추기로 유명한 재무 담당자에게 오후 7시까지 서류를 제출해야 할 일이 있었다. 지방 출장을 다녀오는 길이라서 아무래도 기한을 맞추지 못할 것 같았다. 여기에서 내가 출장 일정이 있는 영업팀원의 입장으로 접근해 상대방에게 융통성을 요구했다면, 재무 담당자도 자신의 입장만 반복할 가능성이 컸다. 내가 취한 방법은 이렇다.

"담당자님, 어쨌든 시간을 맞출 수 있도록 미리 조정을 못한 건 제 잘못이에요. 죄송합니다. 그런데 7시까지 받으셔서 바로 작업하실 건가요? 만약 내일 오전부터 작업하신다면, 제가 집에 도착해서 바로 보내드릴 수 있을 것 같은데요. 저도 약속 어기는 건 참 힘들어해요."

시간을 지키냐 못 지키냐의 입장 차이가 아니라, 모든 부서의 자료를 다 모아야 작업을 시작할 수 있는 재무 담당자의 이해관계에 접근해야 상대방도 영업 담당자의 이해관계를 고려해 줄 수 있다. 결과는? 물론 해피 엔딩.

③ 상호 이익이 되는 옵션을 개발하라.

입장에 근거하지 않고 사람과 문제를 분리했다면, 이제 문제를 해결할 수 있는 옵션을 풍부하게 만들 차례. 풍부한 옵션을 만드는 데 방해하는 네 가지 이유는 '성급한 판단, 해답이 하나라는 태도, 파이의 크기가 정해져 있다는 생각, 상대의 문제는 상대방이 해결해야 한다는 생각'이다. 이에 대한 처방은 '옵션 개발과 의사 결정을 분리하고 브레인스토밍하기, 하나의 답이 아닌 옵션의 폭을 넓히기, 상호 이득이 되는 것 찾기, 상대방의 결정을 쉽게 만들기'다.

족발 부위에서 나는 살코기를, 친구는 껍질을 좋아한다. 함께 족발을 먹으러 가면 접시를 깨끗이 비울 수 있다. 그런데 족발을 공평하게 반반 갈라서 나는 살코기만 먹고 껍질은 다 버리고, 친구는 껍질만 먹고 살코기는 다 버렸다고 해 보자. 이런 말도 안 되는 어리석은 일이 협상에서는 매일같이 벌어진다.

④ 객관적 기준을 사용하라.

이해관계를 조정하고 상호 이익이 될 옵션을 기발하게 찾아내도, 관계를 존중해 부드럽고 매너 있게 다뤄도, 어느 지점에서는 서로 부딪칠 수 있다. 그럴 때는 의지에 근거해서 결정하지 않는다. 즉 더 힘세거나 질긴 놈이 이기는 게 아니라, 원칙에 근거해서 방법을 찾아야 한다. 이때는 논리로 승부하고, 논리를 받아들이며, 위협과 협박은 거부해야 한다. 대개 시장 가격, 이전의 비슷한 사례, 전통적이거나 전문적인 기준, 도덕적 기준, 상호성이나 효율성, 비용 문제 등을 고려한다.

📚 이론에서 생활로 끌어온 협상

《어떻게 원하는 것을 얻는가》의 저자 이름은 듣기만 해도 돈을 벌 것 같은 스튜어트 다이아몬드. 세계 수준의 경영대학원으로 유명한 와튼 스쿨에서 협상 코스를 가르치는데, 20년 연속 최고 인기 강의로 선정될 정도로 명강사다. 한국에서도 특별판이 출간됐다.

이 책의 원제는 《Getting More》, '게링 모어'다. 얼마큼의 돈이 충분하냐는 질문에 "조금만 더Just a little more."라고 했다는 록펠러의 대사가 떠오르는, 좀 탐욕스러워 보이는 느낌일 수 있다. 하지만 나는 이 '게링 모어' 관점을 좋아한다. 협상은 승패의 문제가 아니고, 협상하기 전보다 조금 더 좋은 결과를 모두가 얻기 위함이라는 관점이 원제에 함축돼 있기 때문이다.

이 책에는 실제 사례들이 풍성하게 제시돼 흥미진진하게 읽을 수 있다. 특히 두 번째 파트에서는 회사에서, 가격을 흥정하거나 원하는 서비스를 얻고 싶을 때, 자녀 교육 시에 쓸 수 있는 협상의 원칙들을 담아서 개인의 관심에 따라 읽기에도 좋다. 의사소통 자체에 대한 저자의 폭넓은 이해도가 느껴진다.

표준과 프레이밍

이 책의 핵심적인 내용은 '표준과 프레이밍Framing'이다. 표준은 《Yes를 이끌어내는 협상법》의 4대 방법론 중 '④ 객관적 기준을 사용하라.'와 비슷한데, 차이점은 객관적 표준이라기보다 '상대가 스스로 정한 표준'을 의미한다는 것이다. 협상에는 표준과 프레이밍을 활용해야 한다.

책에는 밤 11시가 되기 5분 전에 맥도날드에 가서 감자튀김을 사는 학생의 이야기가 나온다. 감자튀김이 눅눅하니 바꿔 달라는 학생의 요구에 점원은 5분 뒤면 문을 닫아서 안 된다고 했다. 학생은 '언제나 신선함을 보장한다.'는 문구가 쓰인 맥도날드 광고지를 보고 다시 물었다.

"여기 맥도날드 맞죠?"

이것이 상대의 표준을 이용하는 예다. '넌 약속을 잘 지키는 사람이니까, 넌 어려운 사람을 돕지 않으면 마음이 불편하니까, 넌 조금이라도 비싼 걸 용납하지 않으니까.' 등 표준은 얼마든지 있다. 인간은 일관성을 유지하려는 부담을 갖기 때문에 상대방의 표준이 무엇인지 아는 것이 협상의 시작이다.

프레이밍은 표준으로 파악한 정보를 표현하는 방식이다. '한 문장의 카피'라고 생각해도 무리가 없을 듯하다. 최고급 호텔에 들어갔는데 욕실에 개미가 있다. 여기에서 그냥 화를 내고 보상을 요구하는 방법이 있고, 표준과 프레이밍을 활용하는 방법이 있다.

"여기는 최고 수준의 서비스를 제공하는 최고급 호텔이라고 들었는데, 그 서비스에 개미도 포함되는 건가요?"

내가 다니는 회사에는 '3분 미팅'이라는 표현이 있다. 급하게 필요한 미팅이 많지만 요청받는 입장에서는 업무 흐름이 끊기는 것이 달갑지 않을 때가 많다. 그런데 '3분'이라고 말하면 거절하기에는 너무 매정해 보이고, 그 정도는 짬 낼 수도 있다. 물론 그 미팅이 정말 3분 만에 끝날 것이라고 생각하는 사람은 아무도 없다. 하지만 듣는 순간 마음의 여유가 생기는 듯하다. '그래, 잠깐이면 되겠지.'

모든 것이 협상이다

협상은 특정 부서나 특별한 사람만 하는 것이 아니다. 또 특별한 때에만 하는 것도 아니다. 물론 어떤 시점에는 유난히 파급력 큰 협상을 해야 될 때도 있다. 하지만 먹고, 자고, 오고, 가는 동안 모든 말과 행동이 협상임을 깨달으면 삶이 훨씬 풍성해진다. 차라리 협상이 아닌 일을 찾는 게 더 빠를 것이다. 독서는 아주 대표적인 협상 행위다. 이 책을 읽는 당신은 나와 치열하게 협상 중이다.

'왜 환웅은 사람이 되고 싶은 곰과 호랑이에게 쑥과 마늘을 건네줬을까? 어떻게 야곱은 에서에게 스프 한 그릇으로 장자의 권리를 획득했을까? 디오게네스가 알렉산더 대왕에게 햇빛을 가리지 말고 비켜 달라고 말할 수 있던 이유는 무엇일까?'

신화에도 남아 있고, 또 수많은 이야기 중 우리에게 전해지는 일화가 이런 식이라면, 협상이 인간의 본성이라고 생각하는 편이 낫지 않을까?

톰 소여의 대사로 이 장을 시작했다. 폴리 이모가 시켜서 울타리에 페인트칠하는 일을 해야 했던 톰은 친구 벤이 지나가며 놀릴 때 기회를 발견했다. 가진 것이 많아서 협상을 잘하는 게 아니다. 자신이 줄 수 있는 가치를 새롭게 해석해 내고, 표준을 활용해 배트나를 만들고, 나와 우리 모두가 더 나은 생활을 할 수 있게 만들 마음만 먹는다면 이미 협상가다. 잊지 마라. 출근부터 퇴근까지, 눈 뜰 때부터 눈 감을 때까지 협상이다.

모든 것이 협상이라는 사실을 기억하라. 이것만으로도 당신의 협상의 질은 달라진다.

 **잘난 척 포인트!**

- 《Yes를 이끌어내는 협상법》은 '게링 투 예스(Getting to Yes)' 하버드 협상 프로젝트의 작품이다.
- 《어떻게 원하는 것을 얻는가》는 '게링 모어(Getting More)'다.
- 협상에서 꼭 필요한 것은 배트나(BATNA)다.
- 협상의 4대 방법론은 '① 사람과 문제 분리하기, ② 입장이 아닌 이해관계에 초점 맞추기, ③ 상호 이익이 되는 옵션 개발하기, ④ 객관적 기준 사용하기'다.
- 와튼 스쿨의 협상 코스 명강사 스튜어트 다이아몬드를 기억하라.
- 표준과 프레이밍을 활용하라.

Yes를 이끌어내는 협상법

로저 피셔 · 윌리엄 유리 · 브루스 패튼 지음 | 박영환 · 이성대 옮김 | 장락 | 2014.12.30.

Q : 협상이라는 광범위한 현상에 기본 원칙이 있는가?

A : 단체 협상이나 테러범과의 협상뿐 아니라 일상적인 모든 협상의 행위에 적용되는 원칙이 있다. 이 협상의 원칙은 다른 사람이 안다고 해서 어려워지는 것이 아니라 같이 쓸 수 있다.

총 4장으로 구성됐다. 1장에서는 '입장'을 근거로 협상하지 말라고 경고한다. 입장을 갖고 다투면 취한 입장 자체가 그 사람의 자존심이 될 것이다. 그런 상황에서의 협상은 소요되는 시간이 더 길어질 뿐 아니라 비효율적이다. 더 나쁜 점은 관계까지 위협하게 된다는 것이다. 그래서 저자들은 원칙화된 협상을 네 가지 방법으로 나눴다. 사람과 문제를 분리하고, 입장이 아닌 이해관계에 초점을 맞추고, 다양한 가능성과 대안을 만들어 낸 후, 객관적 기준으로 결과를 주장하라는 것이다.

2장에서 이 네 가지 방법론을 각각 설명했다. ① 사람과 문제를 나누기 위해서는 먼저 협상자가 사람이라는 걸 기억하고, 인식과 감정과 의사 전달의 범주에서 상대를 검토한 뒤 다루려는 문제와 분리해야 한다. ② 입장은 하나지만 이해관계는 그렇게 결정하도록 만드는 동기가 되는 무엇이기 때문에, 여러 가지 이해관계가 존재하게 된다. 입장이 상반될 때도 이해관계가 같을 수 있다. ③ 이해관계에 기초해서 여러 가지 옵션을 만든다. 옵션은 유일한 해답이나 결정해야 되는 것이 아님을 기억하고, 강도와 방법이 다른 여러 가지 안을 찾는 게 이 단계에서 할 일이다. ④ 결정 직전 단계에서는 그 결정에 사용할 객관적 기준을 개발해야 한다. 예를 들어 차량 가격을 보험사정인과 협의할 때, '회사의 방침입니다.'보다는 '차를 바꾸기에 가장 적절한 가격이 얼마일까요?' 같은 말이 객관적 기준을 개발하는 것이다.

3장에서 배트나BATNA: Best Alternative To a Negotiated Agreement를 설명한다. 배트나란 최상의 대안이라는 의미다. 더 깊게 보면 '협상 없이 당신이 얻을 수 있는 최상의 대안'이다. 배트나가 많거나 좋을수록 협상에서 유리하다. 배트나를 개발하는 방법은 세 가지 절차를 따른다. '합의에 이르지 못했을 때 취할 행동 목록을 작성하고, 가능성 있는 아이디어를 개선해서 실용적 대안으로 바꾸고, 그중 시험적으로 최고의 대안을 고르는 것'이다. 4장은 짧은 결론으로, 협상을 누가 이기고 지느냐의 문제로 보지 말라고 조언했다.

개정판에는 추가로 장을 할애해서 사람들이 초판을 읽고 했던 질문을 정리했다. 공정성의 기준이 다를 때, 상대방 자체가 문제일 때, 협상의 실행적 전략, 힘의 차이가 있을 때의 협상 방법 등 세부적인 질문에 답변했다.

어떻게 원하는 것을 얻는가

스튜어트 다이아몬드 지음 | 김태훈 옮김 | 8.0 | 2017.11.8.

Q : 원하는 것을 얻을 수 있는가?

A : 행복하게도 그렇다. 삶이 윤택해지는 협상의 기술을 알고, 실제로 실행한다면 말이다.

협상 관련해서 조언을 주는 많은 책이 그렇듯이, 스튜어트 다이아몬드의

《어떻게 원하는 것을 얻는가》에도 협상 모델의 열두 가지 전략이 나온다. 이 원칙들 자체는 훌륭하지만, 이 책이 협상 관련 도서 중 뛰어나다고 말할 핵심적인 이유는 구조화에 있지 않다. 다이아몬드가 제시하는 열두 가지 전략이 아주 실제적이라는 점이 이 책의 미덕이다. 저자 자신도 협상의 원칙이란 몇 천억 원 단위의 협상이든 옷 가격 흥정이든 관계없이, 당장 활용할 수 있어야 한다고 말했다. 그렇기 때문에 열두 가지 원칙을 구조화하기보다는 편하게 하나하나 적용해 보는 관점으로, 또는 이전에 후회스러웠던 만남들을 반추하며 어떻게 했어야 서로가 더 좋은 것을 얻었을지 생각해 보는 용도로 활용한다면 이 책을 200퍼센트 활용할 수 있겠다.

책은 크게 두 파트로, 저자가 제시하는 열두 가지 협상 원칙을 설명했다. '① 목표에 집중하라. ② 상대의 머릿속 그림을 그려라.' 이 두 가지는 비즈니스의 기본 그 자체다. 협상은 우리는 뭔가를 얻기 위함이지, 화내거나 옳고 그름을 따지기 위함이 아니다. '③ 모든 상황이 제각기 다름을 인식하라.' 언제 어디서나 통하는 협상법은 애초에 없다. '④ 숨은 걸림돌을 찾아라.' 눈에 보이지 않는 걸림돌은 상대방의 입장에서 생각할 때 비로소 보인다. '⑤ 감정에 신경 써라.' 우리는 자기 감정은 잘 이해하면서 상대방은 논리적이어야 한다고 생각하기 쉽다. '⑥ 차이를 인정하라.' 차이는 불편한 것이 아니라 더 많은 협상안을 이끄는 아이디어 제공자 역할을 할 수 있다. '⑦ 가치가 다른 대상을 교환하라.' 이 관점은 협상을 제로섬 게임에서 윈윈 게임으로 이끈다. '⑧ 의사소통에 만전을 기하라. ⑨ 점진적으로 접근하라.' 이 두 가지는 부정적인 결과를 피해갈 수 있게 해 준다. '⑩ 상대방이 따르는 표준을 활용하라.' 인간에게는 일관성 있는 사람이고 싶은 욕구가 있다. '⑪ 절대 거짓말하지 마라. ⑫ 협상에 필요한 모든 것을 목록으로 만들어라.' (책에서 언급한 순서와는 다르다. 더 연상이 잘될 수 있도록 재배치했다.)

두 번째 파트에서는 이 열두 가지 원칙을 여러 상황과 환경에서 적용한 사례들을 살폈다. 회사에서 인정받고 싶을 때, 가격을 흥정할 때, 자녀를 교육하거나 버릇을 고치고 싶을 때 등 상황별로 구분했다. 하지만 이런 구분에 구애받지 않고 읽어 나가도 큰 무리는 없을 것이다.

다이아몬드의 협상법을 읽을 때 기억해 둘 개념은 표준과 프레이밍이다. 두 단어 모두 상대방의 머릿속 그림에서 출발하는데, '표준'은 상대방이 중요하게 생각하는 기준을 의미한다면, '프레이밍'은 그걸 표현하는 단어나 말을 의미한다. 상대의 표준을 프레이밍이라는 표현으로 되묻는 것은, 상대에게 스스로를 돌아보게 만드는 기능을 한다. 표준과 프레이밍은 원하는 것을 바로 얻어 내는 수준부터, 나 자신을 변호하고, 더 나아가 상대의 나쁜 표준을 지적하는 것까지 가능한 방법이다. 그러므로 정중함을 잃지 않아야 하고 위트 있게 표현할 수 있다면 더 좋지만, 서로의 감정을 건드리지는 않아야 한다고 말한다.

저자는 협상을 네 가지를 얻기 위한 것이라고 정의한다. '상대방이 어떤 특별한 행동을 하도록 만드는 것, 상대방이 어떤 특별한 판단을 하도록 만드는 것, 상대방이 어떤 특별한 인식을 갖도록 만드는 것, 상대방이 어떤 특별한 감정을 느끼도록 만드는 것.' 협상의 완성은 상대방의 변화에 있다. 비즈니스보다 더 나아가 인간관계의 본질에 가까운 깨달음이 아닌가 싶다.

모든 것이
의사소통이다

《비폭력대화》

/

말투 하나
바꿨을 뿐인데

나이토 요시히토

모든 것이 협상이라고 써 놓자마자 이렇게 말해서 미안하지만, 사실 협상이 모든 것은 아니다. 앞서 그렇게 말한 이유는, 당신이 깨어 있는 내내 협상의 자세를 인식하며 살기를 바라는 마음에 제시한 협상 카드다. 사실 의사소통이 모든 것이다. 물론 바로 다음 장에서 나는 말을 바꿀 예정이지만 이 챕터를 읽는 동안이라도 의사소통이 모든 것이라고 믿어 달라. 생각해 보면 인생은 지금까지 제일 중요하다고 믿어 온 것이 바뀌어 가는 과정 같다. 그런 과정을 거치면서 사람은 성장하는 게 아닐까?

의사소통이 왜 모든 것인가? 편의를 위해 극단적으로 개념을 나눠 보자. 의사소통만 잘하는 사람은 돈만 잘 버는 사람보다 일터에서 잘릴 위험이 적다. 기여도를 따지기 어려운 기업에서 스타 플레이어의 역량을 보여 주는 사람도 있지만, 그런 사람도 항상 성공하지는 않는다. 비즈니스 영역은 '복잡계'에 속하기 때문이다. 그런 영역에서 돈 버는 기술과 성과를 내는 역량이 남들보다 탁월해도 실패할 확률은 굉장히 높다.

의사소통 능력이 뒷받침되지 않으면 수많은 오해와 뒷담화에 파묻혀 팽당할 가능성도 있다. 그래서 일만 잘한다거나 돈만 잘 버는 게 다가 아니라, 의사소통이 모든 것이다. 물론 모든 사람은 돈도 좀 벌고 의사소통도 좀 한다. 하지만 같은 나라 말을 쓰지만 마음속 언어를 서로 번역해 주지 않으면 같은 공간에서 각자 딴 세상을 살기 때문에, 의사소통 능력은 모든 조직에서 필수다. 속도감 있게 돌아가는 기업에서는 특히 그렇다.

이제 의사소통을 한 권으로 관통할 책을 봐야 하는데, 그 전에 '의사소통'이라는 말부터 궁리해 보자. 이 한자어를 뜯어 보면, '뜻 의意, 생각 사思, 트일 소疏, 통할 통通'이다. '뜻과 생각이 막히지 않고 통한다.' 정도의 의미고, 사전에는 "갖고 있는 생각이나 뜻이 서로 통한다."라고 나온다. 결국 의사소통이란, 애초에 어떤 생각과 뜻이 있어야 할 수 있다는 의미다. 애초에 생각이나 뜻이 없으면 의사소통을 시작할 수조차 없다. 그러니까 의사소통을 잘한다는 말은 첫째는 우선 좋은 생각이나 뜻이 있다, 둘째는 그것을 잘 전달한다는 의미다. 상대방의 생각을 잘 전달받는 것도 포함된다.

커뮤니케이션communication의 라틴어 어원은 communis공유와 communicare나눠 갖다다. 공통의 것을 갖게 한다는 의미가 되는데, 강준만의 《교양 영어 사전 2》에서 communication 항목을 보면 "사람들이 서로 의미를 공유함으로써 이해에 도달하고 합의에 도달하고 거기에서 공동체의 규범으로서 문화를 창출하는" 것이라고 한다.

좋은 생각을 하고, 그걸 잘 전달하고 공유해서, 서로 이해와 합의에 도달하는 것이 의사소통이라고 정의했다. 좋은 생각을 하는 것은 결이 조금 다른 주제이므로, 이 장에서는 잘 전달하는 방법을 보자. 여기에서 소개할 책은 마셜 로젠버그가 쓴 《비폭력대화》다. 이 책 말고도 좋은 책은 많다. 오랫동안 고전으로 사랑받는 데일 카네기의 《인간관계론》이나 《성공대화론》도 의사소통에 도움받는 데 좋을 것이다. 다만 이런 책을 고르지 않은 이유는, 이미 많은 사람이 알아서 아는 척하기가 어렵기 때문이다. 여기에서는 데일 카네기가 강철왕 앤드류 카네기와는 다른 사람이라는 걸 기억만 해도 충분하다.

《비폭력대화》의 영어 원제는 《Nonviolent Communication》이다. 저자인 마셜 로젠버그는 1984년에 비폭력대화센터CNVC를 설립했다. 그러니까 이제부터는 있어 보이게, '브이 발음'에 주의해서 읽으시면 되겠다. 책으로 들어가 보자.

평화로 나아가는 언어생활

비폭력대화NVC: Nonviolent Communication의 핵심 모델은 네 단계로 관찰, 느낌, 욕구, 부탁이다. NVC는 두 가지 측면이 있다. 이 네 가지 요소를 갖고 솔직하게 말하기와 네 가지 요소로 공감하며 듣기다.

첫 번째, 관찰이다. NVC에서는 판단이나 평가와 분리된 관찰을 말한다. 간단해 보이지만 무지하게 어렵다. 한번 해 보자. '우리 부장님은 설명충이다.' 이 판단을 어떻게 관찰로 바꿀까?

'우리 부장님은 다 아는 내용을 모른다고 생각하고 계속 설명한다.'는 다른 사람의 생각을 추측한 것이다. '우리 부장님은 말이 너무 많다.' 이건 부장님의 말을 관찰한 게 아니라 말을 얼마나 많이 하는가에 대한 평가다. '우리 부장님은 주제와 상관없는 이야기를 자기 하고 싶을 때마다 너무 길게 한다.'에서는 주제와 상관없다는 게 평가고, 부장님이 이야기를 하고 싶다는 추측과 너무 길다라는 평가가 포함됐다. 최대한 관찰에 가깝게 바꾼다면 이 정도가 된다.

'우리 부장님은 최근 회의에서 다른 사람의 말을 중간에 세 번 끊고 그 말을 다시 설명했다. 회의가 끝나고 그 사람들에게 부장님이 설명해 준 것을 혹시 몰랐느냐고 물어보니 사실 이미 알고 있었다고 답했다. 발표자가 약 3분 정도 말한 데 비해 부장님이 5분 넘게 말씀하신 것으로 볼 때, 부장님이 필요 이상으로 말을 길게 하지 않나 생각이 든다.'

내가 재미 삼아 지인들에게 치는 장난이 있는데, 이름하여 '닮았다고 말하기 놀이'다. 지금까지 성공률 100퍼센트를 자랑하니까 여러분도 한번 해 보시라. 이렇게 말하는 거다. 'A랑 B랑 닮은 거 같아. 그렇지 않아?'

어떤 대답이 나올 것 같은가? 둘 중 하나다. '야, 무슨 소리야. A가 훨씬 낫구만.' 아님 '말도 안돼. B가 아깝다.'

신기하지 않은가? 나는 닮은 것 같지 않냐고 물어봤을 뿐이다. 나도 A나 B 중 한쪽이 더 낫다고 생각할 수 있지만 그냥 닮은 것 같다고 표현하면서, 당신도 그렇게 생각하느냐고 동의를 구했다. '맞다, 닮았네.' 혹은 '하나도 안 닮았다. 넌 눈이 삐었냐.'가 질문의 답이다. 그런데 지금까지는 저렇게 대답하는 사람을 못 봤다. 거의 모든 사람이 A와 B 중 누가 더 나은지 이야기한다.

사람의 마음은 관찰 대상이 아니다. 행동만 관찰할 수 있다. 보이는 사실에 대한 내 평가는 거의 즉각 나온다. 그러므로 한 발 물러서서 보이는 사실만 정확히 표현해서 내 판단과 평가를 분리할 필요가 있다.

관찰과 평가를 섞으면 듣는 입장에서는 저항감이 들기 쉽다. 관찰의 표현은 때와 맥락에 맞고 구체적이어야 한다. 잠시 이 책의 표지를 관찰해 보라. 혹은 주변을 둘러보며 관찰한 사실 다섯 가지만 표현해 보라. 관찰하는 행위는 우리를 고요하게 만든다. 이게 관찰의 또 다른 유익이다.

두 번째, 느낌이다. NVC의 느낌은 생각, 평가, 해석과는 구별된다. 느낌은 상대방을 조종하려는 You-메시지가 아닌, I-메시지기 때문에 비난이나 평가받을 위험이 적다. '내가 그렇다는데, 솔직하게 말하면' 그걸로 뭐라고 할 수는 없는 일이다.

"보고서를 또 늦게 내다니 넌 정말 엉망진창이야." 이건 완벽한 비난이다. "저번에도 기한을 하루 넘겨서 제출했는데 이번 보고서도 기한 내에 안 주면, 난 실망스러울 것 같아." 완벽하지는 않지만 적어도 자신의 감정을 표현한 점에서 느낌에 가깝고, 앞부분에는 관찰도 살짝 포함됐다.

느낌을 구분하는 것은 조금 더 미묘하다. 왜냐하면 느낌은 '~라고 느낀다.'라고 표현하지만 사실은 느낌이 아닌 것들이 있기 때문이다. '나는 무시당한다고 느낀다.'는 느낌으로 표현되지만 사실 다른 사람의 행동을 내가 해석한 것이다. '나는 오해받는다고 느낀다.' 역시 다른 사람의 이해를 추측하고 평가하고 있다.

《비폭력대화》에서는 느낌을 표현하는 어휘들을 소개하고, 또 다른 사람들의 행동에 내가 생각하고 해석한 낱말들을 예시로 보여 준다. 낱말들을 찬찬히 읽으면서 곱씹어 보면, 내가 평소에 내 느낌도 잘 모르고 살고 있다는 생각이 든다.

세 번째, 욕구다. 느낌의 근원이 욕구다. 다른 사람들의 말과 행동이 나에게 어떤 느낌을 불러일으키는 자극은 될 수 있겠지만, 그게 느낌의 정확한 원인은 될 수 없다. 내 안에 어떤 욕구가 있기 때문에 어떤 느낌을 받는 것이다. 저 사람이 나를 짜증 나게 하는 게 아니라, 저 사람의 어떤 말과 행동이 '내가 바라던 바를 충족하지 않아서' 짜증이 난 것이다.

나는 택시를 타고 기사님과 대화할 때 이 차이를 많이 느낀다. 평소에는 기사님의 정치적인 견해나 예전에 직장 생활 하실 때의 이야기들을 별로 듣고 싶지 않기 때문에, 기사님이 말씀을 시작하시면 참 짜증이 많이 났다. 그런데 언젠가 회사에서 전무님께 엄청 혼난 뒤 '우리 전무님처럼 똑똑하고 정치적인데 계속 몸 사리느라 혁신에는 근처에도 못 가는 분들은 퇴직 후에 무슨 일을 하게 되는 걸까?'라는 의문이 나를 꽉 사로잡은 순간에, 택시를 탄 적이 있었다. 전무님과 연세가 비슷해 보이는 기사님께서 출장 가는 길이냐며 말을 거시면서, 자신도 오랫동안 직장 생활을 했다고 말씀하셨다. 나는 갑자기 반가운 마음이 들어 기사님의 직장 생활에 대해 여쭸고, 한참 이야기를 나눴다.

택시에서 내린 후 뭔가 이상했다. 이전처럼 택시 기사님이 말을 건 상황은 동일한데, 택시에서 쉬고 싶다는 나의 욕구가 전무님 연배인 다른 어른의 이야기가 궁금한 것으로 변한 것이다.

타인에게 말과 행동으로 부정적인 메시지를 받을 때, 우리가 받아들일 방법은 네 가지다. 첫 번째는 자신을 탓하기. 이 방법은 죄책감과 수치심 등을 느끼고 자존감에 상처가 된다. 두 번째는 남을 탓하기. "당신은 이기적이야.", "넌 날 슬프게 해." 같은 반응은 우리를 분노하게 만든다. 세 번째는 자신의 욕구와 느낌 인식하기. 이기적이라는 말을 들었을 때 마음이 아픈 이유는 저 사람이 나의 정성을 알아 주기를 바라는 '욕구'가 있었기 때문이다. 네 번째는 상대방의 욕구와 느낌 인식하기. 나를 이기적이라고 한 사람은 사실 자신이 원하는 배려를 더 받고 싶은 '욕구'가 있을 수 있다.

평가와 분리된 관찰을 하고, 생각 및 해석과 구별되는 자신의 감정을 느끼고, 그 느낌 아래 존재하는 자신의 욕구를 인식하는 일은 생각보다 까다롭다. 몇 번 하다 보면 '내가 이 정도까지 내 마음과 상대방의 기분을 모른 채 지내 왔나.' 싶다. 하지만 이런 식의 대화는 우리 주변에 널렸다. 직장에서의 대화뿐만 아니라 지하철, 버스, 카페나 길거리에서 들리는 모든 대화가 연습의 소재가 된다. 관찰, 느낌, 욕구 단계를 반복해서 생각하고 대화들을 재구성해 보는 걸 여러 번 반복하면 아주 조금씩이지만 분명 익숙해진 게 느껴지는 순간이 온다.

네 번째는 부탁이다. 내가 원하는 것을 다른 사람에게 부탁할 수 있다면 삶이 한결 풍요로워질 것이다. 남을 이용하거나 조종하겠다는 마음 없이 부탁할 수 있는 태도는 당당한 사람들의 자산이다. NVC로 부탁의 말을 하는 방법은 '긍정적인 행동 언어를 사용할 것, 모호하지 않게 구체적으로 표현할 것'이다.

부정적인 명령이 어떤 효과를 가져오는지를 아주 재미있게 보여 주는 노래가 있다. 루이자와 매트의 풋풋한 사랑과 성장 뮤지컬인 〈판타스틱스〉의 〈네버 세이 노Never Say No〉 트랙에 이런 가사가 나온다.

'내 아들은 한때 수영을 두려워했어. 물이 그를 움찔하게 했지. 내가 아들에게 절대로 수영하지 말라고 말하기 전까지는 그랬는데, 그 이후로 지금은 계속 수영을 하고 있어.'

'당신의 딸이 젊은 남자를 데려와서, 아빠는 이 남자를 좋아하냐고 물어봐. 그가 바보라고 말하고 나니, 사위가 생겼어.'

부정적인 언어는 저항감을 유발한다. 긍정형 문장을 써도 강요는 부정적 감정을 불러일으킨다. 긍정적인 행동으로 부탁해야 하고, 상대가 부탁을 들을지 말지는 내가 결정할 수 없다. 나는 관찰한 후, 내 감정을 잘 느끼고, 그 안의 욕구를 인식해서 그 욕구가 충족되기를 바라며 부탁할 수만 있다. 이런 과정을 거치며 부탁하면 상대의 마음이 움직일 가능성이 훨씬 높다.

이전 직장에서 모호한 대답을 들을 때 가장 답답했다. "김 실장 보고서는 눈에 잘 안 들어와." 이런 말을 들으면 보고서를 수정해야 되는지 상무님의 눈을 고쳐드려야 하는지를 알 수가 없었다. "7페이지에서 저 표현은 무슨 말인지 잘 모르겠는데, 쉽게 바꿔 줄 수 없을까?" 정도로 말하는 상사를 만나고 싶은 건 그렇게도 충족되기 힘든 욕구일까?

직장에서 비폭력적인 의사소통은 가능할까

《비폭력대화》는 전반부에서 '관찰-느낌-욕구-부탁의 관점'으로의 대화를 설명하고, 후반부에서는 분노할 때, 감사할 때, 힘써서 보호해야 할 때 등의 상황에서 활용할 방법을 상세하게 풀어냈다. 부록처럼 느낌말 목록과 욕구 목록 등이 수록되고, 적용할 문구도 있어서 장서로 소장해 두고 틈틈이 펼쳐 볼 만하다.

'관찰-느낌-욕구-부탁' 단계로 말하는 방법뿐 아니라, 상대의 이야기를 듣는 방법도 알려 준다. 내가 말할 때 내 욕구를 인지하는 것처럼 상대방의 느낌과 욕구를 인지하며 듣는 것이다. 이 방법은 설령 상대방이 NVC를 전혀 모르고 오히려 폭력적으로 말하는 사람도 사용할 수 있다. 상대를 바꾸는 힘이 있을 뿐 아니라 나 자신을 보호할 힘도 생기는 방법이다. 이를 '공감으로 듣기'라고 한다.

'비폭력'에서 느낄 수 있듯이 이 말은 간디가 사용한 의미와 같다. 저자인 로젠버그가 본문에서도 이야기하고, 머리말에는 마하트마 간디의 손자이면서 비폭력간디협회의 설립자인 아룬 간디의 글이 실려 있다. 그래서 NVC는 평화는 공포를 기반으로 이뤄질 수 있다거나, 무자비한 세상에서 살아남기 위해 같이 무자비해져야 한다는 주장에 동의하지 않는다. 비폭력의 일상을 살아 내는 대화법이다.

아무래도 의문이 든다. 비폭력적이야 참 좋다. 하지만 과연 이것만으로 직장에서 효과적으로 의사소통할 수 있을까? 어느 정도는 빠르고, 찌르는 말을 할 수밖에 없는 게 사회생활 아닐까? 무엇보다 이런 식의 소통에는 '남 좋은 일만 하고 퍼 주다가 나만 호구되는 거 아닌가.' 하는 두려움이 들 수 있다.

멀리 갈 것도 없이, 이런 글을 쓰고 있는 나도 실제 생활에서는 꽝이다. 내가 급박한 상황에 몰렸을 때 자주 튀어나오는 의사소통 방법은 비폭력 대화가 아니라 '조지기 대화'다. (조지다는 손석희 앵커가 공인한 엄연한 표준어다.) 말하자면 끝장을 볼 때까지 이야기하는 자세다. 마음 깊은 곳에 동료에 대한 신뢰나 전우애 같은 감정이 있어서라고 나는 생각하지만, 당하는 상대방은 넉

넉하게 이해하기 쉽지 않을 것이다.

지각을 자주 하는 팀원이 있었다. 한 주에 세 번은 3분에서 5분 사이로 뭐라고 하기에 애매하게 늦었다. 나는 며칠을 지켜보다 팀원에게 "왜 이렇게 늦냐, 나와 팀원을 무시하는 거냐."라고 말을 꺼냈고, 팀원은 '무시한 적이 없다.'고 대답했다. '무시한다, 아니다'의 말들이 오가다가 팀원이 '1시 이전에 자겠다.'는 말에 어떻게 믿게 만들 건지 등 그가 나에게 오만 정이 다 떨어질 때까지 가서야 대화가 겨우 끝났다. 물론 그 뒤로도 팀원은 종종 늦었지만, 내가 먼저 이직해 그가 나보다 더 오래 살아남았다.

《비폭력대화》로 내가 얻은 점은, 지각하던 팀원이 다른 사람을 무시하지는 않았음을 알게 된 것이다. 어떤 곳에서든 사람들은 타인을 그리 쉽게 무시하지 않는다. 오히려 별 관심 없는 쪽에 더 가깝다. 그런데 우리는 여러 가지 이유로 자신도 모르게 스스로 가치를 낮추는 경향이 있다. '팀원을 조지기보다는, 관찰하고 느끼고 그 뒤에 숨은 내 욕구를 알아채 보려고 했었다면 더 좋았을걸.' 하는 아쉬움이 든다.

《비폭력대화》의 진가는 상대가 주는 의사소통에서의 자극과 내 느낌은 별개임을 알게 해 주는 것이다. 그래서 자극과 내 반응 사이에 공간을 만들어 자동 반사적으로 일어나는 반응을 늦추는 것, 그 공간으로 깊이 들어가 욕구를 발견하는 것이 관계에서 그리고 나 자신에게 평화를 준다.

비폭력 대화는 힘이 약한 대화법이 아니다. 비폭력과 그를 통해 오는 평화에는 아주 강한 에너지가 있다. 내게는 아주 고쳐야 할 편견이 하나 있는데, 직장에서 사람은 둘로 나누는 것이다. 일 잘하고 성격 더러운 사람과, 착하고 일 못하는 사람. 전혀 실제적이지도 않고 검증된 적도 없는 뿌리 깊은 편견이 어떻게 형성됐는지 나도 모르겠지만 매일 이 편견과 싸우려고 노력한다.

《말이 통해야 일이 통한다》의 저자인 리플러스 인간연구소의 박재연 소장은 직장에서 사용할 수 있는 대화법 교육을 많이 하는데, 특히 50대 이상 임원급 남자 직원들의 서툰 대화 기술에 안타까워한다. 좋은 대화법으로 직장 생활을 할 때 바뀌는 문화를 보면, 평화를 추구하는 관계가 직장에서도 힘 있게 구현될 수 있음을 알 수 있다. 박재연 소장은 "자극에 반응하는 자신의 자동적 생각을 멈추고, 그 안에 있는 충족되지 않은 욕구를 인지하라."라고 말하는데, 바로 《비폭력대화》에서 출발한 개념이다.

행복은 관계에서 온다

행복이라는 개념이 재조명되고 있다. 행복학이나 긍정 심리학과 관련한 논의도 점점 활발하게 이뤄지고 있다. 소소하지만 확실한 행복의 줄임말인 '소확행'도 사회의 흐름을 잘 보여 주는 단어 중 하나다. 짚고 가자면 소확행은 무라카미 하루키가 에세이 《랑게르한스 섬의 오후》에서 처음 썼다. 갓 구운 빵을 손으로 찢어 먹을 때, 서랍 안에 반듯하게 정리돼 있는 속옷을 볼 때 느끼는 행복처럼 바쁜 일상에서 느끼는 작은 즐거움을 말한다.

긍정 심리학에서는 많은 연구자가 훌륭하지만, 창시자인 마틴 셀리그만을 기억하면 좋다. '학습된 무기력'이라는 개념을 실험을 통해 증명했고, 이에 대한 인지적 치료법을 개발해서 '학습된 낙관주의'라는 개념도 주장했다. 행복학 관련해서는 더 사람이 많지만, 조지 베일런트 정도를 추천한다. 하버드대학교 성인발달연구소는 1930년대 말 학생 268명의 삶을 70년이 넘도록 추적하는 엄청난 연구를 진행했는데, 조지 베일런트가 30년 넘게 책임을 맡았다고 한다.《행복의 조건》이라는 책이 번역돼 있다.

많은 연구자가 오랫동안 관찰과 실험을 거쳐 행복에 대해 알아낸 비밀 중 하나는, 한 사람의 행복감에 가장 큰 영향을 주는 요소가 바로 '관계'라는 것이다. 관계가 좋으면 행복할 가능성이 높아진다. 관계가 나쁘면 행복할 가능성이 낮아진다.

수많은 사람이 입을 모으듯, 일보다 힘든 것이 사람이다. 일보다 어렵고 또 그래서 우리를 움츠러들게 만드는 것도 사람이다. 그리고 우리는 생각보다 소중한 사람들에게 너무 많이 폭력적으로 말한다. 언어적, 심리적 폭력도 물리적 폭력 이상의 깊은 상처를 남긴다.

기회가 된다면 퇴사나 퇴임하는 분들의 이야기를 들어 보길 권한다. 하나같이 '남는 건 사람'이라는 말을 한다. 풍요로운 직장 생활이라는 게 존재한다면, 그건 반드시 의사소통에서 시작하고 의사소통으로 끝난다는 걸 기억해 달라. 폭력과 상처를 보태지 않고, 자신을 알아 가며 내 주변 사람들도 도와주는 사람이라면 그의 삶은 행복하지 않을까? 비폭력의 깃발 하나 가슴에 꽂고 살아가시길 바란다.

잘난 척 포인트!

- 《비폭력대화》에서 '논 바이얼런트 커뮤니케이션(NVC)'의 핵심은 관찰, 느낌, 욕구, 부탁이다.
- 관찰과 평가를 분리하고 느낌을 생각이나 판단과 분리하면 자신의 진짜 욕구를 알 수 있다. 그리고 긍정적이고 구체적인 언어로 상대에게 부탁하라.
- 행복은 관계다.

- 긍정 심리학의 대가 마틴 셀리그만은 "무기력과 마찬가지로 낙관주의도 학습이 가능하다"라고 했다.
- 조지 베일런트는 하버드대학교 성인발달연구소에서 진행한 연구를 요약해 《행복의 조건》을 썼다.
- 비폭력적인 대화는 약하지 않다. 직장에서 충분히 활용 가능하다. 이를 기억하는 것이 변화의 시작이다.

비폭력대화

마셜 로젠버그 | 캐서린 한 옮김 | 한국NVC센터 | 2017.11.25.

Q : 이 세상은 왜 이리 무자비하고 폭력적인가?

A : 연민을 방해하는 우리의 대화 때문이다. 비폭력으로 자신을 바꿀 수 있고,
소중한 사람을 소중하게 대할 수 있으며, 세상을 바꿀 수 있을 것이다.

비폭력대화Nonviolent Communication는 인간의 네 가지 의식에 초점을 두고
하는 대화를 의미한다. 바로 '관찰, 느낌, 욕구, 부탁'이다. '관찰'은 나에게
유익하든 유익하지 않든 상대의 말과 행동을 있는 그대로 보는 것이다. 판
단이나 평가를 내리지 않고, 구체적으로 표현하는 것이 핵심이다. '느낌'은
그 행동을 봤을 때 어떻게 느끼는가를 말한다. '가슴이 아팠다, 두렵거나
기뻤다, 즐겁거나 짜증 났다.'고 느낄 수 있다. 이는 사람 내면의 어떤 '욕
구'와 연결돼 있다. 같은 사실을 보고도 다르게 느끼는 이유는, 사람마다
욕구가 다를 수 있기 때문이다. 그리고 나서 구체적인 '부탁'을 하는 것이
NVC의 구조다.

NVC는 우선적으로 나 자신을 표현할 때 이 네 가지 요소를 갖고 표현하
는 것을 뜻하고, 더 나아가 상대방의 말을 들을 때 이 네 가지 요소의 정보
를 듣는 것이다. 책에서는 3장부터 6장까지 각 요소마다 한 챕터씩 사례와
함께 그 의미를 살폈다.

책의 뒷부분은 NVC로 상대의 말을 온전히 듣는 것에 대해 여러 관점으로 살핀다. 7장과 8장은 공감을 통해 상대가 자신의 욕구를 알아챌 수 있도록 듣는 방법을 이야기한다. 9장은 자책에 대해서, 10장은 분노에 대해서 다룬다.

자책과 분노의 공통점은 둘 다 어떤 에너지라는 것이다. 충족되지 않는 욕구가 있기 때문에 발생하는 에너지이므로, 자신이나 상대에게 강요하는 힘이 잘못 표현된다. 자책을 욕구로 바꾸는 방법은 '~를 해야 한다.'에서 '~를 선택한다.'로 옮기는 것이다. 분노를 욕구로 바꾸는 방법은 '저 사람이 ~했기 때문에 화가 난다.'에서 '나는 ~이 중요하기 때문에 화가 난다.'로 옮기는 것이다.

11장은 보호를 위해 힘쓰는 NVC를 다룬다. 처벌이나 비판을 위해서 힘을 쓰는 것은 저항감을 불러일으킨다. 하지만 온전한 보호를 위해 힘을 쓰는 것은 상대의 욕구를 이해하는 것이기 때문에 상대방이 진심으로 행동을 바꿀 여지를 준다.

12장은 부정적인 감정을 느낌과 욕구와 연결함으로써 자신과 상대방을 도울 수 있음을 알린다. 13장에서는 감사 표현을 다루는데, 여기에서 주의할 점은 잘못된 감사 표현은 상대방에게 판단으로 들릴 수도 있다는 것이다. NVC의 감사는 내 욕구가 충족돼 생기는 즐거운 느낌에 대해서, 그 기쁨에 기여한 상대방의 행동에 표현하는 말이다. 또한 감사에 대한 말을 거짓 겸손이나 우월감 없이 받아들이는 방법도 이야기했다.

이런 NVC를 훈련해야 하는 이유를 1장과 2장에서 밝힌다. NVC는 연민을 길러 주는 대화 방식이다. 연민을 주고받는 기쁨은 인간의 본성인데, 일상에서의 대화와 행동은 너무 폭력적이고 공격적이다. 우리는 이런 대화

방식을 오랫동안 배우며 자랐고, 그로 인해 스스로를 소외하고 상대방에게 상처를 주게 됐다. NVC로 대화하는 것은 연민을 일깨우며 지키는 일이고, 이로써 우리 자신을 온전히 행복한 삶을 살도록 이끌고 상대방과의 관계를 회복할 것이라고 저자는 말했다.

각 장의 끝에는 NVC의 적용 사례들이 언급된다. 욕구와 느낌을 알아채고 듣게 되면서 대화의 양상이 상당히 달라지는 것을 볼 수 있다. 부록에는 로젠버그와 CNVC에 대한 내용, 한국NVC센터에 대한 설명, 그리고 '느낌말 목록' 등이 언급됐다. 느낌말 목록을 찬찬히 읽어 보기를 권한다. 인간의 느낌은 정말 다양하지만 근원적인 욕구가 공통된다는 것을 알 수 있다. 그리고 이런 느낌들에서 우리가 얼마나 멀어져 있는지도 돌아보는 계기가 될 것이다.

1-3
모든 것이
보고다

《성공하는 사람들의 보고습관》

/

모든 사람은 섬이다. 나는 이 말을 믿는다.
하지만 분명한 것은 일부의 섬들은 연결돼 있다는 사실이다.

<어바웃 어 보이> 中

이제 모든 것이 보고라고 말할 때가 왔다. 이쯤 되면 "저희는 교수님 수업만 듣는 게 아니라구요."라고 했다는 어느 대학생의 푸념이 생각날 정도로, 그냥 모두 중요하다고 말하는 게 아닌가 생각할 수도 있겠다. 나는 '협상, 의사소통, 보고'를 직장 생활 기본기의 삼위일체라고 생각한다.

'협상 자세'는 더 열린 대화로 이어져 새로운 가치를 만들어 낼 수 있다. 의사소통만 잘하면 잘릴 위험이 줄어들고 더 행복한 직장 생활을 할 수 있다. 모든 것이 보고라는 말은, 직장에서의 모든 의사소통을 '보고'로 간주한다는 내 주장이다. 보고는 결국 의사소통인데, 직장에서 이뤄지는 모든 의사소통은 보고다. 나는 보고를 넓게 정의하고 싶다. 꼭 하급자가 상급자에게 하는 것만이 아니라 상사, 동료, 부하나 후배, 선배, 손윗사람이나 손아랫사람 모두에게 말과 글로 소통하는 것을 보고로 본다.

보고는 흔히들 센스의 영역으로 남겨 둘 때가 많다. '참 센스 없다.'는 말을 듣는 사람에게는 미안하지만, 참 뭐라고 설명하기가 어려운데 분명히 존재한다. 주는 것 없이 미운 사람은 대부분 센스가 없어서일 경우가 많다. 반대로 뭔가 얄밉지만 미워할 수 없는 사람은 센스가 좋다고 평가받는 경우가 대부분이다. 그래서 센스는 가르칠 수 없다는 말도, 못된 사람과는 지내도 센스 없는 사람과는 못 지낸다는 말도 사람들이 많이 공감한다.

하지만 피터 드러커는 경영자가 되는 능력도 학습할 수 있다고 했다. 그러니 보고쯤이야 배우면 더 잘할 수 있지 않을까? 보고는 특정 부서나 특별한 사람만 하는 게 아니라 직장 생활에서 아주 일상적인 행위이고, 다른 영역보다 비교적 빠르게 기술을 향상할 수 있다. 조금만 생각해 보고 정리해 두면 금방 잘할 수 있는데, 그걸 못해서 직장 생활 평가가 깎이는 것은 너무 억울하다.

일대일 대면이나 서류 작성만 보고가 아니다. 전화하는 것, 전화 내용을 메모지에 적어서 전달하는 것, 메신저 대화까지 보고라고 볼 수 있다. 나는 회사 일과는 완전히 분리된 개인적인 근황만 제외하면, 내 일과 심리에 대해 말하는 것도 보고로 본다. 평소 의사소통이 잘 돼 있어야 정식 안건을 보고할 때도 수월한 법이다. 보고를 안 해서 필요 없는 오해를 사고 평판 깎아 먹을 필요는 없지 않겠는가. 센스를 이기는 보고 기술에 대해 생각해 보자.

보고에 대한 오해와 전제

종종 보고가 모든 업무의 끝에 살짝 붙은 꼬리 정도로 생각하는 사람이 있다. 절대 그렇지 않다. 업무와 보고의 비율은 직관적으로 반반이라고 생각하는 편이 좋다. 일이 반이면, 보고가 반이다. 보고 자체가 일의 일부여야 한다. 오히려 보고의 비율이 반보다 높으면 높았지 낮지는 않다.

'난 일은 잘하는데, 보고가 잘 안 된다.'고 생각하는 분이 있다면, 이 또한 오해라고 말씀드리고 싶다. 내가 일을 잘하는 건 자신만 안다. 다른 사람들은 여러분이 일을 잘하는지를 '보고'로 판단한다. 혹시 생각보다 본인이 저평가받는다고 생각되거나 항상 인사 고과가 기대만큼 안 나온다면, 자신이 회사 정치의 희생양이라고 생각하기 전에 자신의 보고 스타일을 확인해 볼 필요가 있다.

보고가 특정 부서의 과업이라거나, 주로 보고하는 사람이 따로 있다는 오해도 있다. 예전에 작은 사업부의 본부장을 맡았는데, 직원은 약 70여 명이었고 본부에 열 명이 있었다. 나는 부임해서 제일 먼저 본부 직원들과 회의하는 시간을 잡아, 각자가 수행하는 과업에 대한 설명을 부탁했다. 본인이 직접 직무를 설명하게 함으로써 자기 과업에 대한 이해도를 평가하고 싶은 마음도 있었다.

재무, 총무, 인사, 마케팅, 영업, 위생, 매장 오픈 등 자신의 과업에 대한 설명이 이어졌다. 일은 정말 잘하는데 과업을 정리하고 설명하라니 어려워하는 직원도 있고, 자기 업무의 최종 사명은 사랑이라고 말해서 모두에게 신선함을 선사한 직원도 있었다. 그리고 전략기획 담당 직원이 이렇게 말했다.

"제 과업 중에 가장 중요한 것은 보고입니다."

"왜 자신의 직무에서 다른 직무와 구별되는 과업을 보고라고 생각하는가? 그렇다면 다른 직무를 담당한 직원은 보고를 하지 않는다는 말인가? 조직도상 본부장 밑에 있는 직원들이 서로 상하관계가 없는데, 이전 본부장은 전략기획을 통해서만 보고를 받았는가?"

질문이 연속으로 이어지자 그 직원도 뭔가 실수했다고 생각했는지 말을 흐리기 시작했다. 중요한 건 그 직원이 일을 못하거나 이해력이 부족하지 않았다는 점이다. 솔직함도, 보고서 작성도, 숫자를 다루는 것도 평균 이상인 직원이어서 첫인상으로는 상당히 일을 잘한다는 느낌을 받았었다. 그때 깨달은 점은, 보고가 특정한 과업이라고 생각하는 사람이 생각보다 많다는 사실이었다. 정확히 다 기억나지는 않지만, 그때 내가 말했던 내용은 대충 이러했다.

"보고는 의사소통 방식 중 하나이기 때문에, 어떤 한 사람만 보고를 과업으로 맡는 것이 아닙니다. 내가 기획을 통해서만 보고를 받는다면 그건 정치 구조를 만든다는 말과 다르지 않은데, 저는 그럴 의도가 없습니다. 보고는 직장인의 기본기이자 교양에 가까운 기술입니다."

보고는 직장인 모두의, 매일의 과업이다. 보고에 대한 전제는 앞서 이야기했듯이, 나는 보고를 조직원 모두의 과업으로 보는 편이다. 사장이 회식 자리에서 신입 사원에게 하는 말과 태도는, 그 회사의 문화를 생생하게 보고하는 것이나 다름없다. 다만 윗사람이 아랫사람에게 하는 의사소통은 교육이나 코칭, 지시 등으로 봐야 자연스럽기 때문에 여기에서는 주로 나의 상사에게 하는 말과 글, 또는 타 부서와의 소통 정도를 다루고자 한다.

성공하는 사람들의 보고는 다르다

《성공하는 사람들의 보고습관》의 저자인 야마구치 신이치는 경영 컨설턴트인데, 영업 사원으로 직장 생활을 잘했던 것 같다. 저자에 대해서는 더 아는 척할 만한 정보가 없다. 여기에서는 소위 말하는 '일본인 저자 스타일'의 책에 대해서 생각해 보면 재미있을 듯하다.

개인적으로 무언가를 범주화하는 것을 경계하는 편이다. '일본 스타일'이라거나 '한국적'이라는 식의 범주화는 상당히 편리한 인식법이지만 자칫 수많은 아름다운 디테일을 가려 버리기도 한다. 지역감정, 학벌이나 파벌이 그렇다. 직장 내에서는 또 어떤가, '저 직원은 영업 스타일이야.'라거나 '여자라서 못할 것 같은데.'같이 폭력에 가까운 오해가 많다. 이는 어느 정도 인간의 속성이기도 하다. 인간의 머릿속은 인지 부조화 상태를 벗어나려고 하기 때문에 빨리 결론을 내 버리고 싶어 한다. 우리는 이런 범주화를 잘난 척하는 데에는 충분히 활용하되, 잘못 이해하거나 자신의 고정 관념을 굳히지 않도록 유의하자.

그래서 '일본 스타일의 자기계발서'라고 하면, 많이 어렵거나 지나치게 학문적이지 않은, 실용적이고 명쾌한 지침이 많은 책이라고 생각한다. 많은 사람이 일본의 특징 중 하나로 장인 정신을 꼽는데, 자기계발서의 스타일과도 연관되는 게 아닌지 추측해 본다. 나는 이런 유형의 책을 많이 안 읽는 편이었는데, 직장 생활을 하면서 단순하고 명쾌한 책의 매력을 깨닫게 됐다. 책 한 권 읽고 하나를 얻을 수 있다면 그걸로 충분하다. 기억조차 나지 않는 책이 얼마나 많은가?

《성공하는 사람들의 보고습관》에서는 보고를 다섯 가지로 구분한다. '결

과 보고, 중간보고, 문제 보고, 변경 사항 보고, 정보 보고'다. 하나씩 살펴
보자.

결과 보고를 잘하는 법은, 상사가 시킨 일을 완수 후 바로 보고하는 것이
다. 직접 결론부터 말하는 것이 좋으며, 최대한 한 번에 이해가 되도록 보
고해야 한다. 보고받는 사람이 빠르게 이해하려면 상대를 배려해야 하기
때문에 보고자가 사전에 내용을 정리하는 데 궁리를 많이 해야 한다.

중간보고를 해야 하는 이유는, 일을 시킨 사람과 하는 사람의 마음이 다
르기 때문이다. 상사의 입장에 서 본 사람은 무슨 말인지 이해할 것이다.
일주일 걸릴 일을 지시한 사람은 하루 이틀이 지나면 '왜 뭔가 말을 안 해
줄까?'라고 생각하고, 일하는 사람은 '일주일 안으로 하라고 해 놓고 왜 벌
써 찾지?'라고 생각한다.

신뢰감을 형성하기 위해서라도 중간 결과물을 공유하는 것이 좋다. 기억
해야 할 점은 신속함이 중요하다는 것과 구두보다는 서류나 메모가 낫다는
것이다. 가능하면 정기적으로 하는 게 좋다. 적정한 기간은 상황과 업무의
크기에 따라 다르겠지만 내 경험상으로는 주 2회가 적절하고, 적어도 주 1회
이상 해야 좋다.

문제 보고는 말 그대로 문제가 생겼을 때 한다. 여기에는 보고자 자신의
실수도 포함된다. 안 좋은 일일수록 빠르게, 수단과 방법을 가리지 않고 보
고해야 좋다. 상사가 귀찮아할 것이라는 편견을 버려야 한다. 1997년 괌으
로 가던 대한항공 801편이 추락한 이유 중 하나가 할 말을 빠르게 못해서
다. 상사는 잠깐 귀찮고 보고자는 빨리 욕먹는 게 목숨을 구할 정도로 중요
하다. 문제를 보고할 때는 자신이 생각하는 대처 방안도 같이 보고하는 것

이 좋다.

　변경 사항 보고는 두 가지로 나뉜다. 하나는 보고자의 의사와 관계없는 돌발 상황 보고, 또 하나는 자신이 변경을 제안하고 싶을 때다. 중간보고나 문제 보고와도 비슷한 유형이다. 차이점은 변경 시에는 중간보고처럼 정기적이 아니라 즉시 해야 하며, 문제 보고와는 달리 안 좋은 상황 말고 좋은 상황으로의 변경도 포함된다는 것이다.

　마지막으로 정보 보고는 저자가 가장 수준 높은 보고로 꼽는 보고 유형이다. 기억할 점은 신선도가 생명이기 때문에 빨리해야 한다는 것이다. 사실과 추론 구분이 중요하고, 보고자 자신의 판단과 깨달은 점, 제안을 첨부해야 한다. 다만 결정이나 중요도는 상사가 판단할 수 있도록 열어 두는 것이 좋다.

지금보다 더 많이 하라

　이 책을 읽고 처음에는 유형이 다섯 가지로 분류된 것이 좀 엉성한 것 같았다. 보고 시점으로만 분류한 것도, 보고 사안에 따라서만 분류한 것도 아니다. 또 변경 사항 보고는 중간보고나 문제 보고와 다른 점을 잘 모르겠다. 하지만 직장 생활을 더 할수록, 또 책임자를 해 보면서 깨달은 점이 있다. 이 책의 핵심 메시지는 저자가 책 말미에도 이야기하듯이, 지금보다는 매우 더 훨씬 많이 보고하는 게 좋다는 것이다.

　이렇게까지 해야 할까? 그렇다. 경험상 보고하는 사람은 충분하다고 생각하는 경우가 많고, 보고받는 사람은 아쉬운 경우가 많다. 그리고 보고를 지나치게 많이 해서 생기는 문제보다는 보고가 적어서 생기는 문제가 훨씬 많은 편이다. 그 크기 또한 큰 편이다. 여러분이 만약 지나치게 보고를 많이 해서 상사가 귀찮아하는 것 같다면, 우선은 그렇지 않다고 생각하라. 사실 좋아하는 거다. 진짜로 싫어하는 게 느껴질 때 그만하면 된다. 그 '지나치게'라는 정도에 대한 인식이, 보고자와 보고받는 사람이 서로 크게 다름을 알 수 있을 것이다.

계속 보고하고 물어보는 게 의존적인 자세가 아닌지 의심할 수 있다. 이는 보고 내용물의 문제이지 빈도의 문제가 아니다. 일을 안 하고 넘기려는 보고와 일을 열심히 하려는 보고의 내용이 다르다는 말이다. 오히려 주체적으로 일하고 싶을수록 보고를 더 많이 해야 한다. 상사와 신뢰감을 형성한다고 생각하면 좋겠다.

중간 관리자나 책임자도 나름의 부담을 갖고 있다. 팀원이나 후배가 열심히 일하면 좋지만 중간에 변수가 생기거나 사고라도 터질지 불안한 마음이 조금씩은 있다. 잦은 보고는 그 불안을 줄이는 데 큰 역할을 한다. '적어도 내가 모르는 새 사고가 나지는 않겠군.' 정도면 일단 성공이다. 그게 반복돼서 상사가 '이 사람에게는 이제 더 맡겨 봐도 되겠어.'라고 생각하게 되면, 그때부터 주체적으로 할 여지가 커질 것이다.

판타지나 무협 소설에는 '검기'라는 게 나온다. 검에 자신의 기를 넣는 것인데, 무공이 단련돼 기가 강해지면 '검강'의 형태로 발전한다. 이 정도는 검뿐만 아니라 나뭇가지나 풀 한 포기를 잡아도 상대를 벨 수 있는 경지다. 전극진과 양재현의 만화《열혈강호》에서는 한비광과 담화린이라는 주인공들이 나온다. 한비광은 내공은 엄청나지만 검술을 제대로 배우지 못했고, 담화린은 초식 운용이 뛰어난 데 비해 내력이 약한 설정으로 나온다.

《성공하는 사람들의 보고습관》의 다섯 가지 보고 방법을 기본 초식으로 삼아 연습을 반복하면 좋겠다. 처음에는 동작 하나하나 제대로 따라 해 봐야 한다. 반복하면 어색함도 줄어들고 점점 내공이 쌓일 것이다. 그렇게 기초부터 다지며 늘어난 보고의 잔뼈가 내공과 만날 때, 회사를 좌지우지하는 보고도 할 날이 올 것이다. 우리도 직장 생활 하면서 삼성을 바꾼 '후쿠다 보고서' 같은 것 한번 써 봐야 하지 않겠는가.

《열혈강호》가 나왔으니 한 가지 더 보자면, 주인공 한비광은 작품에서 최고 수준의 재능을 가진 설정으로 나온다. 한 번 보고도 무공을 따라 하는 재능이 뛰어나고 내력도 어마어마해서 엄청난 수준의 초식을 초반부터 마구 써 대는데, 체계적인 기초 수련이 되지 않아 상황에 맞지 않는 초식을 날리거나 실수하는 일을 반복한다.

보고라고 하면, 한 장짜리 보고서나 엘리베이터 테스트 같은 간지 나는 보고서를 생각하는 경우가 있다. 솔직히 우리가 애플 본사에서 일하는 직원이 아니라면 스티브 잡스 같은 CEO를 엘리베이터에서 만나 두세 문장만에 사업 보고를 할 기회가 얼마나 있겠는가? 보고서 열 장을 써 봐야 쓸 만한 내용 한두 장이 남을까 말까 한다.

그렇게 버려진 수많은 말과 글과 도형이 낙엽처럼 쌓여 거름이 되면 우리의 숲에 보고라는 나무가 아름드리 자랄 것이다. 그러니 초식 훈련을 할 때 만날 수많은 시행착오를 두려워하지 말자. 훈련되지 않은 뛰어난 재능은 상황에 맞지 않는 실수를 유발한다. 그대의 일 잘하는 재능이 빛을 발하도록 훈련을 거듭하면 좋겠다.

보고받는 사람은 센스를 가르쳐라

보고를 하기만 하거나, 받기만 하는 사람은 많지 않다. 연차나 보직에 따라 비율은 조금씩 달라지겠지만 대부분은 보고를 하기도, 받기도 한다. 그럼 이해하기가 쉬워진다. 어떤 보고가 좋은 보고인가? 내가 받고 싶은 보고가 좋은 보고다.

상대방의 입장에 서면 안 보이던 것들이 보일 때가 많다. 보고받을 때 아쉬운 점이 있다면 그 부분이 내가 보고할 때 챙겨야 하는 부분이다. 나에게 들어오는 보고를 신뢰할 수 없다는 느낌이 들면, 그럼 내 보고는 어떻게 해야 신뢰가 생길까? 생각해 볼 수 있을 것이다.

그리고 보고를 센스의 영역으로 남겨 두지 말고 정확하게 가르쳐 준다면 그대는 멋진 선배가 될 수 있을 것이다. 보고받는 사람도 그 보고를 같이 만들어 가는 능동적인 주체다. 많은 배우가 공연은 관객과 함께하는 거라고 말한다. 무대에 선 배우들은 관객들의 눈빛, 탄성, 야유, 응원 하나하나에 지대한 영향을 받으며 연기한다. 보고는 혼자 추는 춤이 아니다. 탱고를 추듯 보고 하나하나에 담긴 그 사람의 생각과 감정을 느끼면서 반응해 주는 선배는 보고자가 더욱 훌륭하게 춤출 수 있게 만들 것이다.

보고받는 자에게 필요한 사항으로 언급하고 싶은 것은, 반드시 '기한'을 요구하고 그걸 체크해야 한다는 것이다. '언제까지 이 사항이 필요하다.'고 명확히 요구하지 않는 경우가 비일비재하다. 똑같은 사안이라도 '다음 주 수요일까지는 초안이 필요해.'와 '내일 완성본이 필요해.'는 전혀 다른 일이다. 시장 크기나 경쟁사 동향 등 다양한 관점으로 궁리해 보고 싶은데 당장 봉고차에 물건 싣고 나가서 팔자고 한다거나, 내일 바로 거래처를 만나야 하는데 공장의 역사를 언급하는 보고서를 받아 본 적 있는가? 어느 쪽이나 마음이 갑갑해진다. 명확한 기한을 요구하면 이런 동상이몽은 많이 줄어든다.

'알아서 필요한 것을 센스 있게' 보고해 주는 팀원이 있다면 참 좋겠다는 마음, 이해한다. 당신이 일 잘하는 상사라면 더욱 그 마음이 간절할 것이라고도 정말 공감하고, '나는 상사에게 다르게 보고했던 것 같은데….'라는 생각이 고개를 쳐드는 마음도 이해가 간다. 그렇기에 당신의 팀원도 충족해 주기를 바라는 마음 또한 잘못되지 않았다. 다만 한창 자라나는 새싹들에게는 '내가 무슨 생각하는지 네가 먼저 맞춰 봐.' 식의 태도로 비칠 수 있다는 말을 하고 싶다. 그렇게 우리는 꼰대가 돼 간다.

서로의 마음을 딱 알아챘을 때, 느껴지는 전율 같은 거 있지 않은가. 직장 생활에서 보람을 느낄 영역은 많지만, 보고는 일상적으로 성취감을 맛볼 수 있는 요소다. 보고만 익숙해져도 사회생활이 훨씬 재미있을 것이다. 반대로 보고가 힘들면 기운이 빠진다. 보고는 결국 의사소통, 커뮤니케이션이기 때문에 맞춰 가는 데 어느 정도 시간이 필요하다. 그 시간을 거쳐 서로 생각이 통하기 시작하면 정말 신난다. 기초 훈련 열심히 해서 보고 잘하는 사람 되고, 또 후배들 잘 가르쳐 줘서 좋은 선배 되고, 그러다가 시간이 지나면 또 누가 알겠는가? 어느새 사장도 돼 있을지. 건투를 빈다.

잘난 척 포인트!

- 보고 대신 '리포트'라고 말해 보자. 여기에서는 편의상 보고라고 했지만, 리포트나 리포팅이라고 구사하면 더 있어 보일 것이다.
- "일본 스타일의 자기계발서를 좋아합니다."라고 말해 보자. 누군가 이유를 묻는다면 "명쾌한 적용 지침이 많아서요. 비즈니스는 결국 실행이잖아요." 정도로 대답하면 간지 난다.

- 후쿠다 보고서는 1993년 삼성전자의 고문이었던 후쿠다 다미오가 이건희 회장에게 낸 보고서다. 핵심 내용은 '경영과 디자인'이었는데, 이걸 읽은 후 이 회장은 '신경영'을 선포한다. 이 신경영을 표현하는 그 유명한 말이 "마누라랑 자식 빼고 다 바꿔 봐."다. 이후 삼성이 디자인에서 혁신하게 됐다는 평가가 중론이다.
- 보고를 지금보다 더 많이 하라. 받고 싶은 보고를 하고, 기회가 될 때마다 보고를 가르쳐라.

성공하는 사람들의 보고습관

야마구치 신이치 | 양영철 옮김 | 거름 | 2006.5.10.

Q : 일만 잘하면 되지 보고도 잘해야 하나?

A : 보고를 잘하는 사람이 일 잘하는 사람이다. 정당한 평가를 위한 보고 스킬은 배울 수 있다.

이 책은 총 8장으로 구성됐다. 서두인 1장과 2장에서는 사람에게 필수 영양소가 필요하듯 비즈니스 영역에서는 보고가 절대적으로 필요하다고 말한다. 저자는 직장 내 의사소통을 '보고, 연락, 상담' 세 가지로 구분하는데, 일을 지시하는 환경에서는 보고가 가장 중요하다고 제시한다.

업무의 흐름을 PDCA 사이클Plan-Do-Check-Action: 계획-실행-중간 확인-변경 실행로 설명하는데, 여기에서 보고가 필요하지 않은 부분은 두 번째 단계인 실행Do 뿐이다. 계획을 세우면서 보고하고, 실행 중간에 확인할 때 보고하고, 변경 사항을 실행하면서 보고해야 한다는 것이다. 그리고 보고 시에는 TPOTime, Place, Occasion에 맞게 보고해야 한다. 이에 기초해 보고는 다섯 가지로 구분할 수 있다. 보고 시간Time에 따라 결과 보고와 중간보고로 나누고, 보고 상황Occasion에 따라 문제 보고, 변경 사항 보고, 정보 보고로 나눈다. 보고 장소Place는 사외와 사내로 나눠 대면으로 하거나, 전화로 하거나, 이동 중인 사람에게 하는 등 경우마다 적절한 방법을 이야기한다.

3장은 결과 보고를 다룬다. 보고 중 가장 기초 단계에 해당한다. 업무의 결과가 나왔을 때 그 업무의 지시자에게 보고하는 것은 당연하지만, 주의해야 할 점이 있다. 남에게 맡기지 않고 직접 해야 하며, 묻기 전에 먼저 해야 한다는 것이다.

4장은 중간보고를 다룬다. 결과 보고보다 한 걸음 더 나아가, 비교적 짧은 시간 내에 결과가 나오지 않고 며칠에서 몇 주가 걸리는 사안을 다루는 방법이다. 업무의 지시자는 바쁜 상황 등으로 인해 잠시 잊을 수는 있어도, 영원히 까먹는 일은 없다. 결과가 나오기 전에 진행 사항을 보고하는 일은 신뢰감을 높이는 지름길이다. 중간보고는 신속하게, 정기적으로, 기록이 남도록 해야 한다.

5장은 문제 보고를 다룬다. 좋지 않은 소식을 전하기를 좋아하는 사람은 없다. 불편하고 어렵지만 문제가 있을수록 빠르게, 장소와 수단을 가리지 않고 보고해야 한다. 문제 보고는 신속하게 대안까지 제시하는 것이 중요하다. 상사의 입장에서 문제보다 더 반갑지 않은 일은 시간에 쫓겨 어찌할 수 없을 때 알게 되는 것이다.

6장은 변경 사항 보고를 다룬다. 변경이 생기는 경우는 자신의 의사와 관계없이 돌발적인 경우와 자신의 판단으로 변경하기를 원할 경우로 나뉜다. 두 가지 모두 즉시 보고해야 할 사항이다. 일부 중간보고나 문제 보고와도 비슷한 유형이다.

7장은 정보 보고다. 이는 보고자가 부가적으로 하는 유형이다. 저자는 이를 가장 수준 높은 보고의 유형으로 본다. 정보 제공의 역할을 위해서는 정보의 신선도가 중요하다. 보고 시에는 사실과 의견을 구분해야 하고, 마지막에 제안을 첨부하는 것이 좋다. 보고받는 사람이 취사 선택할 정도가 돼야 한다.

8장에서는 보고를 상사의 입장에서, 일상적으로 하라는 충고로 마무리한다. 보고는 신뢰를 얻게 되는 행위다. 이 말은 보고를 잘 못하면 신뢰 관계를 만들기 어렵다는 뜻이다.

일만 열심히 하면 보고는 자세히 하지 않아도 다 알아줄 거라는 믿음만큼 조직 생활에 맞지 않는 것도 찾기 힘들다. 또한 보고는 기본적으로 성향에 맞게 하면 된다는 믿음만큼 성의 없는 생각도 드물다. 말하지 않는 상대의 마음을 내가 잘 모르는 것처럼 내가 표현하지 않으면 상대는 절대로 내가 일을 잘하는지 알 수 없다. 조직은 더욱 그렇다. 그리고 보고는 마음의 문제라기보다 기술의 영역이다. 기초를 배우고 원칙에 따라 반복적으로 실행해야 수준이 올라간다. 이 책에서 제일 중요한 내용은 이미 1장에 나왔다. 그건 조직 생활에서는 보고가 필수라는 것이다.

초독서

1-4
종이 한 장이
운명을 바꾸다

《체크! 체크리스트》

/

흐릿한 잉크가
뚜렷한 기억보다 낫다.

중국 속담

'투 두 리스트To-do list'를 경계하는 사람들이 자주 지적하는 논리는, 서류는 이미 넘치도록 많다는 것이다. 각종 약관과 무슨 말인지도 모를 계약서 더미, 속 터지게 하는 사용 설명서 등을 볼 때 문서가 과하다는 생각이 설득력이 있다. 투 두 리스트를 개개인의 기질적인 차이의 문제로 생각해서 좋아하는 사람만 쓰면 된다고 생각할 수 있지만, 단어의 부정적인 느낌이나 우려에도 불구하고, 나는 투 두 리스트에 그 이상의 필요성과 효용성이 있기 때문에 모든 사람이 이용해야 한다고 생각한다. 제너럴리스트Generalist는 말할 것도 없고, 스페셜리스트Specialist도 예외가 아니다. 그 이유는 "우리가 가진 지식의 양과 복잡성이 우리의 역량을 넘어섰기" 때문이다.

몰라서 빼먹는 게 아니다

《체크! 체크리스트》에 나오는 예를 하나 소개하면 더 흥미가 생길 것이다. 대상은 의사, 우리 시대 대표적인 전문가 집단으로 인정받는 사람들이다. 학습 능력이 뛰어났기 때문에 의학을 공부할 자격을 받았을 것이다. 그이후로도 엄청나게 학습해야 인턴 생활을 할 수 있고, 그 뒤로도 계속 지식과 경험을 쌓아야 전문의가 될 수 있는 사람들이다.

《체크! 체크리스트》의 저자인 아툴 가완디가 연구를 실시했다. 병원 여덟 곳에서 2분짜리 19개의 체크리스트를 사용한 지 3개월 후 피드백 조사를 했다. 직원의 80퍼센트가 체크리스트가 사용하기 쉽고 시간도 얼마 걸리지 않으며, 체크리스트로 치료의 안정성이 향상됐다고 답했다. 응답자의 20퍼센트는 여전히 체크리스트를 사용하는 데 시간이 많이 걸리고, 체크리스트로 치료의 안정성이 향상된 것은 아니라고 답했다. 긍정과 부정의 비율이 8 대 2 정도다. 그런데 유독 질문 하나에만은 비율 차이가 더 컸다.

'만약 당신이 수술받게 된다면, 당신을 수술하는 의사가 체크리스트를 사용하기를 원하는가?'

93퍼센트의 응답자가 그렇다고 답변했다.

피할 수 있었는데, 어이없게 뭐 하나를 놓쳐서 발생하는 참담한 결과로 인해 안타까운 일들을 우리는 주변에서 자주 접한다. 우리는 천재가 아니고, 설령 천재더라도 세상의 복잡성과 우리가 컨트롤해야 하는 지식의 양이 일개 개인이 처리할 수 있는 범위를 넘어서는 시대다. 신입 사원부터 사장까지, 의학계에서 비즈니스 영역을 거쳐 정부나 재계까지 정보가 개인을 초과하는 흐름에서 예외인 곳은 없다. 이를 극복할 전략이 너무도 단순해서 터무니없어 보이는, 바로 체크리스트다.

투 두 리스트와 체크리스트는 관점이 다르다. 투 두 리스트는 필요한 일이나 항목을 하나하나 나열해서 차례대로 지워 나가는 것이다. 체크리스트는 어느 정도 숙달된 업무를 진행할 때 자칫 빠뜨리고 실수할 수 있는 오류를 막거나 위기 상황에 쓰는 것이다. 대수롭지 않아 보이는 이것이 우리의 실생활을 바꿀 만할지 생각해 보자. 그 전에 저자에 대해서 알아보자.

아툴 가완디는 누구인가?

발음도 매력적인 이 저자는 굉장히 흥미로운 사람이다. 곧, 아는 척 할 게 많다는 이야기다. 이 사람의 직업은 수술을 집도하는 외과 의사다. 이 저자의 다른 책을 잠깐 보자. 《어떻게 죽을 것인가》는 좀 더 의사가 썼을 것 같은 제목이다. 이 책의 부제는 "현대 의학이 놓치고 있는 삶의 마지막 순간"이다.

현대 의학의 지상 과제는 생명 연장이다. 이걸 부인할 사람이 있을까? 만약 환자의 생명이 꺼져 가는 상황이다. 본인도 그렇겠지만 보호자나 가족은 환자의 목숨을 연장할 수 있는 일이라면 극도로 가능성이 낮은 방법이라도 다 해 봐야 할 것 같은 윤리적 죄책감이나 부담감을 느끼기 쉽다. 경제적 문제로 사람을 살리지 못했다면 돈을 포함한 그 무엇과도 가치를 비교할 수 있을까? 생명 연장이라는 저항할 수 없는 미명 아래 고도의 기술과 비용을 요하며, 안정적인 검증 사례를 확보하지 못해 성공률도 안정적이지 않은 온갖 '현대적'인 의학적 처치로, 죽어 가는 환자들을 더욱 괴롭히고 있다고 저자는 말한다.

물론 생명은 지키기 위해 싸울 가치가 있다. 하지만 죽음과의 싸움에서 이길 의술은 없다. 《어떻게 죽을 것인가》의 원제는 《Being Mortal》이다. 우리가 죽을 수밖에 없는 존재라면 무엇을 위해 고통스러운 싸움을 치러야 하는지, 환자와 함께 그 현장에 서 있는 의사가 질문한다. 죽음 대신 삶을 얻기 위해서가 아니라, 남은 삶을 더욱 가치 있게 만들기 위해 싸워야 한다. 신체적 생명의 일시적 연장보다 더 중요한 가치가 담긴 제목이 바로, '어떻게 죽을 것인가'다.

《숨결이 바람 될 때》를 쓴 신경외과 의사 폴 칼라니티는 그가 폐암 4기, 죽기 8개월 전에 딸이 태어났다. 그는 전력을 다해 집필했지만 안타깝게도 책을 완성하지 못하고 죽었고, 에필로그는 아내인 루시 칼라니티가 마무리했다. 창창한 미래에 대한 기대를 접고, 그보다 더 고통스러운 일인 사랑하는 사람들과의 이별을 준비할 수밖에 없는 그의 삶을 읽는 내내 먹먹하다가 에필로그를 읽으면서는 결국 펑펑 울 수밖에 없었다. 죽음이 삶을 가르쳐 준다는 이 책의 추천사를 쓴 사람 중 한 명이 바로 아툴 가완디다.

《습관의 힘》으로 전 세계의 베스트셀러를 휩쓴 찰스 두히그는 정작 본인은 너무 많은 일에 파묻혀 위기가 찾아왔다고 한다. 그는 여유롭게 일하면서도 높은 생산성을 유지하는 사람들을 취재하기로 마음먹는다. 그가 처음 연락한 사람은?

하버드대학교 의과대학 교수, 최고 레벨의 외과의이자, 쓰는 책마다 베스트셀러인 작가, 〈타임〉이 선정한 세계에서 가장 영향력 있는 사상가이기도 한 사람, 바로 아툴 가완디다. 두히그의 그다음 책이 가완디처럼 탁월한 생산성을 보이는 사람이나 조직의 비밀을 밝히는 《1등의 습관》이다. 참고로 이 책의 원제는 《Smater Faster Better》이다. 제목은 '습관'이라는 키워드로 찰스 두히그를 기억하는 한국 독자들을 위한 배려라고 생각한다.

실무와 강의와 저술 중 하나만 잘해도 귀한 일이다. 그런데 아툴 가완디는 모든 영역에서 거의 최고 수준의 결과물을 보여 주는 인간이다. 게다가 찰스 두히그가 처음 만나고 싶다고 메일을 보냈을 때 가완디는 시간이 없어서 어렵겠다고 답장했다고 한다. 나중에 알게 된 이유는, 가완디가 그 주에 아이들과 콘서트장에 가기로 약속했고, 그다음 주에는 아내와 휴가를 가기로 했기 때문이란다. 일뿐 아니라 가족까지 아끼는 사람, 이 완벽한 남자가 내 친구가 아니어서 다행이다.

어쨌든 이런 사람이 지은 자기계발서다. 실제로 《체크! 체크리스트》를 제외하고 아툴 가완디의 다른 책들은 인문 쪽으로 분류하기가 더 자연스럽다. 최고의 의사이자 베스트셀러 작가가 쓴 자기계발서라니, 이 자체만으로도 매력적이지 않은가.

보잘것없는 종이 한 장이 업계를 바꾸다

1935년, 미 육군 항공대에서는 보잉의 299기가 차세대 장거리 폭격기로 낙점되려고 했다. 이전의 폭격기보다 훨씬 빠르고, 더 멀리 갈 수 있으며, 훨씬 더 많은 폭약을 실을 수 있었다. 이 차세대 모델이 조종사의 사소한 실수로 시험 비행에서 폭발해 추락하고, 보잉은 이 사건으로 파산할 뻔했다. 299기에는 신경 써야 할 복잡한 장치가 너무 많아서, 조종사가 승강타와 방향타의 새 제어 장치를 해제하는 것을 깜빡한 것이다. 실수한 조종사의 실력은 최고 수준이었다. 그에게도 너무 복잡한 비행기였다.

해결책은 더 많은 훈련이 아니었다. 최고 수준의 조종사도 다루기 어려운 비행기를 조종할 수 있게 하기 위해서, 체크리스트를 만드는 일이었다. 이 체크리스트는 짧고 간단했다. 너무 쉬워서 의아할 정도의 사항이었다. 예를 들면 '브레이크를 풀었는가, 문과 창문이 닫혀 있는가, 계기가 제대로 세팅됐는가.' 등으로 구성된 체크리스트를 사용하기 시작했다. 이후 조종사들은 약 3백만 킬로미터를 비행하는 동안 한 건의 사고도 일으키지 않았고, 이후 이 비행기는 B-17이라는 별명을 얻으며 나치 독일을 위협하는 강력한 폭격기가 됐다.

체크리스트를 따르는 사람이 경직돼 보인다고 생각하기 쉽다. 아무 생각 없이 서류만 쳐다보고 있는 꽉 막힌 사람처럼, 진짜 현장을 모르고 상황에 맞지 않는 답답한 원칙주의자를 떠올릴 수도 있겠다. 하지만 체크리스트는 쓸데없는 일에 방해받지 않고 진짜 중요한 일에 집중할 수 있게 해 주는 장치다.

엔진이 하나인 비행기를 몰다가 엔진이 작동되지 않을 때 쓰는 리스트가 있다. 이 체크리스트에는 엔진의 시동을 다시 걸기 위한 체크 항목과 예비 연료 펌프 스위치가 켜져 있는지 확인하는 등 중요 단계가 여섯 가지로 압축돼 있다. 여기에서 아주 예리한 단계가 하나 있는데, 바로 '비행기를 조종하라.'다. 조종사가 멈춘 엔진의 시동을 걸기 위해 필사적으로 노력하다가 뇌에 과부하가 걸려 정작 비행기를 조종해야 한다는 사실을 놓칠 수 있음을 간파한 것이다. 이처럼 체크리스트는 사람을 경직시키는 것이 아니라 오히려 경직된 상태에서 정신을 차리게 해 주는 기능을 한다.

이번에는 2001년, 존스홉킨스대학병원이다. 이 병원은 '미국 최고의 병원 1위'를 놓치지 않는다. 의학대학원은 노벨상 수상자를 18명 배출했으며, 하는 연구마다 세계 최초나 세계 최고라는 수식을 다는 곳이다.

초독서

이곳의 집중 치료 전문가인 피터 프로노보스트는 의사들이 체크리스트를 사용해야 한다고 생각했던 모양이다. 중심 정맥관을 삽입하는 데 감염을 피하기 위해 손 씻기, 소독하기, 마스크 착용하기 등 약 다섯 차례의 감염 방지 절차가 필요한데, 이는 아주 단순하고 쉽고 당연한 일이어서 이걸 다섯 번이나 체크하는 리스트를 만드는 것은 어리석어 보였다.

하지만 현실은 달랐다. 집중 치료팀의 간호사들이 한 달 동안 의사들을 관찰한 결과, 3분의 1 이상이 적어도 한 단계 이상을 빼먹었다고 한다. 프로노보스트는 존스홉킨스대학병원 경영진과 논의해서, 체크리스트 단계를 빠트리고 이행하지 않을 경우 간호사가 의사를 제지할 수 있는 권한을 부여했다. 현장에 존재하는 의사와 간호사 사이의 미묘한 힘의 우위까지도 배려했다는 게 느껴진다.

결과는 처음 10일 동안 11퍼센트의 감염율이 0퍼센트로 떨어졌다. 15개월 동안 발생한 감염은 두 건, 이로 인해 43건의 감염과 여덟 명의 환자 사망을 예방했다고 추정한다. 비용 절감액은 24억 원으로 추산한다.

미국에서는 매년 환자 15만 명 이상이 수술로 사망하는데, 감염으로 인한 합병증의 절반은 피할 수 있었다는 연구가 있다. 고도로 전문화된 의료계에서 한 환자에게 필요한 조치를 제공하기 위해 매일 178가지의 직무를 처리해야 한다는 통계도 있다. 어떤 사람도 그 과정에서 실수 한 번도 안 하기란 쉽지 않을 것이다. 복잡한 상황을 해결하기 위해 전문화된 영역이 바로 그 전문화 때문에 부메랑을 맞는 꼴이다.

의료 현장만 그런 것이 아니다. 계약서나 약관만 들여다봐도 알 수 있다. 내 실제 생활에는 한 번 생기기도 힘들 것 같은 일들이 참 다양하게도 쓰여 있다. 저자인 아툴 가완디가 만난, 약 6천억 원을 운용하는 투자자인 모니시 파브라이는 이렇게 말했다고 한다. "난 IQ가 300이 아니란 거죠."

그래서 평범한 사람도 쓸 수 있는 체크리스트를 만들었다.

보잘것없는 종이 한 장, 당신을 바꿀 것인가

체크리스트가 필요하다고 해도 남은 문제가 있다. 우선 체크리스트가 절대 선은 아니다. 좋은 체크리스트도 있고 나쁜 체크리스트도 있다.

나쁜 체크리스트의 특성은 내용이 애매모호하고, 죄다 설명하려고 해서 너무 길고, 그래서 쓰기 힘들다. 현장을 잘 모르는 사람이 만들면 이런 체크리스트가 나올 가능성이 크다. 사람들을 초보자나 바보로 간주하고 모든 단계를 나열하는 리스트는 두뇌를 활성화하기보다 정지시킨다. 이런 면에서 체크리스트는 '모르는 사람도 한 번에 따라 할 수 있는 매뉴얼'과는 조금 달라야 한다. 물론 매뉴얼이 필요할 때도 있다. 처음 동작을 배우는 사람에게 텍스트나 이미지로 고정해 놓는 것이 표준화의 미덕이다.

그렇다면 좋은 체크리스트의 특성은 무엇일까? 우선 효율적이고 간단해서 사용이 쉽다. 생각이 멈출 정도로 심각한 상황에서도 쉽게 쓰인다. 모든 것을 설명하지 않고 가장 중요하고 필수적인 단계를 상기시키는 역할을 한다. 좋은 체크리스트를 사용할 수 있으려면 이 단계를 알아야 한다. 항공업계에서는 이 단계를 '일시 정지 지점'이라고 부른다. 체크리스트를 사용할 시점이 합의돼 있다는 뜻이다. 혹은 생각이 멈추는 '멘탈 붕괴'의 상황에서도 쓸 수 있겠다.

비행기를 조종할 때는 엔진에 시동을 걸기 전, 게이트를 떠나기 전, 활주로를 달리기 전 등의 단계가 체크리스트를 확인해야 할 때다. 가스 밸브나 수도꼭지, 멀티탭을 생각해 보면 쉽게 이해될 것이다. 우리는 가스 밸브를 잠그는 것 자체를 잊는다기보다, 집을 떠나기 전 '언제' 가스 밸브를 확인해야 하는지를 놓칠 때가 많다. 냉장고를 닫으면서 할지, 문을 나서면서 할지 그때만 정해 놔도 상당한 효과를 볼 수 있다.

이 책에서는 체크리스트를 사용할 '일시 정지 지점'이 되면 두 가지 방법 중에 선택하기를 추천했다. 하나는 '실행 확인 체크리스트'다. 이것은 기억과 경험으로 일을 처리하다가 중간중간 체크리스트를 살피며 확인하는 방법이다. 다른 하나는 '실행 지시 체크리스트'다. 절차를 하나씩 다 확인하면서 일을 진행하는 방법이다. 레시피를 따라 요리하듯이 말이다.

짧고 효율적이면서 강력한 체크리스트를 만들기 위해 항목을 다섯 개에서 아홉 개로 제한할 것을 추천한다. 정지 시점에서 1분 이상 체크리스트를 쳐다봐야 하는 상황이 된다면 차라리 건너뛰고 싶어질 것이다.

고정된 체크리스트 양식은 없다. 나는 체크리스트를 쓴다고 생각하는데, 다른 사람이 보면 체크리스트인 줄도 모를 법한 것도 있다. 나는 다이어리를 사 놓고 써야 한다는 사실 자체를 까먹는 부류의 사람이어서, 체크리스트를 만들어 쓰는 게 쉽지 않았다. 프랭클린 플래너도 써 봤는데, 이 플래너의 우수함과는 무관하게 역시 아무것도 적지 않은 빈 용지가 가득한 채로 연말을 맞이한 후 다시는 쓰지 않는다.

그래서 지금은 접착형 메모지를 체크리스트로 가장 많이 이용한다. 메모에 가깝다고 생각할 수 있는데, 이걸 체크리스트라고 생각하는 이유는 '일시 정지 지점'이 되는 상황을 찾아서 붙여 놓기 때문이다. 내가 기억하는 단 하나는, 내가 반드시 까먹는다는 사실이다. 까먹을 리 없다고 생각하는 지금 이 순간에 반드시 까먹는다고 기억하는 것은 도움이 된다. 덕분에 내 책상은 여기저기 메모지가 붙어 있다. 무엇을 놓쳤을 것 같아서 불안할 때는 내 노트북 컴퓨터 받침대를 한번 쳐다본다. 거기에는 내가 놓쳐서는 안되지만 반드시 까먹었을 것들이 있다.

나는 메일 계정도 체크리스트의 일종으로 이용한다. 메일의 기본 기능은 연락이지만, 업무를 크로스 체크하는 기능으로도 쓴다. 웹 메일과 아웃룩을 같이 쓰되, 아웃룩 계정은 스팸 메일을 포함한 모든 메일이 하나의 폴더로 들어오도록 설정했다.

이렇게 하면 우선 자주 발생하지는 않지만 읽으면 좋았을 메일이 스팸메일함에서 거름이 되는 사태는 막을 수 있다. 또 본문 내용을 집중해서 봐야 하는 메일과 첨부 파일을 확인해야 하는 메일이 미묘하게 다른 것들이 있는데, 두 개를 같이 쓰면 나름의 규칙을 갖고 효율적으로 확인할 수 있다. 요지는 중복은 되도 누락은 되지 않게 할 수 있는 것이다. 이건 내가 기획실장으로 일할 때 업무 특성 때문에 생각한 방법이다. 직무 특성 때문인지 사내에서도 내가 링크해야 하는 메일 연락이 많이 오는 편이었는데, 놓치면 두세 개 부서에서 차질을 빚을 수 있었다. 나는 팀원들에게 약속을 하나 했다.

"전화나 문자는 내가 놓칠 수 있는데, 메일로 보내는 건 반드시 읽겠습니다. 여러분이 보낸 후 24시간 내에 확인하고, 사안에 따라서 언제까지 피드백을 줄지 알려 주겠습니다."

내 메일함은 매일 50통에서 100통씩 새로운 메일로 넘쳤다. 이렇게 많은 메일이 필요한지 황당했지만 어쨌든 모든 메일을 반드시 그날 확인했다. 그러다 보니 하나의 루트만으로는 노력해도 놓치는 것들이 생기는 걸 알았고, 그렇게 나의 '투 트랙 메일 체크리스트'가 업무 습관으로 자리 잡혔다. 항공 업계와 의료 업계를 바꾼 체크리스트는, 내 업무 습관에도 지대한 영향을 미쳤다.

보잘것없는 종이 한 장이 모든 것을 바꾼다

체크리스트의 의미는 뭘까? 여전히 체크리스트가 어떤 양식이나 카테고리로 딱 고정되지 않을 수 있다. 간단해야 한다거나, '일시 정지 시점' 혹은 '멘붕' 상황에서도 쉽게 쓰여야 한다거나, 실행 확인형과 실행 지시형으로 나눠서 만들 수 있다는 굵직한 원칙만 있지, 실제 체크리스트를 만드는 매뉴얼은 없다고 봐도 무방하다. 체크리스트는 결국 '세상의 복잡성은 천재적 개인의 통제를 넘었다.'는 깨달음을 의미한다고 생각한다. 다른 말로는 '겸손'으로 표현할 수 있겠다.

체크리스트를 쓰는 게 불편할까? 물론이다. 어색하기도 할 것이다. 왠지 내가 업무에 숙련되지 못한 사람이라는 느낌이 들어서 쓰고 싶지 않을 수도 있다. 하지만 체크리스트를 사용해야 한다고 믿는 사람들을 들여다보면, 인간의 유한성과 세상의 복잡성을 인정하는 현명함이 느껴진다.

체크리스트가 할 일은 체크리스트에게 맡기고, 우리는 인간만이 할 수 있는 일을 찾으면 어떨까? 4차 산업 혁명이 모든 것을 바꾸고 있다. 13개월마다 지식의 총량이 두 배로 늘고 그 주기는 더 짧아지고 있다고 한다. 체크리스트가 효과가 있다는 것은 많은 상황에서 증명됐다. IQ가 300이 아니라면 체크리스트가 필요 없을 정도의 천재는 없다고 생각한다. 나는 스스로 생각해서 자신의 방식을 바꾸는 능력이 인간의 가장 아름다운 힘이라고 믿는다. 학습을 다루는 파트에서 자세히 이야기하겠지만, 사람이 성장하는 학습은 익숙한 일을 반복하는 것이 아니라 어색한 일에 치열하게 부딪히며 그것을 익숙하게 만들어 가는 과정이다. 체크리스트를 사용하기가 어색하다면, 그 과정에서 당신은 학습하면서 성장하고 있는 것이다.

아툴 가완디는 옥스퍼드대학교에서 윤리학과 철학을 공부했다. 전공이 사람을 보증하지는 못하지만, 기능인으로서의 의사가 되기 이전에 공부한 윤리학과 철학이 현재의 그를 형성하는 데 적지 않은 영향을 끼쳤을 것이라고 짐작하기는 어렵지 않다. 보잘것없어 보이는 체크리스트 하나가 당신의 인생을 더 풍요롭게 만들 것이다. 그리고 그 체크리스트를 만들려는 과정에서 겪는 모든 경험이 그대를 한층 성장시킬 것이다.

잘난 척 포인트!

- 아툴 가완디는 몇 권의 단행본을 썼다. "외과의사의 노트(A Surgeon's Notes)"라는 부제가 붙은 책이 두 권 있고, 《어떻게 죽을 것인가》로 번역된 《Being Mortal》이 있다. 제목에서 짐작되듯이 의사를 직업으로 하는 사람의 치열한 문제의식과 생생한 현장성이 잘 드러난다.
- 《체크! 체크리스트》의 원제는 《The Checklist Manifesto》이다. Manifesto는 성명서라는 뜻인데 목표와 실행 가능성을 구체적으로 제시하는 공약에 가까운 단어다.
- 체크리스트를 현명하게 사용하기 위해서는 '일시 정지 지점'을 알아야 한다. '실행 확인 체크리스트'와 '실행 지시 체크리스트' 중 자신에게 맞는 스타일을 골라 보자.
- 처음 만드는 체크리스트는 반드시 실패하고 시행착오를 겪는다. 남들에게 전파하기 전에 혼자 몇 번의 실패를 거치는 과정을 경험하기를 권한다.
- 체크리스트에 내재된 기본 철학은 '나는 천재가 아니다.'라는 겸손과, '익숙하지 않은 과정을 거치는 것이 고도의 학습이다.'라는 성장 마인드이다. 주눅 들지 말기를 바란다.

체크! 체크리스트

아툴 가완디 지음 | 박산호 옮김, 이재진 감수 | 21세기북스 | 2010.7.9.

Q : 우리는 유능한데도 끊임없이 실수한다. 극복할 전략이 있는가?

A : 체크리스트.

복잡하고 전문화된 현대 사회에서는 전문가도 실수할 수밖에 없다. 인간의 학습 능력 및 판단력은 한계가 있는데, 알아야 할 정보는 폭발적으로 늘고 있기 때문이다. 이런 환경에서 실패를 막기 위해, 불완전한 인간의 능력을 보완하기 위한 방법이 바로 체크리스트를 사용하는 것이다. 의사인 저자는 체크리스트 사용이 손해를 막는 일일 뿐 아니라 생명을 살리기까지 하는 일이라고 한다.

책은 총 9장으로 돼 있다. 1장에서는 전문가조차 실수를 반복할 수밖에 없는 이유를 설명한다. 우리가 가진 지식의 양과 복잡성이 한계를 넘어섰기 때문이다. 그러므로 인간의 축적된 경험과 지식을 이용하면서도 인간적인 결점을 보충해 주는 전략이 필요하다.

2장부터 4장까지는 여러 분야에서 쓰이는 체크리스트의 사례, 그것을 도입하게 된 배경과 과정에 대한 다양한 예시를 보여 준다. 저자인 의사가 몸담고 있는 병원의 예뿐 아니라 항공업계, 건물 건축, 대형 콘서트 무대장치 전문가, 프로 축구 코디네이터 등 다양하다. 이런 사례들의 공통점은 모두 인간이 제한된 시간 내에 처리할 수 있는 문제보다 훨씬 더 많은 요소가 있는 영역이라는 것이다. 아툴 가완디는 자신이 즐겨 간다는 레스토랑에서도 체크리스트를 사용하는 것을 발견했다. 레시피라는 이름의 체크리스트를 쓰지 않고 음식을 만드는 순간부터는 실력이 떨어진다는 것이다.

5장부터 7장에서는 체크리스트의 실패 사례와, 나쁜 체크리스트를 극복하는 방법이 나온다. 좋은 체크리스트는 정확하고 효율적이며 간단명료해서 심각한 상황에도 바로 쓸 수 있다. 나쁜 체크리스트는 내용이 애매모호하고 지나치게 길며 사용하기가 어렵다. 이런 나쁜 체크리스트는 현장을 모르는 사무 직원들이 책상에서 만들어 내는 경우가 많다. 즉 체크리스트는 고정 불변하는 것이 아니라, 사용하면서 끊임없이 다듬고 바꿔 나가야 하는 것이다. 그런 피드백은 당연히 현장에서 나온다.

체크리스트를 만들 때 꼭 기억해야 하는 점은, 사용 시점을 결정하는 것이다. 체크리스트는 사용 시점에 따라 두 가지로 구분된다. 처음부터 절차를 하나씩 확인하며 진행하는 '실행 지시 체크리스트'는 요리사에게 레시피 같은 것이다. 반면 실행자의 기억에 의존해 일을 처리하다가 잠시 멈춰서 규칙대로 진행되는지 점검하는 것은 '실행 확인 체크리스트'다. 체크리스트는 포괄적인 방법을 다루는 안내서가 아니기 때문에 짧아야 하고, 초보자가 아닌 숙련된 전문가들을 뒷받침해 주기 위해 존재하기 때문에 신속하게 쓸 수 있어야 한다.

8장과 9장에서는 전문가들이 체크리스트 사용을 여전히 싫어하는 현상과 그 이유를 말한다. 사용해 보지 않은 사람들은 체크리스트가 정말 효과가 있는지 못 믿기 때문에 쓰지 않는다. 하지만 저자는 자신을 포함해, 체크리스트의 효과를 실제로 확인한 사람들조차 체크리스트를 여전히 불편해한다는 걸 발견했다. 이는 체크리스트가 단순히 목록에 체크하는 것이라기보다 팀워크와 규율을 받아들이는 일이라는 뜻이다.

규율은 인간이 타고난 자질이 아니라 부단히 애써야 얻을 수 있기 때문이다. 자율은 변덕스러운 인간이라는 존재가 태어나면서부터 추구하는 바일 뿐이다. 자신은 체크리스트를 써야 할 만큼 초보자가 아니라고 확신하는 사람들에게, '당신은 체크리스트를 사용하는 의사와 사용하지 않는 의사 중 누구에게 수술을 받을 것인가?'를 질문했더니 93퍼센트가 체크리스트를 사용하는 의사를 골랐다. 규율을 받아들이고 체크리스트를 사용하기로 팀과 합의해 실행하는 일은 운명을 바꿀 수도 있다.

의사인 저자가 더 완벽한 수술을 위한 전략을 병원이 아닌 체크리스트에서 찾았다는 사실은, 체크리스트라는 원칙이 특수한 분야에서만 쓸 수 있는 것이 아니라는 말이다. 개인의 역량을 넘어서는 정보가 흐르는 곳이라면, 그리고 여러 사람이 제한된 시간에 협업해야 하는 환경이라면 누구라도 체크리스트를 사용해야 한다고 저자는 주장한다. 이 책에서는 체크리스트가 무엇인지, 어떤 특성이 있으며, 좋고 나쁜 체크리스트의 차이는 무엇인지, 체크리스트를 어떻게 활용해야 하는지를 다양한 분야의 사례를 통해 설득력 있는 원칙으로 제시한다.

만족시켜야 하는
단 한 사람을 찾아라

《절대 실패하지 않는 비즈니스의 비밀》

/

사람의 마음이란
어렵고도 어렵구나.

장기하와 얼굴들 <사람의 마음> 中

《초독서》의 관점은 크게 두 가지다. 하나는 필요한 책
들을 선별하는 관점이고, 다른 하나는 직장에서 공기처럼 만나는 상황들이
나 자주 언급되는 주제들을 다루는 관점이다. 책 자체는 참 좋지만 직장 생
활과 직접적인 연결고리가 잘 떠오르지 않는 책들은 제외했다. 반대로 주
제로 봐서는 꼭 언급해야 하는데 그 주제를 관통하는 한두 권의 책을 찾기
어려운 경우도 있었다.

그런 주제 중 대표적인 게 바로 '고객'이다. 비즈니스에서 고객을 빼면
할 이야기가 없다. 피터 드러커는 "사업의 목적은 오직 고객을 창출하는
것."이라고 말했다. 필립 코틀러는 "고객을 만족시키는 것으로는 충분하지
않다. 고객을 기쁘게 해야 한다."라고 말했다.

부장님이 "고객 관점이 없잖아!"라고 호통 치고 사장님이 "고객 중심의 기업입니다."라고 침이 마르도록 말하는, 만족에서 감동을 넘어 기절까지 시켜야 하는 비즈니스의 절대 군주, 고객. 대체 고객은 누굴까?

비즈니스에서 고객을 이야기할 때도 이런 비슷한 풍경이 재현된다. 부장님과 사장님이 말씀하시는 고객과 내가 생각하는 고객이 다르다. 이런 상황이 지속되면 비즈니스가 좋게 돌아갈 리 없다.

좀 충격적으로 비유하자면, 고객을 정확히 알고, 합의하고, 토론하고, 의견을 모으는 일들을 하지 않는 상황을 상상할 때 나는 마치 오래전 중죄인을 잔인하게 처벌하는 사형법인 거열車裂이 생각난다. 죄인의 사지와 머리를 말이나 소에 묶고 각 방향으로 달리게 해 사지를 찢는 형벌인데, 소를 사용하면 오우분시五牛分屍, 말을 사용하면 오마분시五馬分屍라고 한다. 우리의 비즈니스가 그렇게 거열당해서는 안 된다. 고객을 두고 제각기 다르게 말하는 것은, 오체가 분시된 참혹한 환경과 다를 바 없는 재앙이다.

협상과 의사소통, 보고는 매일 매시간 겪는다. 여기에서는 그때 참고할 책과 기술을 먼저 다뤘다. 그다음은 일을 잘해야 한다. 모든 직종과 직무에서 동일하게 일 잘하는 방법은 없겠지만, 공통적으로 적용될 수 있는 업무 방식의 하나로 체크리스트 사용을 소개했다. 이제부터는 비즈니스 영역에 속한 사람이라면 언제든 염두에 둬야 하는 주제인 '고객, 마케팅, 전략'을 다루려고 한다. 그 첫 단추는 단연 '고객'이다.

누군가 만족해야 성공한다

《절대 실패하지 않는 비즈니스의 비밀》은 제목만 들어도 매력적이다 못해 도도한 느낌까지 든다. 이 책의 저자는 마이클 르뵈프다. 경영학 교수이면서, 컨설턴트 및 전문 강사이자 인기 저술가이기도 하다. 미국에서는 라디오와 텔레비전 토크 쇼에도 많이 출연했다. 저자의 다른 책으로는《내 안의 백만장자The Millionaire In You》,《Working Smart현명하게 살기》,《Perfect Business퍼펙트 비즈니스》등이 있다. 컨설턴트의 이력이 느껴지는 자기계발서 및 고객 서비스에 대한 책을 많이 냈다.

《절대 실패하지 않는 비즈니스의 비밀》의 원제는《How To Win Customers and Keep Them For Life》다. 직역하면 '고객을 확보하고 그들을 평생 유치하는 방법' 정도가 되겠다. 원래《세일즈를 지배하는 착한 고객》으로 출간됐다가 지금의 이름으로 개정판이 나왔다. 여기에서 '착한 고객'의 진짜 의미는 '불만을 말하지 않고 돌아서서 다시는 돌아오지 않는 고객'이라는 뜻이다. 이 책은 고개가 휙 돌아가는 충격적인 숫자들을 보여 주며 시작한다. 고객의 4퍼센트만이 불만을 말하며, 나머지 96퍼센트 중 91퍼센트의 고객은 다시 돌아오지 않는다는 것이다.

이 책은 고객 서비스와 고객 만족이라는 해묵은 주제를 명쾌하게 다뤘다. 고객의 마음을 사로잡는 마술 같은 화술의 예시가 여러 번 나오기 때문에 일류 세일즈맨이 되는 기술로 비칠 수도 있다. 하지만 세일즈 자체나 고객에게 잘 파는 관점이라기보다는 고객의 니즈와 마음을 읽을 수 있는 원칙을 정리한 책으로 봐야 더 적절하다. 그러니까 원제를 상당히 바꾼 '절대' 실패하지 않는다는 한국어판 제목도 나름 의미가 있다고 봐도 좋을 것이다.

  이 책은 3부로 구성됐다. 1부는 고객의 욕구와 필요를 파악하라는 내용인데, 말 그대로 기본적이다. 평이하다는 의미가 아니다. 비즈니스를 하는 한 평생 되새겨야 할 원칙들이라는 말이다. 단순 판매가 아니라 고객을 확보하고 유지하기 위해서 고객을 도우라거나, 이성이 아닌 감정이 고객을 지배한다거나, 신용을 지키고 신뢰할 서비스를 제공하라는 등의 이야기가 진부하게 느껴지는가? 그렇다면 당신은 이미 비즈니스의 천재거나 큰 맹점에 빠져 있을 가능성이 있다.

  2부는 흔히 '진실의 순간'이라고 말하는 고객과의 접점에서 긍정적인 경험을 제공하며 고객의 마음을 움직이는 방법을 썼다. 첫인상 사로잡기, 화난 고객이나 불만 고객 대하기, 결정 장애 고객을 대하는 방법, 거절에 좌절하지 않기 등 세일즈 전략 및 원칙이 나와 있다.

  3부는 이 책의 핵심이라고 보기는 어려우나 저자의 균형 잡힌 통찰을 느낄 수 있는 대목이다. 좋은 고객 서비스를 지속적으로 제공할 수 있도록 직원들의 보상 체계를 구축하는 방법을 언급했다. 금전적 보상이나 승진, 인정과 칭찬 등 여러 예시가 나오는데, 중요한 점은 '필요한 행동'에 보상하는 것이다. 관리자는 그 행동을 말로 설명해 주고, 직접 보여 주고, 그 행동에 보상하는 프로세스를 따라야 효과가 있다.

  이 책을 가장 감성적으로 압축하는 시가 본분에 실려 있다. 고객이 무엇을 원하는지 각인시켜 줄 글이다. 여기에서는 일부만 소개하겠다.

  내게 옷을 팔려고 하지 마세요.

대신 멋진 외모와 스타일, 매력을 파세요.

(중략)

내게 장난감을 팔려고 하지 마세요.

대신 우리 아이들에게 줄 행복한 순간을 파세요.

(중략)

내게 타이어를 팔려고 하지 마세요.

대신 걱정에서 벗어나는 자유와 낮은 유지 비용을 파세요.

(중략)

제발 내게 '물건' 자체만을 팔려고 하지 마세요.

고객이 사는 것은 결국 단 두 가지다. 하나는 행복, 다른 하나는 문제 해결책이다. 생각해 보라. 당신과 나를 포함해서 세상에 어떤 사람이 물건 자체를 사는가?

당연한데 당연하지 않은 비즈니스의 비밀

장담하건대 지금까지 내가 쓰고 당신이 읽어 오면서 당신이 몰랐던 내용은 없을 것이다. 이렇게 당연하고 쉬운데 비즈니스는 뭐가 그렇게 복잡한지 신기할 일이다. 이 당연하고 쉬운 일이 생각보다 잘 안 되는 이유는 당신과 내가 특별히 못나거나 역량이 떨어져서가 아니다. 여기에는 인간 본능에 내재된 태생적 한계가 있다. 그 이름도 유명한 '지식의 저주The Curse of Knowledge'다.

미국 스탠퍼드대학교의 엘리자베스 뉴턴이라는 사람이 한 가지 실험을 했다. A 그룹에게 누구나 알 만한 노래를 들려주고, A 그룹은 그 노래를 탁자를 두드려서 B 그룹에게 들려주고 맞추게 한다. 이미 노래를 알고 있는 A 그룹 사람들은 B 그룹이 노래 중 50퍼센트 이상을 맞출 것이라고 예상한다. B 그룹이 맞춘 노래는 2.5퍼센트인 세 곡이었다.

A 그룹은 이미 알고 있다. 어떻게 〈학교 종이 땡땡땡〉을 모를 수 있겠어? 그런데 B 그룹이 '반짝반짝 작은 별'이라거나 '애국가'라고 대답하면 흠칫하는 것이다. 무엇을 알고 난 후에는 그전 상태로 돌아가기 어려워지는 것이 '지식의 저주'다.

섬진강 시인이라고 불리는 김용택 시인은 어렸을 때부터 다슬기를 많이 먹어서 이쑤시개를 대지 않고 입술로만 까 먹을 수 있다고 한다. 김용택 시인이 시내에 밥을 먹으러 갔는데 다슬기 한 접시가 나왔고 그 옆에 놓인 이쑤시개. 시인은 무심하게 입으로 훌훌 까먹고 있는데 식당이 조용해서 둘러보니 웬걸, 식당에 있는 사람들이 다 자신을 쳐다보고 있었다고 한다. 신경림 시인이 가르쳐 달라고도 했다지만 이미 아는 걸 설명하기는 생각보다 어렵다. 지식의 저주를 잘 드러내는 대표적인 대사는 '이 정도는 알지?'나 '이걸 모를 리가 없지.' 정도가 되겠다.

그래서 모두가 입에 침이 마르고 귀에 딱지가 앉을 지경으로 이야기하는 '고객 중심적 사고'가 그렇게 어렵다. 고객이 중요하다는 걸 누가 모르는가. 내가 고객일 때는 자연스럽게 튀어나오는 행동들이 상황을 뒤집어 놓으면 도저히 알 수가 없다. 그래서 막막한 게 고객의 마음이다. 또 전문적이 돼 갈수록 지식의 저주에 걸리는 딜레마에 빠진다. 오늘도 많은 투자자가 주가 예측에 어려움을 겪고, 올해 개봉하는 수많은 영화의 흥행 성적이 평론가들의 예상을 빗나갈 것이다.

고객의 마음을 어떻게 하면 조금이라도 더 잘 알 수 있을까? 내가 추천하는 방식은 두 가지다. 첫 번째는 고민하는 시간을 늘리지 말고 가시적인 실체를 빨리 만든 다음 수정하는 것이다. 시제품이 될 수도, 소프트웨어의 테스트 버전이 될 수도 있다. 고객에게 던지는 한마디 멘트가 될 수도, 50장짜리 보고서의 첫 한 줄일 수도 있다. 글을 잘 쓰는 유일한 방법은 첫 줄을 쓰는 것이다. 실제로 나는 이 책을 닥치는 대로 써 나간 후 수정하는 방식으로 썼다. 크레파스를 아무리 세게 눌러 진하게 그려도 한 번만 칠하면 약간의 여백이 남기 마련이다. 하지만 여러 번 덧칠하면 완성도를 높일 수 있다.

두 번째는 다른 비즈니스 영역을 탐험하는 것이다. 오프라인은 온라인을, 온라인은 교육 현장을, 교수는 훈련소의 조교를, 군대는 과일 재배 방법을 관찰하다 보면, 자기 영역에만 집중했을 때 보이지 않았던 새로운 것들이 보인다. 자신에게 익숙한 영역에서 고개를 들어 주변을 둘러보면, 익숙하지 않은 외부의 관점으로 자신의 모습이 보이는 경우가 있다. 서툴러도 이것저것 취미도 가져 보고 잘 만날 수 없던 사람들과도 대화할 기회를 많이 만들려고 해 보라. 그렇게 고객의 마음을 알아 가고 느껴 보는 건 비즈니스의 크나큰 재미다.

고객을 어떻게 볼 것인가

어떤 단어나 개념을 정의하는 방법은 여러 가지다. '무엇은 무엇이다, 무엇은 어떠하다.'의 형식으로 정의하는 게 가장 명쾌하겠지만, 고객이나 사랑 같은 개념은 그런 정의가 쉽지 않다. 이럴 때는 반대로 생각하면 도움이 된다. '이것은 고객이 아니다.' 식으로 말이다. 혹은 귀납적으로 특정한 이미지를 규정하는 방식도 있다. '아이의 활짝 웃는 웃음을 느끼는 순간이 사랑이다.'라는 식이다.

고객은 반드시 항상 변한다. 변하지 않는 단 하나의 진리는 모든 것이 변한다는 것이다. 여기에서 고객 세그먼트의 맹점이 있다. 거시적인 흐름을 읽는 것은 꼭 필요한 일이다. 하지만 우리의 고객은 '30대, 40대 주부 여성'이라는 식의 고객 정의는 할 말이 없을 때 하는 말일 뿐 실제 비즈니스와는 관련 없는 먼 세상이다. '퇴근해 집에 가다가 상점이 다 닫아서 모바일에 검색어를 입력하는, 얼마 전 명절 때 스트레스를 받은 41세의 워킹맘' 정도까지는 생각해야 비로소 비즈니스가 시작된다. 그래서 나는 고객을 분류하되 어느 상황에나 변경이 가능한 형태로 정의한다. 이런 정의가 바로 고객의 지갑을 열지는 않지만, 비즈니스에서 무엇을 하고 하지 말아야 할지 결정하는 데는 유용했다.

나는 고객을 네 부류로 나눈다. '최종 소비자end-user, 동료peer, 거래처patron, 상사boss'다. 물론 이보다 분류는 더 많다. 국가도, 환경도 고객이며 다가오는 미래 세대도, 멸종 위기 동물도 다 고객이 될 수 있다. 그러니 나의 분류를 받아들이기보다는, 현재까지 내가 일해 왔던 환경에 가장 실용적으로 대응할 방법을 고민한 결과로 이해하면 더 좋겠다. 참고해서 자신만의 고객 정의를 내려 보면 가장 좋다.

최종 소비자는 말 그대로 돈을 지불하는 최종 고객이다. 많은 경우 대부분의 일반 소비자를 의미하지만 B2B 영역에서는 단체나 기업이 될 테고, 이럴 때는 의사 결정자가 숨은 경우가 많다. 아기용품은 아기가 사용하지만 엄마 고객이 구매한다거나, 남성복은 남성이 입지만 주변 여성의 영향을 많이 받을 수 있다는 점에서 사용자와 구매자가 분리되기도 한다. 선물하는 상품도 이런 경우에 해당한다.

동료는 한 조직이나 직장에서 같이 일하는 직원들이다. 같은 팀은 물론 다른 부서도 포함한다. 나이가 같은 친구, 선배, 후배를 모두 포함하는 의미로 쓰이되, 나를 평가하거나 나에게 일을 지시할 수 있는 상사만 제외한다.

거래처는 같은 회사에서 일하는 사람들을 제외한 외부 협력자다. 제조처, 투자자, 프랜차이즈 사장님, 퇴사한 OB 선배, 외부 컨설턴트 등을 포함한다.

마지막으로 상사는 한 조직이나 직장에서 같이 일하는 직원 중 동료를 뺀 사람들이다. 팀장님, 부장님, 사장님, 사장님 옆에서 가장 입김을 많이 불어넣는 직원 몇몇까지 상사 개념에 넣을 수 있다.

어떤 고객의 니즈를 제일 먼저 충족시켜야 할까? 흔히 고객은 최종 소비자를 의미할 때가 많지만, 현실에서는 나 이외 모든 사람이 고객이다. 최종 소비자에게 어떤 제품이나 서비스가 도착하기까지 그 제품이나 서비스를 만드는 사람은 수없이 많다. 아무리 세계 최고의 제품을 만들 방법이 떠올랐어도 그걸 혼자 만들 수 있는 사람은 없다.

최종 소비자가 열광할 제품을 팀원들이 인정하고, 거래처도 좋아하며, 사장이 컨펌한다. 이럼 최고다. 정반대는 최종 소비자가 외면할 제품을 팀원들이 거지 같다고 했고, 거래처도 생산할 이유가 없는데, 사장이 반려한다. 이 경우도 모두가 웃고 해피 엔딩이다. 그러나 현실은 이 네 부류의 고객이 모두 어우러져 막춤을 추는, 말하자면 경로당 공연을 간 데스메탈 밴드 같은 아수라장인 것이다.

주변에서 더 익숙하게 겪는 상황을 생각해 보자. 최종 소비자가 좋아하지도 않고, 직원들도 만들고 싶지 않은데, 사장이 거래처의 부탁을 받아 말도 안 되는 제품을 만들기로 했다면? 일하는 직원들은 죽을 맛일 테고, 출시돼도 시장에서 외면당할 가능성이 크다. 그 예로 삼성에서 헬리콥터 제조업을 한 적이 있다. 이건희 회장이 자신의 지인들에게만 팔아도 상당하겠다는 발언을 했다고 한다. 결국 한국항공우주산업KAI에 팔았다.

혹은 최종 소비자가 열광할 제품을 팀원들이 좋아하는데, 같이할 거래처를 찾기 어렵거나 팀장이 반려하는 경우다. 팀장의 반려 이유는 사장이 싫어할 것 같거나 자기가 욕먹을 것 같아서다. 마음 맞는 팀원끼리 열을 올려 이야기해 보지만 결국 좌절되거나, 용감한 팀원 하나가 팀장과 사장에게 엄청 들이대서 결국 출시하고 어느 정도 성공도 하지만 다음 인사 시즌에 이동 발령이 나거나…. 어디서 많이 본 상황 같지 않은가?

내가 생각하는 좋은 비즈니스는, 이 네 부류의 고객을 최종 소비자, 동료, 거래처, 상사의 순서로 생각하는 것이다. 최종 소비자에게 새로운 가치를 줄 수 있는지가 가장 먼저다. 상사가 가장 나중이다. 우버나 에어비앤비가 잘되는 이유는 그들이 제공하는 서비스에 열광하는 최종 소비자가 아주 많기 때문이다. 많은 나라에서 아직 법적으로 허용되지 않은 요소가 많은데도 그렇다.

뛰어난 비즈니스는 정서를 끌어내고 법은 그 뒤를 따라간다. 안전, 인권, 개인 정보 등 시행착오가 많겠지만, 법의 논리만으로 최종 소비자가 누리는 가치를 막을 수는 없다. 그래서 비즈니스가 항상 가장 빨리, 먼저 간다. 최종 소비자를 지속적으로 만족시킬 수 있는 한 계속 그럴 것이다.

네 부류의 고객 간 중요도에 우열이 있다고 생각하지는 않는다. 모든 고객은 최상위 중요도를 부여받을 자격이 있다. 내 동료, 거래처, 팀장님과 사장님도 모두 중요하고 필요한 고객이다. 일반적으로 연차나 직급이 낮을수록 사내 고객의 영향을 많이 받게 되고, 점점 사외 고객까지 아우를 수준으로 자라 가는 게 바람직할 것이다. 다만 중요도의 차이가 아니라 순서가 있다. 제한된 자원으로 비즈니스를 잘하려면 최종 소비자를 가장 먼저, 그 다음에 동료와 거래처를, 맨 마지막으로 상사를 만족시켜야 한다는 원칙으로 생각하고 일해야 한다.

마지막으로, 최종 소비자를 지속적으로 만족시킬 실력 있는 직장인이 되고 싶은데 상사한테 미움받으면 어떻게 될까? 여기에 내 대답은 '잘릴 수 있다.'다. 실력 있는 직장인이 잘릴 수 있다면, 나는 그 또한 행운이라고 생각한다. 세상에 일할 곳은 널렸다. 이런 이유만으로 잘린다면 정말 실력 있다는 뜻이기도 하다. 최종 소비자를 지속적으로 만족시킬 실력을 갖는 게 먼저다. 드러커에 따르면, "사업의 목적은 오직 고객을 창출하는 것"이기 때문이다.

한 사람이 만족하는 한순간을 찾아라

순간이 모여 천년을 이룬다. 천억 원 매출은 처음 만 원에서부터 시작한다. 한 번, 만 원 매출을 발생시켰다고 5년 후에도 계속 매출이 일어난다는 보장은 없지만, 처음 만 원이 없다면 그다음이 없는 것은 확실하다.

코딩이 의무 교육이 됐다. 스티브 잡스가 코딩이 생각하는 법을 가르쳐 준다고 하고, 빌 게이츠도 코딩이 사고력과 문제 해결력을 향상시킨다고 했다. 미국과 영국, 이스라엘 등에서는 오래전부터 소프트웨어 교육을 실시했다고 한다.

여기에서 반대 의견을 냈다가는 영락없이 구시대적인 사람이 될 것 같다. 교육을 논할 입장도 아니고 반대할 만큼의 고민과 지식도 없지만, 비즈니스를 하는 관점에서는 의문이 든다. 코딩이 만족시켜야 할 목적과 고객은 누굴까? 빌 게이츠와 스티브 잡스의 말에 따르면 결국 코딩은 사고력을 증진시킨다는 것인데, 사고력을 높이는 것이 코딩뿐일까? 코딩을 잘 배우면 미래 인재들의 경쟁력이 더욱 향상될까? 인문학이 기업의 경쟁력을 높인다는 주장은 꽤 많은 논의가 있었고 많은 사람이 인문학적 자질의 필요성에는 수긍하는 편인데, 인문학과 코딩은 정반대에 서 있는 것일까?

고객이 누구인지에 따라 같은 행동도 전혀 다른 결과를 가져온다. 고객이 중학생인지, 코딩 학원을 보내기에는 부담스러운 초등학교 1학년 아이를 자녀로 둔 부모인지, 내후년에 대학 진학과 취업 중 선택해야 하는 고등학생인지에 따라 같은 정책도 다른 의미를 지닐 것이다. 한 고객이 어떤 제품이나 서비스와 만나는 그 '진실의 순간'에 비즈니스가 탄생한다.

딸에게 책을 읽어 주다가 질문을 받았다. "아빠, 청순한 게 뭐야?" 이런 어려운 말이 있다니. 스마트폰으로 열심히 검색한 후 대답했다. "응, 깨끗하고 순수하다는 뜻이야." 다시 질문받았다. "아빠, 순수한 건 또 뭐야?"

마음을 가라앉히고 생각했다. 고객은 여기 내 앞에 되바라진 딸. 그럼 이 고객의 니즈는 뭘까? 청순하다는 단어의 의미와 용례와 잘못 덧씌워진 남성 중심의 고정관념과 그에 대항하는 페미니즘 진영의 해석에 대한 지적인 탐구? 아무래도 아니다. 그냥 이렇게 대답했다. "응, 아빠 같은 걸 말하는 거야. 아빠 되게 순수하잖아." 고객의 니즈를 '지금 이 순간 아빠와 재미있게 보내는 것'으로 해석한 아빠의 무리수였다. 고객이 진짜 원하는 게 뭐였는지는 지금도 알 수는 없지만 뭐 어쩌겠는가, 사람의 마음이 어렵고도 어려운 것인데.

잘난 척 포인트!

- "고객이 사업의 시작이자 끝"이라고 말한 사람은 피터 드러커다. 다 아는 말도 피터 드러커가 했다고 하면 의미가 있다. 권위에 호소하자.
- 《절대 실패하지 않는 비즈니스의 비밀》의 원제는 《How To Win Customers and Keep Them For Life》다. 해석하면 '고객을 확보하고 그들을 평생 유치하는 방법'이다. 고객의 니즈를 이해하고, 진실의 순간에 만족스러운 경험을 제공하고, 직원과 관리자와 고객이 모두 이기는 보상 시스템을 만드는 방법이 나온다. 초판은 1987년에 나왔다.
- '지식의 저주'를 기억하자. 이미 아는 것을 모르던 때와 비교해서 생각하는 자세는 비즈니스뿐 아니라 인생을 풍요롭게 만든다.
- 자신만의 고객 정의를 가져라. 사업가가 가장 먼저 해야 하고 끝까지 잊지 않아야 하는 게 '내 고객이 누구인가'다. 달리 말해 고객 정의를 가졌다면 사업가로서의 첫발을 내딛은 것이다. 나는 네 부류로 나눴지만 방법은 수천 가지가 있을 것이다. 정해진 일만 수행하면 월급이 나온다는 사고방식에서 벗어나라. 당신이 하는 일에는 반드시 고객이 있다.
- 고객의 니즈가 반짝 빛나는 순간을 발견하라. 그런 순간이 많아질수록 당신의 비즈니스는 동해 물결 위에 비추는 햇빛과도 같은 감동의 순간으로 가득 찰 것이다.

절대 실패하지 않는 비즈니스의 비밀

마이클 르뵈프 | 문직섭 옮김 | 가나출판사 | 2017.4.3.

Q : 탁월한 고객 서비스는 왜 이렇게 경험하기 어려울까?
A : 고객을 대하는 기본 원칙을 모르기 때문이다.

산업 혁명 이후 제조업은 눈부시게 발전했다. 의견의 차이는 있겠지만 약 200년이라는 짧은 시간 동안 제조업이 발전하지 않았다면, 개인이 컴퓨터를 갖거나 비행기를 타고 먼 나라에 가는 일은 꿈도 못 꿨을 것이다. 1946년에 모클리와 에커트가 만든 애니악ENIAC, Electronic Numerical Integrator And Computer: 전자식 숫자 적분 및 계산기에는 진공관이 약 1만 8천여 개가 들어가 있었다. 가격은 당시 기준 미국 돈으로 50만 달러였다고 하는데, 요즘 기준으로 환산하면 600만 달러가 넘을 것이라고 한다. 한화 1, 2백만 원 정도면 개인용 컴퓨터를 구매할 수 있다는 사실은, 제조 기술의 끊임없는 혁신으로 가격을 낮췄기 때문이다.

그런 관점에서 고객 서비스는 발전이 전혀 없었다고 해도 과언이 아니다. 다른 영역의 발전과 비교하면 후퇴했다고 해도 할 말이 없다. 과학적이라는 말은 수많은 사례를 통해 검증됐다는 의미다. 고객에 대해, 서비스에 대해 배우지 않아도 당연히 안다고 생각하는 것은 비즈니스의 본질을 무시하는 행위이거나 혹은 자신의 능력에 대한 오만함으로 봐야 한다.

이 책은 고객을 대할 때 알아야 할 기본 상식을 담았다. 비즈니스가 유지되려면 고객이 유지되고 또 늘어나야 한다. 방법은 세 가지다.

첫째, 고객 서비스의 기본 개념을 알아야 한다. 고객은 제품이나 서비스가 아닌 가치를 산다. 옷을 사는 것이 아니라 스타일이나 매력을 사는 것이다. 장난감을 사는 것이 아니라 아이들에게 줄 행복한 순간을 사는 것이다. 책에서는 '가치를 팔기 위한 자세로 고객이 인정받는다고 느끼게 하기, 당신이 제공하는 가치를 고객이 알게 하기, 충족되지 않은 욕구 찾아내기.'를 말한다. 그리고 고객이 다시 와서 재구매함으로써 평생 유지되는 방법을 다섯 가지로 제시한다. 신뢰할 수 있는 서비스를 제공하고, 신용을 지키며, 최고의 이미지를 보이고, 고객 요구에는 즉각 반응하며, 고객에게 공감하라는 것이다.

둘째, 진실의 순간Monent of Truth을 파악하고 관리해야 한다. 약자 MOT로 언급되곤 하는 진실의 순간은, 고객이 회사나 제품에 대한 이미지를 결정하는 약 15초 내외의 짧은 시간을 뜻하는 말이다. 진실의 순간을 관리하는 방법은 열 가지다. ① 긍정적인 첫인상을 제공하라. 신속하고 정중하게 반응하고, 질문에 대한 답을 준비해야 한다. ② 흥분하는 고객을 상대하는 법을 익혀라. 방어하지 말고 침착하게 공감한 뒤, 조치를 취한 후 정중하게 마무리하라. ③ 고객을 동일하게 대하지 말고 맞춤형으로 대하라. ④ 결정을 망설이는 고객에게는 적극 추천하라. 이때 망설이는 고객에게 구매 결정 권한이 있는지를 확인하는 게 우선이다. 그다음에는 배려하되 선택 사항을 많이 제시하지 않으면서, 이유를 설명하며 자신감 있게 권해야 한다. ⑤ 이의를 제기하는 고객에게 반응하는 법을 익혀라. 먼저 이의를 예상하는 게 중요하고, 실제 고객이 의심할 때는 당황하지 않으면서 고객이 얻을 혜택을 짚어 내야 한다. ⑥ 고객의 언어적이나 비언어적인 구매 신호를 익히고 외워 두라. ⑦ 구매 결정을 내리는 순간 올바른 결정을 했다는 확신을 심어라. ⑧ 거절에 좌절하지 마라. 약 92퍼센트의 판매자가 한 번에서 네 번의 거절을 받으면 판매를 포기한다는 통계가 있다. 하지만 고객의 60퍼센트는 승낙하기 전에 네 번 거절한다고 한다. ⑨ 불만 고객을 충성 고객으로 바꾸는 방법을 시도하고 성공 경험을 하라. 불만은 무응답보다 긍정적인 신호다. ⑩ 불편을 겪은 고객에게는 특별한 혜택으로 보상해야 한다. 불편하게 거래를 마치면 그 고객을 다시 볼 수 없을 확률이 크다.

셋째, 고객에게 집중할 수 있는 보상 시스템을 구축하라. 르뵈프는 고객과 직원과 기업이 모두 만족하는 보상 시스템을 '트리플 윈 시스템Triple Win System'이라고 명명했다. 트리플 윈의 핵심은 세 가지다. '고객에게 제공하는 뛰어난 서비스, 그 서비스를 해낸 직원에게 제공되는 적절한 보상과 성장 기회, 그런 직원을 알아보는 관리자'다.

4퍼센트의 고객만이 불만을 이야기한다. 나머지 중 91퍼센트의 고객은 다시는 돌아오지 않는다. 이 책은 각 장이 굉장히 짧게 구성돼 있다. 여기에서 제시되는 짧은 원칙들을 정리해 놓고 실습에 반복적으로 활용해도 좋다. 고객 서비스는 좋은 마음으로 우연히 이뤄지는 이벤트가 아니라, 근육을 훈련하듯 반복적인 연습과 실전으로 성공 확률을 높이는 과학이라고 이책이 말한다.

1-6
단 한 사람을 만족시킬 방법을 찾아라

《포지셔닝》《노자 마케팅》

/

아버지는 말하셨지
인생을 즐겨라.

2005년 현대카드 광고 中

누구에게나 부족하고 막막한 영역이 있다. 나는 굉장한 길치다. 걸어서 500미터만 가면 되는데도, 꼭 모바일 네비게이션 앱을 켠다. 마케팅이라는 영역도 나에겐 그랬다. 마케팅이라는 말은 들을 때마다 상황이 달랐다. 어제 들은 마케팅은 A를 말하는 것 같았는데, 오늘의 마케팅은 B나 C, 아니 Q나 Z를 설명하고 있었다. 사람들이 어려움 없이 마케팅이라는 말을 잘 사용해서 신기해한 적이 수백 번이다. 용어도 참 요상하게 생겼다. 시장을 의미하는 market에 –ing를 붙인 형태는 '시장 중'이라는 건지 '시장임'이라는 건지 알 수가 없었다.

사전적인 정의에도 모호함이 남는다. 검색해 보면 대동소이하게 "생산자가 상품 혹은 용역을 소비자에게 유통시키는 데 관련된 경영 활동" 정도로 나온다. 세상에 비즈니스를 하는 사람이 하는 활동 중에 경영 활동이 아닌 게 어디 있단 말인가. 이런 식의 정의는 내가 부모님께 "사람은 착하게 살 아야 한다."라고 말씀을 들을 때 만큼이나 막막하고 묵직하다. 게다가 마케 팅을 다른 단어와 조합하면 더 복잡해진다. 마케팅 전략, 심리학적 마케팅, 전사적 마케팅 등.

마케팅은 '마켓, 시장'이 어근인 단어다. 그렇기 때문에 결국 시장에서 벌 어지는 일에 영향을 주고받는 모든 것이 마케팅과 관련이 있다고 생각하면 크게 틀리지 않다. 분명 존재하지만 눈에 보이지 않는 영역이라 실물을 보 고 만질 수 있는 것보다 당연히 이해하는 데 시간이 더 필요하다. '눈에 보 이지 않는다.'는 게 핵심인데, 그래서 마케팅은 '인식 싸움'이다. 여기서부 터 시작하려고 한다. 모호한 마케팅을 꿰뚫는 첫 책은《포지셔닝》이다.

변하지 않는 법칙

《포지셔닝》의 저자는 알 리스와 잭 트라우트다. 유명한《마케팅 불변의 법칙》의 공동 저자이기도 하다. 세상에 변하지 않는 건 없다지만 대담하게 도 '불변한다.'는 표현을 쓴 이 책은 적어도 내가 죽을 때까지는 안 변할 것 같다는 생각이 든다.

그렇게 생각하는 이유는《마케팅 불변의 법칙》에서 소개되는 22가지 법 칙이 결국 '인간의 인식'이라는 테마를 관통하기 때문이다. 인간이라는 종 의 특성을 기반으로 둔 마케팅 법칙을 제시하기 때문에 불변한다고 말할 수 있는 게 아닐까. 1993년에 처음 출간돼서 책에 나오는 사례들이 현시점 에 맞지 않는 경우도 있다. 미국 정서가 강해서 한국 사람인 나로서는 정서 차이도 좀 느끼고, 한편으로는 부럽기도 했다. 우리나라 기업들에서도 발굴할 사례가 많으면 좋겠다는 바람이 있다. 하지만 20년도 훨씬 더 지난 미국의 사례라는 점을 감안해도 인간의 인식을 토대로 모든 사례가 연결된다는 점에서 마케팅의 고전이라고 하기에 부족함이 없다.

《마케팅 불변의 법칙》의 핵심은 인간의 인식이고, 그 인식을 한마디로 요약하면《포지셔닝》이다. 이 책은 1980년에 출간됐다. 이 포지셔닝에 대한 이론을 정리했기 때문에《마케팅 불변의 법칙》이 탄생할 수 있었다고 생각한다.

포지셔닝은 뭘까? 책에서는 "잠재 고객의 마인드에 해당 상품의 위치를 잡아 주는 것"이라고 설명한다. 여기에서 바로 마인드, 보이지 않는 인간의 마음에서 활동한다는 개념이 마케팅의 기반이다. 상품 자체에 어떤 행동을 가하는 것이 아니라, 상품을 인식하는 고객이나 잠재 고객의 마음속에서 변화를 꾀하는 게 '포지셔닝'이라는 말이다. 즉 마케팅 불변의 법칙들의 핵심은 인간의 인식에서 나오고, 그 인식의 핵심이 포지셔닝이다.

이 책은 마케팅의 방법이나 전략을 논의하지 않았다. 신기하게도 잭 트라우트와 알 리스는 포지셔닝 이론의 성공 때문에 광고 비즈니스에서 마케팅 비즈니스로 들어가게 됐다고 썼다.《포지셔닝》도 광고 에이전시의 커뮤니케이션에 새로운 접근 방식을 제안하기 위해 썼다. 그러니까 포지셔닝의 개념은 '잠재 고객과 더 효과적으로 커뮤니케이션하기 위한 마스터키'라고 할 수 있다. 이 지점에서 트라우트와 리스의 가장 위대한 개념인 '인식의 사다리'가 나온다.

고객의 머릿속에는 브랜드나 상품의 사다리가 있다. 고객이 어떤 영역에서 정말 전문적일 때 일곱 개, 보통은 그보다 적거나 없을 수도 있다. 그리고 대부분 인식의 사다리는 세 칸의 가로대가 있다고 한다. 이 인식의 사다리 어딘가를 파고 들어가 고객의 마음에 자리 잡는 것이 포지셔닝이다.

사람은 생긴 대로 살아야 한다는 말이 있다. 1등은 1등답게, 추격자는 추격자답게, 빈틈을 파고드는 게릴라는 게릴라다워야 고객들이 고개를 끄덕일 수 있다. 고객의 마인드를 조종하거나 강요하지 않고, 그 마인드 안에 둥지를 틀 수 있는 효과적인 커뮤니케이션 방식이 포지셔닝이다. 마케팅market-ing이라는 용어가 그렇듯이, 위치를 잡는 것position-ing이 포지셔닝이다. 그리고 바로 이것이 마케팅, 즉 고객을 만족시키는 방법의 핵심이다.

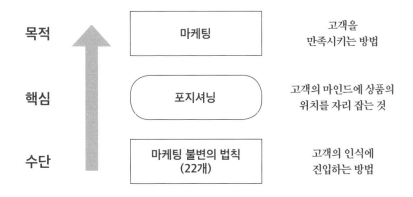

포지셔닝보다 오래된 동양의 지혜

인류 최초의 마케팅은 동양과 서양 중 어디에서 발생했을까? 인류를 동서양으로 양분하는 무지한 관점 때문에라도 답을 구할 수 없는 질문이긴 하다. 다만 산업 혁명 이후로 생각해 보면 현재 비즈니스가 상당히 서구적인 틀을 갖췄다는 사실을 부정하기는 어렵다. 내 독서 취향의 영향도 있겠지만, 이 책에서 소개한 책 중 두 권만이 한국 사람이 썼다. 일본인 저자의 책은 세 권, 나머지는 모두 영어권 저자의 책이다.

　그런 중에 《노자 마케팅》 같은 책을 만나면 무척 반갑다. 약 2천5백 년 전 노자가 지은 《도덕경》으로 마케팅을 설명할 수 있다니! 저자 이용찬 대표의 이력 또한 흥미롭다. 초코파이의 '정情' 캠페인, SK그룹의 'OK! SK', SBS의 '한 시간 빠른 뉴스' 등 한국 광고계에 굵직한 카피를 남겼다. 광고 회사와 한국 IBM, 오리온 등 기업 현장에서 활동한 이력도 많다. '캠페인 디렉터'라는 직함을 처음 만들어 캠페인성 광고의 새로운 길을 열었다는 평을 받는다.

　노자를 생각하면 어떤 느낌이 드는가? 고등학교 때 별명이 '무위자연'인 친구가 있었다. 아무리 공부를 안 하는 학생도 마음 한 켠에는 걱정과 두려움, 막연한 불안함이 있기 마련인데, 그 친구는 정말 천하태평이었다. 이렇듯 무위자연이나 노장사상은 치열한 현대 비즈니스와는 상당한 거리감이 느껴진다.

　그런 노자의 《도덕경》에서 이용찬 대표가 발견한 마케팅의 핵심은 바로 '부쟁不爭'이다. 경쟁하지 않고 차별화를 넘어, 온전한 자기 자신이 된다는 개념이다. 싸워서 이기는 방법이 아니라 자신만의 존재 이유를 찾는 방법을 마케팅에 적용한 것이다.

　SBS가 〈8시 뉴스〉를 시작하고 시청률이 15퍼센트까지 나왔다. 거의 대박 수준인데, 어느 날 안내 방송이 나왔다. "국민 여러분 기뻐하십시오. 이제 드디어 〈SBS 8시 뉴스〉가 9시로 올라갑니다." 이런 말을 들으면, '등산도 아니고 어딜 올라가냐.'는 질문을 바로 던져야 한다. 지금은 전통적인 매체의 집중도가 많이 분산됐지만, SBS가 방송을 시작한 1990년대부터, 적어도 20여 년이 넘게 방송 3사 뉴스의 파급력과 정보의 신뢰도는 절대적이었다. 그리고 뉴스는 9시가 메인이라는 게 정설이었다. SBS 뉴스가 8시에서 9시로 '올라간' 후 시청률은 4퍼센트 대 이하로 '내려갔'다. 다시 8시로 복귀하면서 이용찬 대표가 만든 카피가 '한 시간 빠른 뉴스'라고 한다. 9시 뉴스와 싸워서 시청자를 뺏어 오는 게 아니라 한 시간 빠르게 보고 싶은 시청자를 위해 존재하는 것, 그것이 싸우지 않음不爭이다.

아시아나항공은 대한항공에 이어 한국에서 두 번째로 동남아 네 개 도시에 취항을 시작했다. 후발 주자이지만 새 비행기를 타고 좋은 서비스를 받으면 좋지 않을까? 그러니까 고객이 대한항공 대신 아시아나항공을 타게 만들려면 어떻게 해야 할까? 이건 경쟁하는 질문, 싸우는 질문이다. 대한민국의 두 번째 국적기가 아니라, 아시아의 항공사가 되겠다는 것이 싸우지 않고 자기 자신으로 존재하는 방법이다. 아시아의 항공사로 정체성을 정리한 후 실제 그런 서비스를 준비하기 위해 아시아나항공은 예정된 취항 일정을 미뤘다.

고정 관념은 얼마든지 존재한다. 미국 철로의 폭은 143.5센티미터다. 미국에서 많이 쓰는 단위로는 4피트 8.5인치라고 하는데, 정수로 떨어지지 않는 이 수치는 어떻게 나왔을까? 뭔가 승객이 안전하고, 쾌적하고, 많이 탈 수 있도록 설계됐거나, 달릴 때 물리적으로 가장 효율적인 설계를 했기 때문이어야 할 것 같다. 적어도 철로를 까는 비용이 최소화된다는 이유라도 있어야 할 것 같은데, 실상은 전혀 다르다.

그 이유는 영국에서 미국으로 간 이주자들이 영국의 수치를 그대로 따랐기 때문이다. 이건 로마인들이 영국에 군대를 보내기 위해 마차의 크기에 맞춘 폭이다. 로마의 전차는 말 두 마리가 끌 수 있도록, 말 두 마리의 엉덩이 사이즈에 맞춰서 설계됐다. 로마 시대 말의 볼기 덕분에 현대 웬만한 세계의 대도시의 도로 폭은 말 두 마리가 다니기에 좋다. 그 도로에 맞게 설계된 자동차 역시 마찬가지다. 마력馬力으로 자동차의 힘을 재야 할 특별한 이유가 대체 뭐란 말인가? 기차나 자동차를 탈 때마다 말 두 마리의 엉덩이와 고정관념의 힘을 느껴 보면 좋겠다.

알파고는 이세돌과의 두 번째 대국에서 5선에 수를 둔 적이 있다. 바둑에서 통상 3선은 실리선, 4선은 세력선이라고 한다. 5선에서 상대를 눌러 4선에 집을 짓게 하는 수는 알파고 이전에는 상상도 못할 하수의 수로 취급받았다. 결과는 알파고 낙승. 프로 기사들은 5천 년 바둑의 고정관념을 깬 대국이었다고 평했다.

바둑 기사는 생각으로 전투하는 사람들이다. 대국을 두는 기사의 머릿속에는 말 그대로 소리 없는 총성이 난무한다. 생각만으로도 상처 입고 지치는 게 가능하다는 걸 증명하는 바둑 기사들이 허술해서 저런 수를 생각 못했다기보다는 알파고에게 고정관념이 전혀 없기 때문이라고 보는 게 맞을 것이다.

금연 홍보 문구를 볼 때마다 깜짝 놀랄 때가 많다. 개개인의 흡연 여부를 떠나서 금연 홍보 문구의 근거 기반을 알 수 있다. '흡연은 나쁘고, 흡연자는 주변 사람과 가족에게 엄청난 피해를 끼친다.'는 것이다. "흡연은 질병입니다. 치료는 금연입니다."같이 흡연자를 병자로 인식하는 정도는 양호한 편이다. 개인적으로 제일 황당했던 문구는 "흡연으로 당신의 아이를 홀로 남겨 두겠습니까?"였다. 순간 흡연자를 자식을 남겨 두고 홀로 훌훌 가려는 인간 말종으로 만들었다.

담배를 뽑을수록 이가 뽑히는 것처럼 보이는 담배 케이스라든지, 줄어드는 담배와 함께 수명도 줄어든다는 포스터는 창의성과 아이디어라도 즐길 수 있는데, 흉측한 사진을 담배 케이스에 왜 싣는지는 알 수가 없다. 더 체계적인 논의가 필요하겠지만, 강렬한 자극은 흡연 욕구를 줄이는 데 큰 도움을 주지 못한다는 게 여러 실험으로 증명되고 있다.

흡연과 비흡연의 논쟁에서 누가 맞고 틀리냐는 말을 하고 싶은 게 전혀 아니다. 금연 홍보를 위한 문구는 크게 두 가지로 요약된다. 하나는 '몸에 얼마나 안 좋은지 정보를 주는 것', 다른 하나는 '주변 사람에게 몹쓸 짓 한다는 메시지를 만드는 것'이다. 마케팅의 관점에서 핵심을 전혀 건드리지 않았다. 담배를 몸에 좋을 줄 알고 피는 사람은 거의 없다. 담배를 태움으로써 주변 사람들을 괴롭히겠다고 마음먹은 사람도 많지 않다. 길을 활보하며 담배를 피워 대는 사람은 흡연이 문제가 아니라 시민으로서 기본 에티켓이 없는 것이다. 그런 사람은 담배가 아니라 핫도그를 들고 다녀도 주변 사람에게 피해를 끼칠 것이다.

흡연자들은 보통 스트레스를 해소하기 위해 담배를 피운다고 말한다. 사실 더 중요한 니즈가 하나 있는데, 그건 멋있어 보이는 줄 알기 때문이다. 자신의 입에서 연기를 내뿜어 시각적으로 본다는 것이 흡연에서 상당히 중요한 요소다. 청소년은 미래가 어떻게 될지 관심도, 감도 없다. 젊은이들에게 젊음이 얼마나 소중한지 백날 말해 봐야 그들이 늙기 전에는 모른다. 청소년이 담배를 피우는 이유 중 중요한 니즈는 특정 집단과 어울리고 싶거나, '쎄' 보이고 싶기 때문이다. 그러니까 당연히 금연은 좋은 또래 관계를 유지하기 위해서 담배가 필요하지는 않다거나, 담배를 펴도 '안 쎄' 보이고 오히려 되게 없어 보인다는 쪽으로 접근하는 게 그나마 효과적일 것이다.

서양의 포지셔닝 VS 동양의 노자 마케팅

출발도, 정서도 상당히 다른 이 두 가지를 비교해 보는 것도 재미있다. 먼저 공통점은 둘 다 '제품'이 아니라 '인식'을 다룬다는 것이다. 비즈니스는 고객을 위해서 하는 것이고, 마케팅은 고객의 인식을 다루는 것이다. 꼭 마케팅 고수만이 아니라 경영자를 비롯한 각 분야에서의 고수들에게는 '고객이 어떻게 인식할까?'라고 질문하는 것이 자연스럽게 배 있다. 고객이 인식하지 않는 것을 아무리 가르쳐 주려고 해 봐도, 고객은 절대로 배우지 않는다는 사실을 매 순간 기억할 수밖에 없는 게 비즈니스이기 때문이다. 어떤 수를 써도 공부하지 않는 청소년이나 자녀들을 보면 금방 알 수 있지 않은가?

《포지셔닝》은 처음부터 끝까지 지겨울 만큼 일관성 있게 인식에 대해 이야기한다. 비즈니스에서 성공하는 가장 빠른 길은 최초가 되는 것이다. 사람들은 인식을 쉽게 바꾸지 않기 때문이다. 역사나 미국에 문외한인 사람도 조지 워싱턴이 초대 대통령이라는 것 정도는 안다. 마틴 밴뷰런(8대)이나 그로버 클리브랜드(24대)를 기억할 사람이 얼마나 될까? 44대 대통령인 버락 오바마는 기억할 것이다. 역사상 최초의 흑인 미국 대통령이기 때문이다.

인식을 바꾸는 일이 드물기 때문에 1등은 진품임을 강조하는 방법이 효과적이다. 하지만 '우리가 1위다.'라는 메시지를 반복하는 건 오히려 역효과가 난다. 소비자가 그 회사나 제품이 1위라는 걸 잘 아는데도 자꾸 반복하면 의아해하거나 회사가 불안해한다고 느끼기 때문이다. 2위 이하의 추격자들은 자신이 알고 보면 최고라는 따위의 광고는 하지 말아야 한다. 대신 크기나 가격, 타이밍, 연령대 등 빈틈을 노리는 전략을 취해야 한다. 한국에서의 아주 좋은 예는 오뚜기의 진라면 광고였다.

"이렇게 맛있는데, 언젠가는 1등 하지 않겠습니까?"

'먹어 보세요! 알고 보면 저희가 더 맛있어요!'라고 하지 않았다.

《노자 마케팅》에서의 인식은 좀 더 미묘하게 강조된다. 철학이나 사상이 심오한 데가 있어서 어렵지만, 마케팅의 시작은 생각의 영역이고, 저자 이용찬은 책 서두에 천재처럼 생각하는 법을 언급했다. 생각을 다룬다는 것은 곧 사람들의 인식을 파고든다는 말과 같다.

롯데에서 '제크'라는 크래커가 대박 쳤을 때 오리온에서는 '예감'을 내놨다. 예감은 밀가루 대신 감자 전분을 사용해서 만든 크래커였다. 크래커인 이유는? 크래커를 견제하기 위해 크래커 라인에서 만들었으니까. 하지만 생긴 게 아무리 봐도 감자칩이었다. '감자로 만든 크래커'에서 '크래커 라인에서 오븐에 구워 만든 감자칩'으로 바뀌면서, 예감의 유명한 카피인 "튀기지 않은 감자칩"이 탄생했다. 제품은 변하지 않았다. 다만 소비자의 인지가 바뀐 것이다.

차이점도 있다. 이용찬은 《노자 마케팅》에서 알 리스와 잭 트라우트의 마케팅 법칙을 서양의 논리라고 말하면서 이 부분을 언급했다. 가장 큰 차이는 경쟁을 해석하는 방법이다. 《노자 마케팅》의 출발은 스스로 존재하는 것, 그래서 싸우지 않는 것不爭이다. 반면에 잭 트라우트와 알 리스의 책에서는 수많은 경쟁 상대의 파이를 뺏고 또 뺏기는 사례가 즐비하다.

어떻게 보는 게 좋을까? 내 방법은 몇 백 년을 내려온 황희 정승의 일화에 담긴 지혜를 빌리는 것이다.

"네 말도 옳다."

싸우지 않고 온전히 내 자신이 되는 것, 이 얼마나 멋진 일인가? 상생하며 나도 잘되고 너도 잘되고 우리 모두 돈 많이 벌면 참 아름다운 일이다. 《노자 마케팅》의 앞부분은 이름과 별명을 만드는 이야기를 하면서 존재 이유와 브랜드 콘셉트에 대해 논의했다. 세상에 없던 것을 만드는 창의적인 작업은 항상 짜릿하다. 종이를 가위로 잘라서 손가락마다 풀을 떡칠해 가며 무언가를 만드는 아이의 머릿속이 그럴 것이라고 짐작한다. 그 순간만큼은 세상에 없던 걸 스스로 만드니까.

하지만 현실로 돌아오면 쉽지 않다. 난 분명 최초인 줄 알았는데 둘러보면 이미 그런 생각을 한 사람이 부지기수다. 비즈니스에는 경쟁자들이 가득하고 다 나보다 잘났다. 그런 상황에서 온전히 나 자신이 되기보다는 전쟁을 치르듯 남의 것을 빼앗아 와야 할 때도 분명히 있다. 3등은 2등과, 2등은 1등과 경쟁하고, 1등은 또 보좌를 지키려고 치열하게 고민한다. 상대가 허점이라도 보일라치면 바로 그 지점을 놓치지 않고 파고들어야 내 자리가 조금이라도 더 생긴다.

비즈니스는 결국 패턴을 익히는 것과 같다. 많은 성공 패턴과 그보다 더 많은 실패의 패턴을 익히면서 오늘의 성공에 다시 도전하는 일이다. 그래서 많은 패턴을 갖는 것이 좋다. 왜 옛날 옛적 국민학교 교장 선생님들의 훈화 말씀을 많은 사람이 지겨워했을까? 패턴이 하나라서다. 포지셔닝은 훌륭한 패턴이고 노자 마케팅 역시 그렇다. 둘 다 알면 더 풍성하게 비즈니스를 할 수 있지 않을까? 《전도서》라는 책에는 이런 말이 나온다.

"혼자서 막지 못할 원수도 둘이서는 막을 수 있다. 삼겹으로 줄을 꼬면 쉽게 끊어지지 않는 법이다."

결국 고객을 만족시키면 된다

대학 때 교양으로 시 창작 수업을 들은 적이 있다. 과제로 한 줄 시 쓰기부터 시작해서 두 줄, 네 줄 쓰기 등으로 분량을 늘려 갔다. '모호한 단어를 쓰지 말 것, 구두점을 남발하지 말 것' 등을 배운 기억이 난다. 그러다 국내에서 인정받는 시인의 시를 읽었는데 웬걸, 추상적인 단어는 물론이고 쉼표가 그렇게 많았다. '뭐야, 나 보고는 하지 말라면서!' 교수님께 여쭸더니 돌아오는 대답은 "그건 대가가 쓴 거니까 그렇지."였다.

시인의 깊은 고뇌는 짐작하기 어렵지만, 사람들 대부분에게 시는 즐기기 위한 것이고 인생을 더 풍요롭게 해 주는 것이다. 마케팅이 시와 비슷하다고 생각한다. 복잡한 말을 아무리 많이 써도 마케팅은 결국 고객을 만족시키고자 하는 모든 방법이다. 시가 인생을 풍요롭게 한다면 좋은 일이듯, 마케팅도 고객을 만족시킬 수 있다면 그걸로 장땡이라고 생각한다.

시인이 지속적으로 좋은 시를 쓰기 위해서는 뼈를 깎는 고통이 있어야 하는 것처럼, 지속적으로 고객을 만족시키는 마케팅 역시 우연의 연속으로만 일어나지는 않는다. 그렇지만 비즈니스라는 세계 자체가 그렇듯이, 마케팅 영역도 복잡계의 우연성이 지배적인 영역이다. 결국 고객을 만족시키는 마케팅이라는 판을 즐기는 자가 가장 고수다.

"아버지는 말하셨지 인생을 즐겨라."

2005년 현대카드의 이 광고는 신나는 CM송과 함께 전국을 강타했다. 과소비를 조장한다는 비난도 받았지만 "아버지는 망하셨지 인생을 즐기다." 같은 수많은 패러디가 나온 걸 보면 많은 사람은 이 광고를 좋아했던 것 같다. 마케팅을 즐겨라. 즐기다가 성공하면 좋은 일이고, 성공하지 못해도 즐긴 건 남을 테니.

 잘난 척 포인트!

- 알 리스와 잭 트라우트라는 이름을 기억하자. 두 사람이 같이 쓴 책 중 유명한 것은 《마케팅 불변의 법칙》, 《포지셔닝》, 《마케팅 전쟁》이다. 각자 따로 쓴 책도 꽤 있다. 알 리스는 딸인 로라 리스와 함께 리스 앤 리스(Ries & Ries)라는 마케팅 전략 기업을 설립했다. 잭 트라우트는 2017년에 돌아가셨다.

- 마케팅 관련한 논의나 고민을 해야 할 때는 고객의 '인식'을 꼭 염두에 둬야 한다. 그걸 '포지셔닝'과 '인식의 사다리'로 풀어낼 때는 알 리스와 잭 트라우트를 이야기하면 되고, 싸우지 않고 그냥 나 자신으로 존재한다는 '부쟁'으로 풀어낼 때는 이용찬을 언급하면 된다. 노자를 언급해도 좋겠다.

- 철도의 폭이나 알파고 바둑의 예시처럼, 생각보다 우리 주변에는 고정 관념이 굉장히 많다. 남들을 많이 불편하게 하지 않는 선에서 여러 질문을 다각도로 던져 보자. 그렇게 오랜 시간 하면 남들이 당신을 창의적이라고 할 가능성이 높다.

- 복잡해지려고 할 때는 마케팅이 결국 고객을 만족시키는 것이라는 걸 기억하자. 고객을 만족시킬 수 있다면, 그리고 즐겁다면 그걸로 충분하다. 복잡해지는 현상을 단순한 핵심으로 꿰뚫을 수 있는 것도 프로의 자질 중 하나다.

포지셔닝

잭 트라우트 · 알 리스 | 안진환 옮김 | 을유문화사 | 2006.11.30.

Q : 커뮤니케이션 과잉 사회에서의 문제들을 해결할 방법은?

A : 포지셔닝.

이 책은 총 22개의 챕터로 구성됐다. 잭 트라우트와 알 리스의 또 다른 고전인《마케팅 불변의 법칙》도 22개의 챕터로 구성된 것을 볼 때, 저자들의 독특한 저술 방식이 반영돼 있다는 추측이 가능하다. 22는 기억하거나 도식화하기 어려운 숫자이므로, 이들의 책을 읽을 때는 공통적인 요소와 흐름을 반영해 묶는 것이 좋다.《포지셔닝》은 일곱 개의 그룹으로 나눠 볼 수 있다.

그룹 1. Introduction과 1장인 "포지셔닝이란 무엇인가?"에서는 포지셔닝의 기본적인 정의를 설명한다. 정의는 간명한데, '잠재 고객의 마인드에 해당 상품의 위치를 잡아 주는 것'이다. 커뮤니케이션 과잉 사회에서는 마인드가 단순화되기 때문에, 메시지를 극도로 단순화하는 포지셔닝만이 잠재 고객에게 접근할 수 있는 방법이다.

그룹 2. 2장부터 4장까지는 포지셔닝의 정의 중 '마인드'의 성질을 자세히 들여다본다. 2장은 지나치게 많아진 매체와 지나치게 많은 상품과 지나치게 늘어나기만 하는 광고량이 마인드를 공격한다는 내용이다.

3장은 고객의 마인드에 진입하려면 첫 번째가 돼야 한다고 말한다. 첫 번째가 되지 못했다면 두 번째라는 험난한 길에서 벗어나야 하는데, 그러려면 첫 번째가 될 수 있는 다른 '연못'을 찾아야 한다. 큰 연못의 작은 고기가 되는 것보다, 작은 연못의 큰 고기가 된 후 연못을 넓혀 나가는 것이 더 낫다.

4장에서는 그런 작은 연못, 즉 고객에게 인식의 작은 사다리를 만드는 두 가지 원칙을 말한다. 첫 번째가 아니라면 2위 포지션을 차지하는 첫 번째가 되라는 '대항마' 포지셔닝과, 다른 사다리에 붙어 버리는 '비非콜라' 세븐업 포지셔닝이 그것이다. 인식의 작은 사다리는 판매자의 염원을 주장하면 안 되고, 소비자의 마인드에서 찾아내야 한다.

그룹 3. 5장부터 8장까지는 인식의 사다리에 경쟁자의 관점으로 접근하는 방법을 설명한다. 5장은 경쟁자와 자신의 위치에 대해 고객이 어떻게 생각하는지를 파악하지 않고 광고하는 것은 무의미하다는 내용이다. 그 뒤로 6부터 8장에서는 업계 리더의 포지셔닝, 추격자의 포지셔닝, 경쟁 상대를 재포지셔닝하는 방법을 이야기한다.

그룹 4. 9장부터 11장까지는 이름을 갖고 의사소통하는 방법을 이야기한다. 이름, 즉 상품명의 중요성, 이니셜을 잘못 쓰는 실패 사례들, 남의 이름에 무임승차했을 때의 실패 사례를 살펴보면서 라인 확장에 대한 개념을 살짝 언급한다.

그룹 5. 12장부터 13장은 라인 확장의 함정과 라인 확장이 효과적인 경우를 살폈다. 라인 확장은 주의해서 읽을 필요가 있는 개념이다. 라인 확장이 실패하는 경우와 마찬가지로, 성공하는 사례 또한 얼마든지 찾을 수 있기 때문이다. 다만 13장에서 저자들은 라인 확장이 함정일 뿐 실수라고는 하지 않는다고 표현한 데 유의할 필요가 있다. 잭 트라우트와 알 리스는

'대체적으로' 라인 확장을 부정적으로 말하는 입장이다. 그 이유는 포지셔닝이라는 개념 자체가 커뮤니케이션 과잉 사회에서 메시지를 단순화하는 원칙인데, 라인 확장은 속성상 의미를 더함으로써 복잡하게 만드는 것이기 때문이다. 라인 확장에 대해 생각할 때는 이미 결론이 난 개별 사례에 집중하기보다 원칙적으로 사고하는 편이 낫다.

그룹 6. 14장부터 20장까지는 다양한 사례의 포지셔닝을 보여 준다. 제품이나 서비스, 기업의 포지셔닝은 물론이고 국가나 공공기관, 교회의 포지셔닝 사례까지 살펴보면 트라우트와 리스의 통찰력에 감탄하게 될 것이다. 20장에서는 포지셔닝을 개인과 경력에 적용하는 방법을 살폈다.

그룹 7. 21장부터 22장에서는 포지셔닝을 시작할 수 있는 여섯 단계 적용 프로세스를 제시한다. '현재 포지션이 무엇인지, 어떤 포지션을 갖고 싶은지, 누구를 이겨야 하는지, 자금이 충분한지, 얼마나 참고 장기적인 안목으로 기다릴 수 있는지, 광고가 원하는 포지션에 어울리는지'를 점검해 보면서 스스로의 포지셔닝을 시작하는 절차를 마련할 수 있다.

포지셔닝을 온전히 이해하기 위해서는, 포지셔닝을 마케팅이라는 영역에만 가두지 않고, 고객의 마인드에 시도하는 커뮤니케이션이라는 관점임을 기억해야 한다. 책의 서두에 저자들이, "포지셔닝이란 커뮤니케이션 과잉 사회에서 효과를 보는 메시지의 단순화 전략"이라고 분명히 언급하기 때문이다.

노자 마케팅

이용찬 지음 | 마일스톤 | 2017.10.10.

Q : 광고와 마케팅의 근본은 무엇일까?

A : 싸우지 않고 스스로 존재하는 것이 존재의 근원 아닐까?
노자의 가르침을 통해 마케팅을 재해석해 본다.

《포지셔닝》을 마케팅 영역 이상의 커뮤니케이션의 관점으로 봐야 하듯이, 《노자 마케팅》도 섣불리 마케팅이라는 영역에 가두기 전에 더 큰 관점으로 같이 볼 필요가 있는 책이다. 그 관점은 바로 '생각하는 방법'이다. 《노자 마케팅》은 생각을 전달하기 이전에 그 생각 자체를 어떻게 새롭게 할 수 있는지 노자의 가르침에서 찾아보고, 그걸 고객에게 마케팅이라는 수단으로 전달하는 방법을 살펴보는 책이다.

총 6장으로 구성된 책은 크게 세 부분으로 나눌 수 있다. 새롭게 생각하는 법에 대한 1장과 2장, 새로움을 만드는 법에 대한 3장부터 5장, 차별화가 아닌 스스로 존재하는 법으로 마무리하는 6장이다.

1장에서는 '천재처럼 생각하기'라는 주제로 이름 만드는 법을 이야기한다. 김춘수의 시 〈가을 저녁〉을 예로 드는데, 이 시에는 우리가 가을이라는 단어에서 떠올릴 만한 단어가 거의 들어 있지 않다. 창의성은 연관이 거의 없는 단어들을 만나게 함으로써 생겨난다. 자동차는 마차와 증기 기관이, 팩시밀리는 전화기와 복사기가, 스마트폰은 무선 전화기와 컴퓨터가 만난 것이다.

이름이라는 것이 상품이나 브랜드를 지칭하는 역할이라면, 이를 브랜드 콘셉트로 확장하는 것이 별명을 지어 주는 일이라는 이야기가 2장의 내용이다. 친구들의 별명을 오래 부르다 보면 이름이 잘 안 떠오를 때가 있듯이, 브랜드 콘셉트를 나타내는 별명은 본질에 가까워서 잠재 고객에게 바로 떠오르게 해야 한다.

3장부터 5장까지는 새로움을 만드는 방법을 설명한다. 욕심을 버리고, 하지 않고, 비우는 것으로 새로움을 만드는 방법을 한 장씩 할애한다. 욕심을 버린다는 것은 구체적으로 말하면 고정 관념을 버린다는 의미다. 비즈니스의 관점에서 내가 보고 싶어 하는 것을 잠시 뒤로 하고, 고객의 생각을 느껴 보라는 것으로 이해할 수 있다.

마케팅은 고객에서 시작해야 한다는 것을 노자식으로 표현하면 '무욕이 관기묘無慾以觀其妙: 욕심이 없으면 묘함을 본다.'가 된다. '하지 않는다.'와 '비운다.'도 욕심을 버리는 것의 연장선으로 이해할 수 있다. 책에서는 크래커의 강자 '제크'를 뛰어넘은 '예감'의 사례가 나온다. 남은 두 번 튀겼는데 나는 세 번 튀기고, 쟤는 식용유에 튀겼는데 나는 옥수수 기름에 튀기고 하는 경쟁은 욕심에서 비롯된다. 예감은 '튀기지 않은 감자칩'이라는 정반대의 방식으로, 크래커 시장보다 훨씬 큰 감자칩 시장에서 자리 잡을 수 있었다.

6장의 제목은 '물처럼 생각하라'다. 《도덕경》 8장에 나오는 '상선약수上善若水'를 갖고 부쟁不爭, 즉 싸우지 않고 다시 한 번 스스로 존재하는 법을 정리하며 앞의 다섯 장을 갈무리한다.

책의 마지막에는 이런 구절이 나온다. "신언불미信言不美, 믿음직한 말은 아름답지 않다. 미언불신美言不信, 아름다운 말은 믿음직스럽지 않다." 미언은 듣기 좋아서 사람의 마음을 홀리지만 믿을 수 없다. 1등이나 원조 같은 말이 그렇다. 우리는 수많은 미언에 속고, 또 그런 미언을 남발하며 산다. 신언은 듣기 거북할 때가 많아서 아름답게 들리지 않을 수 있다. 하지만 믿음직한 말을 사용하는 것이 진짜 나 자신이 되는 길이다. 어디 마케팅뿐이겠는가, 불편한 진실을 확신으로 껴안고 살아야 하는 영역이 말이다. 그래서인지는 모르겠지만 저자는 낮은 곳으로 가는 물에 비유해서 돕는 삶, 선을 행하는 삶을 언급하며 책을 마무리한다.

이 책의 결론이자 핵심은 결국 싸우지 않는다는 부쟁이다. 스스로 존재하는 것이 광고나 마케팅이라는 영역에서도 고객에게 오래 기억되는 방법이라는 것이다. 남과의 비교에서 우위에 서는 넘버원이 아닌, 나이기 때문에 존재하는 온리원이 생명력이 긴 것은 어찌 보면 당연하다. 넘버원은 더 뛰어난 사람에게 자리를 내주겠지만, 스스로 존재 이유를 찾은 사람을 대체할 것은 없기 때문이다.

생각을 새롭게 하고, 욕심과 고정 관념을 버리고, 싸우지 않고 스스로 존재하는 것을 광고와 마케팅에 일관되게 적용해 온 저자의 이력과 사례들을 읽다 보면 마케팅을 더 쉽게 이해할 수 있을 것이다. 한 가지 덧붙이자면 마케팅 기초보다는 심화 강좌 정도로 활용하면 좋겠다. 철학적이고 뛰어난 직관적인 통찰이 이 책의 장점이지만 행동 지향의 가이드로 삼기에는 세밀한 부분이 많이 압축돼 있다.

단 한 사람을 만족시킬 길을 찾아라

《맥킨지식 사고와 기술》

포크로 커피를 떠 먹는 일

초대형 홈런으로 이름을 떨친 윌리 스타젤이
'신의 왼팔' 샌디 쿠팩스의 커브를 치는 것을 비유한 말

전략이라고 하면 기업이나 경영 활동을 떠올리기 쉽지만, 빈도수로는 게임에서 더 많이 쓰이지 않을까 싶다. 전략戰略은 한자어처럼 단어가 싸움과 전쟁에서 출발했다. 영어인 strategy는 그리스어에 어원을 뒀는데 전쟁에서 적을 속이는 술책을 의미한다. 그러므로 아주 잘 짜인 전략의 형태를 보고 싶은 사람이라면 맥킨지보다는 군대를 조사해도 좋을 것이다. 국어사전과 백과사전, 각종 용어 사전을 비교해 보면 대부분 전략을 '목표'나 '목적', '결과'를 이루기 위해 쓰는 어떤 '수단'이나 '방법', '행위' 등으로 정의한다. 보통 전략을 전술의 상위 개념으로 보는데, 좀 거창하거나 근사한 느낌을 준다.

직장 내에서 전략은 직무나 부서의 명칭일 때가 있다. 이건 전략 파트의

일인지 마케팅 파트의 일인지, 이건 인사 파트에서 해야 되는 거 아닌지 등 선 긋기 싸움으로 번지면 복잡해진다. 전략은 결국 뭔가를 이루기 위해 가는 길이라고 생각하면 크게 벗어나지 않을 것이다.

나의 직장 생활 이력 중 가장 비중이 높은 직무가 전략기획이었다. 예전에는 거짓말 조금 보태서 매일같이 머릿속에 물음표를 가득 들고 다녔었다. '전략이란 무엇인가, 기획은 또 무엇인가, 난 누구고 여긴 또 어딘가. 붕어빵에 진짜 붕어가 있으면 큰일이 나기 때문에 전략기획실에는 전략이 없는가 보다. 전략기획실은 보고서 배양실 같은 건가.' 말하자면 전략이 무엇인지를 밝혀내는 작업은 포크로 커피를 떠 먹는 일 같다는 말이다.

사업은 고객이 있어야 한다. 고객을 만족시키는 방법이 마케팅이다. 그 방법을 구현할 길을 만드는 것이 전략이다. 실제 전략과 마케팅은 경영 현장에서는 일반적으로 혼재돼 쓰인다. 회사마다 일의 방향이나 성격이 달라서 어떤 회사에서는 전략 파트가 할 일을 다른 회사에서는 마케팅 파트가 하는 일도 많다. 그러니까 포크로 커피를 떠 먹는 일은 그만하고, 전략을 빨리 익혀서 아는 척해 보고자 한다. 전략을 한 큐에 꿰는 열쇠는 '맥킨지'에서 시작한다.

나는 맥킨지가 〈타임Time〉처럼 잡지 이름인 줄 알았던 때도 있다. 맥킨지앤드컴퍼니Mckinsey & Company와 보스턴컨설팅그룹BCG, 베인앤드컴퍼니Bain & Company를 글로벌 컨설팅 그룹 빅스리Big3로 꼽는다. 순위 매기기는 개인적으로 안 좋은 습관이라고 생각하지만 맥킨지는 BCG나 베인보다 독보적인 위상이 있는 게 사실이다. 맥킨지의 경영 철학을 세운 마빈 바우어Marvin Bower가 경영 컨설팅의 아버지로 평가받는 점을 볼 때, 전략컨설팅 부문에서 맥킨지의 존재감은 남다르다.

한국에서는 최근 10여 년간 맥킨지에 엇갈리는 평가가 있었다. 어느 유수의 대기업이 맥킨지의 조언을 들었다가 힘들었다는 평가도 있고, 맥킨지에 비싼 돈 주고 컨설팅을 의뢰해 놓고 듣지도 않은 기관의 사례도 있다. 전략을 컨설팅 회사 등 외부에 맡기는 것 자체를 회의적으로 생각하는 사람도 많다. 전략컨설팅은 결국 최고 경영자가 하고 싶은 걸 긁어 주는 역할이라는 냉소도 있으며, 하는 일에 비해 비싸다거나 컨설턴트는 현장 실무를 모르는 사람들이라는 인식도 있다.

그러나 혹은 그래서, 전략이라는 개념을 알고, 써먹고, 활용하고, 아는 척하려면 맥킨지를 한 번은 짚고 넘어가야 한다. 개별 기업이나 조직에서 컨설팅 조직의 조언대로 했는데 망했다든지, 조언대로 안 했는데 잘 됐다든지 하는 건 보는 시각에 따라 차이가 너무 크다. 그런 추측을 증명하거나 검증하기도 어렵다. 전략컨설팅이 짜고 치는 고스톱이라는 식의 관점은, 이 시대 비즈니스를 쉽게 무시하는 것이나 다름없다. 컨설팅이라는 큰 규모의 비즈니스가 여전히 돌아가고, 수요가 있다는 사실은 거대한 니즈가 계속 존재한다는 의미이기 때문이다.

📚 맥킨지식 사고

《맥킨지식 사고와 기술》은 맥킨지에서 매니저로 일했던 사이토 요시노리라는 사람이 썼다. 한 회사의 방식으로 생각하라니? 처음 책을 접했을 때는 당당한 제목 때문에 깜짝 놀랐다. 일본어 원제를 보면 약간 느낌이 다르다. '문제 해결Mondai Kaiketsu'의 '기술Gijutsu' 정도의 의미다.

컨설팅 자체가 '생각 제시'라고 보면, '생각하는 기술'의 전문성은 분명 중요하다. 맥킨지에서는 문제를 해결하기 위한 사고방식과 솔루션 제시 프로세스를 구축했다. 맥킨지 방식으로 생각하는 기술을 알아 두면, 조직 내에서 전략 파트가 일하는 방식이나 '전략적으로 일한다.'는 뉘앙스를 대부분 이해할 수 있을 것이다. 전략컨설팅이라는 시장에서 어떻게 일하는지를 설계한 장본인이 바로 맥킨지이기 때문이다. 맥킨지식 사고방식은 두 가지인데 하나는 '제로베이스 사고zero-based thinking', 또 하나는 '가설 사고hypothesis-based thinking'다.

제로베이스 사고는 말 그대로 영점에서 다시 생각하는 것이다. 앞서 언급한 '제크'와 '예감'의 사례가 그렇다. 크래커 라인에서 나왔으니 크래커라는 건 제로베이스 사고가 아니다. 크래커 라인에서 생산했지만 고객은 감자칩으로 볼 수 있다고 생각하는 게 제로베이스 사고다.

제로베이스 사고를 할 방법은 두 가지다. 하나는 고객 관점에서 느껴 보려는 습관이고, 다른 하나는 기존 관념에서 벗어나 생각해 보는 습관이다. 둘 다 무척 범위가 넓고 어렵다. 그러면서도 생각보다는 어렵지 않다.

고객 관점이라는 것은 고객의 편에서, 소개한 지식의 저주에 빠지지 않는 습관이다. 생산자와 유통자는 자신이 아는 정보들을 당연히 고객도 알 것이라고 생각한다. 소비자에게 크게 의미 없는 엄청난 기술 발전 등이 여기에 해당된다.

나는 마트에서 '씻은 쌀' 제품군을 봤을 때 상당히 충격을 받았다. '쌀을 씻어서 판다니? 단지 씻었다는 이유로 비싸게 파는 제품을 사는 사람이 있단 말이야? 내가 그냥 씻어 먹으면 되는 거 아닌가?' 하지만 '씻어 나온 모든 야채 한 팩' 같은 상품들을 보라. 핵가족화에 1인 가구로까지 변화하면서 사람들이 해 먹는 음식의 양과 식사 형태가 어떻게 변하는지 고스란히 담겨 있다. 오래 고아야 풍미가 제대로 나온다고 생각하는 탕류 음식은 어떻게 팔리고 있는가? 해물 누룽지탕부터 돈코츠 라멘까지 '고객이 이런 방식을 원할 수도 있지 않을까?'가 제로베이스 사고의 시작이다.

음식 배달 앱 시장도 그렇다. 배달 앱에는 소비자에게 전화 한 통 하는 불편함을 줄여 주는 것 말고도 더 많은 니즈를 충족시키는 가치가 있다. 모르던 음식점을 알게 될 수도, 새로운 메뉴를 발견할 수도 있다. 또 음식 생산자인 음식점과 소비자 사이의 불편함을 해결하는 중개인으로서의 사업적 가치도 생각해 볼 만하다. 배달 앱은 연간 10조 원의 시장이 형성되고 있다. 참고로 커피 시장이 10조 원을 돌파한 지가 얼마 되지 않았다.

기존 관념에서 벗어나 생각해 보는 습관은 삶의 자세에 가까운 덕목이다. 맥킨지식 문제 해결을 위한 3대 행동 규범이 긍정적 자세positive mentality, 논리적 사고logical thinking, 다양성variety인데 기존 관념에서 벗어나 기존에 틀에 도전하는 역동적인 자세를 갖는다는 것은 긍정적 자세를 갖는 것과 거의 동일하다.

가설 사고는 시작 시점에서 이미 결론을 갖고 행동하라는 것이다. 언뜻 영점에서 생각하라는 제로베이스 사고와 반대 이야기를 하는 것 같다. 제로베이스 사고는 시작 전에 기존에 한 성공의 틀을 벗어나 문제에 접근해야 한다는 것이라면, 가설 사고는 어떤 행동이나 실행 후에 피드백을 하며 수정해 나가는 과정이다.

가설 사고가 필요한 근본적인 이유는 현실적인 비즈니스 현장의 자원 부족 상황 때문이다. 지금 나는 원고를 쓰고 당신은 이걸 읽고 있지만, 현실에 적용했을 때 책처럼 쉬이 되는 게 많던가. 문제 해결이나 문제 해결 사고방식을 강의실이라는 환경에서 배웠다 해도, 현실은 수많은 변수와 제약으로 인해 다른 경우가 부지기수다. 시간과 자원이 충분하다면 당신은 비즈니스에서 생기는 웬만한 문제를 해결할 수 있을 것이다. 하지만 현실에는 하나하나 돌다리를 두들기면서 모든 대안을 검토할 수 있는 사안은 없다. 그랬다가는 타이밍을 놓치거나 경쟁자가 먼저 진입하는 걸 막지 못할 수도 있다.

그래서 가설 사고는 먼저 결론을 두고 움직이되 그 후 피드백, 수정 및 개선하는 과정을 거쳐야 한다. 피드백 없이 결론만 갖고 움직이는 우격다짐은 가설 사고가 아니라 그냥 뒤돌아보지 않고 바다로 뛰어드는 레밍이나 다름없다. 어림잡더라도 '이렇게 하면 이렇게 되지 않을까?'라는 가정을 두고 출발했을 때, 결과물에 피드백하기도 좋다. 사실 현장에서는 '이렇게 하면' 절대로 '이렇게' 되지 않는다. 반드시 차이가 생기는데, 그걸 반영해서 바로 다음 가설을 만들어 진행하는 것이 가설 사고다. 여기에서 바로 '베스트best보다는 베터better, 퀵 앤 더티quick & dirty, 숏건 어프로치shotgun approach' 등의 정신이 나온다.

맥킨지식 기술

문제 해결의 기술 두 가지는 'MECE'와 '로직트리Logic Tree'다.

먼저 MECE는 Mutually Exclusive Collectively Exhaustive의 약어다. 우리말로는 상호 배제와 전체 포괄이라고 한다. 수학적으로 설명하자면 이렇다. 어떤 집합 U를 A, B, C로 나누고, A와 B의 교집합이 공집합이고, B와 C의 교집합이 공집합이고, C와 A의 교집합이 공집합인데, A와 B와 C의 합집합이 U와 일치할 때, MECE가 성립한다고 할 수 있다. 이것의 출처는 자그마치 위키백과사전이다.

말로 설명하니까 복잡해 보이지만 아주 명쾌한 개념이다. 사람을 남자, 여자, 그 밖의 성별other gender로 나누면 MECE가 성립한다. 사람을 39세 이하, 40세 이상으로 분류하면 MECE가 성립하지만 20세 이하, 40세 이상으로 분류하면 누락이 발생하기 때문에 MECE가 성립되지 않는다. 마찬가지로 60세 이하, 40세 이상으로 분류하면 중복이 발생하므로 MECE가 성립되지 않는다.

전략 수립에서 대중적인 프레임워크인 3CCustomer, Competitor, Company나, 4PProduct, Price, Place, Promotion가 대표적으로 MECE가 적용된 도구들이다. 시대가 더 복잡해지고 정보의 갈래가 다양해지기 때문에 새로운 요소들이 추가돼야 하지만, 중복과 누락을 막음으로써 어떤 부분을 고민해야 하는지 기본 토대를 제공하는 사고방식이라고 보면 좋겠다.

로직트리는 말 그대로 논리적logical인 나무다. 한 번만 그려 보면 로직트리가 뭔지 바로 알 수 있다. 원인을 찾기 위한 것을 '와이 트리Why Tree', 해결책을 찾기 위한 것을 '하우 트리How Tree'라고도 구분하지만, 뭐든 문제를 두고 가지를 내려 가면서 그려 보면 무엇을 위함인지 이해가 빠를 것이다. 두 가지만 기억하면 좋겠다. 우선 한 단계depth씩 내릴 때마다 그 단계의 요소들은 MECE가 되면 좋다. 그리고 마지막에는 바로 실행이나 판단이 가능할 정도로 구체적인 방법이 나올 때까지 다섯 번이고 열 번이고 파고들어야 한다. 흔히 말하는 '파이브 와이5-Why' 기법이다. 제퍼슨기념관의 예시를 참고하겠다.

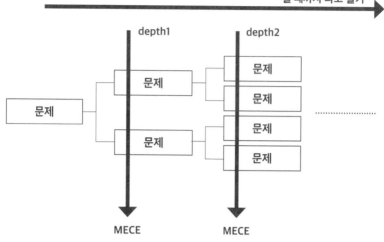

미국 제3대 대통령 토머스 제퍼슨을 기념해 건립된 제퍼슨 기념관은 1943년에 완공된 건축물이다. ① 대리석이 빠르게 부식돼 해결에 나섰는데, 이유는 ② 비눗물로 자주 닦기 때문이었다. 자주 닦는 이유는 ③ 비둘기의 배설물 때문인데, 그건 비둘기의 먹이인 ④ 거미가 많았기 때문이다. 거미는 ⑤ 나방이 많이 왔기 때문이고, 나방은 ⑥ 관람객들을 위해 주변 건물들보다 두 시간 먼저 켜지는 조명을 좋아했다.

이 ⑥번까지 오지 않았다면 낡은 건물을 보수했거나, 비둘기나 나방이나 거미를 박멸했을 수 있다. 다행히 점등 시간을 두 시간 늦추는 비교적 쉬운 방법으로 문제가 해결됐다. 정답을 찾기보다는 그때 상황에 가장 최상이라고 생각되는 대안을 찾는 것이 문제 해결이다. 그게 비즈니스고, 사업이고, 장사고, 비즈니스적 독서이기도 하다.

문제 해결 기법은 검색 한두 번으로 찾을 수 있는 방법만 수십 가지다.

디자인 씽킹, 세븐스텝7-step, 우선순위 결정에서부터 논쟁과 토론, '안 되면 되게 하라.'까지도 모두 문제 해결 기법이다. 사례 기반의 학습인 케이스 스터디case study나 액션 러닝action learning, PBLProblem-Based Learning 같은 교육 기법도 문제 해결에서 나왔다고 볼 수 있다. 사례는 무한하지만, 맥킨지식 사고법과 기술을 기본 원칙처럼 되새김해 보면 상당히 많은 부분에 적용할 수 있다.

결국 서울만 가면 된다

세상에 존재하는 사람만큼, 그 사람마다의 다양한 상황만큼 문제 해결 방법은 무궁무진하다. 초점을 모아 보자. 세 개의 챕터를 '고객-마케팅-전략' 순서로 궁리해 봤다. 고객을 만족시키는 것은 사업의 목적이다. 뭉뚱그려 보기보다는 단 한 사람의 단 한 순간을 만족시키는 데 초점을 맞춰야 한다. 마케팅은 그렇게 할 수 있는 방법이고, 전략은 그걸 되게 하는 길을 찾는 것이다.

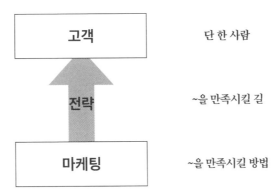

'장기하와 얼굴들'이라는 밴드가 있다. 많은 사람이 밴드 이름에 본인의 이름이 있는 장기하 외에 다른 멤버들을 모르는 경우가 많을 텐데, 이래서는 팬이라고 하기 어렵다. 기타리스트인 이민기와 하세가와 요헤이, 키보디스트 이종민, 베이시스트 정중엽, 드러머 전일준을 모두 안다면 상당한 팬이라고 할 것이다. 미미시스터즈가 같이 활동한 멤버였다는 걸 아는 정도로는 팬이라고 하긴 어려울 것이다. 하지만 장기하 외 다른 멤버들이 '오지은과 늑대들'이나 '아마도이자람밴드'와도 같이 음악한다는 정도를 안다면 굉장한 팬이라고 할 수 있을 것이다.

갑자기 밴드 이야기를 하는 이유는, 어떤 정보 한두 개만으로도 팬심이 있느냐, 아니면 그냥 음악만 듣고 존재만 아느냐를 알 수 있다는 말을 하고 싶어서다. 전략을 얼마나 아느냐는 쉽게 알기 어렵지만, 제로베이스 사고와 가설 사고, MECE와 로직트리 정도만 알아도 전략의 기본은 이해한다고 할 수 있다. '전략'이라는 단출한 짐을 들고 고객을 만족시킬 모든 길을 걸어가 보시기를 권한다. 짐은 간단해도 만나는 길마다 다른 모습으로 적용되는 걸 볼 수 있을 것이다. 말이 나온 김에, 장기하와 얼굴들의 노래 가사로 마무리해 보자.

이 길이 내 길인 줄 아는 게 아니라 그냥 길이 그냥 거기 있으니까 가는 거야
원래부터 내 길이 있는 게 아니라 가다 보면 어찌어찌 내 길이 되는 거야

장기하와 얼굴들, <그건 니 생각이고>

전략은 복잡할 것 없이 가장 좋은 길을 찾거나 만드는 것이다. 길 가듯 여행하듯 전략을 즐길 수 있기를 바란다.

잘난 척 포인트!

- 맥킨지는 잡지 이름이 아니라 회사 이름이다.
- 《맥킨지식 사고의 기술》은 맥킨지 출신의 컨설턴트가 쓴 책이다.
- 맥킨지의 방식을 주제로 쓴 책이 더 있다. 《맥킨지 문제 해결의 기술》은 아시아를 대표하는 경영 컨설턴트이자 맥킨지 일본 지사장을 역임한 바 있는 오마에 겐이치가 썼다. 에단 라지엘이 쓴 《맥킨지는 일하는 방식이 다르다》, 《맥킨지는 일하는 마인드가 다르다》도 있고, 발표나 차트를 다루는 맥킨지 방식을 소개하는 책들도 있다. 사이토 요시노리가 지은 책도 한두 권이 더 있다. 다만 맥킨지 방식을 알기 위해 단 한 권을 읽어야 한다면, 《맥킨지식 사고의 기술》이다. 가장 기본적인 원칙을 다뤘기 때문이다.
- 맥킨지식 사고의 기본 두 가지는 '제로베이스 사고'와 '가설 사고'다.
- 맥킨지식 기술의 기본 두 가지는 'MECE'와 '로직 트리'다.

맥킨지식 사고와 기술

사이토 요시노리 지음 | 서한섭 · 이정훈 옮김 | 거름 | 2003.2.10.

Q : 문제 해결의 기초가 되는 사고방식과 기술, 프로세스는 무엇인가?

A : 사고방식은 제로베이스 사고와 가설 사고다.

기술은 MECE와 로직트리다. 프로세스로는 솔루션 시스템을 제안한다.

이 책은 컨설턴트가 쓴 책답게 구성이 아주 명확하다. 총 4부로 구성돼 있는데 1부는 문제 해결의 기초가 되는 사고를 다루고, 2부에서는 기술을, 3부에서 프로세스를 다룬다. 4부는 저자 자신이 직접 컨설팅했던 사례로 문제 해결의 과정을 설명한다.

1부의 사고 부분에서는 제로베이스 사고와 가설 사고를 다룬다. 제로베이스 사고는 기존의 틀에 매이지 않고 백지 상태에서 사고하는 방법이다. 제로베이스 사고를 위해서는 사고를 자신의 틀에 가두지 않아야 하고, 고객의 입장에서 생각해 봐야 하며, 정보가 제곱으로 늘어나는 현대 시대를 인정해야 한다.

가설 사고는 행동의 시점에 결론을 두고 행동한 후 피드백하는 방법이다. 비즈니스를 하는 모든 사람이 그렇겠지만 컨설턴트는 적절한 정보를 모을 만큼의 시간이 항상 부족할 수밖에 없다. 미리 결론을 갖고 출발하면 이런 어려움을 상당 부분 줄일 수 있다. 가설 사고를 하기 위해서는 항상 행동과 연결되는 결론을 내리고, 결론의 배경과 메커니즘을 생각하며, 베스트best보다는 베터better를 생각해야 한다. 가정용 살충제의 연간 시장 규모를 추정하라든지, 테니스 공 소비량을 맞춰 보라는 식의 추론 문제는 이 가설 사고를 측정하기 위한 것이라 볼 수 있다.

문제 해결 자체와는 별도로 맥킨지의 3대 행동 규범을 알면 제로베이스 사고와 가설 사고를 이해하는 데 더 도움이 된다. 사고 방식이란 결국 그 사람이 무엇을 추구하고자 하는지와 크게 다르지 않기 때문이다. 긍정적 자세positive mentality는 결코 체념하지 않고 사물이나 현상을 전향적으로 파악하고 사고하는 것, 논리적 사고logical thinking는 모든 현상을 대할 때는 반드시 논리적으로 생각하는 것, 다양성variety은 종래의 구조에서 패러다임 전환을 도모해 항상 기존의 틀에서 벗어난 새로움을 추구하는 것이다.

2부 기술 편에서는 MECE와 로직트리를 설명한다. MECE는 "어떤 사안을 중복과 누락 없이 전체를 파악하는 것"이다. 이 MECE의 프레임워크로 3C+1C, 4P, BCG 포트폴리오를 언급한다. 로직트리는 무엇을 얻고자 하는가에 따라 크게 두 가지 방식으로 나뉜다. 문제의 정확한 원인root cause을 파악할 때는 '왜 그러한가Why?'를 반복하고, 해결책을 구체화하고자 할 때는 '그래서 어떻게So how?'를 반복하며 트리를 그려 나간다.

3부의 솔루션 시스템 편에서는 문제 해결을 위한 네 가지 프로세스로 과제 설정, 가설 수립, 해결책을 검증 및 평가, 솔루션 시스템 시트를 사용하기를 살펴본다. 각 과정에서 1부와 2부에서 설명한 사고방식과 기술이 잘 녹아 있어 실제 해결책을 만들고 도식화하는 과정을 어떻게 설계하고 완성해 나가는지 볼 수 있다. 4부는 직접 기업 고객을 컨설팅했던 예시를 들어 솔루션 시스템을 설명한다.

어떤 면에서 솔루션 시스템은 컨설턴트의 영업 자료라고 볼 수 있다. 책을 쓴 저자나 그 회사의 상품을 홍보하는 의미도 있는 것이다. 컨설턴트의 책에서 가장 크게 도움을 얻을 수 있는 영역은 구조화와 도식화라고 생각한다. 현실적인 사안을 각각 만나게 되는 개인이나 회사로서는 전체를 보는 시각을 얻기가 쉽지 않을 때가 있다. 정보를 객관적이자 전문적으로 다루는 사람들의 도구를 참고하며 인사이트를 얻을 수 있다면, 컨설턴트가 쓴 책을 잘 활용하는 기본 관점을 갖췄다고 할 수 있겠다.

제2장
중급

사람을
움직이는 책

2-1
당신은 왜
일하는가?

《나는 왜 이 일을 하는가?》

/

어떤 사람은 자기 마음의 소리를 분명하게 듣고, 그대로 살아간다.
그런 사람들은 모두 미치거나, 전설이 된다.

영화 <가을의 전설> 中

처음 직장 생활을 시작할 때, '10년 후 내 모습'에 대해 작성하는 용지를 받았다. 비전과 목표를 갖고 거기로 향해 나아가는 숭고함을 모르는 바도 아니었고, 그렇게 살았던 사람들 중에 존경하는 사람도 많지만, 처음 그 질문을 받았을 때는 유치한 불만이 올라왔다.

"아니, 그걸 몰라서 지금 회사에 들어온 거라고. 10년 후 내 모습이 뭔지 알면 내가 사업하지 왜 신입 사원이 됐겠어?"

매년 해가 마무리되고 다음 해가 시작될 때면 회사에서는 성과 평가와 함께 내년, 3년 후, 5년 후, 10년 후의 모습을 작성하고는 했다. 매년 성의 없이 휘갈기는 것조차 귀찮아질 때도, 2년 전쯤 내가 써 둔 내용을 볼 때는 어이없음과 오글거림에 치를 떨 때도 있었다. 신입 사원 때는 '10년 후 인도 지사의 법인장이 되겠다.'고 썼는데, 인구가 12억 명이 넘는다는 인도가 다음 글로벌 비즈니스의 중심이 될 것이라는 확신 때문이 전혀 아니었다. 당시 다닌 회사가 중국과 베트남까지 진출했지만 인도에는 아직 못 가고 있었고, 내가 보기에 향후 15년 내로 인도에 진출하기는 어려웠기 때문이다. 그런데 내가 입사한 후 약 5년이 지나 인도 법인이 생겼다.

직원은 회사의 역량과 직원 개인의 역량을 착각할 때가 많다. 회사에서는 날아다녀도 그게 온전히 자신의 것이 아님을 아는 것은 중요하다. 어디까지나 회사가 뒤에 있기 때문에 일을 더 잘할 기회가 주어지는 것일 때가 많다. 어느 해에는 회사에서 보고서를 제출할 때마다 '회사를 나가서 너 혼자 해도 그걸 할 수 있겠냐.'고 질문받을 때가 있었다. 나의 속마음은 이랬다. '아니, 그걸 못하니까 회사에 보고서를 쓰는 거지. 회사 나가서 나 혼자 할 수 있었다면 왜 보고서를 쓰고 있겠어?'

미래에 내가 어떤 모습으로 일하고 있을지를 질문하고 대답하고 또 생각해 보는 것은 중요하고 필요하다. 회사에서야 진짜 개인의 꿈이 궁금하기보다는, 회사를 키우는 데 이용할 수 있는 게 뭘까 하는 생각에 물어봤을 수 있겠지만, '미래에 어떻게 되고 싶은가?'라는 질문 자체는 중요하다. 그리고 미래의 자신의 모습을 그려 보고 싶다면, '왜 일하는지'가 정말 중요하다. 그러니까 이제 다른 누구를 위해서가 아닌, 대충 듣기 좋은 말도 아닌, 당신 스스로에게 질문하는 시간을 갖자. 미래에 어떤 모습이고 싶은가? 당신은 왜, 일하는가?

'왜'만큼 사람 속을 뒤집어 놓는 질문도 드물다. 모든 부모는 자식이 태어나 커 가는 과정을 보면서 경이감과 감동에 사로잡힌다. 손짓 하나, 발짓 하나에 울고 웃다가 어눌한 발음으로 '음머, 압'이라도 할라 치면 지금 아빠라고 한 거 아니냐며 야단이다. 그런데 아이가 단어 정도만이라도 언어로 의사를 표현할 수 있게 되자 약간 귀찮은 문제가 생겼다. 전에는 대충 못 알아들은 척 넘어가면서 피한 일들이, 명확하게 "아니, 싫어."라고 말하니까 무시할 수가 없게 된 것이다. 언어의 강력함, 그중에서도 최고는 역시 "왜?"였다. 아무 고정 관념이 없어서 던질 수 있는 질문들, 대답에 대답을 거듭하다 보면 나같이 모자란 아빠는 결국 "그냥, 원래 그런 거야."라고 할 수밖에 없다. 그 끊임없는 '왜?' 앞에서 어찌나 무력하던지. "왜 그냥 그런 거야?"

'왜'라는 질문에 대답이 어려운 이유는, 근본적으로 사람이 자신의 진심을 알기가 어렵기 때문이다. 가스파드의 웹툰 〈전자오락수호대〉에는 진심에 대한 멋진 말이 나온다.

"머리로 다짐하거나 어떤 마음을 먹는다 해서 그게 진심이라고 할 수 없다. 진심이라는 것은 훨씬 더 깊은 무의식의 영역에 자리 잡고 있는 순수한 결정 같은 것이야. 그걸 자기 자신이 깨닫고 꺼내어 전달하는 것은 쉽게 할 수 있는 일이 아니지."

내가 '왜' 일하는지에 대한 답이 쉽지 않은 게 당연하다. 그러니까 마음 편하게 먹자. 어제도 그제도 하지 못한 대답을 오늘 또 못한다고 해도 큰일이 벌어지지는 않는다고 위로하고, 나는 대체 왜 일하는지 차분히 궁리해 보자.

생명의 골든서클

인간이라서 원래 그런 것들이 있다. 인간은 복잡한 존재다. 컴퓨터처럼 엔터를 치면 바로 답이 나오는 존재가 아니다. 모든 회의나 강의 등 사람이 많이 모이는 자리에서는 꼭 오프닝 멘트나 아이스브레이크 활동이 있다. 그냥 바로 본론으로 들어가면 편하고 효율적이지 않을까? 그런데 인간이 그런 존재가 아니다.

혹시 다이어트를 계속 실패하는 사람이라면, 전혀 실망할 필요가 없다. 인류는 최근 몇 백 년보다 훨씬 더 오래전, 수만 년 동안 영양이 부족해서 지방을 비축해야 하는 종족이었다. 또 수십 년 전만 해도 살이 많이 찐 몸이 잘 먹고 부자인 사람들의 특징처럼 여겨질 때가 있었다. 다이어트에 실패하는 이유는 당신의 절제력이 부족해서가 아니라, 당신이 인간이기 때문이다.

또 시간 개념이 약한 사람들이 있다면, 비난할 필요가 없다. 인간이기 때문이다. 인간은 중뇌의 선조체에 있는 돌기신경세포에서 시간을 인식하는데, 도파민의 분비량에 따라 자신과 외부의 시간 인식이 달라진다. 약물을 하면 시간을 느리게 인식한다든지, 나이가 들면서 도파민의 분비량이 적어지면 시간이 빠르게 흐르는 것처럼 느껴진다든지 등을 보면 알 수 있다.

뇌과학에서 발견하는 통찰이 이런 것들이다. 인간 뇌의 단면도에서 힌트를 얻은 '골든서클'로 우리가 왜 일하는지 알 수 있는 열쇠가 생긴다. 뇌의 가장 바깥쪽에 위치한 신피질은 호모 사피엔스의 뇌에서 마지막으로 출현했다. 분석적이고 합리적인 사고, 그리고 언어를 담당한다. 뇌의 안쪽에는 변연계가 있다. 인간의 감정, 행동, 결정 등을 담당하는데 언어중추는 없다.

사이먼 사이넥Simon Sinek은 영감을 불어넣고 변화를 일으키는 리더다운 리더의 삼중원 패턴을 골든서클이라고 이름 붙였다. 삼중원의 가장 안쪽 원은 '왜', 두 번째 원은 '어떻게', 바깥쪽 원은 '무엇을'에 해당한다. 이 중 변연계에 해당하는 것이 '왜'고, 그게 일하는 모든 사람의 핵심을 차지해야 한다고 이야기한다.

영리를 목적으로 둔 기업은 물론이고, 비영리 단체나 공공 기관 등 거의 모든 단체가 집중하는 것은 '무엇을'이다. '무슨' 제품을 생산하는가? 우리가 만드는 제품이나 서비스는 '무엇이' 다른가? 그게 품질이든 가격이든 기존 제품과 무엇이 다르고 특별한지 강조하는 게 자연스럽다. 어떤 사람의 명함을 보더라도 그 사람이 '무슨' 일을 하는지가 적혀 있는 게 일반적이다.

사이먼 사이넥은《나는 왜 이 일을 하는가?》에서 골든서클을 언급하며, 가장 바깥쪽에 있는 원인 '무엇을'에 골몰하는 것이 좋지 않다고 말한다. '어떻게'와 '무엇을'이 중요하지 않다는 것이 아니라 순서가 틀렸다는 것이다. 생명과 생명이 살아가는 자연계의 원리가 골든서클이라면, 애초에 원의 중심, 즉 '왜'에서 시작해야 한다. 그래서인지 이 책의 영어 원제는《Start with Why》다.

'왜'에서 시작하라. 많은 기업과 사람은 내가 무엇을 만드는지 이야기한다. 다른 사람이 만든 것과 어떤 차이가 있는지 밝혀내려고 애쓴다. 하지만 탁월한 기업과 사람은 그렇게 하지 않는다.

애플은 탁월한 기업이다. 물론 탁월하다고 할 수 있는 제품을 만든다. '어떻게' 그런 제품을 만드는지도 아마 차별점일 것이다. 하지만 정말 애플이 만드는 '무엇'이 탁월해서 사람들이 애플의 제품을 살까? 많은 사람이 알고 있듯이, 아이팟의 원천 기술을 만든 장본인은 애플이 아니다.

애플은 스마트폰을 만드는가? 물론 그렇다. 아이폰은 스마트폰이다. 컴퓨터를 만드는가? 물론 그렇다. 그렇다면 맥Mac이 그 놀라운 가격만큼 가장 뛰어난 성능의 컴퓨터인가? 맥을 사용하는 사람들이 철석같이 그렇게 믿을 수도, 애플에서 맥을 만드는 직원조차 그렇게 믿을 수도 있지만, 사실 애플의 기술력 이상의 기술력을 가진 회사는 많다.

나도 아이폰을 사용하는데, 3G를 처음 사용한 후 다른 기종으로 한 번도 바꾸지 않았다. 내가 아이폰을 쓰기 시작할 때 나를 잘 아는 주변 사람들은 이렇게 말했다. "너랑 안 어울려." 그럼에도 내가 아이폰을 계속 쓰고 있는 이유는? 그냥, 괜히 멋있잖아.

미국 프로 풋볼 결승전인 슈퍼볼에 등장하는 광고를 잠깐 들여다보자. 2016년에 50주년을 맞이한 슈퍼볼 광고의 단가는 30초에 최고 60억 원이 넘기도 한다. 광고 역사에 길이 남을 1984년의 슈퍼볼 광고에서 애플은 1분짜리 매킨토시 광고를 했다. 〈에일리언〉, 〈블레이드 러너〉, 〈글래디에이터〉로 유명한 리들리 스콧이 감독을 맡았다. IBM을 조지 오웰의 소설 《1984》에 나오는 빅 브라더로 묘사하고 매킨토시를 구원자로 등장시키는 구성이었다.

중요한 포인트는 그 비싼 구좌에, 제작비만 당시 물가로 10억 원 정도 들인 광고를 내보내면서, 매킨토시라는 제품의 모습을 전혀 보여 주지 않았다는 것이다. 광고를 본 사람은 알겠지만, 그 영상은 온통 지지직거리는 회색 화면이 나오다가 빨간색 바지를 입은 여자가 어마어마한 망치를 던져 화면을 부숴 버리는 내용이다. 약간 기괴하기까지 하다. 지금도 그런 걸 상

초독서

상하기가 쉬운가? 심혈을 기울여 만든 제품의 구석구석, 안 보이는 곳까지 다 뜯어 헤쳐서 이 제품이 얼마나 훌륭한지, 우리가 얼마나 공을 많이 들였는지 설명하고 싶은 마음이 드는 게 당연하지 않은가?

광고에서 전달하고 싶었던 핵심은 '통일된 사상과 오로지 하나의 대의만이 존재하는 빅 브라더의 끔찍한 세상에서 우리가 구원자라는 것'이다. 잘 전달된 걸까? 아마 그런 듯하다. 그리고 그건 애플의 모토인 "다르게 생각하라Think different."와 정확히 일치한다. 이게 '왜'에서 출발하는 기업의 대범함이다. 구원자의 제품에 대해 성능이 얼마나 좋은지 안 좋은지 비교 분석하고 테스트하는 것이 제정신에 할 일인가? 그냥 사야 되는 것이다. 내가 애플의 '왜'에 동의하고 그런 사람이 되고 싶다면 말이다. 그렇게 애플의 '빠'를 자처하는 사람이 굉장히 많다.

'왜'로 시작하라

새뮤얼 피어폰 랭리라는 사람을 아는가? 그가 활동한 1900년대 초에는 상당히 유명했던 사람 같다. 우선 스미소니언 협회 회장, 하버드대학교 천문대 부대장을 역임했고 미 해군사관학교나 여러 대학에서 교수로도 일한 물리학자이자 천문학자였다. 강철왕 앤드루 카네기나 그레이엄 벨과도 친구였다. 최초의 동력 제어 유인 비행기를 제작하기 위한 프로젝트를 성공하는 데 가장 주목받는 사람이었고, 미 육군성의 자금을 지원받고 있었으며, 언제 성공할지 몰라서 〈뉴욕타임스〉를 비롯한 수많은 신문사가 밀착해 따라다녔다.

잘 알다시피 최초의 동력 비행을 성공한 사람은 라이트 형제로 알려진

월버 라이트와 오빌 라이트다. 〈뉴욕타임스〉는 없었지만 그들은 1903년 12월 17일에, 노스캐롤라이나에서 당시 인구 100명 정도였다는 키티호크 마을의 들판 위를 50여 초 이상 날았다.

라이트 형제와 랭리가 만들고자 하는 것은 같았다. '무엇을'이 같았다는 말이다. '어떻게'를 다 추정하기는 어렵지만, 랭리가 훨씬 좋은 조건을 갖고 있었음은 확실하다. 1903년 10월과 12월 포토맥 강으로 추락한 랭리의 '그레이트 에어로드롬Great Aerodrome'은 비용이 5만 달러 이상 들었지만, 첫 비행에 성공한 '라이트 프라이어 1Wright Flyer 1'은 1천 달러보다 적은 예산으로 만들어졌다고 한다.

세상을 바꾸는 것은 '왜'다. 라이트 형제에게는 있었지만 랭리에게 없던 것은 그뿐이다. 그걸 위대한 비전이라고 하든 열정이라고 하든, 뭐라고 해도 상관없다. 바로 그게 '왜'다. 첫 비행에만 실패했을 뿐 랭리도 정말 하늘을 날고 싶은 사람이었을 수도 있지 않을까? 그는 자신에게 '왜'가 없었다는 걸 보여 주기라도 하듯이, 라이트 형제의 비행이 알려지고 증명된 후 모든 활동을 접었다. 뿐만 아니라 라이트 형제는 그 이후 랭리의 제자들이나 스미소니언 협회와 꽤 오랫동안 불화를 겪었다.

로알 아문센이 남극점 탐험에 성공한 다음, 어니스트 섀클턴이라는 영국인이 남극 대륙 횡단을 하겠다고 생각한다. 인듀어런스호는 남극 대륙에 도착하지 못하고 남극해에 갇혀 얼음에 박살이 난다. 유빙을 떠나 엘리펀트라는 무인도로 옮겨 갔지만, 식량도 연료도 부족하고 겨울이 다가오고 있었다. 섀클턴은 조각배 하나로 1,300킬로미터를 항해해 사우스조지아 섬에서 구조대를 불러오겠다고 한다. 섀클턴은 대원 다섯 명과 함께 불가능한 일을 해냈다. 결국 증기선을 빌려온 것이다. 물론 무인도에 남아 몇 개월을 버틴 대원들도 보통이 아니다. 섀클턴과 대원 27명 모두가 한 명도 죽지 않고 기적적으로 살아 돌아왔다. 2년에 가까운 그 길고 혹독한 시간을 견딘 힘은 어디에서 나왔을까? 탐험 대원을 모집하려고 섀클턴이 냈던 신문 광고에서 그 힌트를 얻을 수 있다.

"목숨을 건 위험한 탐험에 함께할 남자 구함. 급여는 적고, 지독하게 추움. 몇 달간 지속되는 완벽한 어둠, 끊임없는 위험, 안전한 귀환은 보장 못함. 성공했을 시 영예와 인정이 있음."

여기에 5천 명이 넘게 지원했다. 그중 27명을 뽑았으니 경쟁률을 따지자면 200 대 1에 가깝다. 멋지다고 생각하는 사람이 지원했을 것이다. 미쳤다고 생각하는 사람은 당연히 지원하지 않았을 것이다. 섀클턴은 탐험에 필요하다고 생각한 것이 탐험 경력이나 기술이 아니었다. 목공 기술이나 남극이나 배에 대한 지식을 제공하고 어떤 보상을 받을지 궁금했던 사람이 지원한 것도 아닌 것 같다. 끝을 알 수 없는 위험을 견뎌 낸 후 만약 성공한다면 얻을 명예에 동의한 사람들이 지원했고, 그 사람들은 결국 살아남아 신문 광고에 나온 대로 영예를 누렸다. 이게 강력한 '왜'다.

물론 그들이 생존에 성공했기 때문에 유명해졌고, 또 사람이 살아 돌아왔다는 건 정말 기쁜 일이다. 하지만 내 생각에 더 중요한 점은 따로 있다. 섀클턴의 광고를 보고 멋지다고 생각할 수도, 미쳤다고 생각할 수도 있다. 그러나 섀클턴이 어떤 사람이고 뭘 해내려는 사람인지 모르는 사람은 한 사람도 없었을 것이라는 점이다. 이것이 '왜'의 힘이다. 동의도, 거부도 할 수 있지만 인정하지 않을 수 없는 존재감이 '왜'의 가장 큰 의미다.

무엇을 할지, 어떻게 할지는 '왜' 다음이다

우리가 일하는 직장과 주변 사람들을 둘러보자. 수많은 제품을 파는 회사들을 보자. 그들이 대체 '왜' 그런 제품들을 만드는지 많이 고민하지 않아도 떠오르는 회사가 얼마나 될까?

"우리가 만드는 제품은 성능이 뛰어납니다. 이런 기능도 있고 저런 기능도 있죠. 가격도 합리적입니다. 다른 제품과는 이런 부분이 차이가 있죠."

구매자는 그 제품을 만드는 회사의 이름도 모르는 경우가 허다하다.

자연은 진공 상태를 놔두지 않는다. 마찬가지로 인간은 대의명분이 없는 상황을 견디기 어려워한다. 모든 생명체가 태어나기 전에 스스로 원해서 태어나는 경우는 하나도 없지만, 인간만이 죽을 때까지 '내가 왜 사는지' 고민하고 그 답에 맞는 삶을 살고 싶어 한다. 인간의 모든 활동 저변에는 설령 그게 뭔지 잘 모르더라도 '왜'가 있다. 모른다면 우선 그게 무엇이든, 진짜가 아니더라도 그 이유를 만들어 놔야 마음이 편한 게 인간이다.

'왜'는 명료하게 만든다. 할리 데이비슨 모터사이클을 타야 한다고 주장하는 사람에게는 왜 그러냐고 묻지 않아도 된다. 그가 어떤 가치를 신봉하는지 대충 알 것 같다. 반지는 티파니를 사야 된다는 사람은 뭘 추구하는지 알기 쉽다. 정치인이 유권자들에게 표를 달라고 할 때, 대의명분을 이야기하지 않고 사실 돈 많이 벌고 싶다고 말하는 사람은 없다. 마찬가지로 기업은 소비자에게 제품이 뛰어나다고 알리기보다 '왜' 이런 제품을 만들었는지를 알리는 게 더 효과적이다. 꼭 그래야만 하지는 않지만, 적어도 나는 그런 기업에 더 마음이 간다.

그다음에 '어떻게'가 있다. 왜 존재하는가, 왜 일하는가? 그에 따라 방법이 형성된다. '어떻게'는 그 단체의 프로세스가 되고 시스템으로 자리 잡는다. 어떻게 일하는지 원칙이 설정되면 조직원의 능력이 향상된다. 한 가지 염두에 둘 것은 명사보다 동사가 원칙을 보여 주기에 더 적절하다는 사실이다. 사람은 추상적인 것보다 구체적인 것에 마음이 움직인다. '성실하자.' 보다는 '이메일에는 24시간 내에 답한다.'가 더 좋은 원칙이다. '혁신하라.' 기보다는 '어제와는 다른 방법으로 일한다.'가 더 이해하기 쉽다.

그리고 '무엇을'이다. 참 많은 기업이 '무엇을'부터 이야기한다. 사실 그게 자연스럽다. 눈에 보이는 실체가 있으니까, 실용적이고 실제적이라는 느낌도 드니까 이해는 된다. 하지만 자연이 진공 상태를 싫어하고 인간에게 대의명분이 필요하듯이, 사람들 대부분이 '무엇을'에는 큰 감동을 받지 못한다. 다만 연속되는 '무엇을'이 일관되는지를 본다.

사우스웨스트 항공사의 별난 기내 방송을 따라 한 항공사는 많았지만 다 성공하지 못했다. 저가 항공 방식을 따라 하는 항공사도 있었다. 그들이 수준 떨어지는 회사거나 직원들이 일을 못해서 실패하는 게 아니다. 사우스웨스트 항공사는 '보통 사람 다수'가 이용할 수 있는 비행 편을 만드는 걸 원했다. 그게 '왜'다. 그러다 보니 싸야 했고, 단순해야 했고, 재미있게 하고 싶었다. 이게 '어떻게'다. 전설 같은 '10분 회전10Minutes Turn' 같은 것이 나온 이유는 강력한 '왜'가 있었기 때문이다. '무엇을'에 해당하는 10분 회전이나 유머러스한 기내 방송을 따라 한다고 '왜'까지 가질 수는 없다. 그러니까 '왜'에서 시작해서 '어떻게'로, 맨 마지막에 '무엇을'이 나오게 해야 한다. 명료한 '왜', 원칙적인 '어떻게' 다음에 나오는 '무엇'은 일관성이 생긴다.

당신 자신부터 '왜'를 가져라

여기까지 쓰니 '그래서 넌 그런 게 있기나 하냐?'는 질문이 나 자신에게 떠오른다. 솔직히 일을 잘하고 싶어서 직업 사명 선언서는 만들었지만, 그렇게 잘살고 있는지는 잘 모르겠다. 동료들이 날 그렇게 생각할지는 더욱 모르겠고, 가정의 일원으로 책임 있게 살고 있는지는 더더욱 모르겠다. 명료하고 강력한 '왜'를 가지면 좋겠지만, 또 그걸 어떻게 해야 가질 수 있는지 알기는 쉽지 않다. 그런 사람이 됐다는 지표도 모호하다.

우선 주변 사람들을 생각해 보자. 직장 동료도 좋고, 나와 가까운 소중한 사람들도 좋다. 그 사람들 중에 '왜'가 명확하게 떠오르는 사람이 있는가? 만약 있다면, 당신은 그 사람을 어느 정도 시간 동안 지켜봐 왔을 것이다. 링컨이 말했듯이 "모든 사람을 잠깐 속이거나 소수의 사람을 오랫동안 속일 수는 있지만, 모든 사람을 영원히 속일 수 있는 사람은 없다." 그래서 기업이든 사람이든, 진심이 밴 '왜'는 시간의 꾸준함에서 단련되고 증명돼 가는 것이다.

어떤 사람은 일에 미쳐 사는 것 같다. 또 어떤 사람은 가족 외에는 아무도 신경 쓰지 않는 것 같다. 돈이면 무슨 일이든 다 하는 것처럼 보이는 사람도 있다. 반면 돈이든 뭐든 아무리 회유해도 자신만의 원칙을 지켜 낼 것 같은 믿음을 주는 사람도 있다. '저 사람은 꼭 이렇게 반응할 것 같아!' 하는 사람도, '저 사람은 어떻게 반응할지 도저히 예상할 수가 없어.' 하는 사람도 있다. 이 모두가 시간과 반복을 거쳐 어떤 흐름처럼 인식되는 것들이다.

나는 '문文, 무武, 흥興'을 갖고 살고 싶은 사람이다. '문'은 책을 많이 읽는 사람이 되고 싶다는 뜻이다. '무'는 1년에 한 번은 마라톤 풀코스를 완주하는 사람이 되고 싶다는 뜻이다. '흥'은 큰 병에 안 걸리고 언제라도 술과 함께 왁자지껄한 사람이 되자는 의미다.

　책은 여전히 쌓아 놓고 못 읽을 때가 훨씬 많고, 흥은커녕 삐지면 입이 부루퉁하게 나와 말도 안 하는 내 수준으로는 참 갈 길이 멀다. 나는 어떤 모임에서든 소외되는 사람이 없도록 티 안 나게 도와주는 사람이 되고 싶지만 현실은 주목받으려 기를 쓰고, 생색내지 않고는 밤에 잠이 잘 안 오는 사람이다. 약속을 잘 지키는 어른이 되고 싶은데, 달마다 내야 하는 고지서 챙기는 데도 서툴고 대출금 때문에 은행에 가는 일은 최대한 미루는 사람이다.

　당신은 어떤가? 어떤 '왜'를 갖고 살아가는가? 혹시 눈에 보이는 확실한 '무엇'들을 가지려고 노력하는 데 너무 집중해서 왜인지는 조금 미뤄 두고 있지는 않은가? 돈이 많으면, 안정적인 연줄이 있으면, 자격증이 있으면, 누군가와 친해지거나 결혼하면, 좋은 직장을 갖거나 직장에서 더 좋은 자리에 가면, 당신의 인생은 좀 더 나아질까?

　아마 나아질 것이다. 그런 조건들이 나쁜 건 전혀 아니니까. 나도, 당신도 그런 것들을 많이 가지면서 살면 좋겠다. 하지만 순서가 바뀌었다. 마음 깊숙한 곳의 진심이 내가 상태가 좋을 때뿐 아니라, 지치고 힘들고 졸릴 때에도 동의가 되는 '왜'가 먼저다. 오늘부터 무엇인가를 자신의 '왜'로 정해도 금방 되지는 않을 것이다. '왜'는 시간의 시험과 도전 속에서 다듬어지고 단련돼야 진짜 모습을 드러내기 때문이다. 일하는 이유, 사는 이유도 그 '왜'에서만 나온다. 세상은 '왜'가 분명한 사람들을 필요로 한다. 영감을 주는 사람을 목마르게 기다린다. 세상이 문제가 아니라 당신의 '왜'를 알려 줄 수 있는 사람이 당신 자신뿐이다. 본인만이 할 수 있는 외로운 싸움, 하지만 본인밖에 누릴 수 없는 확실한 즐거움이다. 스스로의 '왜'를 만들어 갖는 사람이 되길 바란다.

잘난 척 포인트!

- 사이먼 사이넥의 《나는 왜 이 일을 하는가?》의 원제는 《Start with Why》다. 삼중원인 골든서클을 갖고 '왜→어떻게→무엇을'의 순서를 설명한다.
- 사이먼 사이넥의 다른 책도 통찰이 뛰어나다. 《리더는 마지막에 먹는다(Leaders eat last)》, 《왜 함께 일하는가(Together is better)》 등이 있다. 《Start with Why》의 후속 편이자 '왜'를 발견하는 실전 가이드 성격의 《나는 왜 이 일을 하는가 2(Find your Why)》도 출간됐다.
- 크리스토퍼 놀란 감독의 영화 <인터스텔라>에 나오는 우주선 이름이 인듀어런스호다. 영어 endurance는 인내력, 참을성 정도의 뜻이다.
- '왜'는 명료하게 해 주고, '어떻게'는 원칙으로써 단체에 문화로 자리 잡는다. 그다음 '무엇을'이 나오면 일관성이 생긴다. '왜'로 시작해서 '어떻게'를 거쳐 '무엇을'로 가는 순서가 중요하다.
- '왜'가 있는 사람이 되자. 내가 일하는 이유를 정의한 후, 어떻게 일할지 적어 보자.

나는 왜 이 일을 하는가?

사이먼 사이넥 지음 | 이영민 옮김 | 타임비즈 | 2013.1.29.

**Q : 대단히 성공적일 뿐만 아니라 타인에게 영감을 주고
꿈꾸게 하는 사람들의 특성은 무엇인가?**

A : 'WHY'다. '왜'로 시작하라.

사람을 움직이는 방법은 두 가지가 있다. 영감을 주는 것과, 조종하는 것. 책의 1부에서는 사람을 조종하는 여섯 가지 방법을 보여 준다. 중독을 유발하는 가격으로, 선의가 아닌 의도된 함정이 있는 프로모션으로, 두려움을 주입하는 방법으로, 손쉽게 원하는 것을 얻게 해 준다는 거짓말로, 열망을 불러일으킴으로써, 남들도 다 하니까 당신도 해야 한다는 집단 압박으로, 트렌드에 맞춰 새롭게 포장했지만 핵심은 똑같은 낡은 것으로, 우리는 다른 사람을 조종하려 하고 기업은 그렇게 조종해 구매를 유도하고 물건을 팔아 돈을 벌려고 한다.

조종이 아니라면, 무엇으로 사람들을 움직일 수 있을까? 강요나 압박 없이 기꺼이 동참하게 만들고, 그래서 스트레스가 아닌 환희로 가득 차 일을 해 나가게 할 원천에 대해서 2부와 3부에서 살펴본다. 저자는 이 원리의 인사이트를 자연계의 생명 작동 원리에서 얻었는데, 그게 바로 '왜Why에서 시작하는 것'이라고 말한다.

자연계의 생명 작동 원리는 인간 행동의 진화와도 연결된다. 인간의 뇌

의 단면도를 보면 가운데 변연계가 있고, 그 바깥을 신피질이 둘러싸고 있다. 호모 사피엔스의 뇌에서 신피질은 가장 나중에 출현했다. 신피질은 합리적이고 분석적인 사고 능력을 담당하고, 언어를 관장하는 역할을 한다. 그에 반해 변연계는 모든 감정을 담당하는데 여기에 언어를 처리하는 능력은 없다. 감정을 다루는 뇌에 언어를 다루는 능력이 없기 때문에, 우리는 감정을 설명하는 데 어려움을 느낀다.

뇌의 단면도가 이렇듯이, 생명의 작동 원리는 가장 중심에 '왜'를 두고 있다. 그 '왜'를 '어떻게'가 감싸고, 또 그걸 '무엇을'이 감싸고 있는 것이다. 그런데 수많은 기업이 가장 바깥쪽에 있는 '무엇을'을 차별화하는 데 골몰한다. 우리가 만든 제품이나 서비스가 얼마나 뛰어나고 훌륭한지를 여러 조종의 방법으로 고객들에게 말하는 것이다.

사이먼 사이넥은 이제 그런 방법으로는 안 된다고 말한다. 혹시 잠깐 되는 것처럼 보이더라도 아무 보람도 기쁨도 없을 것이다. '왜'에서 시작해야 한다. '왜'는 명료해서 누구나 쉽게 알 수 있다. 혹시 표현이 잘 안 되더라도 할리데이비슨을 타고 다니는 사람처럼 아주 쉽게 눈에 띄고 알 수 있다. '왜' 다음으로는 '어떻게' 할지 방법론이 위치해야 한다. '어떻게'는 원칙이며, 규율이자 책임이다. 그리고 맨 마지막에 '무엇을'이 나와야 한다. '왜'에서 시작해서 '어떻게'까지 정렬된 사람이나 조직의 '무엇을'은 일관성이 있다.

책의 4부부터 10부까지는 이 '왜'에서 시작한 것을 바탕으로 신뢰나 열광이 어떻게 생기는지, 사람들을 불러모으는 믿음이 어떻게 작동하고 영감을 받는지 다양한 예를 들어 보여 준다. 애플이나 사우스웨스트, 디즈니 같은 기업뿐 아니라 남극 탐험대나 라이트 형제, 마틴 루터 킹 등의 이야기 속에 숨은 영웅적인 '왜'를 만날 수 있다. 무엇보다 저자 스스로가 로스쿨을 졸업하고 마케팅 전문가로 사업을 잘하던 사람이었는데, 이유 없이 마음이 회복되지 않고 행복하지 않았다고 한다. 그런 그가 생명의 골든서클을 발견한 후 혁명적으로 달라졌다.

기업은 제품을 만든다. 그 제품이 놀라운 차별점은 오래지 않아 사라질 것이다. 직장인은 일을 한다. 그 일을 나보다 더 잘하는 사람이 없을까? 하지만 '왜' 그런 일을 하는지는 누구도 복제할 수 없다. 저자는 "남과 경쟁하는 사람을 도우려는 사람은 없지만, 나 자신과 경쟁하는 사람들은 모두가 돕고 싶어 한다."는 말로 책을 마무리한다. 갖춰야 할 지식이 개인의 역량을 훌쩍 뛰어넘은 지금 시대에 처한 개인들에게 던지는 울림이 작지 않다.

당신에게 가장 중요한 일은 무엇인가?

《기브앤테이크》《효율적 이타주의자》

신은 주기만 할 뿐
나눠주지는 않는다.

아이티 격언

일하는 이유, 골든서클의 제일 중심에 있는 강력한 '왜'를 찾아야 한다고 이야기했다. 그 '왜'에 꼭 포함돼야 하는 요소가 있다. 바로 '다른 사람을 돕는 것'이다. 당신만의 '왜'에는 꼭 다른 누군가를 돕고 이롭게 만드는 요소가 녹아 있어야 한다. 그게 이 장의 주제다.

톨스토이는 단편《세 가지 질문》에서 왕의 입을 빌려 세 가지를 질문하고 현자의 입을 빌려 답한다.

"가장 중요한 때는 언제일까?"

"가장 중요한 사람은 누구일까?"

"가장 중요한 일은 무엇일까?"

"가장 중요한 때는 지금."

"가장 중요한 사람은 지금 함께 있는 사람."

"가장 중요한 일은, 지금 나와 함께 있는 사람에게 착한 일을 하는 것."

기독교적인 배경이 깔린 작품이기도 하고, 또 인생 전체를 남을 도우며 사는 삶은 종교인들의 것이라고 생각하기가 쉽다. 보통 사람들은 가끔이라도 남을 돕고 살면 훌륭하다고 생각할 수 있다. 그러나 여기에서 내가 말하는 다른 사람을 돕는 것은, 종교인만의 삶이나 일반인이 가끔 하는 활동이 아니다. 당신과 나 같은 평범한 일반인이 인생 전체를 통해 남을 돕는 것을, 자신의 '왜'에 포함해야 한다는 것이다.

눈보라 치는 겨울, 어떤 사람이 눈 위에 쓰러져 죽어 간다. 그 곁을 지나던 두 사람 중 한 사람은 우리도 죽을 지경이라며 외면하고 지나쳐 가 버린다. 남은 한 사람은 차마 쓰러진 사람을 외면하지 못해서 업고 간다. 가다 보니 외면하고 지나간 사람은 얼어 죽어 있었다. 쓰러진 사람을 업은 사람은 서로의 체온으로 몸이 덥혀 무사히 마을까지 도착했다.

이는 엄청나게 과학적이다. 무게가 증가해서 시간이 더 소요되겠지만 체온으로 서로 난로가 돼 주기 때문에 안전할 수 있다는 판단으로 사람을 도와줬다고 해도 두 사람 모두 살았다는 결론은 같다.

동화적으로 '돕는다.'는 말과는 좀 다른 관점으로, '남을 돕는 것을 인생의 목적에 포함해야 한다.'는 이야기를 해 보려고 한다. 하나는 심리학적인 실험에 기반을 두고 증명하는 관점이고, 다른 하나는 숫자와 통계의 관점이다. 먼저 애덤 그랜트의 《기브앤테이크》부터 보자.

주는 사람이 성공한다

"주는 사람이 성공한다."

이 대담한 말은 《기브앤테이크》의 부제다. 저자인 애덤 그랜트는 심리학 교수다. 하버드대학교 심리학과를 졸업했고, 31살에 세계 3대 경영대학원으로 꼽히는 와튼스쿨의 최연소 종신 교수가 된 사람이다. 학자라서 현실과 동떨어진 이야기를 하는 사람으로 보면 곤란하다. 애덤 그랜트가 대학생 때 관광 가이드 회사에서 광고 파는 일을 했던 사례는, 이 사람이 직장 내 업무 분위기를 상당히 실제적으로 체화했음을 말해 주기 때문이다.

애덤 그랜트는 여러 사회 과학자의 연구를 통해 사람들은 개인마다 서로 주고받는 '호혜 원칙'이 다르다는 걸 알았다. 서로 주는 양과 받는 양에 대한 선호도가 다르다는 것인데, 이 양극단에 있는 사람을 기버giver와 테이커taker로 분류한다.

테이커는 자신이 주는 양보다 많이 받기를 바라는 사람이다. 그렇다고 파렴치하거나 극악무도한 사람이라는 말은 아니다. 기본적으로 세상을 치열한 경쟁과 먹고 먹히는 구조로 보기 때문에 방어적인 경향을 가진 사람이다. 기버는 테이커와는 달리, 타인에게 중점을 두고 내가 뭘 도울 수 있는지 생각하는 사람이다. 그리고 기버와 테이커보다 더 많은 부류의 사람이 매처matcher다. 사람들 대부분 주고받는 양이 공평해야 마음이 편하다.

사람마다 기버와 매처, 테이커로 정해져 있지는 않다. 한 사람이 직장에서는 매처이면서 가정이나 친구 그룹에서는 기버일 수도 있다. 그리고 학습과 결단을 통해 기버에서 매처로, 테이커에서 기버로 바뀔 수도 있다.

기버, 매처, 테이커 중 누가 성공의 사다리 밑바닥으로 곤두박질쳐 실패의 늪에서 허우적댈까? 쉽게 예상할 수 있는 것처럼, 기버다.

벨기에 의대생 600명을 대상으로 연구한 결과, 학점이 낮은 학생들이 주로 '나는 남을 돕는 걸 좋아한다.'나 '남에게 필요한 게 무엇일지 미리 생각한다.'는 문항에 많이 동의했다. 그렇다면 성공의 사다리 꼭대기에서 승리의 미소를 짓는 사람은 누가 많을까?

쉽고 직관적인 예상과는 달리, 성공의 사다리 위쪽에도 기버가 있다. 벨기에 의대생 중 최상위권을 차지하는 학생들의 기버 지수가 높게 나왔다. 최고와 최악 모두에 기버가 있다. 테이커나 매처는 사다리 중간쯤에 위치할 가능성이 높았다.

의대 수업 중 1학년 때 진행되는 수업은 혼자 힘으로 할 수 있는 일이 많지만, 2학년 때부터 기버가 약간 앞서 나간다. 6, 7년 차가 되면 현저히 앞서는데, 고급 과정으로 갈수록 팀 실습이나 회진, 인턴십 등 팀워크가 필요한 과제가 점점 많아지기 때문이다. 그렇게 함께하는 과정에서 기버인 학생들은 더욱 효율적으로 협력하고 환자에게 많은 관심을 기울인다.

당연히 기버든, 매처든, 테이커든 누구나 성공할 수 있다. 하지만 기버의 성공은 폭포처럼 쏟아지고 또 더 멀리 퍼진다는 차이가 있다. 기버에는 친절한 박애주의자만 있지 않다. 성공한 기버도 테이커나 매처 못지않은 야심가가 많다. 그러므로 여러분이 크게 성공하고 싶은 마음이 있다면, 테이커보다는 기버가 되는 것이 더 유리하다. 기버는 자기 주변 소수의 인맥만 관리하지 않고, 조건 없는 관용을 약하게 연결된 인맥에도 베푼다. 기버는 협력을 통해 성공을 모두와 공유한다. 기버는 겸손함으로 영향력을 발휘하고 신뢰와 화합을 구축한다. 그렇게 파이를 키워 자신이 속한 조직과 자신까지 더 많은 것을 얻을 수 있도록 만든다.

물론 실패의 늪에도 기버가 있으니까 그건 피하고 싶다. 애덤 그랜트는 친절하게도 성공한 기버와 실패한 기버의 차이점, 호구가 되지 않는 법도 가르쳐 준다. 우선 성공한 기버는 자신의 이익에도 관심이 높다. 병적으로 자신의 욕구를 해치며 타인에게 초점을 맞추려는 데 대비해, '이기적인 이타주의자'라는 개념을 제시한다. 이기적 이타주의자가 되기 위해서는 자신의 호의와 열정이 어떤 변화를 일으키는지 확인할 장치가 필요하다. 그리고 조언과 지원을 얻을 사회적 연결망이 있어야 한다. 자신의 영향력을 확인할 수 있고 지지 그룹을 가진 기버는 탈진하지 않고 성공의 사다리 위로 올라간다.

기버가 테이커에게 농락당하지 않기 위해서는 상냥함과 무뚝뚝함의 차이가 기버와 테이커의 구분과는 별개라는 점을 기억해야 한다. 그래서 잠재적 테이커를 가려내는 것이 먼저다. 공감하는 것은 중요하지만, 느낌이 아닌 생각에 감정이입을 해야 한다. 상대의 감정에 집중하면 기버는 너무 많은 것을 포기할 위험이 있다. 하지만 상대의 생각이나 이익을 고려하는 식으로 바꿔 생각하면, 자신을 희생하지 않고도 같이 만족할 결론을 찾아내기가 쉽다. 기버는 자기 자신을 위해 주장하기보다는 다른 누군가의 대리인이라는 관점으로 필요한 것을 주장하면 큰 효과를 볼 수 있다. 기버는 직장 상사와 협상할 때 가족의 대리인으로서 임한다든지, 고객의 대리인이라는 관점으로 협상 테이블에 앉는다면 이용당하는 걸 막는 데 좋다.

펀드 매니저, 엔지니어, 운동선수, 교사, 코미디 프로 작가, 의사, 학생, 여러 기업의 대표나 임원, 팀원 등 다양한 직업군에서 진행한 실험과 인터뷰, 그리고 연구 조사 결과를 참고한 내용이 이 주장을 탄탄하게 뒷받침한다.

결론은 돕는 사람이 진짜 성공하고, 크게 성공한다는 것이다. 그러니까 당신이 일하는 이유에는 '누군가를 돕기 위해 산다.'가 꼭 포함돼야 한다. 쓰러진 사람을 업고 눈밭을 건너는 실제지만 동화 같은 이야기가 아니다. 최고 수준의 조직 심리학자가 하는 말이다. 이제 조금 더 신기한 숫자 놀이를 통해 남을 돕고 살겠다는 사람의 이야기를 해 보겠다.

1명을 도울 것인가, 2천 명을 구할 것인가

도움의 효율성을 평가할 수 있을까? 조금 기부하는 것이 변화를 가져온다면 그 변화의 정도는 얼마큼일까? 사람의 고통과 동물의 고통은 동일할까? 누군가를 도와야 한다면 자국민을 먼저 돕는 게 나을까, 얼굴도 모르는 먼 나라 개발 도상국의 아이를 돕는 게 나을까?

미국에서 시각 장애인의 안내견을 한 마리 훈련시키는 데 드는 비용은 약 4만 달러라고 한다. 전염성이 있는 결막 질환인 트라코마로 시력이 약해지거나 실명할 위기에 처한 개발 도상국의 환자 한 명을 치료하는 데 드는 비용이 20달러 정도라면, 4만 달러로는 2천 명을 실명 위기에서 벗어나게 할 수 있다는 계산이 나온다. (트라코마를 치료하는 데 비용은 최대 100달러까지 든다. 보수적으로 잡아 모두 100달러가 든다고 하면 4만 달러는 400명을 실명 위기에서 구할 수 있다.) 텔레비전에서 충성스러운 시각 장애인 안내견의 우아한 동작과 촉촉이 젖은 눈을 볼 때 우리의 마음은 어디에 더 끌리게 될까?

《효율적 이타주의자》를 쓴 사람은 피터 싱어다. 프린스턴대학교 생명 윤리학 석좌 교수고 실천 윤리학자로 알려졌다. 동물 해방론을 주장했고, 동물보다 인간이 우월하다는 주장을 종種 차별주의라고 해서 논란이 된 바 있다. 《동물 해방》, 《물에 빠진 아이 구하기》 등을 썼다.

싱어는 《효율적 이타주의자》에서 효율적 이타주의를 이렇게 정의한다. "세상을 개선하는 가장 효율적인 방법을 이성과 실증을 통해 모색하고 실천하는 철학, 또는 사회운동". 주의할 점은 정의에 희생이나 동기 같은 말이 없다는 것이다. 남을 위해 최선을 다하면 본인의 행복으로 이어진다고 생각하기 때문에, 효율적 이타주의자는 스스로 희생한다는 생각을 거부한다. 왜 그런 방향을 선택할까? 효율적 이타주의자의 관심사는 '선의 최대화'이기 때문이다.

마일스 스콧이라는 아이가 두 살 때 백혈병을 진단받고 3년째 항암 치료를 받고 있었다. 소원이 '배트키드가 되는 것'인 이 소년을 위해 비영리 기관 '메이크어위시재단Make-A-Wish Foundation'이 샌프란시스코에서 대대적인 이벤트를 벌인다. 배우가 배트맨으로, 마일스 스콧은 배트키드로 분장하고, 도시를 누비며 사람을 구하고 악당을 체포하고 결국 도시를 구해 냈다. 그 공로로 '고담시의 열쇠'를 받는데, 그 열쇠 주는 역할을 진짜 샌프란시스코 시장이 했다. 2013년 크리스마스에 있었던 일이다.

마일스 스콧의 소원을 들어주는 데 들어간 비용을 공개하지는 않았지만, 메이크어위시재단이 어린이의 소원 한 건을 들어 주는 비용이 우리나라 돈으로 평균 800여만 원 정도라고 한다. 이 돈을 말라리아 예방에 쓰면 세 명 이상의 생명을 구할 수 있다. 재미있고 감동적인 이벤트에 마음이 움직일 것인가, 아니면 같은 비용 대비 효과를 고민해 최대의 선을 얻을 수 있는 곳에 기부할 것인가?

효율적 이타주의자의 여러 사례가 있다. 프로 포커 플레이어인 필립 그루이셈은 효율적 이타주의를 접한 후 포커 하는 데 새로운 동기를 찾았다. 프로 포커 플레이어들과 '효율적 기부를 위한 베팅'이라는 조직을 결성해 거액을 기부하며 효율적 자선을 전파한다.

연 4억 원 이상 버는 직장인은 자신을 위해서는 연 1천만 원으로 축구와 음악 감상, 사이클링을 즐기고 나머지는 모두 기부한다. 세상의 고통 축소를 목표로 두고 비건vegan으로 살기로 했고, 결혼은 하지 않기로 했다.

프린스턴대학교에서 어느 학생은 졸업 논문이 철학과 최우수 논문상을 수상하면서 옥스퍼드대학원의 연구 과정에 뽑혔다. 그런데 그 학생은 교수 자리를 포기하고 증권선물거래 회사에 입사했다. 이유는 매년 10퍼센트를 기부하면 1년에 100명씩 살릴 수 있으므로 더 많이 기부할 수 있는 직장을 가고 싶어서였다. 그는 졸업 후 1년 만에 자신의 연봉의 반을 기부했고, 매년 100명 이상 살리고 있다.

부동산 사업으로 약 500억 원 정도를 번 투자가가 가족을 위해 연간 6천만 원 정도만 남겨 두고 다 기부했다. 그걸로 모자라 신장을 기부한다. 시 문학을 전공한 이 투자가는 신장을 기증한 이유를 숫자로 설명한다. 신장 기증으로 사망할 위험이 4천 명당 한 명이라는데, 신장을 기증하지 않는다는 것은 타인의 생명 가치를 본인 생명의 4천 분의 1로 본다는 의미고, 그것은 옳지 않기 때문이란다. 이 사람들이 모두 효율적 이타주의자들이다.

효율적 이타주의자는 여전히 논란거리가 많은 개념이다. 다만 이들은 실제 효과에 관심이 있기 때문에 실천을 중요하게 생각한다. 무엇이 더 옳은가에 대한 논의를 정교하게 증명하는 것까지는 큰 관심이 없다. 효율적 이타주의로 세상의 고통을 경감하고 최대의 선을 이루는 것이 자신에게도 가장 좋다고 믿는 사람들이다.

효율적 이타주의자는 다른 조건이 동등하면 상대적으로 행복이 많고 고통이 덜한 세상을 지지한다. 수명이 짧은 것보다는 긴 게 낫다고 생각한다. 피해자가 인간과는 다른 종이라도 고통을 방조하는 태도는 옳지 않다고 믿는다. 자신의 가족이나 자녀를 우선시하는 것은 선의 최대화에 어긋나는 일이라고 생각할 수 있지 않을까? 효율적 이타주의자들은 성자가 아니다. 효율적 이타주의자 대부분은 삶의 여유를 즐길 시간과 자원을 유지한다. 자신의 자녀를 먼저 사랑하는 것이 당연하지만 자녀들에게만 무한정 베푸는 것은 지양한다.

그렇다면 내가 도움을 줘야 하는 가장 시급한 곳은 어디일까? 마땅히 먼저 도와야 하는 곳이 존재할까? 이런 고민에 《효율적 이타주의자》에서는 약간 짓궂은 가상의 예시가 나온다.

당신에게 1억 원이 있다. 그리고 기부할 자선 단체를 찾고 있다. 하나는 500억 원이 들어가는 지역 미술관의 증축에 기부하는 것이다. 신축한 미술관에는 매년 관람객 100만 명이 찾아올 것이라고 예상된다. 신축 미술관의 기대 수명은 50년이다. 1억 원은 500억 원의 500분의 1이므로, 총 관람객 5천 만 명 중 10만 명이 누리는 예술적 유익은 당신의 기부 덕택이라고 할 수 있다. 그런데 실명 위기에 처한 환자의 치료 비용이 최대 10만 원이라고 할 때, 1억 원은 1천 명의 시력을 지켜 줄 수 있는 금액이다. 어디에 기부할 것인가?

이런 계산은 마음을 불편하게 만든다. 많은 사람의 경험과 가치관은 비슷하지 않다. 어떤 사람은 예술적이고 심미적인 경험이 인생을 풍요롭게 하는 데 더 가치를 둘 수 있다. 어떤 사람은 생존에 큰 영향을 미치는 치명적인 질병을 간단히 예방할 수 있다면 그 편이 더 낫다고 생각할 수 있다.

그래서 효율적 이타주의자는 '내가 도움을 줘야 하는 가장 시급한 곳이 어디인가?'를 묻지 않는다. 그렇다고 자신의 마음이 움직이는 대로 좋아하는 곳에 기부하지도 않는다. 효율적 이타주의자는 '내가 가장 크게 영향을 미칠 수 있는 곳이 어디인가?'를 질문하고, 그에 따라 '최대의 선'을 이룰 수 있는 곳을 찾는다.

당신이 살기 위해 도와야 한다

피터 싱어는 동물권 운동을 하는 사람들에게 지침이 되고, 생명 윤리학에 새로운 관점을 제시했지만, 논란의 여지가 많은 주장도 많이 한다. 논란 중에는 어느 한쪽이 대체로 맞다고 판단하기 어려운 문제도 많다. 그만큼 《효율적 이타주의자》는 직관을 상당히 거스르는 불편한 책이다.

이 장 서두에서 당신의 '왜'에는 남을 돕는 일이 포함돼야 한다고 언급했다. 톨스토이의 주장도, 쓰러진 사람을 업고 눈밭을 건넌 사람의 이야기도 봤다. 그리고 연구와 실험 사례로 '야심찬 기버'가 성공의 사다리 위로 올라간다는 애덤 그랜트의 주장도 살펴봤다. 마지막으로 여전히 논의가 진행 중인 생명 윤리학자의 관점도 봤다. 이제 질문을 던질 때다. '그래서 어쩌라고?'

직장 생활에서 기버로 살아간다는 것이 아주 친숙하지는 않다. 인기 웹툰의 제목이자 TVN의 드라마로도 제작된 〈미생〉만큼은 아니더라도, 많은 직장인은 자신의 일터에서 소리 없는 총성을 듣는다. 내가 먼저 쏘지 않으면 당할 것 같은 위기감이 들 때도 많다. 직장이 아니라도 내가 마음 놓고 기버로 살아도 될 것 같은 소속감을 주는 곳은 가족 외에는 없을 것 같다. 심지어 때로는 가정에서도 지치고 소진되는 느낌을 받을 때가 많다.

그럼에도 불구하고, 남을 도와야 성공한다는 기준을 진지하게 검토해 볼 필요가 있다. 누군가를 돕거나 선행을 베푸는 것은 종교인에게만 해당하는 일인지, 보통 사람들은 가끔 남을 도울 수 있겠지만 매번 그럴 수는 없는지를 고민해 볼 필요가 있다. 이건 당신에게 누군가를 도와주기를 부탁하는 것이 아니다. 오히려 당신이 살려면 누군가를 도와야 한다는 주장이다.

기업은 속성상 돈을 벌지 못하면 지속할 수 없다. 그 안에 소속된 조직원 역시 돈 버는 데 기여도에 따라 직장 생활의 질이 달라질 것이다. 하지만 기업의 목표는 돈 버는 것 자체가 아니다. 고객을 지속적으로 창출하는 것이다. 고객을 계속 유지한다는 것은 고객에게 가치를 제공하거나 문제를 해결해 주는 일을 지속적으로 해낸다는 말이다. 달리 말하면 고객을 돕는 일을 지속적으로 해낼 수 없는 기업은 지속할 수 없다는 뜻이다.

그래서 기업은 누구의 어떤 문제를 도울지를 정체성으로 가져야 한다. 기업을 구성하는 조직원들 역시 자신의 정체성 안에 누구를 어떻게 도울 것인지 포함돼야 한다. 그게 최종 소비자일 수도, 동료일 수도, 거래처일 수도, 상사일 수도 있다. 강력한 '왜'와 함께 '누구에게 도움을 줄 것인가'를 명확히 가진 개인과 조직만이 계속 살아남을 것이다. 누군가를 돕는다는 것은 나의, 그리고 당신의 생존 문제다.

저 별을 향하여

바보 같은 할아버지 이야기 《맨 오브 라만차》의 돈키호테. 왜 바보 같은

짓을 하냐는 여인숙 여종의 질문에 유명한 뮤지컬 넘버인 〈이룰 수 없는 꿈Impossible Dream〉으로 답한다.

> 그 꿈, 이룰 수 없어도 싸움, 이길 수 없어도 슬픔,
>
> 견딜 수 없다 해도 길은 험하고 험해도
>
> 정의를 위해 싸우리라 사랑을 믿고 따르리라 잡을 수 없는 별일지라도
>
> 힘껏 팔을 뻗으리라
>
> 이게 나의 가는 길이요 희망조차 없고 또 멀지라도
>
> 멈추지 않고 돌아보지 않고 오직 나에게 주어진 이 길을 따르리라
>
> 내가 영광의 이 길을 진실로 따라가면
>
> 죽음이 나를 덮쳐 와도 평화롭게 되리
>
> 세상은 밝게 빛나리라 이 한 몸 찢기고 상해도
>
> 마지막 힘이 다할 때까지 가리
>
> 저 별을 향하여

〈이룰 수 없는 꿈〉, 맨 오브 라만차

감동적이었다. 말 그대로 우레와 같은 박수를 치며 군데군데 울던 많은 관중을 봤다. 갑자기 벼락 같은 생각이 머리를 때렸다. '실제로 이길 수 없는 싸움을 좋아하는 사람이 있는가? 그런데 저 바보 같은 할아버지의 우스꽝스러운 고백이 나와 이 사람들의 마음을 울리는 이유는 무엇인가? 아무도 그렇게 살고 싶어 하지 않는데.'

나는 지는 걸 좋아하지 않는다. 감동에 눈시울을 붉힌 사람들도 다르지 않을 것이다. 그렇지만 그때 그 자리에서 박수 치던 모두가 돈키호테의 바보 같은 도전에 마음이 움직였다. 우리는 모두 하나 되어 돈키호테를 응원

했다. 돈키호테가 현실적으로 이길 수 없는 싸움을 포기하고 나약한 노인이 되어 침대에 누워 있을 때, 난 무대로 올라가 그의 등짝을 후려갈기고 싶었다. '이러지 마, 바보 같은 삶이 세상을 움직이는 걸 보여 달라고!'

남을 돕는 삶이 진짜 의미 있다는 걸 모르는 사람도 있는가? 간혹 있겠지만 결국엔 알게 될 것이다. 사람들 대부분은 그게 좋은 줄은 알지만 현실적으로 그렇게 살기가 쉽지 않다고 생각한다. 하지만 돕는 것이 삶의 정수라는 주장을 종교인도 하고, 소설가도 하고, 세계적인 석학도 한다. 우리 주변에 잘 드러나지는 않지만 보석 같은 삶을 살아가는 사람은 무수히 많다. 나도, 당신도, 직장 생활도 예외가 될 수 없다. 우리가 일하는 이유는 남을 돕기 위함이다. 그 목표를 꼭 당신의 '왜'에 포함할 수 있기를, 그래서 성공의 사다리 저 위로 올라가길 바란다. 잡을 수 없어도, 저 별을 향하여.

잘난 척 포인트!

- 애덤 그랜트의 또 다른 저서는 《오리지널스》가 있다. 세상을 바꾼 리더들은 어떻게 생각하고 행동하는지를 고민하고, 그런 독창적인 리더들을 '오리지널스'라고 표현했다. 페이스북의 최초의 여성 임원이자 최고운영책임자(COO)인 셰릴 샌드버그와 함께 《옵션 B》도 저술했다.
- 피터 싱어는 '고통'이 나쁜 것이고 고통을 느낄 수 있는 존재는 최대한 그것을 느끼지 않을 수 있어야 한다고 주장한다. 벌레도 중추 신경이 있기 때문에 학대해서는 안 된다고 주장한다. 식물은 신경계가 없기 때문에 채식주의를 주장한다. 낙태와 영아에 대한 주장 때문에 반론을 받고 있고, 특히 장애인 인권 단체로부터는 우생학적인 그릇된 관점이라는 비판을 받는다.

기브앤테이크

애덤 그랜트 지음 | 윤태준 옮김 | 생각연구소 | 2013.6.7.

Q : 착한 사람은 꼴찌로 살 수밖에 없는가?

A : 아니다. 진짜로 성공은 오히려 주는 사람들이 한다.
다만 호구로 전락하지 않으려면 소진되거나 이용당하지 않을 몇 가지 전략이 필요하다.

사람은 크게 세 가지 유형으로 타인을 대한다. 받는 것보다 많이 주고자 하는 의도를 가진 유형을 기버Giver, 준 것보다 더 많이 회수하려는 의도를 가진 유형을 테이커Taker라고 한다. 대개는 손해와 이익이 균형을 이루도록 애쓰는 경향이 강한 매처Matcher처럼 행동한다. 주는 것과 받는 것, 그리고 균형을 이루는 것은 인간관계와 사회생활에서 필요한 기본적인 세 가지 행동 방식일 것이다.

그러나 이런 구별은 명확하지 않다. 한 가지 행동 방식만을 지속적으로 택하며 살지도 않는다. 연봉 협상 시에는 테이커, 후배를 도울 때는 기버, 파트너와 지식을 나눌 때는 매처처럼 행동하는 게 자연스럽다. 우리는 대부분 시간과 장소, 소속된 집단에 따라 주로 선택하는 행동 방식이 달라진다. 그러나 특별히 일터에서 남을 대할 때는 주로 한 가지의 행동 방식을 선택하게 되는 경향성이 있다고 저자는 말한다. 그리고 질문을 던진다. 어떤 행동 방식이 성공하기가 더 쉬울까?

성공의 사다리의 가장 높은 곳에 기버가 있다. 주는 사람이 성공한다. 애덤 그랜트는 기버를 인맥 쌓기, 협력, 평가, 영향력의 관점에서 살펴본다. 기버와 테이커 중 인맥을 통해 지속적으로 가치를 창출하는 쪽은 테이커다. 하지만 기버는 받은 만큼 돌려주지 않고 그냥 줘 버린다. 이것이 쌓이면 우연을 거듭해 나중에는 폭포수처럼 돌아오게 된다. 테이커를 알아볼 수 있는 징후 중에는 자만심이 드러나는 사진, 자기 이야기에만 신경 쓰는 대화, CEO나 스타 직원의 엄청난 연봉 차이 등이 있다.

기버의 일하는 방식은 협력이다. 사람은 누구나 '책임 편향'을 갖는다. 이는 관계에서 자신이 상대에게 공헌하는 정도를 부풀리는 현상이다. 그러나 실패는 자신에게, 공로는 남에게 돌리는 기버의 방식은 집단 내에서 실패해도 괜찮은 분위기를 만든다.

여기에서 '몰입 상승escalation of commitment'라는 심리학적 오류가 나온다. 사람들은 일단의 에너지를 투자하면 일이 틀어져도 투자를 늘리는 위험을 감수하는 경향이 있다는 것이다. 매몰 비용 오류와도 궤를 같이한다. 기버들은 자신에 대한 비판을 위협보다 장기적인 관점에서 대인 관계와 조직에 더 나은 결과를 가져오는 것으로 받아들인다. 기버는 사람들을 평가할 때 그 사람의 잠재력을 보고, 그걸 발휘하도록 격려하는 데 많은 시간을 투자한다.

또한 기버는 약점을 드러내고 조언 구하기를 두려워하지 않는다. 기버는 자아를 보호하거나 확신을 표현하는 데 별로 관심이 없기 때문이다. 이들이 조언을 구할 때는 진심으로 배우고 싶어 한다는 의미다. 그래서 테이커는 조언을 받아들이는 태도를 나약함으로 간주하고, 매처는 갚아야 할 짐을 지는 것이라고 생각하지만, 기버에게 조언하는 사람은 기버를 호의적으로 인식한다. 이런 영향력은 관계에 전체적으로 퍼지게 된다.

그런데 성공의 꼭대기가 아닌, 저 밑바닥에도 기버가 있다. 밑바닥으로 나가떨어지지 않고 성공을 공유해서 타인을 빛나게 만드는 기버가 되려면 '이기적인 이타주의자'가 돼야 한다. 성공하는 기버는 타인을 도우려는 열망과 자신의 야망을 동시에 갖고 있다.

기버가 호구로 전락하지 않기 위한 몇 가지 방법이 있다. 테이커에게 이용당하지 않기 위해 느낌이 아닌 생각에 감정을 이입해야 한다. 베풀 때에는 내게 도움받는 사람에게도 다른 사람을 도울 것을 요구하면서 이기적으로 도와야 한다. 가족이나 친구 등 내 주위의 소중한 사람을 보호하기 위해서 기버의 에너지를 쓸 수 있다면, 이기적 이타주의자로 살 힘을 얻을 수 있다.

저자 애덤 그랜트는 조직 심리학을 가르친다. 심리학에서는 기본적으로 과학이고, 과학은 무수히 많은 실험과 관찰을 통해 반복이 가능할 정도로 유의미한 통계치를 찾아낸다. 이 책의 대담한 부제인 "주는 사람이 성공한다"라는 말이 진부하게 들리지 않는 이유다. 주기만 하면 호구가 될 것이라는 직관에 강력하게 반하는 흥미로운 통찰이 가득 담긴 책이다. 주는 사람이 성공한다.

효율적 이타주의자

피터 싱어 지음 | 이재경 옮김 | 21세기북스 | 2016.3.31.

Q : 타인을 돕는 것도 효율성을 측정할 수 있을까?

A : 상대적으로 행복이 많고 고통이 덜한 '선의 최대화'라는 개념을 실천하면
더 효율적으로 남을 도울 수 있다.

효율적 이타주의란 "세상을 개선하는 가장 효율적인 방법을 이성과 실증을 통해 모색하고 실천하는 철학, 또는 사회 운동"이다. 효율적 이타주의자란 효율적 이타주의를 실행하며 사는 사람을 뜻한다. 이타주의라는 단어가 효율과 만났을 때의 느낌도 새롭지만, 효율적 이타주의를 어떤 운동의 개념으로 받아들인다는 것은 실행에 무게를 뒀다고 해석할 수 있다. 효율적 이타주의는 자기희생으로 남을 돕는 것이 아니라, 선의 최대화를 구현하는 데 그 방향이 있다. 희생으로서가 아니라, 남을 위한 최선이 자신의 행복으로 이어진다는 믿음이 있는 것이다.

'선의 최대화'라는 개념은 여러 갈래로 해석될 수 있고, 효율적 이타주의자라도 모두 다른 생각을 가질 수 있다. 다만 공유되는 가치는 '상대적으로 행복이 많고 고통이 덜한 세상을 지지한다.'는 것이다. 고통의 측면에서 동일하므로 동물의 고통도 방관하지 않는다. 이런 면에서 효율적 이타주의자가 예술 후원이나 대학교 후원 등의 활동보다는 개발도상국 극빈층 후원에 많이 포진하게 되는 것은 자연스러운 흐름이라고 볼 수 있다.

개별적인 판단이나 우선순위는 다양하겠지만, 최대화가 측정의 의미를 포함한다는 걸 생각할 때, 선행의 결과나 가치를 비교해 본다는 건 자연스럽다. 하지만 보통 '도움 제공자의 만족'으로 그 결과의 질을 판단하는 암

초독서

묵적인 분위기에서 선행을 비교하는 것은 불편함을 줄 수 있다. 저자는 미국의 가난한 사람들보다 개발 도상국의 가난한 사람들을 돕는 것이 더 많은 선을 행하는 것이라고 말한다. 굶주린 사람을 먹이는 일, 학대받는 동물을 구조하는 일, 빙하가 사라지는 것을 막는 일 중 무슨 일이 선의 최대화에 가까운지 계산하는 것은 어딘지 모르게 꺼림칙하다. 어떤 자선 단체가 더 효과적일지를 비교하는 방법까지 제안한다. 물론 반박 의견도 많다.

피터 싱어는 성차별과 인종 차별처럼, 인간과 동물을 구별짓는 종차별도 악이라고 주장한다. 낙태나 안락사 등을 주장해 많은 논쟁을 이끄는 장본인이다. 공리주의자이자 무신론자고, 철저한 채식주의자다.

싱어의 실천 윤리학이나 동물권의 관점을 자세히 알고 하는 논쟁보다 더 좋은 활용은, 철저한 실행의 관점으로 바라보는 것이라고 생각한다. 싱어는 스스로 공리주의자라고 하지만, 전통적 공리주의에서의 '최대 다수의 최대 행복'처럼 쾌락의 정도를 중요시하는 데는 집착하지 않는다고 한다. 이런 관점을 '선호Preference 공리주의'라고 한다. 철학의 관점에서는 이 모두가 중요하다.

하지만 싱어가 말했듯이, 효율적 이타주의는 실천하는 사회 운동이다. 그렇게 생각하고 선을 행하는 사람이 많아지면 세상은 좀 더 좋아질 것이다. 그 사람들이 나와 입장이 같지 않더라도, 나 또한 세상이 좋아지기를 바란다면 같은 목적을 원한다고 간주하고 효율적 이타주의를 내 실천에 접목할 수도 있을 것이다. 낯설고 불편한 예로 가득했던 이 책도 그런 관점으로 받아들일 수 있다면, 피터 싱어가 주장하는 세계 시민주의에 입각해 나 또한 효율적 이타주의자들과도 같은 길을 걸어가고 있다고도 할 수 있을 것이다.

2-3

재부팅
하라

《마인드셋》

/

내가 거장의 경지에 이르기까지 얼마나 열심히 노력했는지 안다면
사람들은 별로 대단하다고 생각하지 않을 것이다.

미켈란젤로

박지성 선수가 부상당해 탈의실에 혼자 남아 있을 때, 히딩크 감독이 통역관과 함께 와서 "박지성 선수는 정신력이 좋다. 훌륭한 선수가 될 것이다."라고 한 후 모든 것이 바뀌었다. 초기 기독교를 전파하는 데 크게 기여한 전도자 바울은, 지금의 시리아 땅에 있는 다마스쿠스로 가는 길에 강렬한 빛을 만나 눈이 멀어 버리는데, 그때가 인생의 방향이 바뀐 계기가 된다. 붓다는 보리수나무 아래에서 자신의 인생과 중생을 바꾸는 계기를 얻는다. 불붙는 코를 가진 순록 루돌프의 삶은 산타클로스의 한마디로 바뀌었다. "루돌프의 코가 밝으니 썰매를 끌어 주기 좋겠구나."

인생을 바꾼 결정적인 계기를 만난 적이 있는가? 박지성 선수는 히딩크

감독을 만나기 전에도 관동대나 동국대에 떨어질 때 혹은 명지대에 어렵게 진학할 때 이미 인생이 바뀌는 계기들을 만났다고 할 수 있다. 바울은 그 뒤로도 새로운 지식을 습득하는 데 시간을 들였을 것이고 죽을 위기도 몇 번을 넘겼다. 붓다는 보리수나무 아래서 얻은 위대한 깨달음 이후로도 수많은 중생을 만났을 테고, 그 만남들 중 붓다의 인생을 바꾸는 경험이 또 없었을까 싶다.

인생이 바뀌는 계기가 있어도 그 이전과 이후의 인생 모든 재료까지 하루아침에 바뀌지는 않는다는 말이다. 이전까지 갖고 있던 것들을 계기 이후에도 여전히 갖고 있다. 계기 이후로 새로운 재료를 쌓아 가기도 하지만, 좋은 계기는 보통 갖고 있던 재료들을 재조직하여 새롭게 해석하게 만드는 기능을 한다. 그러니까 이미 가진 것들을 새로운 눈으로 볼 수 있게 해 주는 것이다. 또 당시에 바로 알 수도 있지만, 어떤 계기들은 많은 경우 지난 후에 그때의 일을 새롭게 해석하게 되면서 생기기도 한다. 즉 인생을 바꾸는 계기는 지난 시간들에 대한 현재 시점의 새로운 해석이자, 미래의 어느 시점에서 현재의 시간을 해석하는 관점으로부터 올 수 있다는 것이다.

능력은 선천적인가? 능력 있는 사람과 능력 없는 사람의 성공은 어느 정도 정해진 것일까? 성장은 선천적인가? 성장할 수 있는 재능을 원래부터 가진 사람과 못 가진 사람의 차이는 달라지지 않을까? 창의성이라는 능력은 선천적인가? 능력과 성장, 창의성은 고정적인가에 대한 질문을 각각 궁리해 보고자 한다. 결론은 모두 '아니오.'다.

계기가 우주에서 불규칙적으로 찾아오는 것이라면 우리는 무엇도 할 수 없다. 하지만 계기를 새로운 해석이자 관점이라고 생각한다면, 이미 내가 가진 재료를 재조직해 보기만 해도 생겨날 수 있는 것이다. 무엇보다도 그런 계기는 직접 만들 수도 있다. 우선 능력이 고정적인가에 대한 재부팅부터 시작해 보자.

📚 성장판은 닫히지 않았다

마인드셋mindset의 사전적 정의는 사고방식, 습성이 된 심적 경향, 태도나 버릇 등이다. 《마인드셋》의 저자 캐럴 드웩은 심리학자이자 교수다. 예일대학교에서 박사 학위를 받았다. 하버드대학교, 콜롬비아대학교 등에서 교수로 일했으며, 2004년부터는 스탠퍼드대학교에 합류했다. 그래서 이 책의 한국어판 표지에는 "스탠퍼드 인간 성장 프로젝트"라는 부제가 달렸다. 2006년에 《마인드셋》이 출간됐고 10주년 기념으로 개정증보판을 냈다. 2017년에 출간된 한국어판 개정증보판에는 캐럴 드웩이 한국의 독자를 위해 따로 쓴 서문도 있다.

영문판 표지와 한국어판 표지에 공통점은 제목과, 빌 게이츠의 추천사다. 두 책 표지의 차이점을 살펴보면 굉장히 재미있다. 영문판 부제는 "성공에 대한 새로운 심리학"인데 한국어판 부제는 "스탠퍼드 인간 성장 프로젝트"다. 영문판에는 저자 이름이 제목보다도 더 위에 쓰인 반면 한국어판에는 제목 밑 중간 아래에 상당히 작게 쓰였다. 영어권에서보다 비교적 생소한 저자의 이름을 소속 기관으로 소개하려는 배려가 느껴진다.

영문판 표지에는 있지만 한국어판 표지에는 생략된 내용이 하나 있다. "How we can learn to fulfill our potential"인데, 'fulfill our potential'은 잠재력을 실현하거나 성취한다는 의미다. 내가 주목하고 싶은 단어는 'learn'이다. 이 책의 내용 중 가장 핵심은 배움, 학습이다. 잠재력, 아직 실제로 모습을 드러내지 못한 어떤 숨은 힘을 실제로 실현시키기 위해서, 배우고 학습하는 방법에 대한 내용이 《마인드셋》이다.

마인드셋은 뭘까? 어떤 단어나 개념을 정의할 때는 몇 가지 방법이 있는데, 마인드셋 같은 개념은 단어 자체를 학문적으로 정의하기보다 다른 방법을 쓰는 것이 좋다. 바로 마인드셋이라는 개념으로 가는 이유, 원래의 질문을 찾는 것이다.

마인드셋은 "사람은 왜 다 다른가?"라는 질문에서 시작됐다. 누구는 더 똑똑하고, 누구는 더 착하고, 어떤 사람은 더 빠르고, 또 어떤 사람은 살이 덜 찌고, 술을 더 잘 먹을까? 각자 성격이나 개성은 변하지 않는 걸까? 그래서 결국 성공하는 데 필요한 능력은 변하지 않는 것일까?

능력은 선천적으로 타고났기 때문에 잘 변하지 않는다고 답한다면 당신은 '고정 마인드셋fixed mindset'을 가진 것이다. 현재의 자질과 능력은 시작점이기는 하지만, 여러 가지 노력과 도움으로 얼마든지 개발하거나 발전시킬 수 있다고 답한다면 당신은 '성장 마인드셋growth mindset'을 가진 것이다. 마인드셋은 고정 마인드셋과 성장 마인드셋으로 나뉜다. 즉 마인드셋은, 개인의 고유한 능력이 변하는가 변하지 않는가에 대한 신념이라고 정의할 수 있다.

쉽게 빠질 수 있는 두 가지 오해를 해명한다. 첫 번째 오해, 성장 마인드셋을 받아들이면 우리 모두 김연아 선수처럼 트리플 악셀을 멋지게 성공하거나 엘리우드 킵초케처럼 마라톤을 2시간 1분 대로 완주할 수 있냐는 것이다. 물론 아니다. 악기를 연주하는 능력이 계속 자랄 수 있다는 믿음이 있어도 누구나 베토벤이나 파가니니처럼 될 수는 없다. 다만 개인의 잠재력이 계속 변하고, 또 변할 수 있기 때문에 측정할 수 없고, 그러므로 그가 만들 결과물이나 성과를 지금 한계 지을 수 없다.

두 번째 오해, 한 개인의 신념이 온전히 고정 마인드셋이거나 온전히 성장 마인드셋이냐는 것이다. 역시 아니다. 둘 중 하나의 마인드셋이 선택되면 그 사람은 그걸로 영원히 변하지 않는다는 믿음 자체가 고정 마인드셋이다. 마인드셋은 일종의 경향성이다. 어떤 사람은 건강에서 고정 마인드셋 경향이 강한데 운동 능력에서는 성장 마인드셋을 가질 수 있다. 또 어떤 사람은 악기 연주 능력이 고정적이라고 생각하는 반면 자녀의 능력이 얼마든지 발전 가능하다고 생각할 수 있다. 마인드셋은 사람마다, 영역마다 다를 뿐 아니라 한 사람 안에서도 수시로 변할 수 있다. 하다못해 혈액형별 성격 테스트도 네 가지인데 사람을 둘로 나누는 것은 너무하지 않은가?

캐럴 드웩은 두 마인드셋이 당신의 인생을 가른다고 주장한다. 고정 마인드셋을 가지면 성공하기 위해, 자신이 원래 그 성공할 만한 사람이었음을 증명하며 살아가야 한다. 그럼 한 번의 실패도 성공에, 그리고 자기 자신에 엄청난 위협이 된다. 하지만 성장 마인드셋을 가지면 성공하기 위해 필요한 능력을 찾고, 습득과 개발, 발전이 가능하다. 실패는 유쾌하지는 않지만 어찌 보면 당연한 일이다. 능력이 개발되니 실패 또한 능력의 일부가 된다. 에디슨이 "나는 실패한 적이 없다. 효과가 없는 만 가지 방법을 발견했을 뿐이다."라고 말한 관점이 좋은 예다.

비즈니스 환경, 관계, 교육 등 많은 영역에서 마인드셋의 차이를 볼 수 있다. 각각 궁리해 보기 전에 한 가지만 더 언급하겠다. 마인드셋은 어떤 비결이라기보다 과학이다. 과학이 좋고 익숙한 사람도 있고 부정적인 느낌을 받는 사람도 있을 것이다. 마인드셋이 과학이라는 것은, 관찰할 사례가 많다는 뜻이다. 그리고 이 때문에 일시적이거나 어느 한 사람에게만 해당되는 것이 아니라 모두에게 반복적으로 나타난다는 의미다. 마인드셋이 과학이라면 당신도 나도 예외가 아니다. 각자 몸담은 환경에서 마인드셋을 제대로 장착했을 때 인생이 어떻게 변할지 기대하는 마음으로 살펴보자.

회사에서의 마인드셋

"저 사람은 딱 영업 스타일이야.", "너는 하는 거 보니까 기획은 아닌 거 같아." 이런 평가를 들어 본 적 있는가? 결론부터 말하면 모두 전형적인 고정 마인드셋이다. 영업 스타일이라는 건 뭘 말하는 걸까? 쉽게 떠오르는 이미지는 활달하다, 외향적이다, 처음 보는 사람과도 스스럼없이 말을 잘한다 등이다. 무언가를 잘 파는 사람을 의미할 때도 있다.

판매왕을 뽑는 경진 대회나 대형 매장에서의 일일 판매사 최고 매출 시상 같은 신입 사원 프로그램을 나는 참 어려워했다. 영업 담당으로 일할 때 영업이 뭔지 모르겠고, 알고 싶어서 제목만 보고 고른 책이 《영업은 과학이다》였는데, 책 표지를 보더니 선배가 한마디 했다. "야, 제목이 ○○ 선배가 보면 당장 갖다 버리라고 하겠다. 영업은 그냥 악이고 깡이지."

기획 스타일은 뭘까? 흔히 칼군무를 추듯 기가 막히게 정렬된 표와 도식을 자랑하는 프레젠테이션 자료를 만드는 사람을 떠올린다. 더 확장해 보면 냉정하고 오탈자와 숫자 틀린 것만 귀신같이 잡아내는, 찔러도 피 한 방울 안 날 것 같은 사람을 떠올릴 수도 있다. 오해도 이런 오해가 없다. 기획실장 때 내가 종종 들었던 말은 "전통적인 기획 스타일은 아니야."였다. 주로 현장으로 나돌기를 좋아했던 내가 출장이나 외근 일정을 잡을 때마다 듣던 말이다. 기획이 전통적이라는 건 대체 뭘까. 이래저래 영업도, 기획도, 그 직무를 수행할 때는 항상 나와는 맞지 않는다고 했다.

캐럴 드웩은 그의 책에서 기업도 마인드셋을 갖는다고 주장한다. 고정 마인드셋이 강한 기업의 특징은 역량 있는 사람과 없는 사람을 구분한다는 것이다. 그것도 가능한 한 빨리 구분하고 싶어 한다. 그런 분위기에 소속된 구성원은 되도록 빠르게 자신이 역량이 타고났음을 증명해야 할 압박을 느끼게 된다. 경쟁의 강도도 셀 가능성이 많다. '이달의 직원'뿐 아니라 '오늘의 직원'을 뽑을 수도 있다. 자신이 경쟁에서 밀리거나, 역량 없는 사람 취급을 받지 않으려면 실수나 실패가 있어서는 안 된다.

그래서 직원들은 자연스럽게 그런 일들을 피하거나 미루게 되고, 쉽게 달성할 수 있거나 더 도드라져 보이는 일에 끌리게 된다. 정말 필요한 도전이나 혁신적인 일은 뒷전이 된다. 무엇보다 나쁜 점은, 그런 손쉬운 일이 무엇인지 눈치 재빠르게 찾아내는 사람이 기회를 잡을 가능성이 높아진다는 것이다.

반대로 성장 마인드셋이 강한 기업은 어떨까? 성장 마인드셋을 가진 관리자나 리더라고 갖고 있는 역량을 하찮게 생각하지는 않는다. 발전 가능성을 더 중요하게 생각한다는 게 다른 점이다. 사람을 빨리 구분하기보다는 멘토링이나 팀워크, 올바른 전략 등으로 조직원들의 성장을 잘 도울 방법을 찾는다.

그래서 직원들은 스스로를 증명해야 하는 압박감을 덜 느낄 뿐 아니라 자신이 어떤 도움이 필요하고 어떻게 성장할 수 있을지 고민하게 된다. 경쟁보다는 팀워크가 선호될 가능성이 크다. 동료를 신뢰하는 것처럼 회사의 결정을 신뢰하는 조직원은, 실패가 유쾌하지는 않겠지만 필요한 도전이나 혁신은 회사가 리스크를 관리해 주거나 지원해 줄 것이라고 믿을 수 있다. 무엇보다 좋은 점은 그런 조직에서 일하는 게 훨씬 더 재미있다는 것이다.

기업의 리더들이 어떤 마인드셋을 갖느냐에 따라 기업 자체의 마인드셋이 달라질 수 있다. 캐럴 드웩은 케네스 레이라는 인물을 예로 들었다. 분식회계로 파산한 엔론의 창립자이자 회장이었다. 2001년에 파산하기 직전까지 직원은 2만 명이 넘었고, 매출은 100조 원을 훨씬 넘는 세계적인 에너지 회사였다. 케네스 레이는 제왕적 태도에 사로잡혀 다른 사람들을 무시하는 태도로 대했다.

그런 리더와 함께 일한다면, 자연스럽게 무시와 공격당하는 상황을 피하거나 최소화하고 싶어 한다. 필요한 정보나 진짜 마음을 드러내지 못하는 것은 당연하고, 때로는 자기가 가진 것보다 더 부풀려서 노출해야 할 때도 많을 것이다. 앞서 살펴본 애덤 그랜트의 《기브앤테이크》에서는 케네스 레이를 대표적인 테이커로 꼽는다. 고정 마인드셋과 테이커의 특성이 상당히 비슷하다는 점이 흥미롭다.

성장 마인드셋을 가진 리더는 어떨까? 캐럴 드웩은 겸손과 성장, 팀워크를 공통 요소로 꼽는다. 성장 마인드셋을 가진 리더는 자신을 드러내는 데는 큰 관심이 없다. 새로운 경험으로 새로운 것을 알고 습득하는 데 즐거움을 느끼기 때문에 성장에도 열려 있다. 자신을 지키는 데 지나치게 에너지를 쓰지 않고 남들과 부하 직원들을 돌아본다. 당연히 팀워크에 관심을 갖고 팀워크를 방해하는 요소를 제거하고 싶어 한다. 엘리트주의를 배격하고 모든 의견을 귀중하게 들을 줄 안다. 그리고 이런 사람과 조직에는 사람이 모인다. 본받고 배울 게 많아서이기도 하지만, 자신의 기여가 인정받을 수 있기 때문이다. 노력으로 공정하게 인정받을 수 있다면, 실패도 비교적 즐겁게 받아들일 수 있다. 앤드류 카네기가 자신의 묘비명에 새겼으면 하는 문구를 이렇게 말했다고 한다.

"여기, 자기보다 더 잘난 사람들을 곁에 둘 줄 아는 사람이 잠들다."

당신이 속한 회사나 단체는 어떠한지, 또 당신의 리더는 어떠한지 궁금하다. 생각만 해도 숨이 턱 막히는가? 아니면 성장 마인드셋을 가진 리더와 함께 신나는 시간을 보내고 있는가? 부디 후자이길 바란다. 만약 아니라면, 당신이 그런 리더가 되길 바란다. 리더십은 직책이나 연배에서 오지 않는다. 성장 마인드셋으로 사람들과 함께할 수 있는 사람이 리더다. 그래서 누구나 될 수 있고 또 도전해야 할 영역이다. 무엇보다 경계해야 할 점은, 좋은 리더가 되겠다고 도전하지 않으면 평범한 사람이 되는 게 아니라, 당신이 숨 막혀 하는 바로 그런 사람이 된다는 것이다.

관계에서의 마인드셋

평강 공주가 귀중품을 챙겨 궁을 나왔다. 그 길로 바보 온달에게 가서 글도 가르쳐 주고 말도 사 주고 해서 좋은 무사로 키웠다. 온달은 왕 앞에서 사냥도 하고 전쟁에 나가 적군도 물리쳐 벼슬을 받는다. 그런데 돌연 온달이 평강 공주와 이혼해 버렸다. 왜 그러냐는 질문에 온달이 대답한다.

"이 정도로 훌륭해졌으면 더 좋은 사람 만날 수 있을 것 같아서…"

가상의 이 이야기에서 평강 공주가 성장 마인드셋을 가진 사람이라면, 온달은 고정 마인드셋을 대표하는 케이스다. 게다가 이런 경우에는 '술지

게미와 쌀겨를 먹으며 고생한 와이프 버리고 잘 사는 놈 못 봤다.'는 윤리적인 비난도 피하기 어려울 것이다.

앞서 마인드셋을 개인이 가진 고유한 능력이 변하는가 변하지 않는가에 대한 신념이라고 정의했다. 그리고 변한다고 생각하는 쪽을 성장 마인드셋, 변하지 않는다고 생각하는 쪽을 고정 마인드셋이라고 구분했다. 그렇다면 인간관계에서의 마인드셋은 어떤 의미일까? 관계는 기본적으로 상대방이 존재하기 때문에, 개인의 능력이 발전한다는 개념에서 두 가지가 더 붙는다.

'개인의 인격적, 성격적 자질이 변한다, 혹은 변하지 않는다.'

'상대방(친구, 배우자, 가족, 동료 등 누구라도)의 인격적, 성격적 자질이 변한다, 혹은 변하지 않는다.'

'서로의 관계의 질이 변한다, 혹은 변하지 않는다.'

영화 〈봄날은 간다〉는 "어떻게 사랑이 변하니?"라는 가슴 저리는 대사로도 유명하다. 나도 그 영상미와 배우들, 영화와 동명의 노래 제목인 김윤아의 솔로 1집 앨범 타이틀곡까지도 좋아하지만, 영화에서 두 주인공이 소리 채집을 위해 갔던 대나무 숲까지 방문한 적이 있지만, 안타깝게도 사랑은 변한다. 어떻게 안 변하냐고 묻는 게 더 빠를 것이다.

고정 마인드셋을 가진 관계는 어떻게 될까? 관계 유지를 위해 서로 노력해야 한다면, 그건 운명적인 관계가 아니라고 생각할 것이다. 적어도 계속 유지해야 할 의지가 상당히 약화될 것이다. 흔히들 말하는 '코드가 맞다.'거나 '비슷해서 좋다.', '정반대라서 좋다.' 등은 모두 사실이 아니다. 코드가 맞든, 닮은 점이라고는 한 톨도 찾기 어렵든, 좋은 관계는 많은 부딪침과 극복 후에 만들어진다. 그건 나도 상대도 변하고 발전할 수 있다는, 서로의 관계의 질이 발전한다는 믿음이 없는 고정 마인드셋의 소유자가 통과하기에 너무도 괴로운 길이다.

또 고정 마인드셋으로 관계를 대하면, 문제가 생길 때마다 서로의 인격을 탓하기가 쉽다. 물론 인간관계에는 제한적이고 기능적인 필요가 우선인 만남도 있다. 그럴 때는 큰 부담 없이 서로에 간단한 매너만으로 필요를 공유한 뒤 헤어져도 무리가 없다. 사업적인 일회성 미팅일 수도, 휴게소 상점 직원이나 택시 기사님과의 만남일 수도 있다. 하지만 교류 빈도수가 높아지면, 모든 관계는 변화가 가능한지에 대한 개인의 신념에 따라 결과가 딴판으로 달라진다. 그리고 친구나 동료, 배우자나 가족과의 사이를 생각해본다면 고정 마인드셋이 얼마나 관계를 어렵게 하는지 알 수 있다.

관계에서 문제는 당연하게 생긴다. 물론 그 어떤 문제보다도 귀찮고 부담스럽고 피하고 싶겠지만, 사실 너무 자연스러운 것임을 우리 모두 모르지 않는다. 그렇다면 당연하게 매일같이 발생하는 관계에서의 문제들을, 서로의 인격 탓으로 돌릴 것인가? 혹은 내 자질이 형편없기 때문이라고 자책할 것인가? 그래서 서로의 관계는 나아질 수 있는가? 이렇게 보면 선택은 두 가지뿐이다. 관계를 끊거나, 피상적으로 회피하거나. 그리고 우리는 이런 선택이 잘못됐다는 걸 본능적으로 안다.

성장 마인드셋을 관계에 적용하면, 더는 관계에서 내가 얻을 것만 챙기는 데 집중하지 않을 수 있다. 나 자신을 건강하게 지켜야 하지만, 그보다 우선시할 점은 나와 함께하는 소중한 사람들이 잠재력을 깨닫고 발전하도록 돕는 것이다. 상대의 인격적 자질이 고정돼 있지 않고 성장 가능하다고 믿기 때문에 가능한 것이다. 그런 관계의 질은 시간이 갈수록 더 깊어진다.

그런 관계를 만들어 가는 나 자신의 인격적 자질 또한 당연히 훌륭해진다.

교육에서의 마인드셋

《마인드셋》은 통상 자기계발이나 성공의 기술로 분류되기 쉽다. 그런데 이 책을 교사와 학생들에게 교육 개론서로 제시하기에도 부족하지 않은 이유는, 캐럴 드웩이 교육 부분에 대한 통찰을 사려 깊게 제시하기 때문이다. 또 부모도 자신은 이제 꿈을 이루기에는 좀 늦었지만 내 자녀에게만은 세상 모든 것을 할 수 있는 가능성을 주고 싶다는 마음이 있을 것이다.

교육으로써의 마인드셋에서 제일 중요하게 적용할 점은 칭찬과 지적할 때의 '말'이다. 칭찬할 때는 지능이나 재능을 칭찬하기보다 노력이나 과정을 알아봐 주고 인정해 줘야 한다. "100점을 맞다니 넌 천재야!"보다 "성적이 그만큼 오른 건 네가 포기하지 않고 열심히 공부했기 때문이지. 틀리거나 잘 이해가 안 되는 문제를 몇 번이나 들여다보는 걸 나도 봤단다."가 성장 마인드셋을 키우는 말이다.

지적이나 피드백을 할 때도 마찬가지다. "이런 것도 몰라? 넌 수학을 진짜 못하는구나."가 아니라, "결과가 네 기대만큼 안 나온 건 그만큼 노력하지 않았기 때문이야."라고 말해 줄 수 있어야 한다. 즉 학생이나 자녀가 무의식적으로 자신의 재능이 고정돼 있다고 암시하지 않아야 한다. 기분을 좋게 해 주거나 신경을 긁기 위해서가 아니라, 스스로 자신이 한 실행과 노력들을 돌아보고 잘한 점과 부족한 점을 찾게 만드는 말을 해 줘야 한다.

성공도 실패도 영원하지 않다. 언제든 바뀔 수 있다. 그리고 이는 개인이 기울인 노력에 따라 달라진다. 자신의 노력이 아닌 타고난 역량에 집중하면 성공할 때는 우쭐해서 다른 사람을 얕보게 된다. 실패할 때는 자신의 자존감을 위협하는 도전을 피하게 된다. 더 나쁜 경우는 실패 후 다른 사람의 탓을 하게 된다. "쟤 때문에 이렇게 됐어요!"

아는 사람은 알겠지만, 결과물과 재능을 칭찬하지 않고 과정을 칭찬하는 게 상당히 어렵다. 딸이 그려 온 그림을 보고 "이렇게 잘 그리다니, 그림 천재구나!"라고 하는 게 훨씬 쉽다. "그림을 그린 것을 보니, 네가 이 부분을 그릴 때 얼마나 열심히 꼼꼼하게 하려고 노력했는지 아빠는 감탄했다."라고 말하는 게 쉬운가?

또는 자녀의 성장 마인드셋을 키워 주고 싶다면, 부모부터 성장 마인드셋을 가지면 된다고 생각할 수도 있을 것이다. 물론 고정 마인드셋을 가진 부모보다야 성장 마인드셋을 가진 부모와 함께 지내는 자녀가 더 좋겠지만, 모든 사람은 고정 마인드셋과 성장 마인드셋이 섞여 있다. 부모나 선생님이 성장 마인드셋이라고 학생과 자녀가 뚝딱 노력 지향적인 사람이 되지는 않는다.

쉽지도 않고, 또 금방 되지도 않지만, 성장 마인드셋을 길러 주는 방법은 크게 세 가지다. 첫째는 칭찬을 성장 마인드셋으로 하는 것, 둘째는 비판을 성장 마인드셋으로 하는 것, 마지막으로 목표를 세밀하게 정해 주는 것이다. 학생이나 자녀가 재능을 획득하려는 걸 목표로 삼지 않게 하고, 배움을 즐기고 사랑할 수 있도록 말이다.

배움을 사랑하라

딸이 상자를 만들겠다고 종이를 달라고 했다. 전개도를 그려서 가위로 오려야 하는 작업을 딸이 잘 해낼 것 같지 않았지만, 종이를 달라고만 했지도와 달라고는 안 했으니 가만히 있었다. 선이 삐뚤빼뚤, 각도도 길이도 제 각각이니 가위를 대기 전부터 이미 상자는 저 멀리 가 버린 걸 본인도 알 았나 보다. 지우개를 끄적끄적하면서 분투하더니 이내 울먹이며 소리쳤다. "아, 망했어!"

망했다는 말은 어디서 배웠을까. 얼마나 웃었는지 모른다. 힐끗 쳐다보며, 직접 말은 안 하고 울먹거리면서 도와주면 좋겠다는 신호를 온몸으로 보내는 딸에게 아마추어 자기계발 아빠는 이렇게 말했다.

"딸, 실수나 실패는 당연한 거야. 한 번에 성공하면 그게 이상한 거야. 내 일부터는 하루에 세 번씩 실패하고 그 이야기를 아빠한테 해 줄 수 있겠어?"

딸이 감탄하고 감동하며 성장 마인드셋으로 살아가겠다는 의지를 불태우는, 그런 일 따위는 없었다. 무슨 소리를 하느냐는 눈빛을 보낸 뒤 더 크게 울며 망했다고 소리쳤을 뿐이다.

어렵다. 성장 마인드셋을 실행하고 성공하며 행복한 삶을 누리는 일은 금방 되지 않는다. 회사에서든 관계에서든, 누군가의 역량을 키우는 일이든 잘될 때보다 아무 일도 벌어지지 않고 오히려 어색하고 더 나빠지는 경우만 많은 것도 같다. 그래도 두 마인드셋의 차이를 아는 것만으로 이미 재부팅이 시작됐다. 어떤 사실은 아는 것만으로도 그전으로 돌아갈 수 없는 것들이 있다. 굳이 돌아갈 필요도 없는데 힘들여 돌아갈 필요도 없지 않은가? 고정 마인드셋이 당신을 얼마나 움츠러들게 만드는지, 성장 마인드셋을 통해 당신이 변화할 수 있을지 알았다면, 그리고 공감한다면 이제 매일 매 순간 자신을 성장시킬 계기를 만날 수 있다.

수많은 만남이 기다리고 있으니 한두 번쯤, 아니 좀 많이 실수하고 실패하더라도 괜찮다. '오늘은 이런 어처구니없는 실수도 했네? 이번이 오백칠십세 번째네?' 하고 웃으며 다시 나아가면 된다. 그 과정에서 만나는 모든 배움을 즐기고 사랑할 마음이 있다면, 유쾌하게 변화의 길을 갈 수 있을 것이다. 시작된 변화의 길을 즐겨라.

잘난 척 포인트!

- 마인드셋은 신념의 경향이다. 고정 마인드셋은 타고난 역량이 변치 않는다는 믿음이다. 그러므로 자신을 증명해야 한다. 실패는 자신을 위협하는 것이다. 노력은 능력이 없는 사람의 발버둥일 뿐이다.
- 성장 마인드셋은 타고난 역량은 도움과 전략 등으로 발전이 가능하다는 믿음이다. 그러므로 자신을 증명하기보다는 성장하는 것이 중요하다. 실패는 자연스럽거나 받아들일 만한 것이다. 노력은 당연하고 자신을 발전시킬 것이다. 실패든 성공이든 배움의 장이다.
- 마인드셋을 가장 많이 접할 수 있는 것은 '말'이다. 자신의 말이 고정 마인드셋을 강화하는지 성장 마인드셋을 지향하는지 돌아보라. 완성된 사람이나 결과물을 볼 때마다 그 자체를 평가하지 말고, 그것이 있기까지 존재했을 이면의 과정을 생각하고 그것을 말로 표현하라.

마인드셋

캐럴 드웩 지음 | 김준수 옮김 | 스몰빅라이프 | 2017.10.30.

Q : 인생을 바꾸는 변화가 가능한가?

A : 그렇다!

마인드셋이 한마디로 무엇이라고 말하기는 좀 어렵다. 그만큼 마인드 셋은 상당히 넓은 개념이다. 캐럴 드웩은 마인드셋을 고정 마인드셋fixed mindset과 성장 마인드셋growth mindset으로 나누고, 이 중 어떤 마인드셋을 갖 는가에 따라 세상이 바뀐다고 주장한다. 이 주장과 책의 내용을 볼 때 마인 드셋이란 '변화할 수 있는가?'라는 질문에 대한 태도로 정의할 수 있다.

이 책은 총 8장으로 구성돼 있다. 처음 1장과 2장에서는 마인드셋이 무 엇이고 어떤 차이를 가져오는지를 설명한다. 고정 마인드셋을 가진 사람은 지능을 포함한 역량이 정해져 있다고 생각한다. 성장 마인드셋을 가진 사 람은 어떤 능력이든 성장할 수 있고 나를 변화하는 것이 가능하다고 생각 한다.

이런 차이는 실패를 만날 때 드러난다. 역량의 총합이 아무리 뛰어나더 라도 살아가면서 실패 한 번 하지 않을 사람이 없다는 것은 누구나 공감할 것이다. 다만 역량이 정해져 있다고 생각하는 사람에게는 모든 일이 자신 이 패배자가 아님을 '증명'해 내야 하는 과제가 된다. 하지만 성장 마인드셋을 가진 사람들에게는 실패가 유쾌한 일은 아니지만 생길 수 있는 일이다. 그리고 그건 나의 무능을 보여 주는 증거라기보다 내가 다른 방법을 취해야 한다는 걸 알려 주는 표시가 된다. 변화가 가능하다는 믿음이 있기 때문이다. 마인드셋의 차이는 노력의 의미도 바꾼다. 고정 마인드셋의 관점으로는 노력해야 하는 것 자체가 부족한 능력을 드러내는 일이다. 하지만 성장 마인드셋의 관점에서 노력은 변화를 위한 도구이자 당연한 일이다.

3장에서는 마인드셋의 차이가 성취에 어떤 영향을 미치는지를 살펴보고, 이후 4장부터 7장까지 스포츠 스타, 회사, 관계, 교육에서 두 마인드셋의 차이가 어떤 결과를 가져오는지 살펴본다. 마인드셋이라는 개념이 넓은만큼, 적용될 곳도 무한대다. 다양한 장소와 사람을 살펴보며 고정 마인드셋과 성장 마인드셋을 보여 주는 게 이 책의 미덕이자 저자인 캐럴 드웩의 성실함이라고 할 수 있겠다. 다만 정상급의 사람들만 언급한다는 게 조금 불편할 수도 있는데, 그에 대해서는 저자가 친절하게 답했다. 드웩은 마인드셋의 차이가 얼마나 극적인 변화를 가져올 수 있는지 말하고 싶었기 때문에 최고의 사람들을 예로 든 것이지, 남들을 이겨 최고의 성공을 거둔다는 게 핵심이 아니라고 말한다. 성장 마인드셋을 가지면 자신이 하는 일을 사랑하고 어려움이 닥쳐도 이겨 낼 힘이 생긴다.

8장에서는 성장 마인드셋을 실천하는 방법을 소개한다. 독자가 많이 공감할 수 있도록 여러 가지 예시를 들었는데, 핵심 프로세스는 4단계로 제시한다. 처음에는 고정 마인드셋을 갖고 있다는 사실을 인정하는 것, 그다음에는 무엇이 그런 고정 마인드셋을 자극하는지 알아내는 것, 세 번째는 그 마인드셋에 이름을 붙여서 드러나게 하고, 마지막으로는 그 이름을 붙여 준 고정 마인드셋을 자신의 삶의 여정에 동행하며 교육하라는 것이다.

이 프로세스 이면에는 타고난 고정 마인드셋도, 날 때부터 성장 마인드셋을 가진 사람도 없다는 전제가 있다. 우리 모두는 누구나 두 마인드셋을 갖고 있을 뿐 아니라 상황마다, 혹은 동일한 상황에서도 때마다 다른 마인드셋으로 반응한다. 그 고정 마인드셋을 인정하는 것이 성장 마인드셋으로 가는 첫걸음이다.

"배움을 사랑하라."는 조언으로 책을 마무리한다. 변화라는 것이 배움 없이 안 된다는 걸 생각하면 당연한 말이다. 실패도 노력도, 원하지 않는 상황과 결과를 만나게 될 때도 새롭게 알게 되는 그 모든 것을 배움으로 볼 수 있다. 배움을 사랑하며 변화를 믿고 추구하는 것은 한 사람의 인생 전체의 전제를 바꿀 정도로 큰 계기가 될 수 있다.

재능 신화를
무너뜨려라

《그릿》

/

구르고 또 굴러서 멍투성이가 돼도
세상 끝에 홀로 서 당당히 선다 나는 돌멩이

마시따밴드 <돌멩이> 中

능력은 선천적인가? 변하지 않는가? 성장 마인드셋은 '아니오.'라고 답했다. 마인드셋을 새롭게 정의하면서 초기 세팅이 달라졌고, 재부팅된 당신은 두 번째 질문에 답할 준비가 됐다. 성장은 선천적인가? 재능은 변하지 않기 때문에, 성공이라는 것은 선천적인 재능을 가진 소수의 천재를 제외하고는 운 외에 기대할 게 없지 않을까?

'인생의 성공에는 재능보다 훨씬 더 중요한 다른 요인이 작용하는데, 그건 노력이다.'

이 문장을 한 번 더 읽어 보라. 다시 읽어 봐도 당연한 말인 것 같고 누구나 인정할 법한 내용이다. 그런데 저 문장을 갖고 10년이 훨씬 넘도록 연구하는 사람도 있다. 그래서 정말 인생의 성공에는 재능보다 노력이 훨씬 더 중요하다는 것을 실험을 통해 과학적으로 증명한 사람이 있다. 《그릿》의 저자 앤절라 더크워스가 그 주인공이다.

앤절라 더크워스는 그 노력을 인정받아 2013년에 일명 '천재에게 주는 상'으로 알려진 맥아더상을 수상했다. 아버지에게 "네가 천재는 아니잖니!"라는 말을 자주 들었다는 앤절라 더크워스가, 천재성이나 재능이 아닌 노력이 성공의 핵심 요소라는 연구로, 천재들의 상을 받았다는 것은 겹겹이 아이러니다.

더크워스의 강의 영상을 온라인으로 찾아보면, 야무지고 건강한 자신감이 뿜어져 나와 나도 모르게 어깨가 들썩인다. 본인 입으로 자기가 천재라고 말해도 충분히 고개를 끄덕일 것 같다. 그런데 본인이 아니라고 한다. 적어도 천재를 노력 없이 큰 업적을 달성하는 사람으로 정의한다면 자신은 절대 천재가 아니라고 한다.

더크워스의 첫 직장은 맥킨지앤드컴퍼니Mckinsey & Company였다. 전략컨설팅의 최고봉인 맥킨지에 입사했다는 것만으로도 평범하다고 보기는 어렵겠다. 하지만 맥킨지에 입사하는 수많은 사람을 통틀어 더크워스가 그중 최고의 천재성을 가졌다고 볼 수 있을까? 맥킨지만 살펴봐도 더크워스보다 뛰어난 재능을 가진 사람은 많을 것이다. 맥킨지 외 다른 곳, 미국 외 다른 나라까지 찾아본다면 훨씬 더 많을 것이다.

그렇지만 잘나가는 컨설팅 회사를 그만두고 고등학교 수학 교사로, 또 심리학도로 자리를 옮겨 가며 성공의 비밀을 연구한 그의 여정 자체가 노력의 중요성을 웅변한다. 《그릿》의 서문에는 그에게 천재가 아니라고 지속적으로 말했던 아버지와의 대화가 나온다. 파킨슨병에 걸린 아버지에게 탈고한 원고를 읽어드렸다는 내용은 그 자체로 아름답다. 노력이 핵심이라는 주장이 삶의 과정과 어우러져 스토리가 만들어진다.

그러니까 한번 믿어 보자. 그저 똑똑한 사람이 '노력하면 다 되던데, 넌 안 되니?'라며 성의 없이 내뱉는 말이라고 생각하지 말고, 속는 셈 치고 무슨 말을 하는지 보자. 노력이 인생의 성공에 제일 중요한 요소라는, 뻔해 보이는 말을 오랜 시간 연구해서 증명해 냈다는데 어쩌면 나에게도 적용할 수 있을지 모른다는 가정을 두고 들여다보자. 그렇게 내 삶을 걸고《그릿》의 스토리와 만났을 때, 노력이라는 걸 나도 피해 갈 수 없음을 알게 될지도 모르고, 그럼 인생이 바뀌지 않을 수 없는 계기가 생길지도 모르니까.

그릿이란 무엇인가?

마인드셋을 정의할 때처럼, 그릿도 단어 자체를 학문적으로 정확하고 어렵게 정의할 필요는 없다. 그릿은 '노력하는 자세'다. 책에서는 근성, 용기, 집념까지도 아우르는 뉘앙스로 쓰였다. 영어 사전에는 투지나 기개라고도 한다. 'Grit your teeth.'는 이를 악문다는 의미다. grit은 모래나 아주 작은 돌도 뜻한다. 작지만 단단하게 응축된 에너지, 포기하지 않는 투지, 당당히 맞서는 기개, 그래서 데굴데굴 굴러갈 수 있는 세상 끝 절벽까지 가서 석양을 맞으며 당당히 서는, 마시따밴드의 〈돌멩이〉 같은 이미지가 그려진다.

마인드셋과 연관 지어 보면 그릿은 쉽게 성장 마인드셋과 직결된다. 그릿은 성장 마인드셋과 마찬가지로 노력할 이유를 갖고 있다. 실패는 자연스럽기 때문에 그릿은 포기할 이유를 갖고 있지 않다. 발전 가능성을 믿는 것이다. 또 그릿은 재능의 반대에 서 있다. 꼭 정반대의 뜻이라기보다는 개념적으로 반대로 생각해 보는 게 그릿을 이해하기 쉽다.

흔히 재능이 많으면 상대적으로 노력을 안 하거나 덜 해도 더 좋은 결과를 얻을 것이라고 생각한다. 성장 드라마에서 볼 수 있듯이 주인공이 '그래, 결심했어!'라고 하고, 약 1분간 경쾌한 음악과 함께 훈련 장면이 지나가고 나면 갑자기 스포츠 스타가 돼 있는 종류의 오해를 하기가 쉽다. 재능이 성취나 성공을 보다 수월하게 만들어 준다는 오해 말이다.

그런 의미에서 그릿은 노력과 포기하지 않음을 의미한다. 재능 신화를 믿는 사람은 어렵거나 난해한 상황에서 지속해서 버틸 이유를 찾기 힘들어한다. 실패하는 이유가 재능이 없기 때문이고, 재능이 없으면 성취할 수 없기 때문에 지속할 이유가 없는 것이다. 하지만 재능이 있든 없든, 재능이 많든 적든 포기하지 않는다면 그건 그릿이다. 더 좋은 결과를 만들어 갈 수 있다는 믿음, 재능의 여부가 아니라 내 노력의 여부로 결과를 바꿀 수 있다는 믿음이 그 사람을 한 번 더 포기하지 않고 나아가게 하는 동력이 된다.

《그릿》에는 앤절라 더크워스가 재능에서 성취에 이르는 등식이 나온다. 자그마치 10년을 연구한 후 만든 등식이라고 한다. 정작 등식을 보면 '이게 10년의 연구 결과라고?' 하는 마음이 들 수 있지만, 어쨌든 성실한 연구자의 10년 지식을 단번에 흡수할 좋은 기회니까 살펴보자. 우선 재능을 '노력할 때 기술이 향상되는 속도'로 정의하고, 성취를 '습득한 기술을 사용했을 때의 결과물(의 양, 질)'이라고 정의한다. 그럼 이렇게 된다.

> 재능 × 노력 = 기술
> 기술 × 노력 = 성취

이게 버락 오바마와 빌 게이츠, 마크 저커버그가 극찬한, 미국의 교육을 밑바닥부터 혁신시키고 있는 글로벌 스매시 히트《그릿》의 요체다. 등식이니까 수학적으로 이 두 식을 합치면 '(재능×노력)×노력=성취'가 된다. 그래서 성취는 재능에도 영향을 받지만, 노력의 증가는 성취를 곱빼기로 늘린다. 도예가, 작가, 영화배우, 영화감독, 스포츠 스타, 악기 연주자 등 세계 최고나 전 세계 유일무이에 도전하는 사람들의 다양한 사례를 살펴보면서, 의미 있는 성취를 지속적으로 내는 사람들이 결국 엄청난 노력가들이라는 것을 보여 준다.

노력을 증가시키는 두 가지 기본 방식이 있다. 단시간에 집중하거나, 긴 시간 꾸준히 하거나. 기하급수적으로 노력을 키우기 위해서는 당연히 후자가 필요하다. 물론 일정 기간 집중하는 것이 중요하다. 시간은 덩어리로 써야 효율이 나지, 5분씩 12번을 반복한다고 한 시간의 효과가 나지는 않는다. 하지만 꾸준함이 전제되지 않으면 노력의 양을 늘리기가 불가능하다. 누군가 말했듯이, 탁월함은 꾸준함과 친구다.

그릿은 포기하지 않는 것이다. 이유는 많다. 그 일이 좋아서, 열정이 가득해서 포기하지 않을 수도 있고, 포기하면 내일 점심을 사 먹을 수 없어서일 수도 있다. 달리 할 일이 없어서일 수도 있다. 어쨌든 포기하지 않는 것이 그릿이다. 다른 누군가가 포기하는 그 자리에서 이를 악물고, 주먹을 꽉 쥐고, 그래서 돌멩이처럼 되는 것이 그릿이다. 다시 한 번 데굴데굴 굴러갈 투지, 기개가 바로 그릿이다.

그릿을 기르려면

앤절라 더크워스는 미 육군사관학교를 관찰했다. 이곳에 합격하기 위해서는 학업은 물론이고 달리기, 팔 굽혀 펴기, 턱걸이 등 체력도 엄청 높은 수준을 충족해야 한다. 이런 기준을 통과한 입학생 1천2백 명은 대부분이 학교 대표팀의 선수이자 주장이다. 그런데 이들 중 20퍼센트 가까이가 졸업 전에 중퇴한다. 그중 상당수가 첫해에 이탈한다. 입학 첫해 여름에 실시되는 7주간의 고도 집중 훈련인 비스트 배럭스Beast Barracks에서 그만두는 것이다.

재능이 없어서라고 보기는 어렵다. 육군사관학교에 입학 허가를 받을 정도의 사람이라면, 그는 주변에서 두드러진 재능을 가진 사람으로 볼 가능성이 높다. 한두 명 정도가 실수로 입학했다면 모를까 수백 명이 채용 오류일 리도 없지 않은가.

더크워스는 여러 변수를 두고 관찰한 결과, 끝까지 남는 사람들과 중도 하차하는 사람을 가르는 유일한 요소가 '그릿'이라고 결론을 내린다. 그릿이 있으면 육군사관학교도 무사히 졸업하고 기술을 익히고 키워 성취와 성공에 다다를 수 있다. 이런 좋은 그릿은, 어떻게 기를 수 있을까? 책에서는 네 가지로 제시한다.

첫 번째, 관심사를 분명히 하라. 흔히 하는 오해가 '가슴이 시키는 일을 하라.'는 것이다. 가슴이 누군지는 모르겠지만, 갈 바를 알지 못하는 나 같은 사람한테 딱 맞는 일을 막 찾아 주고 그런가 보다. 가슴이 시키는 일을 하는 것, 잘하는 일을 하는 것, 하는 일을 좋아하라는 것 등 이런 관점의 충고가 몇몇 있다. 이런 충고들은 사실 전혀 별개의 관점이 아니다. 잘하는 일을 하다 보면 그 일을 좋아할 수도 있고, 나중에는 가슴이 그 일을 계속

시키기도 할 것이다. 지금 하는 일을 접어 두고 가슴이 시키는 일을 했더니 행복하고 나중에는 가슴이 시키는 일을 좋아하게 될 수도 있다.

더크워스는 가슴이 시킨다는 '열정'이라는 것이 계시처럼 찾아오지 않는다고 강조한다. 열정은 끊임없는 자기 성찰과 외부 세계의 만남에서 이뤄진다.

내 딸은 장래희망이 약사라고 한다. 이유는 어린이집에서 갔던 직업 체험 학교에서 바리스타 체험 코너가 너무 인기가 많았고, 상대적으로 줄이 적었던 약사 체험 코너에서 알약을 통에 나눠 담는 활동을 해 봤기 때문이다. 혹시 제약 회사 영업 담당 체험 코스가 있었다면 또 어떻게 됐을지 모르겠다.

내가 초등학교를 다닐 때는 세상에 직업이 대통령과 군인, 과학자만 있는 것 같았다. 여학생들은 유치원 교사나 간호사가 주력 업종이었다. 초등학생이 히포크라테스 선서에 감명받아 의사가 되겠다고 하는 게 아니라면, 열정이 개인의 내면에서만 나온다고 오해해서는 안 된다. 가슴이 시키는 열정을 만나려면, 외부 세계와 끊임없이 호흡하고 상호 작용해서 받아들이는 과정이 지속돼야 한다. 그렇게 관심사를 발견하면 끝이 아니다. 개발하고 발전시켜서 지속해야 한다.

두 번째, 질적으로 다른 연습을 하라. 질적으로 다른 의식적인 연습이 무엇인지는 제3장 '1만 시간 VS 20시간'에서 안데르스 에릭슨의 1만 시간의 법칙을 이야기할 때 자세히 다뤘다. 여기에서는 질적으로 다른 연습이라는 두 가지, 도전 목표를 설정 후 전체 기술 중 아주 일부분에 집중한다는 것과 반복적인 피드백으로 구성된다는 것만 알아도 충분하다.

나는 1년에 한 번씩 마라톤 풀코스를 완주한다. 나의 마라톤 첫 완주 기록은 4시간 47분이었다. 완주만으로도 만족했지만, 이후 연습을 더 열심히 해서 첫 완주 기록을 처음보다 30분 이상 단축했을 때는 정말 기뻤다. 그러다 새로운 목표가 생겼다. "4시간 안에 완주해 보고 싶은데…."

계산해 봤다. 레이스 종반에 가면 반드시 페이스가 떨어지는 점을 배제해도 10킬로미터를 달리는 데 1시간을 쓰면 42.195킬로미터를 절대 4시간 안에 완주할 수 없다. 나는 평소 10킬로미터를 1시간 정도에 달리는 연습을 무지 많이 했다. 4시간 15분 대 완주가 목표라면 그 연습만 죽을 때까지 반복해도 문제가 없다. 하지만 3시간 59분에 피니시 라인을 통과하고 싶다면 이야기가 달라진다. 10킬로미터를 60분에 달리는 건 1킬로미터를 6분에 달린다는 말이다. 3시간 59분에 들어오려면? 1킬로미터를 5분 40초에 달려야 한다. 그것도 처음부터 끝까지 느려지지 않는다는 가정하에 말이다.

1킬로미터를 6분에 달리는 것과 5분 40초에 달리는 것은 하늘과 땅 차이다. '그깟 20초'라고 생각할 수 있는데, 6분이 천국이면 5분 40초는 지옥이다. 6분 페이스로는 1시간을 뛰어도 가뿐하다. 하지만 5분 40초 페이스로 1시간을 뛰고 나면 나는 사경을 헤맨다. 문제는 실제 풀코스를 뛸 때는 페이스가 느려질 테니, 연습 때는 5분 30초나 그 이하로 뛸 수 있어야 한다는 것이다.

1킬로미터를 5분 30초에, 10킬로미터를 55분에 맞추는 연습을 반복했다. 처음 2킬로미터를 11분에 정확히 맞추는 연습도 했다. 1킬로미터 열 번을 동일한 속도로 뛰는 연습도 하고, 처음 5킬로미터는 5분에, 나중 5킬로미터는 6분에 맞춰 평균 5분 30초를 맞추는 연습도 했다. 시간을 잘 못 맞추던 7, 8킬로미터 구간은 집중적으로 연습했더니 나중에는 플러스마이너스 3초 안으로 맞출 수 있었다. 5분 30초에 맞추려고 했는데 5분 28초가 나오고, 조금 늦췄더니 그다음에는 5분 31초가 나오는 식이었다. 그해 완주 기록은 3시간 56분. 내 생애 첫 서브포sub-4: 마라톤을 4시간 안에 완주하는 것는 체력이 아니라 산수로 한 것이다. 목표를 정한 후 아주 작은 부분에 집중하고, 계속 반복 피드백을 하는 것이 의식적인 연습의 핵심이다.

세 번째, 높은 목적의식이다. 더 정확히는 이타성, 타인의 행복을 높이려는 의도를 말한다. 종교인이나 자원봉사자만을 말하는 게 아니다. 상대가 고객일 수도, 가르치는 학생이나 자녀가 될 수도 있다. 추상적으로는 나라, 세계도 될 수 있고 과학이나 스포츠 같은 영역도 될 수 있다.

성공의 핵심 요소인 그릿을 기르는 방법에 타인을 돕는 것이 포함되는 점은 신선하다. 다시 한 번 애덤 그랜트와 피터 싱어를 생각해 보기 바란다. 승자가 된다는 것이 누군가를 죽인다는 것은 아니다. 재능의 경쟁 구도로 먹고 먹히는 관계를 성공과 실패로 규정하는 것은 조직이나 사회에는 물론이고, 그 자신에게도 좋지 않다. 자기 성공을 지향하는 것은 타인의 행복을 지향하는 것과 배치되지 않는다. 그 둘 다 없을 수도, 그 둘 다 가질 수도 있다.

목적의식을 높이는 방법으로 세 가지를 제시한다. 우선 사회에 긍정적으로 기여하는지 고민한다. 목적에 대한 성찰만으로도 시험을 앞둔 학생들의 공부 시간이 두 배 이상 증가했다. 다음은 현재 하는 일에 작지만 의미 있는 변화를 주는 것이다. 똑같은 일을 해도 약간의 변화가 목적의식의 차이를 가져올 수 있다. 마지막으로 목적이 확실한 롤 모델을 찾으라는 것이다.

네 번째, 희망을 갖는다. 낙관과 비관은 학습된다. 그 유명한 학습된 무력감 실험이다. 우리에 갇힌 개에게 전기 충격을 가한다. 한쪽 우리에는 버튼이 있어서 코로 누르면 전기 충격이 바로 멈추지만, 다른 우리에는 충격을 차단하는 장치가 없다. 다음 날에는 뛰어넘을 수 있는 칸막이가 설치된 박스에 개들을 넣고 전기 충격을 가한다. 전날 스스로의 힘으로 전기 충격을 멈출 수 있던 개들은 대부분 박스를 뛰어넘어 충격을 피했다. 하지만 전기 충격을 통제할 수 없던 개들의 3분의 2가 수동적으로 낑낑대며 형벌이 끝나기를 기다렸다. 즉 무력감은 고통이나 환경에서만 오지 않는다. '통제할 수 없다.'는 사실이 무력감을 만든다. 희망을 학습하려면 시작은 성장 마인드셋이다. 그럼 낙관적으로 자기 대화를 하고, 도움을 청해 역경을 극복하려는 끈기가 생긴다.

'관심사를 분명히 한다, 의식적으로 연습한다, 타인을 돕는 높은 목적의식을 갖는다, 희망을 갖는다.' 네 가지에는 모두 '끈기'라는 요소가 들어간다. 외부와 호흡하며 열정을 찾아가려면, 의식적인 연습을 반복하려면, 타인을 돕는 방법을 고민하고 실행하려면, 어려운 상황에도 절망이 아닌 희망을 학습하려면 끈기가 필요하다. 그릿을 기르려면 끈기가 필요하다. 투지나 기개는 객기가 아니라 끈기다. 노력하려면 끈기를 발휘해야 한다. 희망을 갖는 것까지도 엄청난 끈기가 필요하다.

그릿을 키워 주려면

친절하게도 더크워스는 그릿을 기르는 방법뿐 아니라, 다른 사람의 그릿을 키워 주는 관점도 설명했다. 누구보다 부모가 이런 질문을 많이 하기 때문이지만, 더크워스 본인이 컨설팅 회사를 그만두고 수학 교사를 할 만큼 교육 분야에 사명도 있고, 본인이 아이를 키우는 부모 입장이라 이 부분의 중요성을 몸으로 이해하기 때문이기도 할 것이다. 또 그릿을 연구하는 학자의 입장으로서도, 양육과 그릿을 함께 연구하는 활동이 더 많이 필요하다고 언급했다. 연구자로서의 객관적 관점을 유지하는 것으로 보인다.

주로 부모가 자녀들을, 혹은 CEO나 장군이 부하 직원이나 군인들을 가르치고 잠재력을 개발시키려고 할 때는 크게 두 가지로 관점이 갈린다. 애정 어린 양육 방식과 엄격한 양육 방식이다. 《슬램덩크》에는 엄격하기로는 둘째라면 서러울 채치수와 온화한 전략가 권준호가 북산의 명물 채찍과 당근으로 비교된다.

"멍청아! 들떠 있을 시간 있거든 연습이나 해!"

"하지만 이렇게 성장이 빠른 녀석은 처음 봤다. 이 페이스로 분발해라!"

결론부터 말하면 '지지하되, 높은 기준을 요구하라.'는 것이다. 애정이 있다고 꼭 요구하지 말라는 것은 아니다. 엄격해도 지지하지 않을 수 있다. 지지하지 않으면서 요구하지도 않는 것은 방임적이다. 지지하지 않는데 요구를 많이 한다면 독재적이다. 지지하면서 요구하지 않는 것은 허용적이고, 지지하면서 요구도 많이 하면 현명한 양육 방식이라고 할 수 있다.

앞서 말한 학습된 무력감 실험은 1964년에 마틴 셀리그먼과 스티브 마이어가 한 실험이다. 거의 40년이 지난 후 스티브 마이어는 조건을 살짝 바꿔 실험을 하나 더 했다. 새로운 실험 대상은 쥐의 청소년기에 해당하는 생후 5주 쥐들이었다. 여기에서 추가로 얻은 결론은, 청소년기에 전기 충격을 통제할 수 있어서 '학습된 낙관주의'를 가진 쥐들은 나중에 성체기가 되어 통제할 수 없는 전기 충격을 받아도 무력하게 있지 않았다는 것이다. 그러니까 누군가의 그릿을 키워 주려면 두 가지를 유념하면 좋다. 하나는 지지하되 높은 목표를 요구하는 것, 또 하나는 자신이 상황을 통제할 믿음뿐 아니라 실제 자율적으로 통제해 본 경험을 만들어 줘야 한다는 것이다.

책에서는 그릿을 키워 줄 다른 요소로 조직이나 나라 등 개인이 속한 단체의 문화를 언급했다. 또 학교에서 1년 이상 꾸준한 특별 활동을 통해 도전 의식과 재미를 충족시키면서 그릿을 높일 수 있다는 연구 결과도 제시한다. 성공을 위한 역량을 청소년기나 정규 교육 과정에서 길러 줄 방안을 고민한다는 점에서 부러웠고 본받을 게 많았다. 학자의 연구가 사람들의 삶으로 넘어와 세상을 풍요롭게 만드는 것처럼 좋은게 또 있을까?

끝이 보일수록 처음처럼 하라

파블로 카잘스라는 첼리스트가 있었다. 젊은 신문 기자가 카잘스에게, 이미 위대한 첼리스트로 인정받는 95세의 '당신이 아직까지 하루에 여섯 시간을 연습하는 이유'를 질문했을 때 그가 답했다.

"아직도 내 연주 실력이 조금씩 향상되는 걸 느끼기 때문이지요."

많은 어록으로 한국인에게 사랑받은 거스 히딩크 감독은 이런 말도 했다.
"앞으로 16강 진출 가능성을 매일 1퍼센트씩 높여 가겠습니다. 월드컵이 되면 우리 팀의 힘이 폭발할 겁니다."

지금은 그릿을 매일매일 길러서 그릿의 화신이 되겠다는 의지가 불타오르는가? 혹은 여전히 그 이야기가 그 이야기고, 먼 나라의 똑똑한 연구자 한 명이 그저 좋은 이야기를 했다고 생각할지도 모르겠다. 여전히 개인마다 가진 재능이 성공에 필수적이라는 생각을 떨치기 어려울 수도 있다. 매일매일이 새로운 인생이고 매일 그릿을 펼칠 수 있는 장이 열린다. 그러니 용기 내기를 바란다.

난 직장 생활을 10년도 넘게 하고 있다. 아직도 출근이 낯설 때가 있는데 그때마다 신기하다. 10년 넘게 출근을 했으면 출근의 아웃라이어outlier가 됐어야 하는 것 아닐까? 매일같이 해 온 일이지만 어떨 때는 낯설고 제자리걸음하는 것 같고, 혹은 저 뒤로 후퇴한 것 같을 때도 많다.

하지만 이것이 당연하다. 그릿을 갖고 매일 살아간다고 후퇴하지 않는 것도 아니고, 매번 성공해 내는 것도 아니다. 그릿을 가진 사람은 안 가진 사람에 비하면 오히려 더 많이 실패할 수밖에 없을 것이다. 《죽고 싶지만 떡볶이는 먹고 싶어》의 저자 백세희는 우울증의 일종인 기분부전장애를 10년 이상 앓았다. 병원 내원 기록을 공유하던 내용이 책이 됐는데, 우울증의 상담 기록도 꾸준히 기록하면 많은 사람을 위로하고 공감을 선사하는 선물이 된다.

반농담으로, 나는 특정 브랜드의 소주를 선호하는 편이다. 맛은 전혀 구분 못하지만 그 이름이 좋아서다. 그릿을 갖고 살아가는 게 어디 쉬운 일인가? 가장 힘들 때 한 발 더 나가는 것이 그릿이다. 손가락 하나도 까딱할 힘이 없는 것 같을 때 덤벨 한 개를 어떻게든 올리는 것이 근력 운동이다. 더는 무엇도 할 수 없을 것 같은 끝이 보일 때, 처음처럼 눈빛을 바꾸자. 그릿에 당신 자신의 스토리를 입히기를 바란다.

잘난 척 포인트!

- 그릿(grit)은 투지나 기개를 뜻한다. 아주 작은 돌멩이라는 뜻도 있다. 노력하는 태도나 끈기 있는 자세도 의미한다. 여러 개념이 혼합된 단어이므로 영어 단어를 그대로 쓰는 게 오히려 의미 전달이 용이할 수 있다.

- 그릿은 네 가지 관점으로 기를 수 있다. 관심사를 분명히 하고, 의식적인 연습을 하고, 타인을 돕는 높은 목적의식을 갖고, 희망을 가져라.

- 그릿을 키워 줄 수 있는 방법은 많이 지지하되 높은 목표를 요구하는 것이다. 엄격함과 이기심을 혼동하지 말고, 방임과 애정을 오해하지 말아야 한다. 그 차이를 구분하는 것은 교육자의 몫이 아니라 피교육자가 어떻게 수용하는지에 따라 달라진다.

그릿

앤절라 더크워스 지음 | 김미정 옮김 | 비즈니스북스 | 2016.10.25.

Q : 재능이 성공의 핵심인가?
천재란 노력하지 않고도 놀라운 성취를 달성하는 사람인가?

A : 둘 다 아니다. 그릿만이 성공에서 과학적으로 검증된 가장 중요한 요소다.
자신의 모든 것을 바쳐 지속적인 탁월성을 추구하는 사람이 천재다.

이 책을 온전히 이해하기 위해 먼저 알아야 하는 것은 '과학적'이라는 단어의 쓰임이다. 사전에 따르면 과학은 "관찰 가능한 방법으로 얻어진 체계적이고 이론적인 지식의 체계"를 뜻한다. 과학적 방법이라는 것은 "경험과 측정에 근거한 증거를 사용해 현상의 원리를 밝히는 과정"이다. 관찰이 가능해야 하고, 측정을 통해 구분 및 반복이 가능해야 과학이다.

이 책의 핵심은 역시 그릿이 성공 여부를 결정한다겠지만,《그릿》이 비슷한 주장을 하는 다른 책들과 차별화되는 지점은 뭐니 뭐니 해도 '과학적 방법론'을 사용해서, 노력이 성공에 기여하는 바를 증명해 냈다는 부분이다. 그래서 이 책의 첫 부분이 "그릿이란 무엇인가"로 시작하는 것은 당연하다. 개념의 정의를 내리지 않으면 측정 및 반복이 불가능하기 때문이다.

1부에서는 그릿이 무엇인지, 왜 그릿이 성공의 필수적인 조건인지를 자세히 살폈다. 열 개 항목으로 구성된 측정표에 답하면서 현재 자신의 그릿 점수를 알아볼 수도 있다. 이 측정표가 진부하거나 단편적이지 않은 이유는 더크워스가 오랜 기간 실행한 방대한 실험 결과가 뒷받침돼 있기 때문이다. 노력이라는 추상적인 개념을 실제로 측정할 수 있게 항목을 쪼갠 것이 이 책에서 가장 중요한 요소다. 그리고 그릿이 성공의 필요조건임에도 불구하고 우리가 재능에 현혹되는 현상과 이유가 정리돼 있다. 또한 그릿은 나이가 들수록 성장하는 경향이 있다는 것도 언급한다.

2부에서는 그릿을 기르는 네 가지 방법을 소개한다. '열정을 찾는 방법, 질적으로 다른 연습하기, 높은 목적의식 갖기, 희망 품기'다. ① 열정은 계시처럼 찾아오는 것이 아니기 때문에, 발견하고 키우기 위해서는 외부 세계를 통해 끊임없이 자극받아야 한다고 말한다. ② 질적으로 다른 연습은 도전적 목표, 완벽한 집중, 즉각적이고 유용한 피드백, 반성과 개선과 반복으로 구성된다. ③ 높은 목적의식에는 이타성이 자리한다. 목적의식을 기르는 세 가지 방법은 "세상이 더 살기 좋은 곳이 되려면 어떻게 해야 하는가?"라는 질문 던지기, 현재의 일에 작지만 의미 있는 변화를 줄 방법을 생각하기, 목적이 확실한 롤 모델 찾기다. ④ 희망을 품는 것은 《마인드셋》의 캐럴 드웩이 이야기한 '성장형 사고 방식'을 추구할 때 가능하다.

3부에서는 그릿을 교육할 수 있는 방법을 설명한다. 더크워스는 공립 학교 교사로 일했던 시기에 아이들의 성적 차이가 지능 지수의 차이에서 기인하지 않는다는 데 의문을 가졌다. 그릿의 아이디어가 시작된 배경이 교육 현장이었음을 생각해 보면, '그릿을 교육할 수 있을까?' 하는 의문은 매우 자연스럽다. 이뿐 아니라 심리학적 이론과 현실 세계와의 긴밀한 소통 가능성을 보여 주는 요소라 할 수 있을 것이다. 이 책에서는 특별히 부모와 학교, 팀 문화의 관점으로 살폈다. 부모는 높이 요구하되 지지하는 현명한 양육 방식으로, 학교는 경험을 살려 주는 특별 활동을 통해, 팀은 정체성과 문화 배양을 통해 그릿을 길러 줄 수 있다.

그릿은 심리학적으로도 방대하고 의미 있는 연구 결과라고 할 수 있다. 하지만 그릿이 진정으로 빛을 발할 때는 역시 현실에서, 그리고 개개인의 상황에서 재확인될 때다. 그릿이 버락 오바마를 포함한 정책 관련자들에게 인용되고 호평받는 이유도, 현실적으로 적용할 가능성이 방대하게 열려 있기 때문이다. 학문적으로 기반이 안정적이면서도 현실에 밀접하게 맞닿아 있다는 점에서, 이 책은 개인과 집단에게 활용도가 높다고 본다.

초독서

재능이 아니라
프로세스다

《스틱!》

/

단순함은
복잡함보다 어렵다.

스티브 잡스

선천적으로 타고난 능력, 흔히들 부르는 재능이 성공의 필수 요소가 아님을 살펴봤다. 재능 신화를 믿고 천재를 부러워하며, 더 나아가서 천재가 아니라 더 놀라운 결과를 낼 수 없다고 생각하는 것은 근거도 약하고 실제적이지 않다. 개인의 능력은 변할 수 있고, 내가 그렇듯 타인도 발전할 가능성이 있다고 믿는 것이 성장 마인드셋이다. 재능보다 꾸준한 노력이 성취와 성공에 훨씬 큰 영향을 미치는 변수이므로, 그릿을 갖고 살면 성공할 가능성이 높아질 것이다. 마인드셋과 그릿이 해당되는 영역은 개인 연습, 조직 생활, 관계까지 전방위적이다. 그런데 창의성이라는 능력도 개발할 수 있을까?

개발하기 쉽든 어렵든, 어떤 능력이나 자질은 열심히 노력하면 소기의 성과를 기대하기가 쉽다. 우리가 역도 선수처럼 200킬로그램이 넘는 역기를 들 수는 없겠지만, 일주일에 세 번씩 근력 운동을 하면 근육이 더 생길 것이다. 조깅을 규칙적으로 하면 더 먼 거리를 더 오래 뛸 수 있을 것이다. 수영도, 바이올린도 기량이 향상될 것이다. 우리의 발목을 잡는 외국어도 매일 조금씩 하면 분명히 잘할 수 있다. 쉽지 않지만 대중 앞에서 말하는 기술도, 더 쉽지 않지만 글 쓰는 기술도 좋은 방법으로 좋은 사람의 도움을 받아 매일 연습하면 분명 나아질 것이다. 그런데 창의성은?

창의성이라는 개념을 생각할 때면 으레 음악을 하거나 그림을 그리거나, 도자기를 굽는 등 예술 영역이 떠오른다. 회사에서는 카피라이터나 디자이너, 마케팅 부서 정도에서 일하는 사람들을 빼면 창의성이 필수적인 요소는 아닐 것 같기도 하다. 물론 최근 급속도로 정보의 양이 많아지고 변화의 속도가 증가하면서 창의성이라는 자질이 주목받는다. 그건 반가운 일이다. 하지만 여전히 창의성은 소수의 독특한 영역일 것 같고, 이어서 창의성을 선천적으로 가진 예외적인 사람들이 있을 것 같다.

재능 신화를 때려 부수기로 했으니, 창의성이라는 자질도 예외로 넘어가서는 안 된다. 기업에서는 창의적인 해법이 필요할 때가 많다. 창의성은 유독 특별히 창의적인 사람과 그렇지 않은 평범한 사람이 나뉘어 있다는 막연한 오해가 있는 자질이다. "내가 운동을 열심히 했더니 근육량이 늘었어!"라고 말하는 사람은 있어도, "내가 프로세스를 잘 따라 훈련했더니 전보다 더 창의적이 됐어!"라고 말하는 사람을 본 적 있는가? 많은 사람이 창의성이라는 능력을 우연의 영역에 가둬 놓고 있다.

초독서

뇌리에 달라붙는 메시지

능력은 선천적이지 않다. 발전할 수 있다. 사람의 능력은 고정되지 않고, 성취와 성공은 재능보다 노력에 훨씬 큰 영향을 받는다. 이제 창의성이라는 자질이 고정적이고 변하지 않는지 질문해 보자. 여기에 '아니오.'라고 대답할 수 있다면 우리 같은 평범한 사람도 더 창의적으로 살아갈 희망이 열리게 된다.

《스틱!》은 정확히는 창의성을 기르는 법보다 잊히지 않고 사람들의 기억에 착 달라붙어 살아남는 메시지를 만드는 법을 알려 주는 책이다. 창의성은 개념도 광범위하다. 대부분의 정의에서 창의성은 지적, 감성적, 인성적, 환경적인 총체적인 관점에서 찾아볼 수 있다는데, 그렇게 총체적이라는 말은 모두 정확히는 잘 모른다는 뜻이기도 하다. 하지만 창의성을 언급하는 말들을 잘 찾아보면 공통점을 발견할 수 있다. '전통적인 것들을 벗어나는 것, 새로운 것을 만들어 내는 것', 그리고 어떤 하나의 유형이 아니라 인간의 여러 자질이 '복합적으로 연결돼 나타나는 것'과 관련이 있다.

이렇게 복잡하고 넓은 개념이기 때문에, 좁아도 눈에 보이는 확실한 영역을 살펴보는 것이 창의성을 기르는 방법을 아는 데 유용하다. 메시지를 만드는 데는 창의력이 필요하다. 내 의도가 정확히 전달될지도 불확실하다. 그런 불확실성에서 규칙적인 패턴을 발견할 수 있다면 창의성의 비밀도 모습을 드러낼 것이다. 그리고 《스틱!》 정도가 익숙하고 재미있다면 아이디어나 생각의 기술을 다룬 책들을 더 읽어 보면 좋을 것이다. 부부 공저인 로버트 루트번스타인과 미셸 루트번스타인의 《생각의 탄생》, 스티브 존슨의 《탁월한 아이디어는 어디서 오는가》 같은 책이 도움 될 것이다.

단순성, 의외성, 구체성

창의적인 메시지를 만드는 처음 세 가지 방법을 보자. 허브 켈러허는 사우스웨스트 항공사에서 제일 오래 재임한 CEO인데, 그에게는 명확한 전략이 있었다. '가장 저렴한 항공사'. 가장 낮은 항공료를 항상 제공한다는 것이다. 주의할 점은 이를 '주주 가치의 극대화'라고 하지 않았다는 것이다. 주주 가치를 극대화한다는 것은 간결하다. 하지만 단순하지는 않다.

단순함simplicity은 길이가 짧은 것 이상이라는 말이다. '가장 저렴하다.'는 분명하지 않다. 항공기를 줄일 수도, 직원을 줄일 수도 있다. 즉 사우스웨스트 항공사는 이 전략 외에도 '승객들을 재미있게 해 준다, 직원을 존중한다.'는 등 다른 가치를 둘 가능성이 크다. 그렇지만 어떤 승객이 땅콩 외에 더 맛있는 메뉴를 기내식으로 제공받고 싶다고 할 때, '주주 가치의 극대화'와 '가장 저렴한 항공사' 중 어떤 표현이 직원이 결정하는 데 더 도움이 되겠는가? 즉 '단순하다.'는 간결하기만 한 요약이 아니라, '핵심+간결함'이다. 사우스웨스트 항공사는 분명 주주 가치도 높이려고 애쓸 것이다. 그건 정확한 사실이다. 하지만 핵심은 아니다. 정확한 사실을 나열하는 것만큼 단순함에 도움이 안 되는 것도 드물다.

단순해서 몇 천 년을 살아남은 메시지가 속담이다. '달도 차면 기운다.'의 핵심은 항상 좋은 상황에만 처하지 않는다는 것이다. '시간이 지나면 다 쪼그라들게 되는 거야.' 같은 표현보다 훨씬 핵심이 드러난다. '손 안의 새 한 마리가 숲속 두 마리보다 낫다.'의 핵심은 확실하지 않은 것을 위해 이미 가진 것을 포기하는 일은 어리석다는 뜻이다. 이 말은 이솝 우화에도 나온다. 이솝 우화의 저자인 아이소포스는 기원전 6세기 인물로 알려졌다.

의외성Unexpectedness은 듣는 사람의 추측 기제를 망가뜨리는 것이다. 노드스트롬 백화점에는 '효율성을 희생하더라도 고객을 행복하게 하라.'는 철학이 있다. 이 말을 그대로 반복한다고 철학이 전달되거나 이해되지는 않는다. 노드스트롬은 어떻게 했을까?

"타이어 체인을 반품하러 온 고객에게 바로 환불해 준 직원이 있습니다. 아주 잘했습니다."

타이어 체인을 팔지 않는 노드스트롬 백화점에서 일하는 직원들은, 조직의 철학을 명확히 이해하게 된다. 잘 잊히지도 않을 것이다.

노라 에프론은 〈시애틀의 잠 못 이루는 밤〉 등의 작품을 쓴 저명한 시나리오 작가다. 그가 기자가 된 이유는 고등학교 때 들은 언론학 수업 때문이었다. 교사는 글 한 문단을 주고 신문 기사의 첫 문장인 리드를 뽑으라는 과제를 줬다. 당신도 재미 삼아 해 보라. 문단은 이렇다.

"오늘 비벌리힐스고등학교의 케네스 L. 피터스 교장은 다음 주 목요일 비벌리힐스고등학교의 전 교직원이 새크라멘토에서 열리는 새로운 교수법 세미나에 참가할 것이라고 말했다. 이 세미나에는 인류학자 마거릿 미드, 시카고대학교 학장 로버트 메이너드 허친스 박사, 캘리포니아 주지사 에드먼스 팻 브라운 등이 강연자로 참석할 예정이다."

예상할 수 있듯이 다들 새크라멘토나 인류학자, 주지사의 이름과 교수법 세미나에 대한 내용을 한 문장에 집어넣으려고 낑낑댔다. 답은? 언론학 교사는 이후 30년 이상 유명 시나리오 작가의 기억에서 지워지지 않을 한마디를 한다.

"다음 주 목요일 휴교!"

짧은 말로 상대의 추측 기제를 망가뜨릴 수 있다면 의외성을 제공하면서 그 메시지가 달라붙게 된다. '치킨은 살 안 쪄요.'라든지, '커피를 마시면 정말 잠이 깰까?' 등 의문이 드는 광고 카피를 주변에서 쉽게 접할 것이다.

구체성Concreteness은 감각으로 검토할 수 있는 메시지를 만들어야 한다는 것이다.

"10년 안에 인류를 달에 착륙시키겠습니다."

미국의 최연소 대통령으로 당선된 존 F. 케네디의 연설이다. '우리는 세계 최고의 과학 기술을 가진 나라가 돼야 한다.'고 말하지 않았다. 노드스트롬 백화점이 '우리는 세계 최고의 서비스를 제공한다.'고 표현하지 않는 점도 생각해 보라.

셋에 하나를 더하면 넷이 된다는 사실을 어떻게 알까? 아이들은 손가락을 사용한다. 손가락은 눈에 보이기 때문이다. 사과 세 개와 사람 한 명을 합하면 네 개가 된다. 숫자는 극도의 추상성을 표현하는 기능이 있다. 사과와 사람 사이에 하나의 개체로서 존재하는 공통점이 얼마나 되는가?

'사과를 네 개 먹고, 그다음 두 개를 먹고, 또 한 개를 더 먹으면 어떻게 될까요?'라고 물었는데 '배탈이 나요!'라고 대답하는 아이가 있다면, 그 아이는 수학자로는 어려워도 광고 비즈니스의 거물이 될 확률은 높을 것이다. 메시지의 구체성을 이해하니까 말이다. '3+1=4'를 배우기 전에 사과 세 개와 사람 한 명을 더하는 것을 먼저 이해한다. 사람이 지식을 습득할 때는 항상 구체성에서 추상성의 방향으로 나아간다.

숫자는 추상적이지만 잘 사용하면 그 어떤 메시지보다 구체적인 그림을 그리게 만들 수 있다. '굶어서 죽어 가는 사람들도 많다.' 물론 이런 사람을 직접 만나고 친구가 되는 것이 가장 구체적인 감각을 깨울 것이다. 그게 어렵다면 이렇게 말하면 된다. '세계가 100명으로 된 마을이라면, 그중 20명은 영양실조, 1명은 굶어 죽기 직전인데 15명은 비만이다.'

논문은 왜 항상 어려울까? 구체적이지 않기 때문이다. 이미 이해한 사람이 아니라면 대부분은 예시를 요구한다. 사람들은 상대성 이론보다, 상대성 이론을 쉽게 설명해 달라고 질문한 기자에게 한 아인슈타인의 대답을 더 기억하기 쉬울 것이다.

"미인과 함께 있으면 한 시간이 일 분처럼 느껴지지만, 뜨거운 난로 위에서는 일 분이 한 시간보다 길게 느껴집니다."

얼마 전 난로에 손을 댄 적이라도 있다면 효과 만점일 것이다. 메시지가 손의 감각을 타고 들어가 당신의 기억에 달라붙을 테니까.

신뢰성, 감성, 스토리

창의적인 메시지를 만드는 나머지 세 가지 방법을 살펴보자.

신뢰성Credibility이 있어야 메시지가 오래간다. 지금의 내 세대보다 좀 더 어른들이 자랄 때는 종이 신문이 정보의 출처로 신뢰성이 높은 매체였다. '신문에서 봤어!' 하면 끝이었다. 그다음은 텔레비전이다. 뉴스에서 봤다고 하면 믿을 만한 정보가 됐다. 신뢰성은 외부의 권위로부터 온다. 하지만 메시지의 신뢰성을 높이기 위해 그때마다 청와대에서 일하는 사람 중 아는 사람을 만들거나 연예인을 찾아 나서기는 어렵다. 그 방법 중 하나는 세부 사항을 언급하면 신뢰성이 올라간다는 것이다.

신해철이라는 뮤지션을 생각하면 사람들 대부분이 그의 불멸의 히트곡인 〈그대에게〉를 떠올릴 것이다. 사후 더 유명해진 〈민물장어의 꿈〉을 기억하는 사람도 있고, '넥스트'라는 밴드를 아는 사람도 있을 것이다. 나는 그의 사망 날짜를 알고 있다. 그해 춘천에서 열리는 마라톤 대회에 참석하고 집으로 돌아가던 길에 들른 휴게소 텔레비전에서 그의 사망 소식을 접했다. 보통 팬심을 증명하는 가장 일반적인 방법이 스타의 세부 사항을 얼마나 아는지 말하는 것이다. 소위 레어템을 가졌는지가 그의 팬심을 측정하는 기준이 된다. 당신이 좋아하는 사람들을 생각해 보라. 말투, 특이한 습관, 좋아하는 음식, 독특한 표정 등 세부 사항이 많고 감각적일수록 기억에 오래 남는다.

이쯤 되면 짐작하는 분도 있겠지만, 당신이 지식이 많거나 그 책을 잘 안다고 말하는 방법 중 상당히 효과적인 방법이 바로 저자에 대한 배경과 원어를 기억하는 것이다. 당신이 《스틱!》을 완벽하게 이해한다는 걸 무엇으로 보여 줄 텐가? 《스틱!》에 나오는 창의적인 메시지 만들기 여섯 가지 방법을 달달 외우는 것도 물론 좋다. 하지만 칩 히스와 댄 히스 형제가 메시지에, 변화에, 결정에 대해 책을 냈다는 것과, 기회를 만드는 것에 대한 《순간의 힘》이라는 책을 냈다는 사실을 말할 수 있다면? 그 뒤로 당신이 《스틱!》에 대해서 말하는 것은 더 높은 신뢰도를 가질 것이다.

메시지의 신뢰성을 높여 더 잘 기억하게 만드는 또 다른 방법은 통계를 적절히 활용하는 것이다. 스티븐 코비가 2만 3천 명에게 설문 조사를 한 후 이런 결과를 얻었다.

'단 37퍼센트만이 자신의 조직이 무엇을 왜 성취하려는지 이해하고 있다.' 37퍼센트는 많은가, 적은가? 코비는 상당히 적다고 말하고 싶었던 것 같은데, 37퍼센트가 꽤 높은 비율이라고 생각할 수도 있지 않을까? '음, 그래도 많은 직원이 조직의 목표를 이해하고 있군!' 이런 오해를 할까 봐 코비는 이렇게 풀어낸다.

"축구 팀 11명의 선수 중 자기 팀 골대가 어느 쪽인지 정확히 알고 있는 사람은 4명뿐이다."

자기 편 골대가 어디 있는지 모르는 사람이 가득한 축구 경기라니, 아수라장이겠다. 숫자가 축구 경기와 연관되며 설득력이 확 높아진다.

감성Emition을 자극하면 더 오래 기억될 수 있다. 세계 어딘가에서 몇 백만 명이 굶주림에 고통받는다는 메시지보다 내 후원을 받은 한 아이의 취미가 그림 그리기라는 내용의 편지를 받을 때 더 마음이 움직인다. 기억이 잘될 뿐 아니라 지갑을 여는 행동으로 이어지기도 쉬워진다. '취미보다 굶주림이 더 시급한 해결 과제 아닌가?' 이성이야 이렇게 생각할 수 있지만 감성은 그렇지 않다. 그리고 인간은 감성적인 자극을 주는 메시지에 훨씬 더 민감하게 반응한다. 내가 아는 그 사람이 그림 그리기를 하기 원할 뿐 아니라 굶주리지도 않기를 바라게 될 것이다.

감정적 반응을 끌어내는 방법은 얻을 이득에 호소하거나, 정체성을 자극하거나, 이상향을 보여 주는 것이다. 마트에 가면 당장 이걸 사야하는 이유들을 보여 주는 숫자와 문구를 수백 개는 찾을 수 있다. 나오는 문을 지날 때쯤이면 손이 무거울 것이다. '나에게 뭐가 좋은데?'를 알려 줄 수 있다면 상대의 기억에도 찰싹 달라붙을 수 있고, 마음을 움직여 돈을 꺼내게 할 수도 있다. 당신은 이 책을 왜 읽고 있는가? 이 책 한 권으로 30권 이상의 책을 섭렵한 것과 맞먹는 유익을 누릴 수 있기 때문이 아닌가?

정체성과 이상향 자극은 인간의 욕구에 더 높은 만족을 주는 영역으로 접근하는 것이다. 인종 차별의 심각성을 일깨우고 흑인 인권 운동에 앞장 섰던 마틴 루터 킹의 역사적인 연설, "나에게는 꿈이 있습니다 Have a Dream." 가 많은 사람에게 오래도록 잊히지 않을 수 있는 이유는 여러 가지다. 조지 아의 붉은 언덕이나 미시시피 같은 구체적인 장소와 장면으로 생생하게 그 림 그릴 수 있게 하는 것도 큰 이유다. 하지만 거기에 내가 당장 얻을 이익 같은 건 없는데도 마음을 울리는 이유는, 인간이나 미국인으로서의 정체성 을 자극하기 때문이다. 피부색이 아닌 인격으로 평가받는 나라, 모두가 함 께 사이좋게 지내는 나라를 지향하는 것이 인간답고 위대한 미국인답다고 생각하게 만드는 것이다.

창조성이 넘치는 메시지를 만들기 위한 마지막 단계는 스토리Story로 전 달하는 것이다. 아이들은 음악을 제외하고는 스토리를 가장 오래 기억한 다. 왜 매해 아이들은 까먹지도 않고 크리스마스를 기다릴까? 단순히 선물 을 받을 수 있다는 사실 이상의 스토리가 있기 때문이다. 아이들에게 거짓 말하면 안 된다고 가르치기 위해 거짓말과 사회적 평판에 대한 세계 시민 적 고찰을 할 것인가? 거짓말하면 코가 길어진다는 스토리가 교훈보다 오 래간다. 예수의 팔복의 말씀은 외우기가 어려워도 착한 사마리아 사람의 이야기를 기억하기는 쉽다.

이런 스토리를 필요할 때마다 만들어 내기는 어려울 것이다. 아이들의 "재미있는 이야기 해 줘!"만큼 부모의 창의성 부족을 찌르는 말이 또 있을 까. 스토리의 원형을 알아 두고 그 원형과 겹치는 메시지들을 발견해 가는 편이 낫다. 스토리의 원형은 크게 세 가지다. 시련과 난관을 극복하는 이야 기인 '도전 플롯', 관계를 발전시키는 이야기인 '연결 플롯', 돌파구를 발견해 오랜 문제를 신선한 방식으로 해결하는 이야기인 '창의성 플롯'이다. 스토리를 직접 만드는 것은 쉽지도, 그다지 효과적이지도 않지만, 좋은 플롯들을 알고 있으면 우리가 만나는 스토리들 중에 무엇이 더 창의적이고 오래갈지를 발견해 내는 데는 크게 도움 될 것이다.

창의성을 설계하라

《스틱!》을 지은 칩 히스와 댄 히스는 형제다. 사진을 찾아보면 나름 닮았지만, 열 살 차이다. 칩 히스가 형이다. 성씨 Heath는 황야라는 뜻이 있는 단어다. 멋지지 않은가? 이름에 황야가 들어 있는 사람들이라니.

이 재기 발랄한 형제가 같이 쓴 책이 여러 권인데, 그중 네 권이 한국어로 번역됐다. 《스위치》는 성공적인 변화를 이끌어 내는 비밀에 대한 내용이다. 《자신있게 결정하라》의 원제는 《DECISIVE》인데 결정적인, 결단력이 있는 정도의 뜻이다. 좋은 결정을 할 수 있는 생각 프로세스를 4단계로 제시했다. 비교적 최근 나온 《순간의 힘》은 두 형제 특유의 방대한 사례와 톡톡 튀는 필치로 인생을 바꾸는 찰나의 순간을 만드는 방법을 알려 준다.

이 네 권의 공통점은 모두 추상적이고 막연한 어떤 '역량'을 얻는 방법을 '과학적'으로 설계했다는 것이다. 사람은 누구나 변화하고 싶어 하지만 변화라는 게 너무 광범위하게 느껴질 때가 많다. '결정을 잘한다는 것? 그게 구체적으로 뭔데? 인생을 바꾸는 순간은 대체 언제 오는데?'

그러다 반복되는 일상에서 눈에 띄는 성과가 없다는 생각이 스며들면, '아, 역시 그런 역량은 소수의 사람이 가진 특별한 능력이었어.'라는 잘못된 견해를 가질 수 있다. 극적인 기회로 삶이 변화한 사람들의 이야기를 들어도 '난 이번 생은 틀렸어.' 하는 자조적인 마음이 들지 모르겠다. 이런 고정 마인드셋을 가지면 두 가지 반응을 나타낸다. 포기하거나, 없다고 생각하지만 그런 능력이 있는 척하거나.

여기 좋은 방법이 있다. 직접 설계하는 것이다. 히스 형제는 변화를 이끌어 내는 공통적인 패턴이 있다고 말하면서, 그걸 알면 더 쉽게 성공적으로 변화할 수 있다고 주장한다. 좋은 결정을 더 자주 하는 방법도, 좋은 결정을 하기 위해 더 효과적으로 생각할 수 있는 프로세스도 있다고 한다. 인생을 바꾸는 순간의 경험을 '설계'할 수 있다고 한다.

창의력도 마찬가지다. 《스틱!》에서 언급한 여섯 개 요소를 히스 형제는 의도적인 프로세스로 배치했다. 단순성Simplicity, 의외성Unexpectedness, 구체성Concreteness, 신뢰성Credibility, 감성Emotion, 스토리Story의 앞 글자만 따면 '성공'을 뜻하는 'SUCCESS'가 된다. 단어를 조합해 의미를 중의적으로 만들어서 외우기 쉽게 만들려는 의도가 있겠지만, 중요한 교훈은 창의적인 능력은 '프로세스'라는 것이다. 프로세스는 체계를 따른다는 의미가 되고, 체계를 따르는 것은 설계할 수 있다는 뜻이 된다. 즉 미리 준비할 수 있다는 뜻이다.

전 세계 7세 아이들의 65퍼센트가 나중에 직업을 가질 때 지금은 존재하지 않는 일자리에서 일하게 된다고 한다. 세계경제포럼WEF이 낸 보고서에 저 의견이 언급된 게 2016년이다. 인공 지능에게 밀리는 직업군으로 치면 최상단에 위치할 약사가 꿈이라는 내 아이의 미래는 어떻게 될까?

이런 막연한 미래도 준비할 수 있을까? 준비할 수 있다. 물론 준비한다고 꼭 원하는 결과를 얻는다는 말은 아니다. 하지만 어렵다는 것은 시간이 더 걸리고 더 많은 사람의 합의와 노력이 필요하다는 이야기일 뿐, 아무 준비 없이 맞을 수밖에 없다는 의미는 아니다. 미래의 기회를 만들어 갈 수 있을까? 그렇다. 불확실한 미래에 치를 떨며 두려워했던 사람은 당신과 나뿐이 아니다. 그런 사람들의 이야기를 들어 보는 것만으로도 도움이 될 것이다. 능력과 성장, 성공은 선천적인가? 아니다. 우리는 세상을 위해서도, 우리 자신을 위해서도 더 나은 미래를 만들 수 있다.

어떻게 알 수 없는 미래를 잘 준비할까? 인간만이 할 수 있고, 인간이 해야 가치 있는 일들을 찾는 것이 하나의 방법이 되겠다. 이유를 찾는 일, 남을 돕는 일, 성장하고 도전하는 일, 실패해도 오래 낙담하지 않고 곧 일어서는 일 같은 것 말이다. 창의성 같은 자질, 곧 다가온 미래를 살아가는 데 필수적인 능력은 기를 수 있는가? 있다. 헨리 포드의 유명한 말이다.

"당신이 할 수 있다고 생각하건 할 수 없다고 생각하건 당신이 옳다. 당신의 믿음은 이뤄질 것이다."

어느 쪽을 믿고 싶은가?

잘난 척 포인트!

- 창의성은 기를 수 있는 능력이다. 영어로는 creativity이다. 창의성이라는 단어를 써야 할 때 '크리에이티비리' 라고 발음해 보라. 끝부분 '티비리' 발음에 주의하라.
- 히스 형제가 쓴 책 중 네 권이 한국어판으로 나왔다. 《스틱!》,《스위치》,《자신 있게 결정하라》,《순간의 힘》. 이 중 《자신 있게 결정하라》의 원제는 《DECISIVE》다. 발음은 '디싸이씨브'다.
- 《스틱!》의 한국어판 서문에서 히스 형제는 착 달라붙는 메시지의 사례로 '분신사바'를 들었다. 사랑스럽지 않은가, '분신사바'를 아는 외국인이라니.
- 마지막에 언급한 헨리 포드의 대사는 사회학자 로버트 머튼(Robert K. Merton)의 '자기충족적 예언(self-fulfilling prophecy)' 이론이다. 미래에 관해 사람들이 갖고 있는 믿음이나 기대가 사람들의 행동에 영향을 미치기 때문에, 믿거나 기대한 대로 이뤄질 가능성이 높다는 뜻이다. 유사하게, 교사의 기대대로 학생의 성적이 향상된다는 뜻으로 교육 부문에서 자주 쓰이는 표현인 '피그말리온 효과'가 있다.

스틱!

칩 히스 · 댄 히스 지음 | 안진환 · 박슬라 옮김 | 엘도라도 | 2009.8.3.

Q : 창의적인 메시지를 만드는 법을 체계적으로 익힐 수 있을까?

A : 그렇다. 모든 창의적이고 착 달라붙는 메시지는 여섯 가지 원칙이 있다.

흥미로운 메시지를 만드는 방법에 대한 책이다. 신장을 도둑맞은 도시 괴담으로 흥미진진하게 시작하는 이 책은, 많은 메시지가 기억되지 않고 사라져 가는 반면, 어떤 메시지는 오랫동안 사람들의 기억 속에 살아남아 전달되고 있는데 그 차이가 어디서 오는지를 궁금해한다. 그리고 성공적인 메시지에 포함된 여섯 가지 공통적인 속성을 발견했다.

① 단순성Simplicity은 단순한 요약이 아니고 속담처럼 심오한 것이다.

② 의외성Unexpectedness으로 직관에 반하는 결론을 내세워라. 호기심을 유발한 뒤 빈틈을 채워라.

③ 구체성Concreteness이 있는 상세한 이미지가 두뇌에 기억되기 훨씬 쉽다.

④ 신뢰성Credibility을 높이기 위해서 메시지를 체험할 수 있도록, 스스로 질문을 던지고 '그렇다.'고 대답할 수 있는 메시지를 던져라.

⑤ 감성Emotion을 자극할 수 있어야 기억된다.

⑥ 스토리Story는 인간의 뇌가 세부 사항을 기억하게 만드는 가장 강력한 방법이다.

이 여섯 단어의 앞 글자를 따면 '성공SUCCES'이 된다. 바른 통찰력과 진실한 메시지만 있으면 누구든 책 제목처럼 착 달라붙는stick 창의적인 스티커 메시지를 만드는데 성공할 수 있다.

히스 형제는 이 여섯 가지 원칙을 활용하기가 생각보다 간단하다고 말한다. 그런데 현실에서는 이 간단하다는 스티커 메시지를 찾아보기가 어렵다. 그 이유를 '지식의 저주'에서 찾고 있다. 무언가를 알게 되면 그걸 알지 못한다는 게 어떤 느낌인지를 잊어버리는 것이다. '지식의 저주'는 착 달라붙는 고착성을 떨어뜨린다. 말하는 사람은 이미 아는 정보를 듣는 사람이 모를 뿐 아니라, 그 모른다는 것이 어떤 느낌인지를 전혀 이해하지 못하기 때문에 세상에는 기억되지 못하고 사라져 버린 메시지가 넘쳐난다는 것이다. 여섯 가지 창의적인 메시지의 원형을 체크리스트로 활용하면 메시지를 만드는 사람의 지식의 저주를 막을 수 있다.

찰싹 달라붙는 메시지를 만들 수 있다는 게 우리에게 어떤 의미가 있을까? 주위를 둘러보면 출처를 알 수 없고 그다지 진실하지도 않은 메시지인데도 오래 기억되는 것들이 있다. 그런데 진정 가치 있지만 잘 기억되지 않는 메시지도 많다. 중요한 메시지라면 착 달라붙게 만들 수 있어야 하는 것 아닐까?

우리는 창의적인 메시지를 좋아하고 오래 기억하면서도, 직장에서는 '주주가치의 극대화' 같은 표현을 반복하며 산다. 우리가 하는 일이 중요하다면 그걸 어떻게 효과적으로 전달할지도 똑같이 중요하다. 놀랍지만 충격적이지는 않고, 진실하지만 마음에 확 닿지는 않는 그런 평범한, 삶에서 의미 있는 메시지들도 더 오래 기억될 필요가 있는 게 아닐까.

탁월한 메시지는 번득이는 기발한 아이디어에서만 나오는 것이 아니다.

1999년에 이스라엘의 한 연구팀이 국제 광고 페스티벌에서 수상하거나 최종 후보에 오르는 등 탁월한 광고 200개를 분석했는데, 그것들 중 89퍼센트가 여섯 가지의 기본 원형으로 분류될 수 있음을 발견했다. 그리고 덜 성공적인 광고들 중에 이런 원형에 속하는 것은 2퍼센트에 불과했다. 이 말은 창의적인 아이디어는 기본적인 예측이 가능하다는 의미다. 창의적인 메시지를 만드는 것은 익힐 수 있다는 의미다. 우리 삶의 소중한 의미들을 전달할 때 좀 더 달라붙게 만들 필요가 있다는 의미로도 해석할 수 있다.

초독서

2-6
문화는
사람들을 만든다

《너츠! 사우스웨스트 효과를 기억하라》《드라이브》

/

그래도 싸이인데,
후지다.

유혜연(가수 싸이의 배우자)

커피가 식후 디저트로 당당히 자리 잡았다. 많은 직장 주변 커피숍에서 직장인들이 오후 12시 40분부터 오후 1시 10분 정도까지 창세기 메뚜기 떼가 곡식을 털어 가듯 커피를 쓸어 담아 일터로 복귀하는 현상을 보며 한 만화가는 이렇게 말했다.

"세상 많이 변했군…. 태운 콩가루즙이 후식짱을 먹다니."

직장 생활 10여 년 차로서, 30대 후반의 나이로 '세상 많이 변했다.'고 말할 경험치는 적지만, '기업 문화'라는 단어와 주제가 활발하게 논의되는 요즘의 분위기는 어딘가 낯설다. 기업 문화라는 주제에 고민과 토론은 오래 전부터 있었지만, 최근에는 트렌드라고 할 만큼 많이 논의되고 최근 10여 년 동안 그 논의의 양이 증가했다. 또 '고객이 왕이다, 고객 만족을 넘어 고객 감동'의 분위기에서 '왕 대접 받고 싶으면 왕답게 행동하세요, 앞에 계신 직원도 누군가의 부모(혹은 자식)입니다.'로 전환되는 흐름, 즉 '고객 중심적'과 '직원이 제1고객'이라는 사회적 트렌드도 활발한 논의에 한몫했다. 그래서 이런 생각이 든다.

'세상 많이 변했군…. 기업 문화가 중요한 논의거리가 되다니.'

최신 유행 같기도 하고, 아주 오랜 논쟁거리이기도 한 기업 문화에 피터 드러커도 멋있는 말을 했다.

"전략은 조직 문화의 아침식사거리밖에 안 된다."

기업 문화가 그만큼 중요하다는 뜻일 것이다. 거시적인 주제이면서 또 오늘 하루 당장 내 직장 생활에 지대한 영향을 미치는 아주 실제적인 주제이므로, 요리조리 궁리해 봐야 한다.

기업 문화의 사전적 정의를 살펴보면, "구성원의 집합적인 가치, 신념 및 원칙."이라거나, "기술, 전략, 직원의 유형, 경영 스타일, 믿음, 습관 등에 영향을 미친다."는 설명이 주를 이룬다. 어떤 개념을 정의 내리기 위해서 "무엇은 무엇이다." 식의 직접적인 표현도 쓸 수 있지만, '무엇은 무엇이 아니다.' 방식으로 개념을 보여 주는 방법도 있다. 그러니까 기업 문화를 명확하게 정의 내리면, 무엇이 기업 문화가 아닌지 선명하게 보여야 한다.

"구성원의 행동을 형성하고, 의사 결정 등 조직 내에서 사람들의 관계에 영향을 주는 조직을 둘러싼 분위기나 환경."

기업 문화의 사전적 정의 중 하나다. 문장을 자세히 곱씹어 보면, 기업 문화란 분위기나 환경이라고 말한다. 그런데 어떤 분위기나 어떤 환경이냐면, 그 기업 소속 구성원의 행동을 결정하거나 사람들과의 관계에 영향을 주는 환경이다. 그런 환경이 조직을 둘러쌌다고 한다. 기업 문화는 미세먼지 같은 건가? 아니면 호텔 바스가운 같은 건가? 이런 식의 정의는 무엇이 기업 문화가 아닌지 보여 주기에 부족하다.

사과는 사과다. 사과인 것은 오렌지가 아니다. 책을 책으로 정의하면, 오디오나 책상이나 좌변기는 책이 아니라는 말이 된다. 명쾌한 정의는 그것이 아닌 것을 선명하게 드러낸다. 따라서 기업 문화를 어떤 분위기나 환경이라고 정의하면, 다른 것은 그런 분위기나 환경이 아니어야 한다. 그런데 '(　　　)는 조직 내에서 사람들의 관계에 영향을 주는 분위기나 환경'이라는 문장을 써 놓고, 여러 단어를 괄호 안에 대입해 보자. 여기에 '기업 문화' 대신 '날씨'를 넣어 봐도 크게 이상할 것 없지 않나? 커피, 아침 식사, 사장님 기분, 월드컵 축구 경기 결과 등 마음 내키는 대로 단어를 넣어 보자. 다른 것과의 차이점이 명확히 보이지 않는 정의는 모호해서, 이해하기도 적용하기도 어렵다. 즉 '기업 문화는 모든 것'이라는 식의 정의는 사실 기업 문화가 뭔지 잘 모른다는 뜻이나 마찬가지다.

기업 문화라는 개념은 분명 광범위하고, 그래서 조금은 추상적이다. 구체적인 메시지가 오래간다는 걸 《스틱!》에서 배웠으니까, 기업 문화에 대한 정밀한 논쟁은 그만두자. 독특한 기업 문화를 만들어 온 구체적인 사례를 살펴보는 게 더 좋겠다. 사우스웨스트 항공사의 이야기다.

▐▐▐ CEO가 팔씨름하는 회사, 사우스웨스트

케빈 프라이버그와 재키 프라이버그가 쓴 《너츠! 사우스웨스트 효과를 기억하라》는 45년 연속 흑자를 기록한 사우스웨스트 항공사 이야기다. 어떤 분야에서나 45년 흑자는 대단하지만, 안전을 위협하는 이슈나 국제 정세 등 예상치 못한 변수에 부침이 심한 항공 산업에서 이런 실적을 기록한 것은 놀라운 일이다. 게다가 9·11테러사건과 금융 위기 때 다른 항공사들의 실적이 곤두박질칠 때도 흑자를 유지했다는 점에서, 사우스웨스트 항공사에는 위기를 대처하는 능력과 지속 가능성을 만들어 가는 역량이 있다고 짐작할 수 있다.

이 책은 사우스웨스트의 탄생 과정, 원칙과 전략, 리더십과 기업 문화 등을 다뤘다. 많은 사람이 기억하듯이 승객들을 즐겁게 해 주는 독특한 기내 방송은 사우스웨스트의 트레이드 마크다. 진상 승객의 클레임에 "당신이 그리울 거예요, 안녕!"이라고 편지를 써서 보냈다는 허브 켈러허 회장의 직원 중심주의도 널리 알려져 있다. 사우스웨스트에는 어떤 기업 문화가 있을까?

사우스웨스트 문화의 특징으로 꼽고 싶은 첫 번째, 수익성이다. 사우스웨스트 항공사가 아무리 파격을 많이 실행해도, 이곳에서 일하는 직원들이 회삿돈을 고객과 자신에게 허투루 뿌리는 정신 나간NUTS 사람들이라고 생각하면 곤란하다. 사우스웨스트 항공사는 직원들이 전설적인 서비스를 해 주기를 원하고 요구한다. 그렇다고 수익 관점을 버리라는 말이 아니다. 오히려 진지하게 수익성이 중요하다고 믿길 바란다. 수익의 상당 부분을 직원과 '이익 나누기' 하기 때문이기도 하지만, 직원들도 정말 수익성을 중요하게 생각한다. 15분 만에 비행기를 돌려놓는다든지, 보통 4개월 정도 걸린다는 예약 시스템 교체를 6주 만에 해내는 것은, 직원들 대부분이 수익성이 중요하다는 사실을 이해하고 받아들이기 때문에 열심히 일해서 가능한 것이다. 파격적인 유니폼을 착용하고 캐주얼한 복장으로 일하는 이유는 물론 재미도 있지만, 무엇보다 일을 편하게 열심히 하기 위해서 사우스웨스트 항공사는 그렇게 한다.

두 번째, 사랑이다. 이 책에서 직접 언급하는 핵심 요소 중 하나이면서, 사우스웨스트 항공사 직원들도 스스로 그렇게 말하고 다닌다. 리더가 부하 의견에 경청하기, 직원 믿어 주기, 고객과 직원에게 참을성 발휘하기, 정중 하기, 공감하고 안심시키기, 지역 공동체와의 협력 방안에 헌신하기 등 사 우스웨스트 항공사의 많은 문화적 특징은 바로 이 사랑에서 나온다.

뉴욕 증권 거래소에는 사우스웨스트 항공사의 로고가 'LUV'로 돼 있다. 《초우량 기업의 조건》의 저자 톰 피터스가 허브 켈러허에게 다른 CEO들 에게 해 줄 말이 없냐고 묻자 허브는 이렇게 대답했다고 한다.

"다른 CEO와 보내는 시간을 줄이고 직원들과 더 많은 시간을 보내세요."

세 번째, 재미다. 사우스웨스트 항공사는 근엄하고 엄숙하게 일해야 성 과가 오른다는 관점을 절대 믿지 않는다. 사우스웨스트 항공사를 이야기 할 때 빼놓지 않고 나오는 것이 '댈러스의 결전' 스토리인데, 허브 켈러허 와 스티븐슨 항공사 회장 커트 허월드의 팔씨름 경기다. 스티븐슨 항공사 는 "Plane Smart."라는 광고 문구를 오래전부터 사용했는데, 사우스웨스트 가 그걸 모르고 "Just Plane Smart."라는 캠페인을 시작한 것이다.

스티븐슨 항공사는 이 문제를 양사 대표의 일대일 팔씨름으로 결정하자 고 했고, 허브는 받아들였다. 1, 2차전은 대리인전이었다. 1차전은 사우스 웨스트 대리인과 허월드 회장이, 2차전은 스티븐슨의 대리인과 켈러허 회 장이 치렀고, 결과는 둘 다 회장이 졌다. 대망의 3차전, 켈러허와 허월드가 대결했다. 결과는? 10초만에 켈러허가 졌다. 웃음이 계속 나올 수밖에 없는 이야기다.

이 에피소드는 마케팅과 홍보 전략으로 읽을 수도 있다. 법정 소송 비용 대신 자선 단체에 기부하기로 한 돈을 생각하면 수익이나 지역 사회 환원의 이야기로도 읽을 수 있다. 하지만 내가 보기에 핵심은 당연히, 재미다. 허브 켈러허도 재미없었으면 팔씨름 따위 안 했을 것이다.

기업 문화가 전략과 리더십에 끼치는 영향

전략과 리더십, 기업 문화는 의미하는 바가 다른 개념들이지만, 실생활에서는 상당히 연관해 나타나는 경향이 있다. 리더십의 방향이 기업 문화를 만든다. 전략은 말로 표현되지만 실제로 직원들이 전략을 신뢰하려면 리더의 행동과 말이 일치해야 한다. 말과 행동이 다르고 평가도 일관성이 없다면 물과 기름처럼 분리돼 서로 알아서 눈치 보는 문화가 형성된다.

사우스웨스트 항공사의 전략은 명확하다. '가장 낮은 항공료를 제시한다. 그것도 항상.' 그렇다면 직원들은 전략에 진심으로 동의할 수 있는가? 신뢰의 시험대는 어떤 고객이 형편없는 기내식을 불평할 때 찾아온다. "고객이 원하는데요, 자꾸 뭐라 뭐라 하는데요….'라고 말하는 직원에게, "우리가 가장 낮은 항공료를 제시하는 데 도움 되는 게 아니라면, 그 빌어먹을 시저 샐러드는 필요 없네."라고 말할 수 있을까? 주저할 상황에서 전략적인 말과 리더의 반응이 일치함을 경험하면 직원은 '신뢰'라는 문화를 마음에 새긴다.

전략에 대해 말하는 것 같지만 실은 문화에 대한 내용인 경우가 있다. 사우스웨스트 항공사의 전략처럼 보이는 것은 많다. 단순하게 일하기, 위기 의식 심어 주기, 끊임없이 의사소통하기, 유머 있는 직원을 채용하기 등…. 하지만 비행기를 한 기종만 운영하기, 항공권을 발급하지 않고 영수증으로 대체하기, 검소하게 운영하고, 작게 생각하고, 빠르게 움직이기 등은 결국 '가장 낮은 항공료'라는 단 하나의 전략을 해내기 위한 행동들이다.

다른 항공사가 아닌 지상의 자동차와 경쟁한다는 개념도 이 전략 때문에 나왔다. 공항이 도심에 있어서 고객들의 접근이 편해야 한다거나, 15분 만에 비행기를 돌려서 최대한 많이 비행 횟수를 확보한다거나, 정시발착에 목숨 걸고 일한다는 것 역시, 이 단 하나의 전략 때문에 나오는 자연스러운 결과들이다. 그리고 이 단순한 전략은, 리더를 신뢰할 수 있는 문화의 강력한 지지를 받고 있다.

그런 사우스웨스트 항공사의 리더십의 특징은 어떨까? 세 가지로 정리해 보자. 첫 번째, '협력하는 리더십'이다. 이 개념의 반대 입장은 리더십에 의존이나 추종하며, 혹은 이를 권력이나 권위로 본다.

1992년에 사우스웨스트 항공사의 마케팅과 홍보를 동시에 맡고 있던 부사장이 경쟁사인 컨티넨털로 이동했다. 이때 마케팅 담당 이사 데이브 리들리와 홍보 판촉 담당 이사 조이스 로그는 상사인 컬린 배럿에게 부탁한다. '우리 둘이 협력할 테니 외부에서 부사장을 영입하지 말아 달라'고.

이 두 사람은 부사장 자리를 차지하려고 서로 싸우거나 경쟁하지 않았다. 직원들도 과연 그렇게 생각했을까? 사실은 뒤에서 줄을 대거나 정치해야 된다고 생각하지 않았을까? 그런 일을 막기 위해 리들리와 로그는 기존 부사장의 자리를 철거해서 회의실로 만들고 유리문을 단 후 그 앞에 둘의 책상을 나란히 놓았다. 그걸 보고 직원들도 시각적으로 생생하게 깨달았을 것이다. 우리 두 부서는 공개적으로 의사소통하는 하나의 팀이어야 하고, 두 이사에게 언제든 접근할 수 있으며, 이 두 부서가 새로운 리더십 아래로 포함된다는 걸 말이다.

두 번째, '봉사하는 리더십'이다. 이 개념의 반대 입장은 리더십을 지배나 착취로 본다. 강하게 지배하면 착취할 수 있다(혹은 착취해도 된다)는 고정 관념이 숨어 있다. 봉사에는 희생이 필수적이다. 당신의 리더는 당신에게 봉사하는가, 혹은 당신을 지배하는가? 당신이 리더라면 당신은 희생하는가, 아니면 착취하는가? 사우스웨스트의 리더십이 정말 봉사하는 리더십인지를 파악하려면 직원들의 말을 들어 봐야 할 것이다. 직원들은 이렇게 말한다고 한다. "허브는 자기가 하기 싫은 일을 우리한테 시킬 리가 없어."

세 번째, 다른 많은 인격적 자질이 그렇듯이, 리더십을 신뢰할 수 있는지는 일관성에서 나온다. 일관성은 크게 보면 '이 사람의 말이 앞뒤가 같은가, 그리고 앞뒤의 말과 행동이 일치하는가.'로 판단할 수 있다. 사우스웨스트 항공사의 노조 대의원이었던 로드 존스의 일화가 있다.

회사와의 단체 협상 마지막 단계에서 노조 집행부는 협상 전 회사로부터 부당한 대우를 받았다고 생각하는 조종사의 문제가 해결되기를 원했다. 그 회의 전에 CEO인 허브 켈러허와 노조위원장 존 슈노브리치가 저녁 식사를 했다. 다음 날 아침 슈노브리치는 노조 집행부에 조종사 문제가 해결됐다고 말했다.

노조 대의원 존스는 당연히 어떻게 조치하기로 했는지 물었을 것이다. 슈노브리치는 "허브가 알아서 처리해 준다고 했다."라고 대답했다. 역시 존스는 당연히 문서화해 됐느냐고 물었을 것이다. 슈노브리치는 짜증 내며 말했다고 한다. "허브 켈러허가 조치하겠다고 했다니까. 그건 이미 조치된 거나 마찬가지야." 당연히 존스는 또 물었다. "그럼 해결됐다는 아무 증빙 서류도 없이 단체 협상안을 보내라는 말입니까?" 슈노브리치는 얼굴이 시뻘개지며 대답했다. "말했잖아! 허브가 해 주겠다고 했으면 그건 문서보다 더 효력이 있는 거라고!"

그 조종사 문제는 허브 켈러허가 말한 대로 조치됐다. 혹시 잊었을까 봐 다시 언급하면, 슈노브리치는 노조위원장이다.

📚 기업 문화를 이끄는 I 유형 인재

재미있고, 리더들은 희생하고 봉사하며, 직원들은 출근하는 게 너무 신나는 회사를 주변에서 많이 봤는가? 아쉽게도 아직 그렇진 않은 것 같다. 소위 회사 생활이나 사회생활을 잘한다는 것은, 어느 정도 진심을 숨기고 윗사람의 의도를 적절히 맞춰 주며 분위기를 흐리지 않는 것이라는 암묵적인 동의가 형성돼 있다.

직원들의 자율성을 보장하고 믿어 주면 정말 회사가 잘 굴러갈까? 리더나 사장은 불안한 마음이 있다. 더구나 성공 경험이 있는 사람이 뭔가 매끄럽지 않게 돌아가는 상황을 만날 때 기다려 주고 믿어 주는 일은 생각보다 많은 에너지가 필요하고, 잘 안 될 때가 많다. 기업에서 팀장이나 사장 정도 되는 사람은 주특기가 있는데 마지막에는 결국 하나부터 끝까지 다 자신이 원하는 대로 해 놔야 안심이 된다는 것이다.

그런 팀장이나 사장 밑에서 일하는 직원이라면, 한 번쯤 생각해 볼 필요가 있다. '저 사람이 내 자율성을 인정해 주고 믿어 주고 기다려 주면 나는 내 안의 최선을 끌어낼 수 있는 사람일까?' 자율성이라는 가치는 중요하고 소중하지만, 그만큼 지키고 유지하기가 굉장히 어렵다. 나에게 강제되는 어떤 제약들이 다 없어져 버린다면 이전보다 더 높은 성과를 낼 수 있을까? 수동적인 사람에게 외부 압력이나 외적 보상은 생각보다 강력하다.

멋진 기업 문화를 만드는 것, 그런 기업에서 일하는 것은 정말 책에서나 가능한 일일까? 여전히 자유로운 분위기에서 즐겁게 일하는 기업보다 경직된 분위기에서 일하는 기업이 당연하게 느껴진다. 그게 진짜 당연한지 당연하지 않은지 다니엘 핑크의 《드라이브》를 들여다보자.

다니엘 핑크는 인간이 죽지 않고 생존하기 위한 동기로 일하는 것을 '동기 1.0', 보상을 좋아하고 처벌을 피하려는 욕구로 일하는 것을 '동기 2.0'이라고 구분했다. '동기 2.0'을 상징하는 대표 주자는 '과학적 관리법'을 주장한 미국의 공학자 프레더릭 윈슬로 테일러다.

동기 2.0 체제가 한동안 잘 작동한 것 같았는데, 문제는 최근 보상과 처벌의 관점으로 이해할 수 없는 일들이 자주 일어난다는 것이다. 세계적인 회사 중 하나인 마이크로소프트에서 만든 백과사전 엔카르타는 16년 만에 결국 손을 들고 말았는데, 그 이유는 경영자도 없이 자원봉사자 집단이 만든 사전 위키피디아 때문이다.

미국의 경영학자이자 사회학자인 더글러스 맥그리거는 직원에게 동기를 부여하는 경영자의 기본 가정을 두 가지로 분류했다. X 이론은 전통적인 경영자의 관점, Y 이론은 진취적이고 협동적인 인간관의 관점이다. X 이론에 따르면 인간은 선천적으로 일을 싫어해서 가능한 피하려고 한다. 당연히 책임을 싫어하고 공식적인 지시만 따른다. 이 때문에 사람들에게 일을 시키려면 필요한 행동에는 보상하고 필요 없는 행동에는 처벌해야 한다.

이에 반대로 Y 이론에 따르면 인간에게 일을 하려는 자연스러운 목표와 야망이 있다. 자신의 일을 책임지려는 의지가 있다. 목표를 달성하기 위해서라면 지시 없이도 스스로 일을 찾아서 할 수 있다. 그러므로 사람들에게는 목표를 세우고 필요한 역량을 습득해서 결과를 만들어 낼 환경을 만들어 주고 지원을 아끼지 않아야 한다. 전통적인 경영관과 맥그리거의 Y 이론의 적절한 조합을 다니엘 핑크는 '동기 2.1'로 명명했다.

이제 에드워드 데시의 《내재 동기Intrinsic Motivation》, 마틴 셀리그만의 긍정 심리학, 미하이 칙센트미하이의 몰입과 캐럴 드웩의 마인드셋 등 수많은 지지자에 의해 인간의 내재 동기가 주목받게 된다. 인간은 보편적으로 유능성, 자율성, 관계성을 추구하기 때문에 자기의 삶을 스스로 결정하려는 의지가 있다는 것이다. 동기 2.0은 X 이론과 연결돼 외부의 보상과 처벌에 의해 움직이는 인간을 다루지만, 원래 인간은 그렇지 않다는 주장이다.

그래서 핑크는 외적 보상이 아닌 스스로 가진 내재 동기에 자극받고 행동하는 인간 유형으로 나아가야 한다고 주장한다. 내재적Intrinsic이라는 단어에서 따온 I 유형을 찾고 개발해야 조직과 기업을 바꾸고 지속할 수 있다고 한다. 이런 I 유형의 인재들이 이끄는 '동기 3.0' 체제 구축이, 그의 책 제목처럼 제3의 '드라이브'를 이끌 것이라는 말이다.

통제와 믿음, 경직된 문화와 자율적인 문화 중 어느 쪽이 성과를 내기에 더 좋은가? 내 생각에는 무의미하다. 맞고 틀리고를 떠나 통제 자체가 거의 안 되는 사회다. 두 번 말하면 진부할 정도로 세상의 변화는 너무 빠르고 정보의 축적은 기하급수로 늘어나고 있다. 내 직원들이나 이 사업체 하나만큼은 내 뜻대로 할 것이라는 믿음은 근거가 너무 부족하다. X 유형의 기업 문화를 만들어 갈지, X 유형과 Y 유형을 적절히 버무릴지, I 유형의 문화를 만들어 갈지 기업은 선택해야 한다.

기업 문화는 규율이자 목표다

내가 기업 문화를 생각할 때 항상 되새기는 에피소드가 있다. 쌍둥이 딸을 두고 출퇴근하면서 군인 생활을 할 기회를 엿보던 가수 싸이의 이야기다. 전치 3주를 노리며 술집에 가서 시비 걸다가 맞겠다는 전략을 이야기하자 배우자 유혜연 씨가 했다는 대사, "그래도 싸이인데, 후지다."

문화는, 특별히 기업 문화는 속성상 규율의 성격을 띤다. '어떻게 해야 한다.'는 긍정형 규칙일 수도 있지만, 어떤 것은 하면 절대 안 된다는 배제의 특성을 갖게 된다. 유혜연 씨의 말은, 싸이라는 문화가 후져서는 '안 된다.'는 의미다. 싸이라는 가수가 만들고 부른 노래의 메시지, 그가 추구하는 가치에서 연상되는 행동이 일치돼야 한다는 '일관성'도 내포한다.

흔히 좋은 기업 문화가 특히 재무적인 성공으로 이끈다는 생각을 하기가 쉽다. 그래서 기업 문화가 큰돈 만지는 고급 기술처럼 여겨진다. 하지만 싸이의 사례를 보면, 규율로써의 문화는 가능성을 열어 준다기보다 제재를 가하는 것처럼 보인다. 게다가 싸이는 당시 첫 군 생활 논란과 법적 판결 때문에 두 번째로 훈련소에 들어가야 하는 상황이었음을 감안할 때, 쌍둥이 딸의 아버지 노릇을 하고 싶다는 바람이 타당하고도 이해되는 면이 있다. 남들이야 뭐라고 하더라도 할 수만 있다면, 그 방법이 술집에 가서 처맞는 일이라도 하고 싶지 않았을까? 개인의 입장이 돼 생각해 보면 충분히 할 수 있는 그 행동을 못한 이유는, 후져서는 안 된다는 '규율', 다른 말로 '문화' 때문이다.

잘 훈련된 병사는 자다가 경보가 울리면 바지부터 입는다. 완벽히 장비를 갖추기 전에 적군이 쳐들어올 수도, 내가 튀어 나가서 싸워야 할 수도 있는데, 위아래 옷 중 하나만 입고 나가야 할 상황이라면 하의가 전투에 더 유리하기 때문이다. 상의를 입은 다음 하의를 입는 게 옷을 집어넣고 벨트를 채우기에 편하다. 하지만 하의를 먼저 입고, 그때까지 적군이 안 쳐들어오면 그때 상의를 입고, 그 뒤에 옷을 바지에 쑤셔 넣고 벨트를 채우는 귀찮은 동작으로 옷을 입는 게, 훈련된 병사다. 그건 '편한' 동작보다 '전투에 유리한' 동작이 군인에게 더 중요하다는 데 동의하고 그렇게 훈련했기 때문이다.

좋은 친구는 내가 잘될 때가 아니라 힘들 때 더 알기 쉽다는 말이 있다. 마찬가지로 좋은 기업 문화도 잘될 때가 아니라 힘들 때 어떻게 반응하는지 보고 더 알기 쉽다. 성공하기 위해 편한 방법을 구사하는 것이 아니라, 성공과 실패를 판단하기 이전에 규율로 작동하는 것이 기업 문화다.

교보문고를 설립한 대산 신용호 선생이 서점 입구에 새긴 문구, "사람은 책을 만들고, 책은 사람을 만든다." 사람이 문화를 만들지만 그 뒤로는 문화가 사람을 만든다. 기업 문화는 직원들을 만든다. 기업의 직원이 어떤 사람들인지는, 그 문화가 어떤지 선명하게 드러낸다.

기업 문화를 나만의 정의로 표현하면, '힘든 상황에서 모든 조직 구성원이 취하는 행동의 경향성'이다. 그런 경향성은 행동보다는 말에서, 말보다는 제스처에서, 제스처보다는 침묵에서 더 잘 드러난다는 게 내 견해다. 더 단순하게 표현하면 기업 문화란 정체성이자 스타일이다. '나는 나다, 산은 산이고 물은 물이다.' 정도로 생각한다. 그렇게 볼 때, 기업 문화가 좋아서 성공한다는 말은 뭔가 이상하다. 랭보는 랭보라서 성공했다, 니체는 니체라서 성공했다, 둘리는 둘리라서 성공했다? 실패했다고 스티브 잡스가 둘리가 되지는 않는다.

그래서 한 기업에게 기업 문화란, 수단이 아니라 목표여야 한다. 수단은 쓸모에 따라 계속 사용할 수도, 폐기할 수도 있지만, 목표는 아니다. 목표는 거기에 있다. 목표는 실패에도 불구하고 달성해야 할 '무엇'이지, 실패할 때마다 바꿔 버리는 것이 아니다. 내 성공과 실패에 따라 목표의 정당성이 바뀌지 않는다. 마찬가지로 기업 문화는 성공 여부로 그 수준을 판단할 수 없다. 과정 끝에 결과가 있다. 결과가 어떨지는 알 수 없지만 기대하고 바라고 수정하면서 가는 그 여정이 정체성이자 기업 문화다. 이렇게 하면 성공할 수 있을까? 글쎄, 목표는 이기는 것이다. 하지만 중요한 것은 '이기는 것'이 아니라 '목표'다.

잘난 척 포인트!

- 사우스웨스트 항공사의 기발한 기내 방송을 검색해 보라. 재미있는 게 많다. 허브 켈러허 회장의 '댈러스의 결전' 팔씨름은 켈러허가 졌다. 인터넷을 찾아보면 켈러허가 스모 선수처럼 나오는 사진을 볼 수 있다.
- 매일 가슴 벅찬 기대감으로 출근할 수 있는 환상적인 기업 문화는, 내재 동기에 자극받는 I 유형에게 달려 있다. 사장님께서 '뭘 믿고 너희에게 자율성을 주냐.'고 질문한다면, 맥그리거의 X 이론과 Y 이론, 그리고 다니엘 핑크의 I 유형을 침 튀기며 말해 보자. 건투를 빈다.
- 기업 문화는 청바지 입기나 가족과 식사하는 날, 치맥데이 이상의 무엇이다. 기업 문화를 바꾸면 일을 더 잘해서 돈을 더 많이 벌 수도 있겠지만, 기업 문화는 무엇을 위한 수단 정도에 그치지 않는다. 기업 문화는 어떤 기업을 만들고 싶은지에 대한 질문의 답이다. 그래서 기업 문화는 한 기업의 정체성이자 목표다.

너츠! 사우스웨스트 효과를 기억하라

케빈 프라이버그 · 재키 프라이버그 지음 | 이종인 옮김 | 동아일보사 | 2008.12.3.

Q : 어떻게 하면 직장을 재미있고 흥분되는 곳으로 만들 수 있을까?

A : 사우스웨스트 항공사처럼 하면 된다. 올바른 일을 하고,
리더십을 세우며, 무엇보다 기업 문화를 만들어 가는 것으로 말이다.

한 기업에 대한 책을 읽을 때는 객관성과 주관성 사이에서 미묘한 줄타기를 해야 한다. 객관성만 강하다면 어떤 성공 요소를 추론하고 결론을 내리기는 비교적 쉬우나, 그 기업 내부의 살아 있는 뉘앙스를 놓치기 쉽다. 반대로 주관성만 강하다면 내부 시선에 갇혀 상식적인 판단의 궤도에서 벗어나기 일쑤다. 팬이나 반대자가 되기에는 쉬울 수 있어도 말이다.

그런 미묘한 줄타기는 기업의 스토리를 쓴 저자의 배경을 살펴보게 만든다. 기업의 이야기를 쓸 수 있는 사람을 양극단으로 나누면 한쪽에는 전문 저자가, 반대쪽에는 내부 직원이 있을 것이다. 일반적으로는 전문 저자면서 내부의 시선을 충분히 반영할 수 있는 사람이라면 비교적 치우침 없이 읽을 수 있다.

그런 관점에서 이 책의 저자인 케빈과 재키 프라이버그는 객관성과 주관성의 균형을 유지하기에 적절한 조건을 확보했다. 책의 초판은 1996년 미국에서 나왔다. 저자들은 1986년에 리더십 관련 박사 학위 논문을 쓰면서

부터 사우스웨스트 항공사를 주제로 한 책을 구상했다. 부부가 모두 박사 학위를 취득한 후에는 사우스웨스트에서 컨설턴트로 일했다. 콜린 바렛에게 집필을 제안했는데 당시 시기가 좋지 않다는 이유로 약 9개월 뒤부터 집필 이 시작됐다. 사장인 콜린 바렛과 회장인 허브 켈러허를 비롯한 직원 100여 명이 인터뷰 및 자료 제공에 응했다.

저자들은 사우스웨스트의 획기적인 실적의 원인이 허브 켈러허에게만 있다고 생각하지 않았다. 직원들과의 인간관계, 문화 등 어떤 차이점이 있는지 고민하고 그걸 직원들과 소통하며 기업 내부의 살아 있는 분위기를 충실하게 확보했다. 일대일 인터뷰, 현장 관리자 미팅, 항공 업계의 다른 주요 인물들과의 인터뷰, 거의 20년간의 사우스웨스트 관련 기사와 단행본 검토를 통해 객관성도 탄탄하게 유지했다.

총 네 파트로 구성돼 있는데 파트 1에서는 사우스웨스트 항공사가 탄생하게 된 배경과 스토리가 정리돼 있다. 파트 2와 파트 3에서는 사우스웨스트 항공사를 다른 곳과 구분하는 특성, 성공 비결을 언급한다. 기본을 지키는 것과 파격을 수행하는 것, 그리고 파격을 기본으로 만들어 회사의 문화로 자리 잡게 한 특성들이 나온다. 파트 4는 리더십 측면으로 사우스웨스트를 살폈다. 파트 2와 파트 3은 사우스웨스트의 개별적인 특성을 보여 준다면, 파트 4에서는 그런 요소들을 가능하게 하고, 총망라하는 원인을 리더십으로 본 것이다. 다만 리더의 능력에 초점이 있다기보다는, 문화를 만들고 직원들의 주인 정신을 끌어내려는 태도와 일관성을 사우스웨스트만의 리더십으로 봤다.

개별적인 것들을 하나하나 떼 놓고 따라해 본다고 사우스웨스트 같은 기업을 만들기는 어려울 것이다. '도요타 방식'으로 유명한 도요타는 자신들의 노하우를 아낌없이 공개해서 유명했다. 도요타 생산 방식을 '방법론'으로만 간주한다면 반드시 실패할 것이라고 했다는데, 그걸 가능하게 하는 경영자와 근로자의 의식이 도요타 방식의 근간이기 때문이다. 마찬가지로 사우스웨스트 방식은 방법이 아니라 문화로 읽어야 한다.

사우스웨스트 직원들은 자주 이렇게 말한다고 한다. "어떻게 하면 지금보다 더 많은 것을 배울 수 있을까?" 직장이 배움의 터전이 된다는 말이 무슨 뜻일까. 이 책은 양이 적지는 않지만 비교적 잘 읽히고 재미있다. 얻을 것도 많은 책이다. 하지만 그 근간에 배움과 사랑과 재미를 추구하는 사람들이 있음을, 그것도 진심으로 오랫동안 그렇게 해 온 사람들이 있음을 먼저 받아들이지 않는다면 변죽만 울리기도 쉬운 책이다. 저자는 당장 당신도 유쾌한 괴짜인 너츠가 되라고 요청하기 때문이다.

드라이브

다니엘 핑크 지음 | 김주환 | 청림출판 | 2011.10.17.

Q : 동기를 부여하는 힘은 어디에서 오는가?
기존의 '인센티브'나 단기간의 향상 계획은 잘 작동하고 있는가?
A : 과학이 발견한 원리와 현재 경영에서 통용되는 상식적인 관행에는 괴리가 크다. 동기가 더는 당근과 채찍에서 오지 않고, 자신의 삶을 스스로 주도하고 창조하려는 내재적인 본질적인 욕구에서 온다.

다니엘 핑크가 이 책에서 주장하는 핵심은 I 유형 인재가 중요한 시대가 됐고, 앞으로 계속 강화되리라는 것이다. I 유형의 I는 내재적이라는 뜻의 영어 단어 'intrinsic'의 첫 글자다. 반대에는 외재적이라는 뜻의 'extrinsic'을 나타내는 X 유형이 있다. I 유형의 행동은 재생 가능한 자원이고 몸과 마음의 행복을 증진한다. 그리고 장기적으로 X 유형을 능가한다고 한다.

1부에서는 I 유형이 등장하게 된 변화 과정을 동기 부여의 관점으로 보여 준다. 인간이 동기를 얻는 원인을 세 가지로 나눴는데, '동기 1.0'은 생존하기 위한 행동이다. 복잡한 사회를 구성하기 전 초기 시대가 이랬다. '동기 2.0'은 소위 '당근과 채찍'이다. 강화하고자 하는 행동에 보상하고, 약화시키려는 행동에 처벌하는 것이다. 이 체계는 현대 사회에 뿌리 깊게 자리한다. 그런데 비교적 최근 들어 이게 잘 작동하지 않는 징후가 많이 발견되었는데, 아무리 보상과 처벌로 조종하려고 해도 원하는 결과를 얻지 못하는 상황이 돼 가고 있다.

'동기 3.0'을 설명하기 위해 저자는 더글러스 맥그리거의 'X 이론과 Y 이론'을 등장시킨다. 조직의 목적을 성취하기 위해서는 적절한 노력이 필요하고, 그렇게 만들려면 강요와 통제와 지도와 처벌을 사용해야 한다는 것이 X 이론이다. 반면 Y 이론은 사람들은 놀이나 휴식처럼 일에 흥미를 느끼기 때문에, 적절한 조건이 주어지면 스스로 책임진다는 것이다. X 이론과 Y 이론은 '인간이 어떤 이유로 움직이는가' 하는 질문에 대한 정반대의 믿음이다. X 이론은 외재적 동기를, Y 이론은 내재적 동기를 주목한다.

다니엘 핑크가 내재적 동기에 움직이는 I 유형 인재가 미래를 선도할 것이라고 주장하는 이유는 크게 두 가지다. 첫째는 앞으로의 변화는 통제가 불가능해질 것이기 때문이고, 둘째는 인간의 가장 높은 수준의 동기는 자아실현이기 때문이다. 그 I 유형의 자양분 같은 동기 부여의 원인을 세 가지로 설명하는 것이 2부의 내용이다.

높은 수준의 동기 부여의 첫 번째 요소는 '자율성'이다. 자율성은 네 가지가 보장돼야 하는데 '무엇을, 언제, 어떻게, 누구와 함께 할 것인가'다. 이를 업무, 시간, 기술, 팀에 대입해서 설명한다. 두 번째 요소는 '숙련'이다. 숙련은 세 가지 특징을 갖춰야 일어나는데, '자신이 변화할 수 있다는 마음가짐, 고통을 알고 헌신하는 것, 접근선(영원히 접근하지만 도달하지는 않는 형태의 곡선)임을 이해하는 것'이다. 계속 손을 뻗지만 닿을 수는 없다는 것은, 숙련의 추구가 내재적인 원인에서 비롯된다는 의미다. 세 번째 요소는 '목적'이다. 사람들은 자기 자신을 뛰어넘는 목적이라는 명분에 자신의 욕망을 건다. 그리고 이 목적은 자율성과 숙련에 맥락을 제공하는 역할을 한다.

3부에서는 I 유형이 사용할 수 있는 툴키트Toolkit를 다루는데, 개인, 조직, 교육, 부모 등 I 유형의 행동을 돕는 온갖 방법을 총망라했다. 부록 같지만 분량은 3분의 1을 차지한다. 내용은 실제적이다.

내재적 원인과 외재적 원인을 양분했지만, 다니엘 핑크 본인도 전적으로 I 유형이거나 X 유형인 사람이 존재하지는 않는다고 언급한다. X 유형이 일 자체의 즐거움을 항상 무시하는 것도, I 유형이 외부의 인정을 무시하는 것도 아니다. I 유형은 타고나지 않고, 내재된 본연의 욕구를 실행해 가면서 만들어진다고 말한다. 변화무쌍한 시대에 평균 수명은 계속 늘어나고 있다. 더 오래, 더 즐겁게 삶을 지속할 방향을 점검해 보기에 부족함이 없는 책이다.

리더는
문화를 만든다

《리더는 마지막에 먹는다》《최고의 리더는 아무것도 하지 않는다》

/

부디 그 힘만은
올바른 곳을 바라보길 소원할게요.

가스파드의 웹툰, <전자오락수호대> 中

리더십이라는 주제는 광범위하다. 노래방 책을 들춰 보자. '사랑'으로 시작하는 제목의 노래가 많은 이유는 사랑이 정의되지 않는 개념이기 때문이다. 이런 주제는 모든 사람이 자기 좋은 대로, 편한 대로 이해하기 마련이다. 고객이 그렇고 마케팅이 그렇다. 의사소통이라는 개념도 소통이 안 된다. 그러니 리더십은 말해 무엇 하랴.

하지만 직장 생활에서 공기처럼 함께하는 주제로 리더십을 빼놓을 수가 없다. 직장 생활이 힘든 이유는 일 때문이 아니라 사람 때문이라고 한다. 그만큼 관계에서 리더십에 대해 생각하지 않을 수 없다. 그리고 아마도 당신이 직장에 다닌다면, 당신이 보기에는 리더십이 영 아닌 분께서 자기가 다른 건 몰라도 리더십은 좀 있다고 생각하시는 그런 상사 한 명쯤 계시리라 생각한다. 혹은 이 문장을 읽으면서 뜨끔하는 분도 분명 있을 것이다.

2×2 매트릭스는 생각을 분류할 때 유용하게 쓰이는 도구다. 〈마이 리틀 텔레비전〉 PD의 메모가 크게 화제돼 '호사분면'으로 유명한 매트릭스가 있다. 이것으로 점심시간이 훌쩍 지나도록 이야기꽃을 피우기에 좋을 것이다. 2×2 매트릭스를 만들 때 제일 중요한 것은 두 축을 적절하게 설정하는 것이다. 호사분면의 경우 일을 잘하는지 못하는지, 그리고 친절한지 싸가지가 없는지를 축으로 놨다. 능력의 높고 낮음, 인격의 높고 낮음을 기준으로 분류한 것이다.

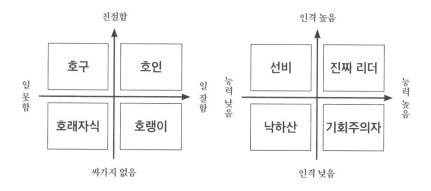

이를 리더의 유형으로 보면 사람들이 리더십을 생각할 때 크게 실력과 인격 면을 고려한다는 걸 짐작할 수 있다. 그리고 실력만이 아니라 인격의 수준도 높아야 진짜 리더답다고 생각하는 것 같다. 그렇다면 훌륭한 인품은 대체 뭘까? 그리고 더 중요한 질문은 이것이다. 리더십은 선천적인가? 리더가 될 만한 사람은 따로 있는가?

사람의 성장과 변화도 습득하고 배울 수 있다. 창의성 같은 추상적인 자질도 연습하고 익힐 수 있다. 그렇다면 리더십도 그럴 수 있어야 한다. 리더는, 리더십은 어떠해야 할까? 이 질문의 이면에는 좋은 리더십을 가진 리더가 많으면 좋겠다는 바람이, 그리고 그런 리더십은 만들어 갈 수 있다는 희망이 숨어 있다. 리더십에 대해 궁리해 보고, 또 좋은 리더가 되는 첫 걸음을 내딛어 보자.

구성원이 먼저인 존재, 리더

'왜'로 시작하라는 '와이why 신드롬'을 일으킨 사이먼 사이넥의 책이다. 책을 읽을 때 주제별로도 읽지만 저자별로 읽으면 아는 척 지수를 많이 높일 수 있다. 영어 원제는 《Leaders Eat Last》다. 이 책에서 사이먼 사이넥은 사람을 잘 다루는 스킬을 설명하는 데 집중하지 않는다. 더 고차원적인 관심, 사람이 사람을 돕고 영향을 끼치고 서로에게 영감을 불어넣는 세상을 만드는 것, 그런 사람이 세상을 더 나은 곳으로 만드는 데 집중했다. 그리고 그 답은 리더에게 있다.

《나는 왜 이 일을 하는가?》에서 변연계와 신피질로 구성된 뇌의 구조에서 골든서클을 끄집어낸 것처럼, 《리더는 마지막에 먹는다》에서도 생물학적인 호르몬에서 리더의 자질을 유추한다. 바로 엔도르핀, 도파민, 세로토닌, 옥시토신인데, 엔도르핀과 도파민을 이기적 화학 물질로, 세로토닌과 옥시토신을 이타적 화학 물질로 구분한다.

엔도르핀은 인체의 장기가 흔들릴 때 생기는 고통을 감추기 위해 분비된다. 엔도르핀이 분비되면 기분이 좋아진다. 석기 시대를 생각해 보라. 지금처럼 마트에 먹을 것이 쌓여 있고 지방을 태우기 위해 다이어트를 하는 풍경은 역사가 길지 않다. 인류라는 종족에게는 훨씬 오랜 기간 탄수화물과 단백질이 부족했다. 그런 인류가 고기를 얻으려면 살아 움직이는 동물을 쫓아 몇 시간이고 몇 십 킬로미터를 달리며 목숨을 걸고 싸워야 했다.

그런 인간이 뛰다가 지쳐서 그만둬 버렸다면, 굶어 죽었을 것이다. 그래서 대자연이 인간으로 하여금 계속 사냥할 수 있는 시스템을 고안했는데, 그게 엔도르핀이다. 고통을 가리고 기분이 좋아지게 함으로써 사냥이라는 활동을 계속하게 만든다. 힘들게 음식을 찾아 나서고, 나뭇가지와 돌멩이로 집을 만들 때 기분이 좋으면 그 행동을 계속할 수 있을 것이다.

도파민은 발전을 위한 호르몬이다. 먹이를 찾아내거나, 그 동물의 숨통을 끊어 임무를 완수하면 신체에서는 도파민이 나온다. 인간이 발전 지향적인 이유는 도파민 때문이라고 한다. 목표를 달성할 때 도파민이 대량으로 분비되기 때문이다. 도파민은 생생하고 구체적일 때 더 많이 분비된다. 목표를 구체적으로 표현해야 하는 이유가 바로 이 때문이다. 석기 시대 사람이 저 멀리서 나뭇가지를 보다가 점점 가까이 다가가 과일이 달려 있는 모습을 보면 도파민이 분비된다. 마침내 과일을 손에 넣으면 훨씬 더 많은 도파민을 만들어서 기분이 좋다.

마약류나 알코올, 니코틴에도 도파민을 분비시키는 효과가 있다. 도파민은 중독 물질이다. 인간은 도파민을 주기적으로 경험해야 기분이 좋아지는 존재다. 소셜 미디어에서의 반응, 메신저 도착 알람도 도파민을 분비한다. 쇼핑을 하면 쾌감이 드는 이유는 우리에게 도파민을 만들어 내는 사냥 본능이 있기 때문이다. 기업에서는 숫자나 목표 달성의 형태로 도파민이 분비될 수 있다.

엔도르핀과 도파민이 좋거나 나쁘다는 이야기가 아니다. 생물학적으로 내가 가진 기본 시스템이므로 이해만 하면 된다. 사이먼 사이넥이 이기적 화학 물질로 분류한 이 두 호르몬은 어쨌든 인간의 생존에 필수적인 기능을 해 왔다. 그럼 이뿐일까? 인간은 다른 어떤 종보다 협동을 통해 번성해 온 종족이다. 사회성을 높이는 인센티브가 있는 것이다.

세로토닌은 리더십 화학 물질이라고 한다. 이는 남들이 나를 존경하거나 좋아한다고 느낄 때 생기는 감정이다. 종족이나 단체 내에서 이런 인정이 필수적이다. 인간이 사회적 존재라 인정받지 못하면 죽어 버린다는 건 상식이다. 만약 세로토닌이 혼자 만들어 낼 수 있는 호르몬이었다면 인간에게 협동 같은 건 필요 없었을 것이다.

세로토닌에서 주목할 점은, 인정받는 사람뿐 아니라 인정해 주는 사람에게도 같이 분비된다는 것이다. 졸업식은 세로토닌이 넘쳐 나는 자리다. 응원하는 사람과 응원을 받는 사람 모두 세로토닌으로 하나 된 듯한 감정을 느낀다.

풀코스 마라톤을 뛰는 이유가 엔도르핀과 도파민뿐이라면, 나 혼자 시간을 내서 해도 된다. 하지만 사람들은 한날 한자리에 모여 같이 달린다. 춘천마라톤 34킬로미터 지점에는 자유 발언대가 있다. 피니시 라인에서 대형 스크린으로 보고 있을 가족에게 주자가 잠시 멈춰 영상 메시지를 보낼 수 있다. 계속 뛰어도 충분히 힘든데 보이지도 않는 친구가 들어 준다고 생각하며 한두 마디를 하기 위해 멈추기란 정말 힘들다. 남들은 이해가 안 가겠지만, 집단 내에서 서로 자랑스러워하고 헌신하게 만드는 세로토닌이 폭발하기 때문에 소속감을 느끼는 사람들은 가슴이 벅차고 기분이 좋아진다.

구성원은 한 집단 내에서 가장 열심히 다른 사람을 돕는 사람에게 존경심을 표현한다. 사회적으로 인정받을 때 세로토닌이 분비돼, 리더는 다시 기꺼이 자신을 희생해서 다른 사람을 돕게 된다. 그리고 이 리더십 화학 물질이 인간의 모임을 지금까지 살아남게 했다.

옥시토신은 사랑의 화학 물질이다. 따스한 느낌을 주는 호르몬이다. 우정, 사랑, 깊은 신뢰의 감정이다. 인간은 함께하거나 연결돼 있다고 느낄 때 옥시토신을 분비한다. 서로를 신뢰한다는 걸 알고 또 상대의 신뢰를 얻으면 옥시토신이 분비된다.

옥시토신은 돕는 사람과 도움받는 사람만이 얻는 물질이 아니다. 그걸 지켜본 사람도 옥시토신이 분비된다. 그래서 집단, 팀, 기업, 좋아하는 스타의 팬 사인회에서는 동질감과 안전함을 느끼는 것이다. 옥시토신은 신체 접촉으로도 분비된다. 연인끼리 손을 잡거나 아이들이 엄마를 만지고 싶어 하는 이유다. 운동선수들이 하이 파이브를 하거나 서로를 때리는 것은 폭력이 아니라 유대감의 표현이다. 세계 정상들은 만나면 제일 먼저 악수를 한다.

옥시토신은 도파민보다 장기적인 호르몬이다. 도파민은 강렬하게 우리를 흥분시키지만 오래 지속되지 않는다. 그에 비해 옥시토신은 편안하고 안정적인, 그래서 장기적인 관계를 가능하게 한다. 수많은 연인이 도파민에서 옥시토신으로의 전환을 경험할 것이다.

이제 질문해 보자. 적은 외부에 있는가, 내부에 있는가? 인간은 불확실성으로 가득 차서 생명을 위협하는 외부와 싸우고 생존하기 위해 내부에서 협동하는 시스템을 택했다. 내부에서도 경쟁이 극심해서 승자가 모든 것을 독식하는 방법을 택했다면 지금까지 올 수 없었을 것이다. 잡아 온 식량을 혼자 다 먹은 사람은 기껏해야 그 부족에서 가장 나중에 굶어 죽는 사람이 됐을 것이다.

인간은 그보다 현명한 방법을 택했다. 개인적으로 성취해 낸 일을 보상하는 엔도르핀과 도파민만이 아닌, 서로 함께하고 서로를 위해 희생할 때 더 큰 만족을 부여하는 방식을 생각한 것이다. 그리고 그 부족 내에서 가장 많이, 잘 희생하는 사람을 리더라고 명명했다.

왜 "용기 있는 자가 미인을 차지한다."라는 말이 있을까? 왜 가장 싸움을 잘하는 사람, 우수한 신체 유전자를 가진 리더는 부족에서 가장 먼저 배우자를 차지할까? 그 리더가 전쟁 때 앞장서기 때문이다. 리더는 가장 위험한 일을 가장 먼저 하고, 그래서 가장 먼저 죽을 가능성이 높다. 그런 리더의 우수한 유전자를 부족의 입장에서는 빨리 보존하고 싶어 하는 것이다. 노블레스 오블리주는 그저 아름다운 말이 아니라 그 종족을 보존하는 똑똑한 방법이기도 하다.

왜 우리는 천문학적인 배당을 받는 투자 은행의 리더들의 이야기를 들으면 화가 나는가? 물론 실감조차 안 나는 자릿수의 돈에도 일부 원인이 있다. 하지만 더 근본적으로는 그 리더들이 사회를 위해서 무엇을 했는지 모를 때 분노가 인다. 마하트마 간디에게 연말 보너스로 천억 원쯤 줬는데 간디가 그걸 다시 사회에 환원한다면 누가 뭐라고 하겠는가?

인류가 생존해 온 방식을 생물학적 호르몬으로 관찰했을 때, 리더에게 기대되는 바가 그려진다. 리더는 인정받는 사람이다. 집단을 생존시키기 위해 먼저 희생하고 제일 많이 희생하는 사람이다. 그런 리더가 있어서 구성원은 서로를 신뢰할 수 있다. 오랜 기간 형성된 신뢰는 그 조직에 소속된 사람에게 안전하다는 느낌을 준다. 이런 안전권에서는 서로를 속이거나 계산할 필요가 없다. 솔직하게 드러내는 것이 외부 위험에 대처하는 데 더 효과적이다.

미 해병대 중장이었던 조지 플린은 "리더십의 대가는 사리사욕이다."라고 말했다. 미 해병대에서는 최하급자가 가장 먼저, 그리고 최상급자가 제일 나중에 배식받는다고 한다. 그런 식사를 같이하고 지켜보고 반복할수록 사람들은 더 잘 알고 받아들일 것이다. '저 사람이 우리의 리더야.' 그게 리더는 마지막에 먹는다는 말의 의미다.

생존한 인간들의 중심, 리더

예전 직장에서 작은 사업부의 본부장을 맡은 적이 있다. 그릇이 안 된다고 생각해서 안 맡고 싶었지만 샐러리맨으로 달리 거절할 수도 없었다. 덜컥 맡고 보니 조직원 70여 명에게 미안했다. 이들은 무슨 죄가 있어서 나 같은 사람을 리더로 만났는가. 죄스러운 마음에 이 책 저 책 뒤적이다가 발견한 책이 바로, 후지사와 구미의《최고의 리더는 아무것도 하지 않는다》다.

우선 제목이 끝내준다. 의외성을 자극하고, 무엇보다 일을 적게 한다거나 뭔가 다른 일을 한다는 정도가 아니라 전체 부정의 표현이 나를 사로잡았다. 물론 정말로 숨만 쉬면 된다는 내용은 아니다. 이 책의 영어 부제는 "Do Nothing and Think All"이다. 아무것도 안 하는 것 같지만 모든 것을 생각하는 사람. 그게 후지사와 구미가 말하는 비전을 가진 리더이자 최고의 리더다.

후지사와 구미는 일본 최초의 투자신탁평가회사를 만들어 4년 후 스탠

더드앤드푸어스S&P에 매각했다. 싱크탱크 소피아뱅크의 대표이며, 2020년 동경올림픽/패럴림픽의 킥오프이벤트의 준비 실장을 역임했다. 닛케이라디오 〈후지사와 구미의 사장 토크〉를 진행하면서 1천여 명 이상의 사장들을 인터뷰했고, 진짜 최고의 리더들이 어떤 일을 하는지를 책으로 정리했다.

지금은 많이 덜하지만, 여전히 리더라면 카리스마가 넘치는 사람을 상상하는 경우가 많다. 후지사와 구미가 보기에는 대담하고, 배짱이 두둑하며, 강인한 의지력에 본받고 싶은 추진력 등 쉽게 연상할 수 있는 리더의 자질이 자기가 인터뷰한 사장들에게서는 찾아보기 어려웠던 것 같다. 오히려 내향적이고, 걱정이 많고, 섬세한 면을 더 쉽게 찾을 수 있었다고 한다. 그가 보기에 최고의 리더는 오히려 자신의 권한을 현장에 넘기고 조직원들의 지지를 받으면서 조직을 승리로 이끄는 사람이었다.

최고의 리더는 어떤 일을 하는지 설명하기 위해 여섯 가지 발상의 전환을 제안한다. 첫 번째, '사람을 움직이다'에서 '사람이 움직이다'로의 전환이다. 경영을 '혼자 다 하는 게 아니라 사람들을 통해서 한다.'고 정의하는데, 내향적인 리더는 강압이 아니라 자율성과 권한을 부여하는 방법으로 사람이 움직이게 만든다.

이런 관점의 리더가 해야 하는 중요한 일은 딱 두 가지다. 조직원들이 공감하고 스스로 일하고 싶은 매력적인 비전을 만드는 것, 그걸 조직원들에게 확실히 침투시키는 것. 그래서 일하는 사람을 조금 더 행복하게 만드는 것이 리더의 역할이다. 모든 현장을 돌아다니면서 할 일을 지시하는 사람이 아니라 모든 현장에서 일하는 직원들이 자기 권한을 갖고 자신의 꿈을 이루게 해 주는 사람이 좋은 리더다.

주의할 점은 카리스마적 리더십보다 내향적 리더십이 우수하다는 말이 아니라는 것이다. 위기 상황이나 결단할 상황 등 카리스마가 필요한 상황이 분명히 있다. 최고 경영자가 아닌 중간 관리자가 세세한 부분까지 지시하고 알려 줘야 할 때도 있다. 핵심은 탑다운만으로 성과를 지속하기에 어려운 시대가 됐기 때문에, 개개인의 자율성을 보장하고 동료로 인정해 주는 것이 리더에게 필수적으로 요구된다는 뜻이다.

두 번째, '해야 하는 일'에서 '하고 싶은 일'로의 전환이다. 하고 싶은 일로 만들어 주기 위해서는 매력적인 비전이 있어야 한다. 그럼 비전을 완전히 새로 만들어야 할까? 궁극적으로는 창업만이 답일까?

비전은 나중에 따라오기도 한다. 책에서는 창업자, 샐러리맨 사장, 후계자로 나눈다. 창업자는 그의 삶의 방식 자체가 회사의 비전이 된다. 하지만 모든 사람이 창업자가 되지는 않는다. 이미 있는 조직에서 리더가 되는 경우에는 조직의 철학을 번역하고 조직원들과 소통하면서 비전을 만들어 갈 수 있다. 가족 기업의 후계자인 경우에는 기존의 좋은 자산 위에 새로운 토대를 세워 비전을 만들어 갈 수 있다고 한다.

그렇게 비전을 세운 후, 혹은 비전을 세우는 과정에서 조직원들과의 소통이 중요하다. 진심으로 귀 기울이는지 아닌지는 모두 금방 안다. 진심으로 들었다 해도 그걸 성의껏 지키는지도 조금 지켜보면 알 수 있다. 직원들 모두가 일하고 싶게끔 도우려면, 리더는 진심으로 듣고, 비전을 끊임없이 다듬어 가며 소통해야 한다. 그래서 아무것도 안 하는 것처럼 보이는 진짜 리더는 생각을 최고로 많이 해야 한다고 말한다.

세 번째, '명령하다'에서 '이야기를 전하다'로의 전환이다. 자율성을 끌어내려면 지시보다 비전을 이야기하는 것이 필요하다. 정답이 없는 세계이기 때문에 조직원의 이해가 전부라고 해도 과언이 아니다.

효과적으로 전달하기 위해 꼭 그럴듯한 프레젠테이션 기술이 필요하지는 않다고 책에서 말했다. 거짓없이, 명확하게 이야기하려는 성실함이 더 중요하다. 어떤 비전이 뚜렷하고 분명해도 그걸 듣는 사람들은 제각각 이해한다. 한 번 이야기한다고 모두가 단박에 이해하는 것도 아니다. 그래서 꾸준하게 반복하는 진정성과 인내심도 성실함에 속한다.

리더의 유일한 업무 도구가 '말'이라고 한다. 어려울 때일수록, 또 사람이 점점 많아져서 생각이 일치가 안 될수록, 리더는 현장에서 직접 자신의 입으로 말하는 것이 중요하다. 성실하고 바른 말, 자신의 생각을 정확히 표현하는 세련된 말을 연습하는 것이 리더의 기본 소양이다.

네 번째, '전원 같은 편'에서 '전원 중립'으로의 전환이다. 여기에서 리더는 미움받지 않는 사람이어야 한다고 주장한다. 리더는 애초에 모두를 만족시킬 수 없고, 목표 달성을 위해서는 미움받을 수밖에 없다는 일반적인 생각에 반대하는 것이다.

후지사와 구미는 조직원이 좋아하는 리더가 돼야 한다고 말한다. 현실적으로 서로 좋아하지 않거나 신뢰하지 않는 사람들이 같이 일하면 매우 고역이다. 같은 편과 다른 편을 가르고 파벌을 형성하는 것이 아니라, 비전 아래 모두에게 공평하게 대한다는 것이 전원 중립의 의미다. 직원들을 차별 없이 대하면서도, 모두의 말을 들을 수 있는 리더라면 꼭 미움받거나 고독하지만은 않을 수 있다.

다섯 번째, '팀의 맨 앞'에서 '팀의 맨 뒤'로의 전환이다. 이건 역할의 관점이라기보다 책임과 희생의 관점으로 보는 것이 더 적절하다. 직원들이 스스로 일하기 좋은 환경을 만들어 주고 그걸 지켜만 보는 일은 실력이 출중한 리더일수록 쉽다. 하지만 팀원의 잠재력을 믿고, 또 리더가 직접 주는 방법보다 더 좋은 방법을 찾아낼 거라고 기대하는 리더 밑에는 점점 성장하는 팀원이 많아질 것이다.

축구 경기에서 주로 주목받는 사람은 공격수다. 공격수는 화려한 플레이로 스포트라이트를 받는다. 열 번 슈팅에 한 번만 성공해도 영웅이 될 수 있다. 하지만 골키퍼는 열 번 잘 막다가 한 번만 골을 내줘도 팀을 패배에 빠뜨릴 수 있다. 화려한 플레이보다 무조건 막아야 하는 자리다. 무엇보다 공격수가 골을 넣지 못하면 이길 수 없지만, 골키퍼가 골을 먹지 않으면 지지는 않는다. 화려한 승리가 아니라, 드러나지는 않아도 지지 않고 버티는 것이 리더에게 요구되는 역할이다.

여섯 번째, 사회 공헌'도'에서 사회 공헌'을 통해'로의 전환이다. 사회에도 공헌한다는 개념은 이익이 풍족하지 않을 때는 쉽지 않다. 비즈니스와 사회 공헌이 별개의 개념이 아니라 비즈니스 자체로 사회에 공헌하는 것으로의 관점 전환은, 기업인들에게 더 통합된 리더십을 요구한다. 비전 자체에 사회를 더 좋게 만들려는 의도가 녹아 있어야 하기 때문이다.

개인보다 더 큰 무엇의 일부가 되고 싶은 욕망은 모든 인간에게 있다. '먹고사는 게 제일 중요하다.'는 말은 인간을 너무 격하한다. 그 누구도 먹기만을 위해 살지 않는다. 마찬가지로 회사에 월급만 받으려고 다니는 사람은 없다. 더 큰 기여를 할 수 있음을 그것도 회사 생활을 통해 사회에 공헌할 수 있음을 알고 경험하는 직원은 업무 만족도가 다르다. 그렇게 더 만족해서 자발적으로 더 열심히 할 비전을 만드는 게 리더의 역할이다.

한다, 안 한다, 위험을 감지한다

내가 좋아하는 리더의 이미지는 고스톱에서 선을 잡는 사람이다. 선을 잡으면 처음에 치기 때문에 깔린 패 중에 선택할 경우가 가장 많다. 그리고 마지막에는 자신의 패를 가장 먼저 내줘야 한다. 가장 많이 선택하고, 가장 먼저 내주는 사람이 좋은 리더라고 생각한다.

리더는 선택하고 결정하는 사람이다. 크게 세 가지 영역을 결정한다. '한다.'는 결정, '안 한다.'는 결정, 그리고 지금 우리에게 '위험이 무엇인지'를 결정한다. 한다는 것도, 안 한다는 것도 뒤집어 보면 결국 같은 말이다. 그리고 위험을 감지하면 결국 어떤 일을 하거나 하지 않을 것을 판단해야 하기 때문에, 세 가지가 표현만 다를 뿐 결국 한 가지임을 알 수 있다. 그리고 그 한 가지가 바로 '의사 결정'이다.

의사 결정에도 여러 레벨이 있다. '오늘 점심 뭐 먹지?' 같은 결정부터 신규 사업에 투자를 하느냐 마느냐 하는 결정까지 천차만별이다. 실무자는 일만 하고 리더는 결정만 하지도 않는다. 실무자가 일할 때는 알게 모르게 수많은 결정 단계를 거치고, 관리자가 결정할 때도 이런저런 실무를 하는 게 보통이다. 다만 한 사람이 그 조직에 끼치는 영향력이 커질수록, 의사 결정을 내리고 그 결정에 책임을 진다는 의식이 중요해진다는 뜻이다.

후지사와 구미는 〈사장 토크〉를 진행하면서 리더의 역할을 생각했기 때문인지, 책에 기업에서 사장 레벨의 관점이 잘 드러나 있다. 하지만 꼭 사장만 리더인 것은 아니다. 가족의 일원으로, 친목 단체에서, 하다못해 '결정 장애' 친구들과 함께할 회식 장소를 정하는 데도 리더십이 있다. 리더가 아니어도 되는 사람은 없다. 우리 모두는 리더가 될 것이다.

중요한 건 어떤 리더가 되느냐다. 리더를 어떤 직함으로 이해하고 자신의 배를 불리는 수단으로 이용할 것인가? 아니면 내 주위 소중한 사람들과 내가 속한 사회를 더 좋은 곳으로 만드는 걸 리더십으로 이해할 것인가? 승자 독식의 문화를 만들 것인가, 같이 있으면 안전함을 느끼는 공동체를 만들 것인가? 당신의 힘의 방향은 어디를 향하고 있는가?

잘난 척 포인트!

- 2×2 매트릭스는 유용한 생각 도구다. 많이 알려진 2×2 매트릭스 중에는 스티븐 코비가 일을 긴급도와 중요도로 나눈 시간 사용 매트릭스가 있다. 호사분면보다 더 복잡한 형태로 많은 직장인에게 사랑받은 '멍부, 멍게, 똑부, 똑게' 매트릭스를 찾아보길 바란다. 두 개의 2×2를 합쳐 16개의 대응을 만든 형태이다. '이 곱하기 이' 라고 읽지 말고, '투 바이 투 매트릭스'라고 읽어라.
- 엔도르핀과 도파민은 이기적 화학 물질이고, 세로토닌과 옥시토신은 이타적 화학 물질이다. 개인의 생존과 조직의 협동을 통해 인간은 눈부신 발전을 해 왔다. 그 중심에는 희생하는 리더가 있었다.
- '리더다운' 업무를 전혀 하지 않는 것처럼 보이는 사람의 머릿속에는 누구보다 바쁘게 생각이 돌아갈 수 있다. 일본어판 부제는 "내향적인 사람이 최고의 팀을 만든다"다. 후지사와 구미가 생각하는 좋은 리더는 비전을 세우고 전달하는 사람이다.

리더는 마지막에 먹는다

사이먼 사이넥 지음 | 이지연 옮김 | 김도형 감수 | 36.5 | 2014.5.23.

Q : 어떤 사람이 리더인가? 리더는 뭘 하는가? 왜 리더가 필요한가?

A : 영감을 주는 사람이 리더다. 리더는 책임을 지고 타인에게 봉사한다.
그런 리더가 있어야 더 큰 이익을 위한 변화를 일으킬 수 있기 때문이다.

　사이먼 사이넥에게 '영감을 준다.'는 것은 중요한 개념이다. 전작《나는
왜 이 일을 하는가?》에도 "에너지는 흥분시키지만 카리스마는 영감을 준
다."라는 말이 나온다. 좋은 리더에 대한 고민을 담은《리더는 마지막에 먹
는다》에서도 영감을 주는 리더가 더 많이 필요하다고 이야기한다.

　좋은 리더가 필요한 이유를 인간의 본성에서 찾는데, 우리는 몇 만 년 이
상을 '안전'하고자 하는 본능을 지키는 쪽으로 발전했기 때문이다. 스노모
빌은 눈밭에서 달리도록 만들어졌다. 이것이 사막에서는 제대로 작동하지
못할 것이 당연하다. 그런데 우리는 인간이라는 스노모빌을 사막이라는 잘
못된 환경에 갖다 놓고는 경쟁과 승패, 인센티브라는 잘못된 처방으로 더
빨리 달리게 만들려고 한다. 사회적 동물에게는 신뢰라는 요소가 필수적이
다. 신뢰할 수 있는 모임과 조직을 만드는 것이 인간을 더 잘 작동하게 한
다. 이런 환경을 만드는 것이 스노모빌을 눈밭으로 옮겨 놓는 일인 것이다.

　인간의 본성이 어떤 특성의 조직을 필요로 하는지 알아보기 위해, 사이
넥은 부족을 유지시킨 네 가지 호르몬을 설명한다. 이기적 화학 물질인 엔

도르핀과 도파민은 생존을 가능하게 했다. 목표를 달성할 때 도파민이 발생해서 짜릿함을 느끼게 해 줬고, 엔도르핀은 그 과정에서의 고통을 줄여 줬다. 하지만 이것만으로는 인간은 가장 강한 존재만 살아남는 냉혈한 집단이 됐을 것이다. 그렇게는 놀라운 건축물도, 비행기도, 컴퓨터도 만들지 못했을 것이다.

그래서 인간이라는 부족은 서로 협력하게 만드는 이타적 화학 물질을 고안해냈다. 인정과 존경을 만드는 세로토닌과 공감과 사랑의 호르몬인 옥시토신이다. 함께 모여 성취를 기뻐하고 인정해 줄 때 세로토닌이 뿌듯함을 제공하고, 충성심과 공감이 형성될 때 옥시토신은 우리의 면역 체계를 강화한다. 인간은 고통을 이겨 내고 목표를 달성할 때뿐 아니라, 신뢰를 형성하고 희생할 때 가장 잘 존속할 수 있는 시스템을 만들어 낸 것이다.

이 책은 리더십의 교훈을 다섯 가지로 제시한다. 첫 번째, 문화가 회사를 만든다. 문화가 튼튼한 곳에서 사람들은 '옳은 일'을 하려 하고, 문화가 부실한 곳에서 사람들은 '나에게 좋은 일'을 하려는 마음이 강해진다. 두 번째, 리더는 문화를 만드는 사람이다. 좋은 문화란 안전권이 확보되는 것, 즉 '내가 안전하다.'고 느끼는 곳이다. 리더는 자신의 부족함과 실수를 투명하게 내보이면서 그런 분위기를 형성해야 한다. 세 번째, 정직이다. 실제보다 더 훌륭하게 꾸민 말, 창피나 책임을 피하고자 하는 말은 정직하지 않고, 나아가 '내가 안전하다.'는 신뢰의 문화를 깨뜨린다. 리더는 오직 진실만을 말할 수 있는 사람이다. 네 번째, 친구가 되라. 리더는 이기는 사람이 아니라 봉사하고 도와주는 사람이기 때문이다. 다섯 번째, 숫자가 아닌 사람을 리드하라. 이는 앞서 네 가지 교훈을 다 망라한다고 볼 수 있다. 추상적인 숫자만으로 조직을 이끈다는 것은 도파민으로만 사는 인간과도 같다. 직원을 먼저 아끼지 않으면 신뢰라는 안전감이 유지되지 못할 것이다.

　2부의 7장과 8장은 "더 많은 리더가 필요하다."라는 말과 함께, 작게라도 주변 사람의 안전권을 세우는 리더가 되기를 부탁한다. 알코올중독자모임AA 은 오랜 기간 알코올 중독자의 회복을 성공적으로 돕고 있다. AA의 12단계 회복 프로그램의 1단계는 '문제가 있음을 인정하는 것'이다. 이렇게 힘든 1단계를 달성하면 차근차근 회복 단계를 밟아 간다. 11단계까지 잘 마쳐도 12단계를 완료하지 못하면 다시 술을 마실 가능성이 크다고 한다.

　이 마지막 단계인 12번째 단계는, 다른 알코올중독자가 알코올중독을 이겨 낼 수 있도록 돕는 것이다. 인간이라는 종이 원래 그렇다고 사이넥은 주장한다. 내 주변의 추상적이지 않은, 구체적인 존재를 도와주는 것이 인간의 자연스러운 시스템이다. 그런 사람이면서 그런 문화를 만들어 가는 사람이 리더다. 돕기 위해 고난을 기꺼이 치르는 사람이 지금까지 인간을 존속시키고 인간답게 해 왔다. 그런 사람은 항상 마지막에 먹는다.

최고의 리더는 아무것도 하지 않는다

후지사와 구미 지음 | 하연수 · 정선우 옮김 | 21세기북스 | 2016.7.27.

Q : 어떤 리더가 진짜 리더인가?

A : 사람들이 흔히 리더의 특성이라고 생각할 수 있는 카리스마나 대담함, 용맹한 보스 기질이 전혀 없어 보이는 내향적인 리더십을 가진 훌륭한 리더가 많다.

후지사와 구미가 인터넷 라디오 〈사장 토크〉를 진행하며 만난 1천여 명의 CEO를 통해 정리한 여섯 가지 발상의 전환을 설명하며 내향적인 리더십에 대해 생각해 본다.

'사람을 움직이다'에서 '사람이 움직이다'로의 전환은 지시하기보다는 마음을 전하는 리더십을, '해야 하는 일'에서 '하고 싶은 일'로의 전환은 매력적인 비전을 만드는 리더십을, '명령하다'에서 '이야기를 전하다'로의 전환은 현장에서 함께하는 설득력을 가진 리더십을, '전원 같은 편'에서 '전원 중립'으로의 전환은 섬세하고 여린 공감력을 가진 리더십을, '팀의 맨 앞'에서 '팀의 맨 뒤'로의 전환은 스스로 움직이는 조직원을 믿는 리더십을, 사회공헌'도'에서 사회 공헌'을 통해'로의 전환은 비즈니스 자체로 공헌하는 조직을 만드는 리더십을 이야기한다.

이 책은 비교적 짧고 문장도 굉장히 쉽게 읽히는 편이다. 앞서 본문에서 거의 책 내용을 반영했기 때문에 추가 요약은 사족이 될 것 같아 정리하는 차원으로 갈무리한다.

한 가지 중요한 점은, 이 책은 내향적인 성향도 리더십을 발휘할 수 있는 좋은 자질임을 보여 주는 데 목적이 있다는 것이다. 좋은 리더와 좋지 않은 리더를 구분하고 평가하는 것은 후지사와 구미가 의도한 바가 아니다. 우리가 흔히 리더십이라고 생각하는 자질 외에도 리더다운 행동이 많다는 것, 그리고 그건 내향적인 성격의 사람들도 발휘할 수 있음을 보여 주고 응원하는 책이다.

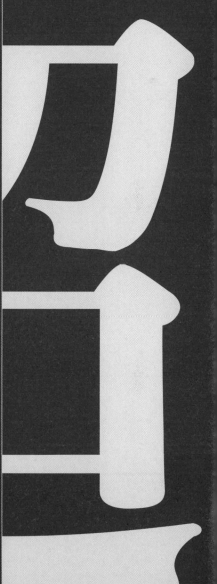

제3장

고급

/

나를 넘어서는 책

3-1

아버지를
이해하기 위하여

《피터 드러커의 자기경영노트》

길을 아는 것과
길을 걷는 것은 다르다.

<매트릭스>, 모피어스의 대사 中

피터 드러커의 별명은 현대 경영학의 아버지다. 그냥 선생이라고 하는 것보다 더 높은 단계의 존경을 표현할 때 쓰는 '구루'라는 호칭으로도 불린다. 아버지든 구루든, 드러커가 현대 경영학에서 엄청나게 중요한 기여를 했음은 의심할 여지가 없어 보인다. 다만 그 사람이 지금 나와 무슨 관계가 있는지 회의적인 사람도 있을 것이라 생각한다.

드러커의 저서 중 내가 제일 처음 접했던 것은《경영의 실제》다. 직장 생활을 처음 시작하면서 상사가 중요하다며 꼭 읽으라고 해서 책을 잡았는데, 너무 어려웠다. 무엇보다 500쪽을 훌쩍 넘는 분량이 공포스러웠다. 조금 읽다 보니 의미도 있고, 믿기 어렵겠지만 약간 재미도 있었다. 어쨌든 상사가 읽으라고 했으니 초인적인 인내심과 집중력을 발휘해 다 읽었다.

정말이지(드러커가 많이 쓰는 표현 중 하나다.) 이해하고 나면 사실 굉장히 당연한 내용인데, 이런 당연한 내용을 이렇게 어렵게 쓸 수 있는 것도 경영학의 아버지답다는 생각이 들었다.

책을 덮으면서 처음 든 생각은 '굉장히 맞는 말이지만 특별히 새롭지 않고 오히려 좀 평이한 것 같은데?'였다. 현대 경영학의 아버지라더니 너무 현대 경영학스러운 이야기만 늘어놓으신 게 아닌가 싶은 생각에 하품을 늘어지게 하다가 문득 번개처럼 생각이 스쳤다. 이 책 언제 쓴 거지? 맙소사, 1954년이었다.

변화 속도가 몇 십 년 전과는 비교할 수 없을 만큼 증가하고 있다는 말을 많이 한다. 2005년에 타계한 피터 드러커가 2019년과 4차산업혁명에 대한 기업 활동을 예측할 수 있었을지도 궁금하다. 그럼에도 불구하고 적어도 50년 이상을 미리 내다볼 수 있었다는 것만으로도 드러커에게 현대 경영학의 아버지라는 별칭은 아깝지 않다.

《경영의 실제》에서 다루는 내용은 목표 관리나 조직 구조, 조직 문화뿐 아니라 경영자의 책무와 의사 결정 등 드러커가 그 뒤로도 계속 다룬 주제들을 총망라했다. 또 기업의 상황만이 아니라 공공 기관과 경제 상황 전반에 인식도 뛰어나다. 기업의 사례가 훨씬 많지만, 영리단체만이 아닌 비영리 기관까지 충분히 다루는 범위로 볼 때, 사회에서 조직의 역할과 앞으로 나아갈 방향을 균형 있고 탄탄하게 제시했다고 평가하기에 부족함이 없다.

달리 표현해 보자면, 지금 내가 겪는 직장 생활과 조직 생활은 피터 드러커가 이미 예견한 상황이다. '내 상사는 왜 실력도 없는 것 같은데 저 자리에 있지? 나는 팀장인데 왜 내 팀원보다 더 을 같을까? 우리 회사는 아이템은 좋은 것 같은데 언제까지 버틸 수 있을까? 나는 경력 관리를 어떻게 해야 하지? 더 성과를 낼 수 있는 조직 문화가 있을까? 경영자는 뭘 해야 할까?' 현대 경영 환경에서 직장 생활을 하는, 사장부터 중간 관리자와 신입 사원, 취업 준비생까지 모든 사람이 드러커의 대답을 자신의 상황에 대입해서 고민해 볼 만하다.

몇 명과 같이한 북클럽에서 《피터 드러커의 자기경영노트》를 읽은 적이 있다. 회원 중 한 명이 생각보다 쉽고 참 도움이 많이 됐는데 "의사 결정과 컴퓨터"라는 챕터에서 갸우뚱했다고 한다. 컴퓨터라니, 이 무슨 고전적인 뉘앙스인가? 원제는 《The Effective Executive효과적인 경영자》로 1993년에 출간됐다. 20년도 훨씬 넘은 시점에 읽어도 최신 자기계발서들과 비교했을 때 원칙은 물론 트렌디함까지 뒤지지 않는다. 자기경영노트에서 오래된 느낌을 받을 수 있는 지점은, 내용이 아니라 가독성이 떨어지는 글씨체뿐이다.

내가 결혼할 때 장인어른께서 족보에 실어야 한다고 항렬과 시조를 물으셨다. 나는 본적을 작성해야 하는 모든 순간에 한 번에 작성하지 못한 사람이다. 그런 거 본 적 없다고 하고 싶은 마음만 있다. 하지만 인간은 생각보다 독립적이지 않다. 물론 현대사회에서 개인의 위치는 어느 시조 몇 대손이냐보다는 훨씬 복잡한 사회관계망 내에서 파악해야 더 객관적이라 할 수 있겠지만, 현재 자신의 모습이 어디서 유래했는지 제대로 알기 위해서는 자신의 내면을 바라보는 것 이상의 무엇이 필요하다.

경영이라는 이름에 포함되는 활동을 하는 모든 사람에게 피터 드러커는 그런 존재다. 멀리서 어려운 책을 많이 쓰신, 나와는 관계없는 사람이라고만 보기 어렵다. 다만 대가의 저작이 그렇듯이 양과 깊이가 방대하기 때문에, 내 실생활과 긴밀하게 연결할 관점이 필요할 뿐이다. 모피어스가 한 말처럼, 드러커를 옆에서 보고 아는 것과 한 번이라도 정면에서 바라보고 걸어 보는 것은 전혀 다르다.

피터 드러커의 유일한 책

그렇지만 솔직하게 말해 보자. 피터 드러커가 그렇게 중요한 사람이라는 걸 알았다고, 그의 책이 갑자기 재미있을 것 같은가? 물론 드러커의 선견지 명이 지금 내 생활에 큰 의미가 될 수 있다는 걸 진심으로 인정만 해도 그 전보다 더 흥미가 생길 수는 있다. 하지만 만약 당신이 피터 드러커의 첫 책으로 《드러커 100년의 철학》을 선택한다거나, 드러커 21세기 비전 3부 작이라고 불리는 《프로페셔널의 조건》, 《변화 리더의 조건》, 《이노베이터의 조건》 중 하나를 고른다면, 5분의 1 이상 읽기 어렵다고 장담한다. 원래 아 버지를 이해하는 데 평생이 걸리는 것처럼, 현대 경영학의 아버지도 마찬 가지다.

현대 경영을 이해하기 위해서 피터 드러커를 알아야 한다는 이유보다, 그의 책을 읽어야 하는 비공식적이지만 훨씬 실제적인 이유가 하나 더 있 다. 그건 바로 엄청나게 아는 척 지수가 올라간다는 점이다. 직장에서 프레 젠테이션을 한다고 해 보자. 모든 내용이 다 똑같은데 이번에는 처음에 시 작하는 말 한마디만 추가하는 것이다.

"사업의 유일한 목적은 고객을 창조하는 것이라고, 피터 드러커가 이야 기한 바 있습니다."

좀 여유가 있다면 맨 앞에 '여러분도 다들 아시다시피' 정도를 추가해도 좋겠다. 팀원들에게 피드백 평가를 해야 하는 이유를 설명해야 하는데 팀 원들은 모두 귀찮아하고 받아들이기 싫어하는 상황인가? 이렇게 한마디를 추가하면 된다.

"현대 경영학의 아버지인 피터 드러커가 말했듯이, 측정하지 않으면 관리할 수 없고 관리할 수 없다면 개선할 수도 없습니다."

요지는 꾸준히 집중해서 피터 드러커를 고민하고, 나름의 이해를 갖고, 소화한 사람이 많지 않기 때문에 한 권이라도 잘 읽으면 시야를 굉장히 넓힐 수 있다는 말이다. 혹은 굉장히 넓은 시야를 가진 척이라도 할 수 있다.

피터 드러커는 경영학이라는 영역의 위대한 사상가다. 이 때문에 한마디로 요약하기는 참 어렵다. 하지만 오히려 위대하니까, 우리 같은 사람들이 한마디로 뭐라고 한다고 해서 드러커가 불같이 화낼 것 같지는 않다. 그래서 나는 용감하게 이렇게 정의한다. 피터 드러커를 한마디로 줄이면 '생산성'이다. 그리고 21세기에 생산성을 지속적으로 높이는 유일한 방법은 '지식 경영'이다. 그리고 그 '지식 경영'을 하는 사람이 바로 '지식 근로자'다.

드러커는 목표 달성 능력을 선천적으로 타고나는 사람은 없다고 주장한다. 지식 근로자의 목표 달성 능력은 지능, 열심, 지식, 적성 등과는 다르고, 배우고 습득해야 하는 습관에 가까운 것이라고 했다. 그리고 피터 드러커가 많은 책을 썼지만, 지식 근로자의 자기 관리 방법에 대해서 쓴 책으로는 《피터 드러커의 자기경영노트》가 유일하다. 이건 내가 어설프게 드러커를 해석한 것이 아니라, 본인이 직접 책 서문에서 밝힌 내용이다. 이 책의 원제는 《The Effective Executive》인데, 드러커에게 상당히 중요한 주제인 Effectiveness효과성를 '목표 달성 능력'이라고 번역한 것도 주의 깊게 볼 만하다. 드러커는 성과를 달성하기 위한 효과성, 목표 달성 능력이 경영자에게 필수적이라고 봤고, 그런 자기 관리 방법을 훈련으로 습득할 수 있다고 주장했다.

지식 근로자가 목표 달성을 위해 습득해야 하는 습관은 다섯 가지다. '시간을 분석해서 자유 재량 시간을 통합하기, 공헌에 초점 맞추기, 강점 활용하기, 우선순위를 정하고 중요한 일부터 해결하기, 의사 결정하기.'다. 개인적으로는 이 다섯 가지 방법의 난이도가 조금씩 다르다고 생각한다. 시간 분석은 비교적 쉽게 시도해 볼 방법이고, 공헌을 염두에 두는 것이나 우선순위를 정해 보는 것은 빠르게 시도한 후 결과를 피드백하기 좋다. 강점이나, 의사 결정에 대한 주제는 바로 적용하기 어려워서인지 이해하는 데 더 시간이 걸리는 듯하다. 어쨌든 이 방법들로 자신의 일하는 습관을 돌아보면 크게 유익하다.

이 책은 "목표 달성 능력은 습득할 수 있다Effectiveness can be learned."로 시작해서 "목표 달성 능력을 습득해야만 한다Effectiveness must be learned."로 끝난다. 이 책에서 그는 "성과를 올리는 유능한 경영인이 된다는 것은 그 자체는 열광할 만한 것이 못된다. 그것은 다른 수많은 사람과 마찬가지로 단순히 자기 직무를 수행하는 것일 뿐"이라고 말한다. 그러면서 "대규모 조직의 필요는 비범한 성과를 올릴 수 있는 보통 사람에 의해 충족돼야 한다."라고 주장한다. 피터 드러커가 인정받는 이유는 당연히 통찰력이 뛰어나기 때문이지만, 나는 드러커의 뛰어난 능력의 기저에 보통 사람에 대한 인식과 겸손함이 자리 잡고 있다고 생각해서 마음이 움직인다.

그래서 말인데, 드러커의 겸손함에 마음이 움직여서든, 그의 통찰이 훌륭해서 내 삶에 도움이 되기 때문이든, 아니면 정말 잘난 척을 하기 위해서라도 《피터 드러커의 자기경영노트》를 꼭 읽어 보면 좋겠다. 그리고 저 다섯 가지 효과적인 습관을 매일의 업무에 실험해 보고 습득하는 즐거움을 느낄 수 있기를 바란다.

피터 드러커를 여러 권을 읽는다면

솔직히 말하면, 권하고 싶지 않다. 모든 직장인이 《피터 드러커의 자기경영노트》를 읽으면 좋다고는 감히 확신해서 말할 수 있지만, 피터 드러커의 다른 책까지 다 읽으면 좋은지는 나도 갸우뚱한다. 좋아서 읽으신다면 말리지 않겠지만, 웬만한 저작이 쪽수가 만만치 않아서 학구적인 분이 아니라면 지레 지치기 쉽다.

내가 드러커의 저작을 보는 관점은, 한 권이라도 온전히 이해하는 게 좋다는 쪽이다. 드러커의 핵심 개념들을 편집해서 모아 놓은 책들은 오히려 이해하기가 좀 어렵다. 대표적인 게 《한 권으로 읽는 드러커 100년의 철학》인데, 드러커를 한 권으로 요약할 수 없다는 걸 웅변하는 책이라고 생각한다. 이미 드러커의 저작을 다 읽은 사람이 읽으면 요약 정리에 도움이 되겠지만, 원 저작을 읽지 않은 채로 읽으면 명언집이나 속담집을 보는 것과 다르지 않은 느낌을 받을 것이다.

《피터 드러커의 자기경영노트》는 그중 쉬운 편에 속한다. 그리고 이 책만 제대로 이해해도 드러커의 나머지 책을 이해하기가 꽤 쉬워진다. 드러커가 주장하는 주요한 개념들은 거의 모든 책에 조금씩 드러나기 때문이다. 그럼에도 불구하고 드러커의 책을 더 읽고 싶다면, 앞서 말한 드러커 21세기 비전 3부작을 추천한다. 《프로페셔널의 조건》, 《변화 리더의 조건》, 《이노베이터의 조건》이다. '에센셜 드러커The Essential Drucker'라고 불린다. 전반적으로 다룬 책은 《경영의 실제》도 좋고, 《21세기 지식경영》도 괜찮다. 모두 피터 드러커 전문가로 인정받는 이재규 교수의 번역이다. 이재규 교수는 2011년 별세했다.

이보다 《만약 고교야구 매니저가 피터 드러커를 읽는다면》을 더 추천하고 싶다. 아픈 친구를 대신해 야구부 매니저를 맡은 학생이 서점에서 야구 매니지먼트 책으로 잘못 알고 피터 드러커의 《매니지먼트》를 사 읽는다는 설정이다. 깊이 있다고 말하긴 어렵지만, 내용은 드러커의 주요 경영 철학을 충실하게 반영하면서 스토리를 풀어냈다. 고교 야구팀에도 경영을 적용할 수 있다는 신선함도 느낄 수 있다. 구루건, 경영학의 아버지건, 실제 활동에 적용점이 없다면 비즈니스에서는 죽은 지식이다. 책으로 내 삶의 한 구석이라도 바뀌지 않는다면 책은 읽어서 뭐 하나? 《만약 고교야구 매니저가 피터 드러커를 읽는다면》에서는 "갑자기 눈물이 흘러나왔다."라는 식의 표현을 만날 때 살짝 당황하기도 했지만, 소설의 형식을 취했음을 생각하면 괜찮을 것이다. 상당히 재미있고, 무엇보다 두껍지 않다. 입문서로 활용할 수 있다.

피터 드러커와 퇴사

포크레인으로 밥 먹는 거 아니다. 밥은 숟가락으로 떠 먹는 게 좋고, 포크레인으로는 땅을 파거나 흙더미를 떠내는 용도로 써야 적당하다. 피터 드러커를 이용해서 퇴사에 써먹었다고 하면 왠지 진주를 돼지에게 준 느낌이 들 수도 있겠다. 하지만 백록담이 아니라 한라산 기슭의 오름에도 자연의 신비는 있는 법이고, 어린아이가 협재 해변 앞 돌멩이 몇 개로 만족한다 해서 드넓은 바다를 탓할 일도 아니다. 드러커라는 큰 산기슭에서 퇴사라는 나무 하나를 얻을 수도 있다. 그리고 현대 경영학의 아버지는 추상적으로 느껴질 수 있지만, 그 아버지가 나의 퇴사 같은 상당히 실제적인 이슈에 조언해 준다는 것을 알게 되면 드러커를 좀 더 가깝게 느낄 수 있을 것이다.

퇴사 혹은 이직은 경력 관리에서 중요하다. 자신이 몸담을 조직을 주도적으로 선택할 수 있는지는 업무 만족도를 결정하는 중요한 요소인 '자율성'에 큰 영향을 미친다. 다른 말로 '퇴사'라는 파괴력이 큰 카드를 아무렇게나 적절하지 않은 타이밍에 던지면 안 된다는 뜻이다. '직장 생활에서 가장 힘든 부분은 업무가 아니라 사람'이라는 설문 조사는 이제 놀랄 것도 없는 상식에 가깝다. 하지만 인간관계에서 오는 갈등은 기본적으로 쌍방과실이기 때문에, 나와 잘 맞지 않는 사람이 생길 때마다 퇴사 카드를 던져 대면 얼마 가지 않아 게임판에서 손 털고 물러날 수밖에 없다. 이를 소통 전문가 김창옥 소장은 이렇게 표현했다.

"여기 또라이 있다고 저기 가면, 거기에도 또라이가 있단 말이죠. 그래서 혼자 회사를 차리면 이제는 또라이 고객이 와요. 그러다 시간이 지나면 사람들이 나보고 또라이라고 해요."

또라이, 정말 적절한 표현이다. 직장 생활에는 (나 빼고) 또라이가 참 많다. 그리고 퇴사라는 카드는 많지 않다.

피터 드러커가 퇴사에 대해서도 이야기했을까? 여기에 대답하기 전에 지식 근로자의 특성을 고려해 볼 필요가 있다. 현실에는 여러 제약 조건이 있지만, 드러커의 지식 근로자는 기본적으로 자신이 공헌할 영역을 정하고, 자신의 강점을 활용해서 목표를 달성해 내는 자기주도적인 모델이다.

특별히 유교 문화의 영향 등으로 조직 내에서 개인을 역할로 간주하기보다 서열상의 위치로 판단하기 쉬운 한국의 직장 생활은 지식 근로자의 주도성이 발휘되기 어려운 경우가 많다. 팀장과 팀원, 선임과 후임을 역할로 구분하지 않고 권위로 구분하면 분명 부작용이 생긴다. 좋은 재무 담당이라고 고객의 니즈를 읽어 내는 일에도 숙련된 것은 아니다. 경험치가 풍부한 영업 출신 팀장이라고 법적, 노무적인 부분까지 다 알지는 못한다. 사장이 의사를 결정하기보다 직원들의 퇴근 시간을 통제하는 데 민감하다면 그건 폭력이다. 서열이 높다고 모든 역할을 다 잘 알 수는 없고, 그럴 필요도 없는 것이다. 팀장은 팀장의, 신입은 신입의, 사장은 사장의 '역할'이 있다. 그 역할이 요구하는 목표를 잘 수행하는 것이 지식 근로자다.

지식 근로자는 자신의 목표 달성 능력으로 연봉이 매겨지고 평가받는다. 공짜로 돈을 받는 것이 아니므로 회사와 계약할 때는 당연히 서로 협상하는 자세로 임해야 한다. 좋은 협상이 그렇듯이 윈윈의 지점을 찾으려는 태도가 꼭 필요한 미덕이다. 한 명의 근로자가 회사에 다닌다는 말은 회사가 지식 근로자의 목표 달성 능력에 합당한 보수를 지불한다는 의미고, 지식 근로자는 스스로 조직을 선택했다는 것이 전제돼야 한다. 따라서 스스로 조직을 선택하지 않을 수도 있다.

그래서 드러커는 퇴사에 대해 이야기했을까? 그렇다. 그의 책《비영리단체의 경영》에서 회사를 그만둬도 좋을 때를 네 가지로 정리했다.

　① 부정이나 그것을 허용하는 풍토가 만연해 조직이 부패했을 때
　② 자기 강점을 살릴 수 있는 적절한 업무나 부서를 배치받지 못했을 때
　③ 성과를 인정받지도 못하고 아무런 평가도 얻지 못할 때
　④ 회사의 가치관과 본인의 가치관이 양립할 수 없을 때

②는 강점을 활용해야만 목표를 달성할 수 있다는 드러커의 주장을 생각할 때 충분히 이해된다. ③은 인정과 피드백이 성과 창출과 성장에 필수적이라는 점에서 당연하다. ④는 지식 근로자 본인도, 회사도 가치관이 정립돼 있어야 함을 말한다. 가치관이 없거나 희미한 개인이나 조직은, 그런 가치관이 양립하는지, 부합하는지조차 알 수 없을 것이다. ①은 너무도 맞는

말이지만 그걸 정확히 언급하고 정당한 퇴사 사유로 꼽는다는 점에서 훌륭하다. 부정을 허용하는 것은 개인만의 문제가 아니라 조직의 문화이므로 당연히 받아들여야 하거나 지혜롭게 대처할 것이 아니라 조직을 떠나야 할 이유가 된다.

내가 퇴사할 때 이렇게 해 봤다.

"현대 경영학의 아버지인 피터 드러커는 회사를 나와도 되는 조건을 네 가지로 이야기했습니다. 2번과 4번으로 인해 제가 이 조직에 맞지 않는 것 같다는 생각을 한 지는 꽤 오래됐습니다만, 최근 1번까지도 추가된 것 같습니다. 그래서 더는 제가 이 회사를 다니는 것이 서로에게 좋지 않을 것 같아 퇴사를 하려고 합니다."

아, 이 말을 할 때 내 상사의 표정을 여러분도 봤어야 했는데. 한참 동안을 아무 말없이 있다가 쓴웃음을 지으며 상사는 한마디했다. 돌아가신 드러커 선생님 너무 신봉하는 거 아니냐고. 달리 할 말이 없었을 것이다. 일이 힘들다고 했다면 일을 줄여 준다거나 그런 걸로 힘들어하면 안 된다는 등의 대답을 할 수 있었을 것이다. 대학원에 가겠다고 하면 경력 관리에 대해 훈계하거나, 요즘 시대에 직장 구하기가 얼마나 어려운지 아냐는 충고를 할 수도 있을 것이다. 그런데 피터 드러커가 나 퇴사해도 된다고 했다는데, 그 앞에서 무슨 말을 할까.

진짜 대학원에 가는 게 아니라면 이제 더는 퇴사하기 위한 변명으로 대학원이나 유학을 써먹지 말자. 내 강점에도 맞고 회사에게도 이익이 될 직무에 배치받지 못해 불만이라면 드러커 퇴사 이유 ②를 언급하며 의사 결정자와 논의해 보자. 내가 기여하는 바에 적절한 평가나 보상을 못 받는다고 생각한다면 ③을 언급하며 협상을 시도해 보자. 가치관이 문제라면 포기하지 말고 가치관 대 가치관으로 끝까지 맞붙어 보자. 그런 치열한 고민과 토론 끝에 정말 아니라는 합의에 도달한다면, 서로 축복하며 떠나 보내면 된다. 드러커 퇴사의 조건 네 가지는 조커다. 묵직한 한 장의 카드를 적절한 타이밍에 던지면 게임의 판도를 바꿀 수 있다. 조커 한 장 손에 쥐고 멋진 게임을 만들어 보자.

잘난 척 포인트!

- 드러커의 사상을 한마디로 줄이면 '생산성'이다.
- 생산성을 지속적으로 높이는 유일한 방법은 '지식 경영'이다.
- '지식 경영'을 하는 사람이 '지식 근로자'다.
- 드러커는 경영자가 '목표 달성 능력'을 가져야 하고 습득할 수 있다고 주장했다. 《피터 드러커의 자기경영노트》에서 목표 달성 능력은 effectiveness를 번역한 단어인데, 이 효과성은 드러커의 모든 저작에서 드러나는 중요 개념이다.
- 현대 직장인은 평생 직장이라는 개념이 없다. 기업도 평생 고용이라는 약속을 지키지 못했고, 또 지키기에 적절한 상황도 아니다. 그러므로 직장을 옮겨 다니며 커리어를 관리하는 직원을 고깝게 볼 필요도 전혀 없다. 기업 입장에서는 직원이 자기 회사에서 일하는 동안 보람을 느끼고 역량이 개발되도록 도와야 하고, 붙잡고 싶은 직원이 있다면 떠나지 않을 조건을 만들어야 한다. 직원의 입장에서는 대학원을 떠올리기 전에 드러커를 생각하면 좋겠다. 지식 근로자로서, 자신이 일할 곳을 주도적으로 선택하는 것은 상당히 신나는 일이다.

피터 드러커의 자기경영노트

피터 드러커 지음 | 이재규 옮김 | 한국경제신문 | 2003.4.1.

Q : 목표를 달성하는 능력은 습득할 수 있는가?

A : 가능할 뿐 아니라 꼭 그렇게 해야 한다. 목표 달성 능력이 경영자의 핵심 자원이며
그런 경영자가 사회의 핵심 자원이다.

드러커는 육체 노동자에게 효율efficiency이 중요한 요소라고 말한다. 주어진 일을 올바르게 수행하는 능력ability to do things right만 있으면 된다는 것이다. 하지만 지식 근로자는 생각으로 일하는 사람이고 궁극적으로는 생각하는 것만이 그의 고유의 일이라고 말한다. 그리고 지식 근로자든 아니든 사람은 타인이 무슨 생각을 하는지 알 수가 없다. 이 때문에 지식 근로자는 올바른 일을 수행하는 능력ability to do right things이 필요하고, 그게 곧 드러커에게는 목표 달성 능력effectiveness이다.

목표 달성 능력을 갖추기 위해서는 다섯 가지 능력 혹은 습관을 습득해야 한다. 이 책은 총 8장으로 구성돼 있다. 1장에서는 목표를 달성하는 지식 근로자가 필요한 이유를 설명한다. 6장은 의사 결정 과정에서 고려해야 할 요소를 살펴보는 내용이다. 8장은 지식 근로자가 처한 현실을 보여 준다. 그 사이 2장부터 5장까지와 7장에서 지식 근로자가 성과를 낼 수 있는 다섯 가지 역량을 한 챕터씩 다뤘다.

첫 번째는 시간을 관리하는 역량이다. 이 챕터의 영어 원제는 소크라테스의 유명한 명언을 빌려 표현한 "너 자신의 시간을 알라"다. 프로세스는 간단한 3단계로 이뤄지는데, '시간을 기록하고, 시간을 관리하며, 시간을 통합한다'. 기록과 관리는 진단의 기능을 한다. 개인의 실제 시간 사용은 자신의 짐작과는 터무니없이 다를 때가 많다. 그중 해도 결과가 안 나오는 것과 내가 할 필요가 없는 일을 제거하고, 생각할 수 있는 시간의 '덩어리'를 만드는 것이 드러커 시간 관리의 요체다. 10분씩 열두 번을 하면 아무 결과도 안 나오겠지만 두 시간의 덩어리 시간은 지식 근로자의 성과를 이끈다.

두 번째는 공헌에 초점을 맞추는 역량이다. 할 수 있는 일을 하는 것이 아니라 목표 달성을 위해 해야 할 일을 찾아야 한다. 그리고 그 일을 할 수 있도록 내가 공헌할 바는 무엇인지를 알아야 한다. 그래서 목표를 달성하는 사람들의 질문은 이것이다.
"당신이 조직에 공헌하기 위해, 내가 당신에게 어떤 공헌을 해야 하는가?"

세 번째는 강점을 활용하는 역량이다. 드러커에 따르면 조직이 목표를 달성할 수 이유는 약점을 줄였기 때문이 아니라 강점을 최대로 활용하기 때문이다. 조직은 모든 약점을 없앨 수는 없지만 목표 달성에 영향을 미치지 못하게 만들 수는 있다. 그리고 성과를 내고 목표를 달성하는 것은 강점을 최대로 활용할 때만 가능하다. 그래서 "그 사람이 할 수 없는 일이 뭘까?"가 아닌, "그 사람이 아주 잘할 수 있는 일이 뭘까?"라고 질문을 던져야 한다.

네 번째는 우선순위를 세우는 역량이다. 중요한 일을 먼저 하라는 의미인데, 드러커에게 우선순위는 몰입과 집중으로 한 번에 하나씩 수행하라는 뜻이다. 중요한 일을 정하기 위해서는 과거가 아니라 미래에, 문제가 아니라 기회로, 트렌드가 아니라 독자적인 방향에 기준을 둬야 한다.

다섯 번째는 의사 결정 역량이다. 문제의 성격을 인식하고, 그 문제의 해결이 공헌해야 할 결과를 규정하고, 올바른 것이 무엇인지 판단하고, 실행 방법을 구체화하기 위한 행동들을 의사 결정의 틀 안에 포함할 때 바람직한 의사 결정이 가능하다. 의사 결정은 객관적인 사실에서 출발하는 게 아니라 결정자의 견해에서 시작한다고 말한다.

자원이 무한하지 않은 곳에서 생산성을 높이려고 하면 항상 혁신의 필요성이 절실해진다. 사람이라는 자원은 전혀 무한하지 않다. 조직의 생산성이 비약적으로 올라가기 위해는 개개인의 목표 달성 능력이 향상돼야 하는데, 이 다섯 가지가 바로 지식 근로자 개인이 혁신하는 데 쓸 도구라고 볼 수 있겠다. 드러커는 이 책을 "목표 달성 능력을 배워야만 한다."라는 말로 마무리한다.

3-2

통념을 깨는
통쾌함

《티핑 포인트》《블링크》《다윗과 골리앗》

/

안에서 자꾸자꾸 끓어오르는 이상한 감정을 도저히 누를 수가 없어서, 서태웅은 웃었다.
'고맙군, 엉터리가 아니었어.'

<슬램덩크> 中

짐 캐리와 모건 프리먼이 주연한 〈브루스 올마이티〉
라는 영화는 짐 캐리가 연기한 브루스가 신이 되어 전지전능한almighty 능력
을 가지면서 벌어지는 일들을 그렸다. 신이 된 브루스에게 전 세계 사람들
의 기도가 환청으로 들리자 브루스는 모든 기도에 일일이 대답하는 것이
귀찮아서 야훼YAHWEH 사이트를 만들어 일괄 '예스' 처리를 해 버린다. 복권
1등 당첨자가 수십만 명에 달해 당첨 금액이 17불이 되는 장면에서는 폭소
를 금치 못했다.

꼭 한 번 소원을 이룰 기회가 주어진다면 나도 17불을 받게 될 것 같다.
한 가지 더 소원을 빌 수 있다면, 말콤 글래드웰의 《아웃라이어》가 자기계
발에 대해 말하는 게 아니라는 메시지를 만방에 알리는 것을 선택하겠다.

물론 농담이다. 두 번째, 아니 열 두 번째 소원까지도 복권 1등 당첨이 소원일 가능성이 크다. 하지만 말콤 글래드웰이라는 이 재기발랄한 인물을 자기계발 전도사로만 보면 지나치게 축소된 왜곡을 일으킨다는 점을 말하고 싶다. 〈타임〉이나 〈월스트리트 저널〉에서 경영 사상가로 인정받는 등 경영학 이론을 펼쳐 보이기 때문에, 기업에서 적용할 점이 많을 수 있다. 그럼에도 불구하고 글래드웰의 책을 읽고는 '1만 시간의 법칙에 따라 나도 1만 시간을 학습하겠다.'는 식의 1차원적인 적용만 한다는 건 너무 억울한 일이다. 선대인경제연구소의 선대인 소장은 《아웃라이어》를 언급하면서 "1만 시간의 법칙이 조기 교육을 옹호하거나 한 명의 천재인 아웃라이어가 수백만 명을 먹여 살린다는 식으로 해석된다면 저자의 의도를 완전히 잘못 이해한 것이다."라고 말한 바 있다.

1만 시간의 법칙에 대해서는 다른 챕터에서 자세히 다루자. 여기에서는 글래드웰을 자기계발 작가로만 이해하면 축소 왜곡이 생긴다는 걸 기억하는 걸로 충분하다. 오히려 말콤 글래드웰을 저널리스트, 즉 언론인으로 본다면 더 폭넓게 이해할 여지가 생긴다.

《티핑 포인트》는 예기치 못한 일들이 갑자기 폭발적으로 나타나는 순간에 대해 이야기한다. 극적인 변환이 생기는 지점은 많다. 어떤 브랜드가 갑자기 뜨거나, 유행이 생겨나거나, 자살 붐이 일어나거나, 범죄율이 극적으로 하락하거나 흡연율이 상승하는 등 여러 상황에서 '티핑'하는 결과가 나올 때가 있는데, 글래드웰은 이를 '사회적 전염'이라는 틀로 풀어냈다.

《블링크》는 판단하고 결정하는 순간의 법칙을 다뤘다. 기업가의 선택이나 구조대원의 선택, 정치인을 선택하거나 자동차를 구매하는 선택 등 판단과 결정에 대한 '사회적' 고찰을 흥미로운 내러티브로 썼다.

《다윗과 골리앗》은 사회적 약자가 강자를 이기는 기술에 대한 논의다. 약자가 강자를 이기는 것이 예외적인 상황이 아니라 상당히 자주 일어나는 일이며, 거기에는 어떤 패턴이 있다는 주장이다. 당연히 사회적인 관점을 갖고 있다.

이런 폭넓은 관점을 가진 작가의 책에서 우리가 얻을 수 있는 유익은 뭘까? 여러 가지겠지만, 글래드웰의 가장 큰 미덕을 나는 '통념을 깨는' 역량으로 본다. 큰 것이 상황을 움직인다는 통념을 깬다. 인간의 첫인상과 그로 인한 판단의 영향력에 대한 통념을, 강자가 더 유리할 것이라는 통념을 깬다. 그의 책들의 여기저기서 여지없이 고정 관념이 깨져 나간다.

또 다른 유익으로는 글래드웰의 글쓰기 방식을 통해 얻을 수 있는 것으로써, 관찰에서 오는 해석의 힘을 느낄 수 있다. 풍부한 사례나 특유의 명료한 표현들을 읽다 보면, 취재를 성실히 한 기자가 쓴 글을 읽는 듯할 때가 많았다. 일화들을 중심으로 결론을 내다 보니 논리가 약하다는 비판도 있는데, 충분히 받아들일 만한 지적이라고 생각한다. 그렇지만 어떤 정보나 상황이나 취재원의 디테일을 놓치지 않는 집요한 관찰이, 통념을 깰 글래드웰의 힘이라는 점은 여전히 유효하다.

책의 주제 너머 글래드웰의 관찰의 시각, 그 디테일의 힘을 즐길 수 있으면 그의 책이 더 생생하게 읽힐 것이다. 그러다 보면, 또 누가 알겠는가? 우리도 통념을 깨는 유쾌한 사람이 될 수 있을지.

연결하고 고착시켜라, 그럼 뜰 것이니

《티핑 포인트》에서는 어떤 아이디어, 행동, 트렌드의 전염을 관찰한다. 유행하는 원칙을 밝히니, 뜨고 싶은 모든 사람이 귀 기울여 볼 만한 일이다. 싸이의 〈강남 스타일〉은 전 세계를 강타했는데 왜 어떤 아이디어들은 유행이 되지 않을까? 글래드웰이 보기에 모든 유행에는 세 가지 요소가 있는데, 세 가지 인자 중 하나 이상이 바뀌면 평형을 유지하던 상태가 흔들리면서 전염이 된다. 바로 '소수의 법칙, 고착성 요소, 상황의 힘'이다.

첫 번째, 소수의 법칙이다. 아이디어를 전달하는 특별한 사람들이 있다는 것이다. 커넥터, 메이븐, 세일즈맨은 아이디어를 폭발적으로 확산하는 사람들이다. 커넥터connector는 '약한 유대 관계'를 갖고 사람들을 연결하는 사람이다. 새로운 직장을 구하거나, 새로운 정보를 얻을 때는 강한 유대 관계보다 약한 유대 관계가 더 중요하다. 이미 같은 세계를 공유하는 관계에서는 새로운 정보가 나오기 어렵다.

메이븐maven은 '지식을 축적한 자'다. 여기에서는 단순히 정보를 많이 가졌을 뿐 아니라 그 정보로 사람들을 도우려는 욕구가 넘치는 사람을 의미한다. 메이븐은 자신이 문제를 해결한 정보를 사람들에게 공유함으로써 동일한 문제에 처한 사람을 돕기를 즐긴다. 사심 없이 공유하는 사람이다.

이에 비해 세일즈맨salesman은 적극적으로 설득하는 사람이다. 메이븐이 정보를 제공하고 커넥터가 퍼뜨린다면, 세일즈맨은 활기차고 긍정적인 자세로 능수능란하게 설득한다.

커넥터, 메이븐, 세일즈맨이 전염 인자를 널리 퍼뜨리는 사람들이라면,

고착성stickiness은 전염 인자 그 자체의 특성을 뜻한다. 영어 단어 'stick'은 《스틱!》에서 본 그 스틱이다. 착 달라붙는다는 의미다. 고착성이 있는 메시지에 대한 여러 예시 중 흥미로운 것이 바로 청소년 흡연에 관한 것이다.

어떤 청소년은 10대에 처음 흡연한 이후 담배를 못 끊기도 하지만, 또 반대로 처음 흡연한 이후 다시는 담배를 입에도 대지 않는 사람도 있다. 이런 차이는 순전히 개인의 체질에서만 비롯될까? 글래드웰은 한 개인에게 흡연이 고착성이 있는지 없는지는, 첫 흡연에 대한 최초 반응에 상당 부분 좌우된다고 말했다. 첫 흡연이 짜릿하고 약간 취하는 것처럼 기분 좋은 느낌이었다고 기억하는 사람이 있다. 그런가 하면, 아버지가 숨겨 놓고 혼자만 맛보는 저게 분명 엄청나게 맛있는 거라고 짐작하고는 장롱에서 몰래 하나 훔쳐서 피웠다가 쓴 맛에 된통 당해서 다시는 담배를 찾지 않는 사람도 있는 것이다.

그렇다면 이런 고착성은 어떻게 다뤄야 할까? 그 자체로 착 달라붙는 메시지를 일부러 만들어 낼 수 있다는 말인가?《스틱!》에서 살폈듯이 창의적인 메시지를 만들어 내는 것은 가능하다. 하지만 그런 메시지를 마구 만들어 낼 수 있다는 말은 아니다. 정확히는 고착성 요소를 가진 메시지는 널렸기 때문에, 무엇이 고착성을 만드는지 이해하고 그런 메시지를 찾아내는 것이 가능하다.

그리고 아이디어가 유행하는 마지막 조건은 적절한 환경이다. 어떤 상황이 적절하게 설정되면 아이디어가 전염될 힘을 제공한다. 환경이 개인을 넘어서는 티핑의 힘을 발휘하는 예는 많다. 낙서를 지우고 지하철 무임승차자를 단속함으로써 뉴욕시의 범죄율을 극적으로 떨어뜨린 '깨진 유리창 법칙'부터, 간수와 죄수 역할 실험에 이르기까지 다양한 사례가 상황의 힘을 보여 준다.

많은 한국 남자는 예비군 훈련장에서 쉽게 이런 경험을 한다. 평소보다 굉장히 과장된 행동을 전염시키는 상황의 힘이 예비군 훈련장에 있는 것이다. 회사에서도 원래는 안 그랬는데 팀장 되더니, 승진하더니 변했다는 사람을 본 적 있는가? '자리가 사람을 만든다.'는 상황의 힘을 잘 아는 말이다.

떠우려면 커넥터, 메이븐, 세일즈맨을 통해 전파하고, 고착성 있는 메시지를 찾아내고, 환경을 적절히 설정하면 된다. 티핑 포인트의 법칙이 좋은 이유는, 전염시키려는 의도가 아니라 전염을 막는 데도 쓸 수 있다는 것이다. 적절하지 않은 행동의 발생 빈도를 떨어뜨리고 싶은가? 흡연율을 줄이고 싶다면, 담배를 멋있게 피우는 사람들을 제거하거나(커넥터 제거), 담배 자체를 맛없게 느끼도록 만들거나(고착성 제거), 담배를 피우는 게 어색한 상황을 연출해야 한다(환경 요소 제거).

째깍째깍 끝, 모든 것이 결정됐다

"첫 2초의 힘"이라는 부제가 붙은 《블링크》는 눈을 깜박인다는 의미의 영어 단어 'blink'를 사용해서 첫인상의 힘을 표현했다. 이 책의 교훈은 간단하고 강력하다. 순간의 결정, 신속한 판단이 신중한 결정보다 더 좋을 수 있다. 전에 다닌 회사에서 채용팀 업무를 한 적이 있다. 1년에 두 번 신입 공채를 진행하는데, 회사의 특성상 다음 채용은 이전 채용과는 다른 신선한 요소가 있어야 했다. 결국 멋들어진 보고서를 써 내야 한다는 말인데, 매번 동일하게 진행하는 채용 프로세스에 무슨 새로운 요소를 집어넣으라는 말인지 한숨이 나왔다. 그래서 면접 절차를 개선해 보자고 제안했다. 보고서 제목을 멋지게 쓰는 것이다. "블링크, 2초 만에 우리 사람 알아보기."
내 보고서는 좋은 평을 받으며 무사히 통과했다. 중요한 건 내가 그 보고서
의 제목을 바꾼 것을 빼면, 내용은 아무것도 바꾸지 않았다는 점이다.

　신속한 판단은 강력하다. 존 가트맨이라는 심리학자는 결혼 생활이 지속
될지를 맞추는 능력이 있다. 15분 정도 부부의 대화가 녹화된 영상을 보고
나면, 15년 뒤에도 그 둘이 부부로 살고 있을지 아닐지를 90퍼센트 이상의
확률로 맞출 수 있다. 대화 중 '경멸'이라는 신호가 자주 나타나면 관계를
지속할 수 없다는 상당히 효과적인 증거가 된다. 즉 어떤 결정을 내릴 때
가장 중요한 요소를 무의식적으로 아는 사람이라면, 본능적으로 작동하는
순간적인 판단을 신뢰해도 된다는 것이다.

　그럼 이제 우리는 마구 결정하면 될까? 본능과 감에 의존해서 빠르게 막
결정하면 우리의 삶과 세상은 더 나아질까? 안타깝게도 우리의 본능은 오
류를 일으킬 때가 많다. 본능을 경계해야 할 때를 알아야 한다.

　자동차를 사러 갈 때 딜러가 제시하는 가격은 일정할까? 미국같이 많은
인종이 함께 사는 사회에서는 흑인과 백인의 차별을 일상적으로 받아들이
는 문화가 형성돼 있을 것 같다. 하지만 흑인과 백인, 남자와 여자로 나눠
서 자동차를 사려는 실험을 해 보자 아주 불편한 결과가 나왔다. 대리점에
서 제조사에 지불한 자동차 구매 가격에 얼마씩 더 붙여 고객에게 가격을
제시하는데, 백인 남자는 약 80만 원, 백인 여자는 100만 원 높은 가격을
제시받았다. 흑인 여자는 130만 원, 그리고 흑인 남자는 180만 원 이상 높
은 가격을 제시받았다.

　자동차 대리점 판매왕인 한 남자는 비결이 있었는데, 블링크의 원리를

적용한 것이었다. 단 반대 방법으로 말이다. 그는 처음 만난 고객의 첫인상을 보고 판단을 포기했다. '이 사람에게는 더 비싸게 팔 수 있지 않을까? 이 사람은 꼭 살 것 같은데, 저기 저놈은 옷차림이 별로니까 이 사람을 응대하자.' 이런 모든 첫인상을 포기 후 모든 사람에게 같은 가격을 제시하고 양으로 승부하는 방법으로 공평하다는 평을 얻었다. 더러운 작업복을 걸친 농장 소유주도 있고, 철부지 10대 소녀가 나중에 부모와 같이 와서 차를 사가기도 한다. 판매왕의 비결은 '첫인상을 거부하고 모든 고객을 소중하게 대한다.'였다.

신속한 판단이 신중한 결정보다 나을 때가 있다. 하지만 본능을 경계해야 할 때가 언제인지 알아야 오류를 피할 수 있다. 글래드웰은 세 가지 방법을 제시한다. 첫 번째, 신중한 사고와 본능적인 사고의 균형이다. 두 번째, 너무 많은 정보는 의사 결정을 압박하기 때문에 간소화하는 편집 기술이 필요하다. 마지막, 빠르게 결정하되 여백을 둔다는 것이다.

여백을 두는 2초는 결코 짧지 않다. 생각해 보면 우리는 1초도 안 되는 시간에 이미 결론을 내 버릴 때가 있다. 어떤 상황 앞에서, 보자마자 바로 판단해 버리는 것이다. 《비폭력대화》에서 의사소통할 때 관찰 단계를 거치지 않고 바로 평가해 버리면 관계가 틀어지는 비극이 생긴다고 말했다. 자동적으로 판단해 버리기 전에 잠깐 여백을 두는 것이 중요하다. 《블링크》에서 말하는 '첫 2초의 힘'은, 2초가 짧다는 의미도 있지만 적어도 2초 이상의 여백을 줄 수 있어야 한다는 의미도 된다.

강자를 이기는 약자의 기술

다윗과 골리앗의 전투, 골리앗은 2미터가 넘는 거구의 군인이었다. 많은 의학 전문가가 골리앗은 뇌하수체의 악성 종양이 원인인 말단 비대증을 앓았을 확률이 크다고 추측했다. 고대 군대에는 세 종류의 전사가 있는데 기병, 보병, 발사병이다. 발사병에는 궁수와 투석병이 있는데 다윗은 투석병이었고 골리앗은 중보병이었다. 무슨 우화처럼 고대의 전투로 전해지는 두 병사의 싸움이 의학과 경영의 언어로 번역될 때, 더 나아가 삶에 대한 언어로 바뀔 때 통념이 깨지고 삶이 바뀐다.

골리앗은 그냥 크고 힘센 장수였다고 생각하기 쉽다. 하지만 자세히 보면 몇 가지 이상한 점이 있다. 하나는 골리앗이 보조병과 같이 나왔다는 점이다. 당시 보조병은 방패를 운반하는 역할이었는데, 그건 활과 화살을 쥐어야 해서 손에 다른 무기를 들기 어려운 궁수를 도와주기 위함이다. 그런 보조병이 중보병인 골리앗을 도와주는 것이다. 또 이상한 점은, 골리앗이 다윗에게 "막대기들을 들고 나한테 오는 거냐? 내가 무슨 개로 보여?"라고 했을 때의 막대기가 복수로 지칭된다는 점이다. 다윗은 실제 지팡이 하나를 들고 나갔다. 마지막으로 골리앗은 "나한테 와라!"라고 했다. 오면 무찔러 준다는 것이다. 그렇게 힘세고 용맹한 장수는 왜 먼저 달려들지 않았을까?

이런 사실들로 볼 때, 골리앗은 시력이 안 좋았을 것이라고 추측한다. 말단 비대증은 종양이 뇌하수체에 있는데, 시신경을 압박할 정도로 커질 경우 환자의 시야가 좁아지고 물체가 두 개로 보일 수 있다.

다윗은 투석병이었다. 이스라엘의 왕 사울이 그나마 도움이 될까 해서 칼과 갑옷을 내줬지만 다윗은 거절했다. 사울을 포함한 이스라엘의 모든 병사와 골리앗도 중보병끼리의 일대일 싸움을 생각하고 있었지만, 다윗은 접근전을 할 생각이 애초에 없던 것으로 보인다. 고대의 투석병은 멀리서 동전도 맞춘다고 했다. 그런 학문이 있는지도 몰랐지만, 탄도학의 어느 전문가는 다윗이 초속 34미터, 시속은 122킬로미터로 골리앗의 머리를 맞출 수 있다고 계산했다.

그다음에 벌어진 일은 모두 아는 바다. 시력이 좋지 않은 거구의 병사는 무슨 일인지 알아채기도 전에 홍안의 날쌘 소년이 감아 던진 물맷돌에 이마를 맞는다. 이 사실을 설명하는 언어는 여러 가지다. 다윗 본인의 대사처럼, '만군의 여호와'의 은혜라고 설명하는 사람들이 있다. 틈새를 파고드는 전략이라고 할 수도 있고, 평소 현장에서 갈고닦은 던지기 실력으로 꾸준한 수련을 강조한 사람들도 있다. 글래드웰은 힘의 한계를 이야기하고, 강점이 불리함과 약점이 유리함을 보여 주는 방식으로 설명한다. 어떤가, 좀 마음에 들지 않는가?

간단한 지능 검사를 해 보자. 예일대학교 교수인 셰인 프레더릭이 고안한 인지반응검사CRT:Cognitive Reflection Test는 겉보기보다 더 복잡한 문제를 이해하는 능력, 즉 충동적인 대답을 넘어서 더 깊이 있게 분석적인 판단을 해내는 능력을 측정하는 검사다. MIT를 비롯한 미국의 엘리트 집단에 속한 대학생들의 검사 결과도 그다지 좋지 않으니, 부담 없이 풀어 보면 좋겠다.

"야구 방망이와 야구공이 합쳐서 1,100원이다. 방망이가 공보다 1,000원 더 비싸다. 공은 얼마인가?"

직관적으로 떠오르는 대답은 무엇인가? 아마 당신은 100원이라고 대답하고 싶었을 것이다. 하지만 방망이는 공보다 1,000원 더 비싸기 때문에 공이 100원이면, 합계가 1,200원이 된다. 정답은 50원이다. 놀라운 점은 지금부터다. 이 어려운 검사의 점수를 바로 높이는 방법이 있다. 이렇게 하는 것이다.

"야구방망이와 야구공이 합쳐서 1,100원이다. 방망이가 공보다 1,000원 더 비싸다. 공은 얼마인가?"

더 읽기 어려운 글씨체로 바꾸고, 크기를 줄이고, 흐릿하게 하다못해 글자들을 옆으로 뉘어 버렸다. (실제는 Myriad Pro라는 글씨체라는데, 읽기 힘들게 만든다는 핵심만 지키면 될 것 같아 임의로 바꿨다. 실제 검사의 질문은 가격이 1달러 10센트로 돼 있다.) 문제는 동일하지만 가독성을 바꾼 것만으로도 점수가 올랐다.

흔히들 문제가 단순하고 명쾌하게 제시돼야 더 잘 풀 수 있을 것이라고 생각한다. 하지만 이 경우는 반대로 나타났다. 이탤릭체로 돼 있어 옆으로 누운 글자들이 흐릿하기까지 하면, 누구라도 읽으면서 분통을 터뜨릴 것이다. 하지만 술술 읽어 내려갈 수 없기 때문에, 더 깊이 생각하게 된다. 더 많은 에너지를 투입해야 할 것이다. 그리고 결과는 좋게 나타났다.

약자가 약점이라고 생각하는, 그래서 나를 패배로 이끄는 그것이 사실 '바람직한 역경'이라면 어떨까? 약점은 불편하고 번거로워서 더 많은 시간과 에너지를 들여야 하는 상황을 가져온다. 그런 약점이 실은 흐리고 읽기 힘든 글씨체 같은 것은 아닐까? 그래서 약점에도 불구하고 승리했다가 아니라, '약점이 있기 때문에 승리할 수 있다.'가 될 수 있는 것이다.

열정이란 무엇일까

오쌤커리어연구소 오규덕 대표의 강의를 들을 때였다. 오 대표는 이렇게 질문했다.

"본인이 생각하는 열정이란 무엇인가요?"

여기저기에서 수많은 답변이 나왔지만 딱히 동의할 답은 없었다. 나 또한 이런저런 생각을 해 봤지만 결론이 나지 않았다. 뜨거움에 대한 표현이 많았는데, 차가운 열정도 있을 것 같았다. 내가 열정이 넘치는 경우들을 생각해 봐도 그때마다 조금씩 다른 것 같고, 공통적인 요소가 잘 보이지 않았다. 정말 재미있어서 열정이 솟은 때도 있었지만, 재미가 없어도 열정적으로 매달린 일도 분명 있었다. 게다가 열정 같은 개념은 맞고 틀림으로 구분하기도 어렵지 않은가? 오 대표의 답은 이거였다.

"열정은, 결핍이다."

순간 머릿속에서 둔중한 징 소리가 들렸다. 생각해 보니 그 어떤 상황에서도 열정이 불타오르고 식지 않을 때면 항상 부족한 것이 존재했다. 채용 업무를 했을 때는 채용 과정 자체가 홍보와 브랜딩이 되는 프로세스를 만들고 싶은 목마름이 있었다. 기획 업무를 할 때는 의도한 기획이 정서까지 정확히 전달되는 명료한 표현을 하고 싶었다.

좋은 보고 양식과 소통 방법들을 찾아볼수록 더 좌절스러웠다. 내 보고서는 까이고 저 사람의 보고서가 칭찬받을 때면 기분이 좋지는 않았지만 생각보다 그리 굴욕적이지는 않았다. 내 표현을 통해 내 생각과 의도를 상대방이 이해했다는 반응을 받을 때에는 그렇게 신날 수가 없었다. 본부장을 할 때는 서비스업의 특성상 없을 수 없는 위험한 상황에서 직원들을 보호해 주고 싶었고, 신명 나서 일하는 즐거움의 맛을 알려 주고 싶었다. 그 모두 아득했지만 그 결핍들이 없었다면 열정도 생기지 않았을 것이었다.

말콤 글래드웰의 책을 읽고 이해하는 게 지금 직장 생활을 하는 사람들에게 무슨 의미가 있을까? 많은 유익이 있고 또 개인마다 다르겠지만, 글래드웰에게서 얻을 수 있는 가장 핵심은 바로 '통념을 깨는 통쾌함'이라고 생각한다. 작은 아이디어가 들불처럼 번져 유행이 돼 버리는 데 대한 일반적인 상식을 깬다. 첫인상과 판단에 대한 막연한 고정 관념을 깬다. 강자가 이긴다는 통념을 깨 버림으로써 나 같은 약자가 어떻게 살아가야 할지 보여 준다.

방대한 자료를 조사하고, 정리하고, 스토리를 만들어 글로 써 내면서 그가 느꼈을 결핍을 짐작해 본다. 지금보다 더 좋은, 또 약자가 지금보다 좀 더 많이 이기는 사회를 꿈꾸기 때문에, 그리고 그런 사회가 아직은 충분히 오지 않았기 때문에 느끼는 결핍을 어림짐작해 본다. 그의 생각의 결을 따라 가는 것은 수월하지 않지만, 떠듬떠듬 난독증 환자처럼 곱씹어 보면 어느새 첫인상의 충동을 경계하는 나를 발견한다. 약자로서 취할 방식을 생각하게 된다.

통념을 깨는 데 열정을 낼 수 있다면 좋겠다. 통념은 '그냥 그런 것'이기 때문에, 거부하려면 상당한 에너지가 들어간다. 그런 불편함의 과정에서 결핍을 느낄 것이고, 그로 인해 발산되는 열정은 당신을 이전으로 돌아가지 못하게 만들 것이다. 한 발만 더 내 딛으면, 모든 게 바뀐다.

잘난 척 포인트!

- 여기에서 소개한 세 권의 책 외에도 말콤 글래드웰의 책이 두 권 더 번역돼 있다. 《아웃라이어》는 1만 시간의 법칙 때 자세히 궁리해 본다. 《그 개는 무엇을 보았나》는 타인의 마음을 들여다보고 싶은 인간의 충동에 대한 이야기다. 정말 재미있는데 마음에 대한 내용이라 조금은 어려워서인지 글래드웰의 다른 책에 비해서 많이 읽히지 않은 것 같다. 이는 이 책까지 읽으면 잘난 척에 도움이 된다는 뜻이다. 에너지를 아끼고 싶다면 이 책은 가장 나중에 읽거나 안 읽는 것이 낫다.
- 《다윗과 골리앗》의 번역자는 선대인 소장이다. 책 앞부분에 역자의 서문이 있다. 저자를 파악하는 것을 넘어서 역자까지 파악하는 것은 상당한 고급 기술이다. 잘난 척 지수가 엄청나게 올라갈 것이다.
- 글래드웰이 매력적인 글쓰기 능력으로 빈약한 논리를 가린다는 비판도 꽤 있다. 특히 하버드대학교 교수인 심리학자 스티븐 핑커는 글래드웰을 수필가로 보면 문제가 없지만 사회 과학자로 본다면 오류가 많다는 논지의 글을 쓴 적이 있다. 극적인 스토리에서 교훈을 끌어내느라 근거가 약하거나 동일하게 적용되지 못할 것도 많다는 것이다. 부족한 논리를 글솜씨로 가리고 있다는 평을 받을 정도로, 글을 잘 쓰는 건 사실이다.

티핑 포인트

말콤 글래드웰 지음 | 임옥희 옮김 | 21세기북스 | 2016.4.15.

**Q : 왜 어떤 아이디어나 제품은 전염성이 있는데 다른 것들은 그렇지 않을까?
긍정적이고 바람직한 것들을 전염시키려면 뭘 해야 되는가?**

A : 소수의 법칙, 고착성 요소, 환경의 힘이 있으면 누구라도 티핑 포인트를 만들 수 있다.

'티핑 포인트'란 어떤 아이디어나 경향이 순식간에 전염되는 순간을 뜻한다. 글래드웰은 이 책에서 티핑 포인트의 공통점을 파헤쳤는데, 티핑 포인트의 특성은 전염성이 있다는 것, 작은 것이 큰 효과를 가져온다는 것, 이런 변화는 어느 극적인 순간에 발생한다는 것이다. 예기치 않은 전염을 만드는 세 가지 법칙을 알면 우리 모두 어떤 방향으로든 티핑 포인트를 만들 수 있다.

첫 번째 소수의 법칙은 전염성을 퍼뜨리는 소수의 사람들이 있다는 것이다. 이런 사람들의 세 가지 유형에는 커넥트와 메이븐, 세일즈맨이 있다. 커넥터는 사람들을 많이 알고 약한 유대 관계가 풍부한 사람이다. 단순히 많은 사람을 아는 걸 넘어서 사람들 사이의 관계를 이어 주는 능력이 있는 사람을 뜻한다. 커넥터가 되기 위한 가장 중요한 점은, 사람을 알아 가는 과정이 목적을 이루기 위함이 아니라 진심으로 좋아하되 친하지만 무심한 사회적 관계를 유지하는 것이다. 메이븐은 정보를 많이 가진 사람인데, 그 박식함으로 사람들에게 도움을 주려는 열정이 넘치는 사람이다. 메이븐의 기본 욕구는 설득이 아니라 사람들을 교유하는 데 있다. 이에 반해 세일즈맨은 적극적이고 능수능란하게 사람들을 설득한다. 긍정적이면서 사람들에게 호감을 얻는 사람, 그러면서 고객을 도와주려는 의도로 무장된 세일즈맨이 전염성을 퍼뜨릴 수 있다.

두 번째 법칙은 고착성 요소다. 이는 칩 히스와 댄 히스의 명저《스틱!》에 나오는 '착 달라붙는' 메시지와 동일한 속성이다. (글래드웰이 먼저다. 히스 형제는 그들의 책에서 고착성이라는 표현을《티핑 포인트》에서 빌려왔다고 밝혔다.) 소수의 법칙이 메시지를 전달하는 메신저라면 고착성은 메시지 자체가 갖는 성격이다. 책에서는 1970년대 미국 다이렉트 마케팅의 거인 레스터 분더맨의 광고 전략과 미국 어린이 방송 교육 프로그램인 '세서미 스트리트'의 사례를 통해 고착성의 효과를 살펴본다. 고착성 있는 메시지는 고객의 눈높이에서 말하고, 끊임없는 반복하며, 고객의 참여를 유도한다는 특징이 있다.

세 번째 법칙인 환경의 힘은 전염을 촉진하는 특별한 상황이 있다는 것이다. 미국의 범죄학자인 제임스 윌슨과 조지 켈링이 주장한 '깨진 유리창 이론Broken Window Theory'을 적용해서 1980년대 뉴욕의 범죄율을 극적으로 떨어뜨린 사례를 살펴본다. 또 일명 '던바의 수Dunbar's Number'라고 불리는 '150의 법칙'도 환경의 힘으로 언급한다. 로빈 던바는 진화 인류학 교수인데, 인간이 맺을 수 있는 사회적 관계의 최대치가 150명이라고 주장해 유명하다. 공장당 150명을 유지하는 규칙으로 유명한 미국의 고어사Gore의 예가 나온다.

뒷부분에는 책의 두 장을 할애하면서 사례 연구를 담았다. 하나는 아이디어의 전환으로 티핑 포인트를 만든 스케이트 보더들을 위한 신발을 만드는 에어워크의 사례다. 또 하나는 자살과 흡연이 티핑되는 사례인데, 고착성 없는 흡연에 대한 고찰도 첨부돼 있다.

티핑 포인트를 만들기 위해 꼭 스스로가 세일즈맨이 되거나, 고착성 있는 메시지를 만들 필요는 없다. 책에 따르면 그런 사람을 찾아내거나 그러한 메시지를 찾아내는 것이 더 효과적일 수 있다고 한다. 무엇보다 핵심은 아주 사소한 것이 큰 변화를 만드는 일이 생각보다는 훨씬 많이 일어난다는 사실과, 그런 전염의 세계는 우리의 직관과 다를 때가 많다는 걸 기억하는 일이다.

블링크

말콤 글래드웰 지음 | 이무열 옮김 | 황상민 감수 | 21세기북스 | 2005.11.20.

Q : 판단할 때 첫인상이 미치는 영향력은 어느 정도일까?

A : 굉장히 강력하다. 신속한 결정이 신중한 결정보다 좋을 수 있다. 하지만 본능을 믿을 때와 경계해야 할 때를 구분할 수 있어야 하고, 이런 순간적 판단력은 교육하고 관리할 수 있다.

총 7장을 네 부분으로 볼 수 있다. 서문과 1장에서는 블링크가 무엇인지 설명하고, 2장과 3장에서는 블링크가 어떻게 작동하는지와 어떤 오류가 있는지를 비교했다. 4장과 5장에서는 블링크를 언제, 어떻게 활용할지를 살펴보고, 6장과 7장에서는 오류를 줄이는 방법을 알아봤다.

블링크는 눈을 '깜빡' 하는 정도만큼의 아주 짧은 순간을 의미한다. 이 책에서는 심사숙고보다 순간의 판단이 더 나은 도구로 쓰일 수 있는 면을 살폈다. 즉《블링크》는 판단과 의사 결정에 대한 책이다. 무의식의 힘을 알기 위해 제일 중요한 개념은 '얇게 조각내기thin-slicing'다. 얇게 조각내기란, 매우 얇은 경험의 조각들을 토대로 상황과 행동의 패턴을 찾아내는 걸 의미한다. 이것이 모든 사람의 무의식에서 작동한다는 말이다. 부부들의 대화를 녹화한 15분의 비디오 클립에서 미래의 이혼 여부를 90퍼센트 이상의 확률로 맞추는 존 가트맨의 사례가 나온다.

무의식은 깊은 영역이어서 느끼는 사람도 설명하지 못한다. 정상급 테니스 코치 빅 브레이든은 선수가 두 번째 서브까지 실패하는 '더블 폴트'를 공을 치기도 전에 거의 완벽히 알아낸다는 사실을 깨달았다. 하지만 왜 그런지를 설명할 수가 없었다. 얇게 조각내기가 무의식에 영역에 녹아 있어서 순간적인 판단이 떠오르기는 하지만, 그걸 아는 것과 설명하는 것이 전혀 다르다는 것이다. 그런 순간적인 판단은 몇 달에서 몇 년 이상 고민하고 정보를 분석한 사람의 판단보다 더 훌륭할 때가 많다. 하지만 동시에 신속한 인식이 우리를 빗나가게 만드는 상황 역시 수없이 존재한다. 다행히도 글래드웰은 이 첫인상을 잘 관리해서 활용하고, 오류를 피하는 방법이 있다고 이야기한다.

블링크는 정보를 간소화해야 할 때 좋은 방법이다. 아수라장인 화재 현장에서 순간적인 판단으로 사람들을 구해 낸 소방서장의 이야기를 통해 무의식에 축적된 정보들이 어떻게 순간적으로 발휘되는지를 보여 준다. 또 첫인상 테스트로 맛을 바꿨다가 대실패한 뉴코크New Coke의 예시를 통해, 한 모금 테스트와 제품 구매의 차이를 구분하지 못했을 때 생기는 오류도 보여 준다.

블링크를 잘 활용하는 방법은 '반추하기 위해 멈춰 서지 말라.'는 걸 기억하는 것이다. 블링크의 오류를 막을 방법은 '빠르게, 하지만 여백을 둬라.'다. 언뜻 상반돼 보이는데 신속하게 판단하라는 것은 무의식적인 판단이 존재할 뿐 아니라 질이 높다는 사실을 믿으라는 뜻에 가깝다. 여백을 두라는 것은 환경을 조성하는 관점으로 볼 수 있다. 편견의 눈을 감을 수 있는 적절한 환경을 조성하고 순수한 2초의 여백을 두는 것을 훈련하는 것만으로도 순간적인 판단력이 상승한다고 저자는 말한다.

저자도 말하듯이 《블링크》는 판단과 의사 결정에 분석적으로 접근하는 책이 아니다. 일상생활에서 아주 작은 요소들, 즉 복잡한 사정을 맞닥뜨리거나 새로운 사람을 만나는 등의 상황에서 자연스럽게 발생하는 첫인상을 살폈다. 본능적인 판단력이 어떻게 작동하는지, 또 어떤 오류가 있는지를 고민하다 보면 일상의 것들을 새롭게 인식할 관점이 생길 것이다. 개인적으로 블링크해 보면, 이 책은 글래드웰의 저작 중 가장 덜 구조적이고 가장 직관적이다.

다윗과 골리앗

말콤 글래드웰 | 선대인 옮김 | 21세기북스 | 2014.1.27.

Q : 강자는 절대 우위에 있고 약자는 강자를 능가할 수 없는가?

A : 강자가 가진 힘은 '힘의 한계' 또한 같이 갖고 있다.
약자임에도 불구하고 이기는 것이 아니라, 강점이 불리하고 약점이 유리한 지점이 있다.

이 책은 제목과 같은 이름의 유명한 전투를 소개하며 시작한다. 고대 팔레스타인의 중심부였던 세펠라 지역 엘라 계곡에 나간 특파원이 보낸 기사 같은 서문은, 동화 같은 이야기를 완전히 다른 인상으로 바꿔 놓는다. 그리고 이 이야기를 통해 이후 이어질 모든 논의, 즉 "강력하고 힘센 것들이 언제나 겉보기와 같지는 않다."라는 주제를 보여 준다.

총 3부로 구성된 이 책의 1부는 약점이 유리하고 강점이 불리한 경우를 살폈다. 딸의 농구팀 코치가 되어 약체팀을 전국선수권대회 결승전에 올린 비벡 라나니베의 이야기가 아주 흥미로운데, 그 이유는 라나디베는 한 번도 농구를 해 본 적이 없는 사람이기 때문이다.

정치학자인 이반 아레권 토프트가 재미있는 계산을 했다. 지난 200년 동안 인구와 군사력이 열 배는 많은 나라와 작은 나라의 전쟁에서 누가 이겼냐 하는 문제였다. 당연히 큰 나라가 100퍼센트에 가까울 것이라고 생각하기 쉽지만 결과는 71.5퍼센트였다. 그런데 작은 나라가 강대국이 원하는 방향이 아닌 비전통적이거나 게릴라 전술을 사용했을 경우는 약소국의 승률이 63.6퍼센트로 올라간다.

글래드웰은 이 부분에서 약점을 가진 사람들이 승률을 높이는 방법이,

강자의 게임 방식을 거부하는 것이라고 이야기한다. 농구를 해 본 적이 없는 라나니베의 전략은 경기 처음부터 끝까지 풀 코트 프레스를 쓰는 것이었다. 공수가 반복되는 농구는 일반적으로 상대편 골대가 있는 코트의 반의 공간에서 플레이하는 게 일반적이다. 약자인 라나니베로서는 이해할 수 없는 일이었다. 우리보다 잘하는 상대팀이 왜 코트의 반을 그냥 걸어오게 놔둔단 말인가?

2부는 역경이 바람직하게 작용하는 경우를 살폈다. 난독증을 가진 성공한 기업가들이 놀랄 만큼 많다는 사실을, 난독증에도 '불구하고' 성공했다는 관점이 아니라, 난독증이라는 역경이 있었기 '때문에' 성공했다는 관점으로 해석한다. 물론 이걸 수많은 어려운 상황에 처한 모든 사람이 성공에 유리한 조건을 가진 것으로 단순한 결론을 내리지는 않는다. 약점을 가진 사람들은 그 약점 때문에 일반적이지 않은 능력들을 개발하게 되는 경향이 있다는 것이다. 난독증의 경우에는 실패를 편하게 받아들이게 만드는 유익이 있다.

《텔런트 코드》에서도 인용된 적 있는 마빈 아이젠스타트의 연구 결과가 나온다. 부모 중 한 명 이상을 어린 시절에 잃고 성공했거나 혁신적이라고 인정받는 사람들이 유난히 많다는 것이다. 물론 부모를 잃고 만성적인 범죄자가 되는 사람도 적지 않다. 이는 역경이 무조건 좋다는 게 아니라, 바람직한 방향으로 작용하는 원칙도 있다는 뜻으로 이해하는 것이 좋겠다.

3부에서는 살인 사건으로 딸을 잃은 두 부부의 이야기를 소개한다. 한 부모는 비슷한 범죄가 재발하지 않도록 처벌을 강화하는 모임을 조직하는 방향으로 반응하고, 다른 부모는 용서로 반응했다. 두 반응과 그로 인한 다른 결과를 비교하면서 용서를 실용적 전략으로 바라본다. 이 독특한 주장은 힘의 사용이라는 측면으로 볼 때 묘한 설득력이 있다. 처벌 강화는 힘을 행사하는 것이고 용서는 힘이 주는 기대감을 버리는 것이기 때문이다.

이 책에 나오는 사례들은 호흡이 길다. 한 사례가 거의 한 챕터 전체를 차지할 때도 있고, 두 가지 사례가 두 챕터에 걸쳐 비교되며 반복되기도 한다. 이 때문에 한 부분만 읽고 결론을 내리면 오해할 가능성이 있다. 성공하려면 부모를 잃어야 한다든지, 살인으로 자녀를 잃은 사람은 반드시 용서를 해야 한다든지 하는 식으로 단편적인 결론을 내린다면, 이 책을 잘 이해하지 못한 것일 뿐 아니라 폭력적인 결론이 된다.

약점을 가진, 즉 상대적으로 불리한 상황에서는 일반적으로 떠올릴 수 있는 성공의 조건들을 확보하는 것 말고 다른 방법을 취해야 좋다는 관점과, 약자가 더 나은 결론을 얻게 되는 어떤 숨은 원리가 있다는 관점으로 차분히 읽어 간다면 길을 잃을 위험은 덜할 것이다.

3-3
계속 성장하기
위하여

《탤런트 코드》《1등의 습관》

/

탁월함은
습관이다.

아리스토텔레스

로저 배니스터라는 사람이 있다. 1929년에 태어나 2018년에 사망했으니 적은 나이는 아니었다. 이 사람의 이름은 기억하지 못하더라도, 이 사람이 한 일을 기억한다면 당신의 재능을 폭발시키는 데 큰 도움이 될 것이다.

1마일은 1.6킬로미터 정도다. 1마일은 절대 4분 안으로 달릴 수 없다는 '마의 4분벽'이 존재했다. 운동선수, 생리학자들도 불가능하다고 생각했다. 생리학적으로 불가능하다는 의미가 뭘까? 인간의 신체는 1마일을 4분 내에 완주할 수 없는 구조로 돼 있다는 것이다. 얼마나 마음이 편안해지는가. 인간이 할 수 없다는데.

1954년 5월 6일, 바람이 많이 불고 습해서 달리기에 좋지는 않은 날에 배니스터는 아무 예고 없이 4분 벽을 넘어 버린다. 기록은 3분 59초 4. 생리학적으로 불가능하다고? 4분 안에 1마일을 달리면 폐가 터진다든가, 관절이 튀어나온다는 '합리적' 이론이 있었거나, 그걸로 논문을 쓴 사람이 있을지 모른다. 그런 이야기들은 항상 매력적이다. 안 되는 이유를 지적이고 분석적으로 날카롭게 설명하는 것들은 너무 유혹적이어서 우리를 거기에 안주하게 만든다. 그리고 로저 배니스터는 그렇게 하지 않았다. 내내 2등으로 뛰다가 마지막 몇 백 미터를 남겨 두고 엄청난 스퍼트를 시도해서 최초로 마의 4분 벽을 넘어섰다.

이것만으로도 충분히 멋지지만, 정말 놀라운 이야기는 이 뒤에 벌어진다. 배니스터의 기록 이후 한 달 만에 열 명이 4분 벽을 넘는다. 1년 뒤에는 37명, 2년 뒤에는 300여 명이 4분 기록을 넘어섰다. 현재 1마일 달리기의 최고 기록은 3분 43초 대다.

인류의 진화는 몇 만 년에서 몇 십만 년 정도의 시간을 거쳐 일어난다. 로저 배니스터 이후로 갑자기 인간의 달리기 근육이 진화했을 리는 없다. 그렇다면 몇 백여 명이 '나도, 나도!' 하는 느낌으로 우후죽순 4분 벽을 넘어선 일을 어떻게 이해해야 할까?

1998년에 박세리 선수는 맥도날드 LPGA에서 우승했다. 그전에는 세계적으로 이름을 떨치는 한국 골퍼가 없었다. 그 뒤로 10년 후, 한국인 여자 골퍼들은 LPGA의 우승컵을 3분의 1가량 점유하게 됐다.

1994년 코리안 특급 박찬호 선수가 메이저리그에 진출했다. 1997년 시카고 컵스와의 경기에서 개인 첫 완투승을 하고 한국인 최초 메이저리그 100승을 달성하는 등 그는 한국 야구 역사상 최강의 투수로 꼽힌다. 박찬호 선수가 첫 진출한 이후 2018년까지 메이저리그에 진출한 한국 선수는 20명이 넘는다.

무슨 일이 일어났는가? 왜 극적인 사례는 떼로 몰려다니는 것 같은가? 통계적으로 인구가 세계에서 제일 많다는 중국에서 메이저리거가 나오는 게 정상적이지 않나? 통계를 깔끔하게 외면하는 이런 사실들에서 우리는 재능이 어떻게 폭발하는지를 추측할 수 있다. 첫 번째 열쇠는 심리적 장벽을 깨는 '점화 장치'가 있다는 것이다.

점화 장치에 불을 붙여라

대니얼 코일의 《탤런트 코드》에는 임상 심리학자 마빈 아이젠스타트의 연구 결과가 나온다. 브리태니커 백과사전에 반쪽 이상 등재된 유명인들의 부모의 생존 여부를 조사했는데, 피험자 573명 중 부모의 생존 여부가 동기 부여에 밀접한 관계가 있음을 발견했다. 율리우스 카이사르는 15세에 아버지를 잃었다. 나폴레옹도 15세, 조지 워싱턴은 11세에 아버지를 잃었다. 코페르니쿠스는 10세에 아버지를 잃었고, 다윈은 8세에 어머니를 잃었다. 바흐는 9세에 부모 모두를, 헨델은 11세에 아버지를 잃었다. 니체는 4세에, 마크 트웨인은 11세에 아버지를 잃었다.

재능과 연습을 깨우는 점화 장치를 위해 큰 상실감을 겪어야 한다는 말이 아니다. 소속감과 안전함이라는 원초적인 욕구가 흔들릴 때 무언가 반짝 불이 켜지게 한다는 말이다. 점화는 규칙을 따르도록 설계되지 않았다. 우리가 선택한 목표를 달성하기 위한 에너지를 공급하기 위해 작동한다. 안전감이 흔들릴 때 생존을 위한 기술을 자극하는 불이 붙는 경우가 많은 것이다.

 강력한 사건보다는 '말'로 점화 장치를 켤 수 있다면 더 많은 재능을 꽃
피울 수 있을 것이다. 동기를 부여하는 '말'이 따로 있을까? 지능보다 노력
을 칭찬하는 말이 동기를 부여하기에 적당한 말이다. 눈치챘겠지만, 캐럴
드웩의 성장 마인드셋에서 나오는 결론이다. 동기를 부여하는 말은 상대방
이 더 예민하게 느낄 말이어야 한다. 특히 시작 단계에 있는 사람에게는 더
더욱 신중해야 한다. 점화 장치는 일상적인 규칙을 깨고 새로운 연습으로
나아가게 하는 역할이기 때문이다. 드웩 박사의 말을 빌려 보자.
 "인간은 무엇이 가치 있는지 알려 주는 메시지에 민감하게 반응하면서
자신을 맞추려고 합니다. '이 상황에서 나는 누구지? 이 구조 안에서 나는
뭐지?' 바로 그렇기 때문에 명확한 메시지를 받으면, 불꽃이 점화되는 것입
니다."

 이번에는 찰스 두히그의 《1등의 습관》을 들여다보자. 체크리스트 편에서
잠깐 언급한 그 작가로, 《습관의 힘》을 쓴 바 있다. 《1등의 습관》에서는 생
산성을 탁월하게 내는 사람이나 조직을 살펴보는데 그중 동기 부여를 다루
는 부분이 있다. 1990년대 양로원에서 진행된 연구를 언급했는데, 똑같은
시설에서 건강하게 잘 지내는 노인과 심신의 기능이 급격히 떨어지는 노인
의 차이점을 밝혔다. 건강한 노인들은 일정표와 식단 등의 규칙에 반발하
는 성향이 강했다.
 양로원에서 제공하는 케이크를 먹느냐 거부하느냐는 사소한 문제다. 방
벽에 고정된 붙박이 옷장을 쇠지렛대로 떼 내는 노인들이 있는데, 이 쇠지
렛대는 연장 창고에서 훔쳤다. 절도로 보면 작은 문제는 아니지만 붙박이

옷장의 유무가 노인 건강에 큰 영향을 끼치지는 않을 것 같다. 역시 사소한 문제다.

연구자들은 이렇게 사소하게 저항하는 노인들이 자신의 삶을 자신이 지배한다고 느끼기 때문에 더 건강하다고 결론 내렸다. 저항적인 노인들은 순종적인 노인들보다 더 많이 걸었고, 더 많이 먹었으며, 약을 섭취하는 데도 능동적이고 가족 관계도 원만한 편이었다고 한다.

능동적이고 자율적인 행동을 이끌어 내는 효과적인 방법이 바로 '왜'냐고 질문하는 것이다. 왜라는 질문을 잘 던지면 아주 사소하고 작은 일도 큰 계획의 일부가 된다. 자기보다 더 큰 계획에 소속되고자 하는 욕구는 인간의 원초성이다.

다이어트를 왜 하는가? 많은 사람이 자문을 거듭하면 그 끝에서는 결국 '사랑받고 싶은 욕구'를 발견할 것이다. 그런데 사랑받는 방법이 다이어트 하나뿐일까? 이미 적절하게 사랑받고 있는 사람들은 이 이유만으로는 다이어트를 꾸준히 해 나가기 어렵다. 그리고 다이어트에 성공하면 더 많이 사랑받을 수 있다는 가정 자체에 근거가 희박하다. 그러다가 '이렇게 드시다간 죽어요.'라는 의사의 말을 들으면 그때는 이유가 달라진다. 다이어트는 살기 위해서 하는 것이 된다. 더 생생한 이유이기 때문에 좀 더 지속되기 쉬울 것이다.

인턴 직원이 들어왔다. 6개월간 무슨 일을 시킬지 고민하다가 작은 온라인 채널 하나를 통으로 맡겼다. 이 일 저 일 찾아서 가르쳐 줄 만큼 내가 친절한 사람도 아니지만, 꼬치꼬치 지시해서 20대 초반의 불타는 영혼을 꺼뜨리고 싶지 않은 마음이 컸다. 90년대생과 일해 본 경험이 많지 않은 나는 저 나이대 사람들에게 미안한 마음이 있다.

"○○야, 미안하고 고마워."

"뭐가요?"

"미안한 건 네가 나이가 어린 거, 고마운 건 그런 네가 나랑 이야기해 주는 거."

본인이 동의할지는 모르겠지만 내가 알려 주고 싶던 것은 딱 두 가지뿐이다. '비즈니스는 방향이 없기 때문에 그 방향은 자신이 잡아야 한다, 실수와 실패는 당연할 뿐 아니라 권장된다.' 몇 주가 지난 후 내가 물어봤다.

"지금은 규모가 작아서 너 한 명으로 운영할 만한데, 이게 얼마큼의 규모까지 가능할까? 별도의 팀이나 사업부를 꾸릴 만큼 커질 수 있을까?"

대답은 다른 팀장에게서 들었다.

"얼마 전에 ○○가 눈을 빛내면서 그러던데요, 이거, 될 것 같다고요. 뭔가 하면 될 것 같은 의지가 느껴져서 좋았어요."

내가 혼자 힘으로는 생각하지 못했을 솔루션까지 고민하는 모습이 보였다. API를 이용해 보겠다거나 고급 프로그래밍 언어를 공부해 보는 등 스스로 학습하는 걸 보면서 놀라웠다. 끊임없는 성장을 자극하는 학습은 점화가 가능하다. 그렇게 잘 점화되면 외부의 기회를 만날 때마다 지속적으로 내면의 무엇이 개발되기 시작한다.

효과적으로 끝까지, 딥 프랙티스(Deep Practice)

방금 전 살펴본 부모를 일찍 잃은 천재들은 훨씬 더 많다. 그중 세 자매 모두 엄청난 작가가 된 집안이 있으니, 바로 브론테 자매다. 샬롯, 에밀리,

앤 브론테는 각각 5세, 3세, 1세 때 어머니를 잃었다. 《제인에어》, 《폭풍의 언덕》 등 문학사에 길이 남을 작품들이 한 집안의 자매에게서 나왔으니, 재능은 학습이 아니라 선천성이라는 강력한 증거가 아니겠는가?

정신 착란을 의심할 정도의 창작 능력, 초자연적인 재능, 게다가 세 자매 모두 비교적 이른 나이에 요절한 것으로도 유명하다. 하지만 이들의 천재성을 선천성이 아니라 후천적 연습에서 찾은 사람이 있다. 옥스포드에서 공부한 역사학자 줄리엣 바커는 《브론테 자매》를 출간했는데, 이 자매가 10대 후반에 쓴 수많은 미숙한 글을 보면서 이들이 소설가로서의 재능이 있다는 근거가 말이 안 된다고 주장했다. 즉 미숙함에도 불구하고 위대한 작가가 됐다는 게 아니라, 그 미숙한 모방에 엄청난 시간과 노력을 들였기 때문에 위대한 작품을 쓸 수 있었다는 말이다.

대니얼 코일은 딥 프랙티스, 즉 심층 연습이 세 단계로 이뤄진다고 한다. 과제를 거대한 덩어리로 인식하고, 그 덩어리를 가능한 작은 덩어리로 나누고, 속도를 늦췄다가 높였다가 하는 식으로 시간을 자유자재로 다루는 것이다.

이 과정에서 '스위트 스폿Sweet spot'이 중요한 역할을 한다. 스위트 스폿은 원래 스포츠 용어로 야구 방망이나 탁구 라켓 등에 공이 맞을 때 가장 멀리 날아가는 지점을 의미한다. 반탄력이 적어지기 때문에 그 힘이 고스란히 공에 실리는 것이다. 심층 연습에서 스위트 스폿은 현재 잡으려는 것이 지금 잡을 수 있는 것보다 약간 높게 있는 지점을 뜻한다. 그러니까 스위트 스폿은, 사람을 약간 불편하게 만드는 지점이다.

기타 연습을 해 보거나 연습하는 사람을 지켜본 적이 있는가? 코드를 손가락으로 잡고 현을 퉁기거나 스트로크로 긁어서 내는 기타의 화음은 참 아름답다. 기타는 코드 세네 개만 잘 연습해도 노래 몇 곡을 연주할 수도 있어서 수많은 청년이 사랑의 세레나데를 부르기 위해 연습에 매진하기도 한다. 하지만 그걸 연습하는 과정은 답답해 죽을 지경이다.

연습 과정은 이런 식이다. 우선 코드가 쉬운 장조를 고른다. 검지 손가락을 세워서 현 여섯 개를 한 번에 잡아야 하는 하이코드가 조금이라도 적은 장조가 편하다. 예를 들어 D장조 노래를 골랐는데, 주요 3화음에 해당하는 4도와 5도 화음은 G와 A코드라서 비교적 쉽다. 그렇지만 좋은 세레나데를 연주하려면 F#m이나 Bm 같은 코드를 피할 수 없을 때가 온다. '검지를… 세워서… 전체를 잡고, 약손가락과 새끼손가락을 여기랑, 여기에….' 그리고는 디리링, 한 번. 다음 Bm코드는 'F#m에서 검지를 풀지 않고 그대로 두고… 가운뎃손가락을 짚고… 약손가락과 새끼손가락을 하나씩, 내리고… 아니, 두 개 내렸잖아, 거기가 아니고, 하나씩 다시 올려서….'

연습하는 사람은 갑갑증에 걸리기 딱 좋고, 지켜보는 사람은 생각보다 조금씩 늦어지는 박자를 보며 숨이 멎는 것 같은 착각을 일으키는 이 현장이 바로, 스위트 스폿이 생기고 있는 지점이다. 게다가 코드마다 손가락 움직임이 미묘하게 달라질 수밖에 없다. 노래 전체를 인식한 후, 동작을 나눠서 안 되는 동작을 배우고 그 동작을 앞뒤 동작과 잇고, 그 과정에서 속도를 이리저리 바꿔 가며 연습하는 것이 심층 연습이다.

꼭 기억해야 할 것이 있다. 스위트 스폿은 '불편한' 지점이다. 이름은 달콤하지만 결코 달달하지 않은 지점이다. 음료로 비유하면 핫초코가 아니라 아메리카노 맛이다. 아툴 가완디의 체크리스트를 사용하면 불편하다. 흐린 글씨를 읽어서 퀴즈를 맞추는 것은 불편하다. 그 불편함이 더 깊은 연습으로 들어가는 문이다.

불편한 연습을 반복하는 과정에서 미엘린이라는 신경 절연 물질이 뇌에서 발생한다. 인간의 모든 동작이나 생각, 감정을 느끼는 것은 신경 섬유인 뉴런을 통해 이동하는 전기 신호다. 미엘린은 그 신경 섬유를 감싸고 있는 절연 물질인데, 전기 신호의 이동 강도와 속도, 정확도를 높이는 역할을 한다. 즉 미엘린이 발달하면 그 영역에 해당하는 행동과 사고, 감정을 느끼는 일을 더 잘하게 된다.

그러니까 학습해야 하는 어떤 덩어리를 크게 인식한 뒤 잘게 쪼개고, 그걸 속도를 바꿔 가면서 연습하는 것이다. 그때 약간 불편하게 만드는 스위트 스폿을 찾아내 그 지점에 도달하려고 반복하면, 뇌는 그 불편함을 상쇄하고자 미엘린을 계속 더 두껍게 만든다. 이런 반복이 통하지 않는 영역은 없다. 선천성이라는 재능의 마법도 없고, 불가능한 영역도 없고, 나이도 문제 되지 않는다. 걸음마를 연습하는 아이부터 80대의 피아노 거장까지 모두에게 해당하는 게 반복으로 생기는 미엘린이다. 우크라이나 출신 거장 피아니스트인 블라디미르 호로비츠는 이렇게 말했다.

"하루 연습을 빠지면 내가 압니다. 이틀을 빼먹으면 아내가 알고, 사흘을 빼먹으면 온 세상이 압니다."

📚 특출난 기량을 키워 내는 평범한 선생

재능을 훈련시키고 개발하는 데는 코치의 역할이 필수적이다. 꼭 운동선수에만 해당하는 이야기가 아니라 조언자든, 조력자든, 교사든 코칭해 주는 사람 없이 대가가 되는 사람은 없다. 대가까지는 아니어도 헬스 트레이너의 한두 마디와 간단한 교정이 운동하는 회원의 효율성을 얼마나 크게 바꾸는지 생각하면, 모든 능력 개발에 코치의 역할은 부가적이 아니라 필수적이다.

《탤런트 코드》에서는 마스터 코치의 자질을 네 가지로 설명한다. 첫 번째, 지식 매트릭스다. 구체적인 지식으로 방대한 체계를 만들어 갖고 있는 것이다. 경험으로 다져진 노련함은 두툼한 미엘린층도 의미한다. 교사가 학생의 노력에 창의적이고 효과적으로 반응할 수 있게 해 주는 것이다.

두 번째, 정보 수집의 정확성이다. 자신이 코치할 대상을 정확히 파악하기 위해서는 개별적인 관심과 왕성한 호기심이 필수 조건이다.

세 번째, 간결하고 정확한 피드백이다. 대니얼 코일은 이는 마치 GPS 장치처럼 정확한 위치를 짚는 것이라고 표현한다. 짧고 간결하게, 정확한 타이밍에 적절한 피드백을 꽂는 것이 중요하다.

네 번째, 진심으로 연극하는 자세다. 대니얼 코일이 취재한 많은 마스터 코치들은 연극배우 느낌을 풍긴다고 한다. 어느 순간에는 따뜻하게 격려하다가도 어떤 때는 겁이 와락 날 정도로 무섭게 대한다. 자신이 코칭하는 대상과 교감하고 감정 이입을 할 수 있어야 이런 연극적인 코칭을 효과적으로 할 수 있다.

비즈니스를 하거나 회사 생활을 할 때는 이렇게 정해진 코치가 딱히 없는 경우가 많다. 회사에도 많은 사람이 있고 임원에게든 팀원에게든 배울 것이 많은데, 정치적인 액션을 하는 게 아니라면 평생 변하지 않는 코치를 둘 수 있는 행운아는 몇 되지 않는 것 같다. 재능 개발과 학습과 성장 면에서 마스터 코치라는 요소를 볼 때, 나는 이를 팀 활동이나 멘토링의 개념으로 받아들인다.

《1등의 습관》에서는 구글의 산소 프로젝트와 아리스토텔레스 프로젝트 이야기가 나온다. 구글은 직원들의 생산성이 좋아지지 않아 고민이었는데, 인사 빅데이터를 통해 생산성에 영향을 미치는 결정적 요인이 관리자의 리더십이라는 것을 알아냈다. 그래서 좋은 리더의 조건을 밝히는 산소 프로젝트Oxygen Project를 발족했다. 생산성이 올라가기 시작했는데, 약 2년 후 다시 생산성이 하락했다.

구글은 산소 프로젝트의 후속편으로 아리스토텔레스 프로젝트를 발족했다. '생산성 좋은 팀의 비결은 무엇인가?'가 이 프로젝트의 핵심 질문이었다. 구글에서도 패턴을 찾는데, 전문가들이 일정한 패턴을 찾지 못하고 난항을 겪었다. 학력과 배경, 활동 분야나 성격까지도 거의 비슷한 두 팀의 효율성이 현저히 다른 경우도 있었다. 업무 외에도 가깝게 지내는 팀이 있는가 하면, 사무실을 나가는 순간 남남처럼 지내는 팀이 생산성이 높기도 했다.

거의 4년을 보낸 뒤 구글은 핵심이 '누구'에 있지 않고, '어떻게 운영되는가?'에 있다는 사실을 발견한다. 여기에서 발견한 핵심 인사이트 두 개가 모두가 솔직히 말할 수 있다는 확신에 기초한 공평한 발언권과, 서로 상대의 감정을 헤아리는 사회적 감수성이다.

앞서 팀 활동과 멘토링에 대한 개념으로써의 코칭을 이야기했다. 이 책은 책에 대한 이야기를 엄청나게 하지만, 사실 사람이 배움을 습득하는 가장 강력한 방법은 사람이다. 사람이 가장 효과가 세고, 그다음이 직접 실행이고, 그다음이 책이다. 단일 효과로 그렇다는 말이지, 습득하는 배움의 총량과는 좀 다른 개념이다. 사람은 아주 효과적인 교재이지만, 종이 묶음으로 된 책보다 구하기가 훨씬 어렵기 때문이다. 물론 당연히 세 가지의 균형을 맞춰야 학습 효과가 가장 좋을 것이다.

재능을 개발하고 성장하는 과정에서 사람이 필수적이라는 점을 기억해야 한다. 그게 운동선수든, 가수든, 직장인이든 사람은 사람을 통해서 가장 많이 배운다. 그걸 멘토라고 할 수도, 롤 모델이라고 할 수도 있겠으나 뭐라고 부르는지보다 중요한 건 그런 사람이 누구에게나 필요하다는 것이다.

학습이란 무엇인가

2018년 한국의 추석은 김영민 교수의 칼럼으로 여느 때보다 즐거웠다. 〈"추석이란 무엇인가" 되물어라〉라는 칼럼에서 "정체성의 질문이란 위기 상황에서 제기된다."라고 말했다. "얘가 미쳤나."라는 질문에 "제정신이란 무엇인가."라고 답하라는 부분은, 이 칼럼이 '사유와 성찰'로 분류된다는 점을 생각해 볼 때 더욱 기발하다. 이제 우리도 질문해 보자. 학습이란 무엇인가.

마인드셋으로 재부팅하면 재능 신화에 눈이 멀었던 우리가 시력을 얻어 볼 수 있게 된다. 눈을 떠서 보게 된 것은 재능이 아닌 그릿이었다. 그릿이야말로 성장과 성공의 핵심 요소였다. 그런 성장을 이끄는 모든 것을 나는 학습이라고 한다.

여느 준비 안 된 신입 사원과 마찬가지로 처음 입사했을 때 나는 컴퓨터 활용 능력이 상당히 부족했다. 부장님이 내 주신 첫 과제를 멋지게 제출했더니 첫 반응은 "우리 회사에서는 한컴오피스가 아니라 MS오피스를 씁니다."였다. 파워포인트와 엑셀의 세계에 입문했는데, 엑셀이 너무 어려웠다.

왜 이렇게 칸을 다 나눠 놓은 거지? 빈 시트를 보고 있으면 현기증이 났다. 물론 숫자가 채워져 있는 시트는 더욱 어지러웠다. 그래서 나는 일기와 서평을 엑셀로 쓰기 시작했다. 엑셀 파일에 두 줄로 메시지를 써서 선배에게 답장했다가 생명의 위협을 느낄 만큼의 협박을 받았다. "이런 건 메일에 쓰거나 문자로 보내는 거야. 파일 보내는 데 돈 안 든다고 별걸 다 엑셀로 보내고 있네."

잘된 수식이 있는 파일은 파악될 때까지 네모 칸 사이를 왔다 갔다 했다. 지금도 잘 다루지는 못하지만, 현기증이 나지도, 누가 엑셀로 파일을 보낼 때 파일 열기를 무서워하지도 않게 됐다.

영업을 할 때는 전화가 참 많이 왔다. 문자나 메일로 하면 좋겠는데 왜 이렇게들 전화를 거는지 원망스러웠다. 좋은 선배가 있어서 원칙을 세울 수 있었다. "전화는, 그냥 받는 거야."

그 뒤로 거의 모든 전화를 '그냥' 받았다. 당연히 해결을 못하는 문제가 훨씬 더 많이 생겼다. 그렇게 버벅대는 시절을 보내고 난 후 확연히 느낄 수 있었다. '문제 해결 능력은 자라지 않았지만, 전화를 더 잘 받는 사람이 됐어!'

같이 일했던 임원 중에, 한번 화를 내면 사람을 말려 죽일 것 같은 분이 있었다. 그 임원에게 유난히 보고를 잘하는 분이 있어서 여쭸다. "선배는 어떻게 하는 보고마다 다 통과예요?" 그분의 대답은 이랬다.

"두 가지만 기억해. 저분이 트렌치코트에 머리핀을 꽂고 출근하는 날에는 절대로 보고해서는 안 되는 날이야."

위대한 관찰이었다. 수많은 케이스를 관찰함으로써 법칙을 찾아낸 것이다. 학습의 대가들이 곳곳에 숨어 있다.

학습이란 무엇인가? 배우고 익히는 것은 학생 신분에만 잠깐 진행되는 과정이 아니다. 점화 장치를 발견하고, 심층 연습을 반복적으로 해내고, 사람에게서 피드백받는 것이 배우고 익히는 과정이다. 그 과정은 불편하지만 성장시킨다. 성장은 성공으로 그대를 이끌 것이다.

잘난 척 포인트!

- 대니얼 코일의 또 다른 책이 번역돼 있다. 《최고의 팀은 무엇이 다른가》인데, 원제는 《Culture Code: The Secrets of Highly Successful Groups》다. 부제의 의미는 '대단히 성공적인 그룹의 비밀' 정도 되겠다. 원제는 탤런트 코드와 컬처 코드라는 키워드로 연결돼 있는데, 한국어판은 팀에 대한 내용과 관련한 제목이다.
- 《탤런트 코드》는 재능을 개발하는 법칙을 세 가지로 제시한다. 딥 프랙티스(Deep Practice), 점화 장치, 마스터 코치다. 심층 연습에 대해서는 1만 시간의 법칙을 만든 안데르스 에릭슨 파트에서 자세히 다룬다.
- 찰스 두히그의 《1등의 습관》의 원제는 《Smater Faster Better》다.
- 김영민 교수의 칼럼 <"추석이란 무엇인가" 되물어라>를 찾아보라. 댓글도 훑어보면 자연스레 질문하게 될 것이다. 댓글이란 무엇인가. 개그란 무엇이고, 다큐란 무엇인가.

탤런트 코드

대니얼 코일 지음 | 윤미나 옮김 | 웅진지식하우스 | 2009.6.10.

Q : 재능은 타고나는가? 비범한 재능은 어디서 오는 걸까?
A : 특별한 능력의 소유자들은 공통적인 특징을 갖고 있다.
그걸 알면 모두에게 능력을 발휘할 가능성이 생긴다.

미엘린이라는 신경 절연 물질이 있다. 인간의 모든 동작, 사고, 감정은 몸 속 신경 섬유인 뉴런을 통해 전달되는 '전기 신호'다. 절연 물질인 미엘린은 신경 섬유를 감싸고 있어서 전기 신호의 강도나 속도, 정확도를 높인다. 특정한 회로에 신호가 더 많이 발사되면 미엘린은 그 회로를 더 최적화하고, 그래서 우리의 동작, 사고, 감정은 더 빨라지고 정확해진다.

《탤런트 코드》에서 영어 단어 'code'는 암호나 부호라는 의미가 있다. 이 미엘린을 통해 재능의 폭발 법칙, 정확히는 급격한 성장을 가능하게 만드는 법칙의 비밀이 풀린 것이다. 책은 탤런트 코드를 구성하는 세 가지 요소인 심층 연습, 점화, 마스터 코칭을 다룬다.

1부에서는 심층 연습Deep Practice을 설명하기 위해 스위트 스폿Sweet Spot을 훈련하는 방법을 이야기한다. 심층 연습은 과제를 덩어리로 인식하고, 그 덩어리를 잘게 분해한 뒤, 속도를 늦추면서 연습하는 세 단계로 이뤄진다. 이는 심리학에서 조직화의 방식으로 이야기하는 '청킹chunking'과 관련이 있는데, 정보를 묶음으로 처리하는 방식이다. 매일 아침 이를 닦을 때 '칫솔을 꺼낸 후 치약을 들고 뚜껑을 열어 칫솔에 비스듬히 가까이 대고 손바닥을 사용해 살짝 쥐어 치약이 조금 나오게 해야지.'라고 생각하지 않는 것과 마찬가지다. 그저 '이 닦기 회로'에 신호를 발사하면 끝이다.

심층 연습 세 단계 중 속도를 늦추는 것은, 실수의 정확한 타이밍을 찾아 신호를 줄수록 미엘린이 두꺼워지기 때문이다. 빠른 것이 중요하지 않고 천천히 정확한 타이밍을 찾는 것이 중요하다.

2부는 점화인데, 재능을 폭발시키는 점화는 떼로 몰려다니는 경향이 있다. 1998년 박세리 이후 한국 골프가 그랬고, 같은 해 여름 열일곱 살의 안나 쿠르니코바 이후 러시아 테니스가 그랬다. 1954년 로저 배니스터 이후 1마일 달리기의 3분 대 기록이 점화됐다. 갑자기 확 불붙듯 타오르는 점화는 공통적인 요소가 있는데, '나라고 왜 못하겠어?'로 표현되는 미래의 소속감과, '세상은 안전하지 않다.'는 안전에 대한 위협이다.

3부에서 이야기하는 마스터 코치는 네 가지 자질을 가진다. 첫째, 지식 매트릭스는 학생의 노력에 창의적이고 효과적으로 반응할 수 있는 방대한 지식의 체계를 의미한다. 저자는 자신이 만난 뛰어난 코치의 절반 이상이 60대에서 70대인 것이 우연이 아니라고 했다. 둘째, 자신이 가르쳐야 할 대상에 대한 정확하고 열정적인 정보 수집력이다. 셋째, 짧고 절도 있는 정확한 피드백이다. 마지막으로는 진심으로 연극하는 자세다.

심층 연습, 점화 장치, 마스터 코칭 이 세 가지 요소 중 하나라도 부족하면 성장은 느려진다. 하지만 이 세 가지가 모이면 믿기지 않을 만큼의 발전이 일어난다고 한다. 무엇보다도 좋은 일은, 거의 모든 영역에서 적절한 방법으로 노력을 기울이면 미엘린이 움직여서 우리를 원하는 모습으로 만들어 줄 수 있다는 것이다. 좋은 일이지만 이는 도전적인 일이기도 하다. 이제는 선천적인 유전에 기대 피해갈 여지가 없어졌기 때문이다. 대니얼 코일은 괴테의 말을 인용한다.

"그대가 할 수 있거나 할 수 있으리라 생각하는 것, 그것을 시작하라. 대담함에는 비범한 재능, 힘, 마력이 담겨 있다. 지금 바로 그것을 시작하라."

1등의 습관
찰스 두히그 지음 | 강주헌 옮김 | 알프레드 | 2016.4.29.

Q : 인생에서 소중한 것을 포기하지 않으면서 원하는 것을 얻을 수 있을까?
A : 그렇다. 평균 이상의 생산성을 보여 주는 사람이나 조직에는 여덟 가지 요소가 있다.

첫째, 동기 부여가 필요하다. 이는 자기 자신이 선택권을 쥐고 의사를 결정할 수 있다는 믿음에서 비롯된다. 다니엘 핑크의 《드라이브》에서도 I형 인재의 중요한 요소를 자율성으로 꼽는다. 선택권을 갖거나 제공할 수 있는 환경을 만든다면 동기 부여가 가능하다.

둘째, 생산성은 좋은 팀에서 나온다. 구글의 아리스토텔레스 프로젝트에서는 팀의 다섯 가지 핵심 규범을 밝힌다. 자신에게 주어진 일이 중요하다고 믿을 수 있을 것, 조직에도 팀원 개개인에게도 중요하다고 믿을 것, 팀에는 분명한 목표와 명확한 역할이 있을 것, 서로 신뢰할 수 있을 것, 심리적 안전감이 있을 것.

셋째, 집중력이 필요하다. 생산성을 높이는 집중력은 좋은 심성 모형에서 출발한다. 심성 모형은 안데르스 에릭슨의 《1만 시간의 법칙》에서 주요 개념인데, 찰스 두히그는 이것을 "앞으로 일어날 상황을 마음속으로 미리 그려 보는 것"이라고 더 쉽게 설명했다. 강력한 심성 모형, 즉 미래를 더 가깝고 구체적으로 머릿속에 그리는 사람의 생산성이 높다는 것이다.

넷째, 목표 설정을 한다. 영감을 주는 원대한 야망을 품되, SMART 목표 설정법을 활용해서 잠재 능력을 끌어내는 것이 좋다. 실현 불가능해 보이는 높은 목표가 SMART 목표 설정으로 구체적이고 손에 잡힐 듯이 들어올 때, 사람들은 실행하고 이뤄 낼 방법을 찾아내기 쉽다.

다섯째, 다른 사람들을 잘 관리할 수 있어야 생산성이 올라간다. 회사 내 문화를 스타 문화, 엔지니어링 문화, 관료주의 문화, 독재 문화, 신뢰 문화로 나눴다. 크게 성공한 기업은 스타 문화에서 많이 나왔다. 하지만 스타 문화의 회사가 실패하는 경우도 많고, 무엇보다 내부 경쟁으로 타격을 입는 사례가 자주 발생했다. 성공을 향해 꾸준히 성장하는 것은 헌신 문화인 기업들뿐이었다. 헌신 문화의 모델은 위임과 신뢰를 토대로 만들어진다. 도요타의 예를 들었다.

여섯째, 좋은 의사 결정이 반복될 수 있어야 생산성이 높아진다. 좋은 의사 결정을 위한 태도로 "적은 자료를 갖고 어떻게든 추정한 뒤, 세상에서 관찰한 결과를 바탕으로 그 추정을 조정하라."라는 조언을 한다. 이런 추정치를 더 확실하게 하기 위해서 저자는 "실패에 대한 정보를 구하는 데 많은 시간을 쓰라."라고 한다.

일곱째, 혁신을 가져오는 창의성은 익숙한 것들을 특이하게 결합할 때 생긴다. 창의성은 과정을 설계하는 일이다. 익숙한 것들이 특이하게 결합

될 환경을 조성할 수 있다면, 천재가 아니라도 누구든 더 창의적이 될 수 있다.

여덟째, 활용하기 위해서는 패턴을 발견하는 게 중요하다. 많은 자료가 필요하지만, 그런 자료를 이해하고 가공하는 방법을 발견해야 생산성이 높아진다. 패턴을 발견하려는 관점 없이 단순히 정보만 많이 모으는 것은 생산성을 높이는 데 도움이 되지 않는다.

부록에서 두히그 자신이 이 여덟 가지 원칙을 어떻게 활용하는지 소개한 걸 제외하면, 여덟 가지 원칙이 에누리 없이 8장으로 정리돼 있다. 생산성을 높인다는 관점으로 예시를 모으고 정리했기 때문에 여덟 가지 원칙이 모두 곱씹어 볼 만한 주제지만, 각각의 예시가 충분히 설명되지 않았다는 아쉬움이 있다. 다만 사례들을 풍부하게 만날 수 있어서 각자의 적용점을 찾아보는 데는 도움이 될 것이다.

3-4

1만 시간 VS 20시간

《아웃라이어》《1만 시간의 재발견》《처음 20시간의 법칙》

/

가끔은 기타를 포기하고 싶어질 것이다. 기타가 싫증 나기도 할 것이다.
그럼에도 손에서 기타를 놓지 않는다면 언젠가 애쓴 보람이 생길 것이다.

지미 헨드릭스

드디어 여기까지 왔다. 나에게 복권 1등 당첨과 맞먹는 소원, 아니 사실 그보다는 약간 덜한 소원을 소리쳐 말할 때다.

"말콤 글래드웰의 《아웃라이어》는 자기계발서가 아니다!"

내일 지구가 멸망하더라도 한 그루의 사과 나무를 심겠다는 사람의 말처럼 우아하고 비장하게 말하고 싶었지만, 구차하게 한마디만 더 할 수 있게 해 준다면 이 말을 추가로 덧붙이고 싶다.

"글래드웰이 말한 1만 시간은 당신이 생각하는 그 1만 시간이 아니다."

참고로 사과나무에 대한 대사는 스피노자가 처음 하지 않았다. 마르틴 루터가 젊었을 때 일기장에 썼던 말이라고 한다. 루터가 스피노자보다 약 150년 정도 먼저 태어났다.

그런 말들이 있다. 누가 한 말인 건 분명한데 그 말을 한 사람의 원래 의도는 온데간데없고 말만 알 수 없는 생명력을 얻어 활개 치고 돌아다니는 것 말이다. 기업에서 그런 말의 대표를 꼽으라면 나는 주저 없이 BHAGs를 꼽는다. BHAGs Big Hairy Audacious Goals는 '크고 위험하고 대담한 목표'라는 뜻으로 짐 콜린스와 제리 포라스의 명저인 《성공하는 기업들의 8가지 습관》에서 나온 개념이다. 이 위대한 책에서 나온 개념을 받들어 많은 기업에서 정말 위험한 목표를 세운다. 기업마다 문화가 다르므로 딱히 나쁠 일은 없지만, 만약 BHAGs를 '숫자'로만 인식한다면 그건 문제다.

예를 들면 이런 식이다. 700억 원 정도를 기록한 다음 해의 매출 목표를 얼마로 잡아야 할까? 750억 원이나 800억 원 정도도 쉽지 않을 거라고 직원들이 수군거릴 때, 사장님이 한마디한다.

"요즘 사람들은 야망이 없어! 꿈을 크게 가져야지! 내년 목표는 1천억 원이야!"

BHAGs를 크고 위험하고 대담해서 얼토당토않은 '숫자'로 잘못 이해하면 안 된다. 아니 백번 양보해서 말도 안 되는 숫자를 목표로 잡는 것이야 개인의 자유지만, 짐 콜린스와 제리 포라스는 BHAGs를 설명하면서 그걸 엄청난 숫자와 연결한 적이 없다. 그들이 언급한 BHAGs의 좋은 예시들을 볼까?

"금세기가 가기 전에 사람을 달에 착륙시키고 무사히 귀환시키겠다." 케네디 대통령의 말이다. "우리가 하는 사업에서 1위 혹은 2위가 되고, 소기업의 기민함을 갖추는 것." GE의 목표다. "담배 산업의 GE가 되겠다." 업계 6위에서 1위까지 치고 올라간 필립 모리스의 목표다. "5년 내 아칸소 주에서 수익성이 가장 높은 잡화 가게를 만들겠다." 1945년의 월마트의 목표였다. "가장 강력하고 가장 친절하며 가장 멀리까지 뻗은 최초의 세계적 금융 기관이 되겠다." 사무실이 월 스트리트에 하나만 있었던 시티은행의 목표였다.

이에 대한 설명이 몇 가지 더 있다. 절대적인 헌신이 없으면 이룰 수 없기 때문에 사람을 끌어당길 만큼 명확하고 강력해야 하며, 이 때문에 좋은 BHAGs는 추가 설명이 거의 혹은 전혀 필요 없다고 한다. 기업의 핵심을 보존해야 BHAGs가 효과가 있다는 말도 있다. (《성공하는 기업들의 8가지 습관》에서 BHAGs에 대한 장 바로 전에 '핵심을 보존하라'는 장이 나오는 것은 우연이 아닐 것이다.) 그렇지만 그 책 어디에도 BHAGs가 숨이 턱 막히는 숫자라는 설명은 없다.

야망을 가지라는 사장님의 말을 한 김에 원저자의 의도와 상관없이 돌아다니는 말 하나만 더 살펴보자. "소년이여, 야망을 가져라!" 이 말은 윌리엄 스미스 클라크라는 사람이 했다. 이 사람은 현 홋카이도대학교인 삿포로농학교의 초대 교감이었다. 그의 말이 일본 각지에 퍼지고 일본 영어 참고서에 실렸는데, 그걸 거의 그대로 번역한 우리나라 영어 참고서에도 실린 것이라고 한다. 게다가 그 뒤에 이어지는 말은 "소년이여, 야망을 가져라. 돈을 위해서도 말고 이기적인 성취를 위해서도 말고, 사람들이 명성이라 부르는 덧없는 것을 위해서도 말고 단지 인간이 갖춰야 할 모든 것을 얻기 위해서."다.

전체 맥락에서는 야망이라는 단어가 일차적으로 주는 느낌과는 다른 의미로 쓰인다. 무엇보다 이 말 자체가 교감 선생님이 그 학교 학생들에게 한 훈화 말씀이다. 원저자와 맥락을 증발시킨 뒤 말만 남기면, 좋은 말도 도시괴담에 가까운 호러가 된다.

그러니까 1만 시간의 법칙도 저자의 의도와 맥락을 이해해 보자. 여기에서는 우선 《아웃라이어》에서 1만 시간의 법칙을 어떤 맥락으로 썼는지 확인한 후, 1만 시간의 법칙을 처음 주장한 안데르스 에릭슨의 책 《1만 시간의 재발견》을 살펴본다. 그리고 1만 시간보다 부담이 훨씬 덜한, 20시간의 법칙을 비교해 보고자 한다.

 ## 운이 억세게 좋은 것

《아웃라이어》는 '로제토'로 시작한다. 로제토는 이탈리아의 지명이면서, 로제토 사람들이 미국 펜실베이니아로 많이 넘어와서 세운 마을 이름이다. 1950년대 미국은 65세 미만 남성이 사망하는 가장 큰 원인이 심장 마비였다. 그런데 로제토에서는 55세 이하는 심장 마비로 죽는 사람이 없었고, 65세 이상의 심장 마비 사망률은 미국 전체의 절반 수준이었다.

장수가 유전자에 좌우된다는 믿음이 지배적인 그때, 삼대가 같이 사는 확장된 가족 집단이라는 공동체가 건강을 좌우하는 요소였다는 것은 당시 의료계에서는 받아들여지지 않았다. 로제토는 아웃라이어, 즉 일반적인 규칙을 넘어서는 그 무엇이었다. 여기에서 잠깐 생각해 봐도, '아웃라이어가 되자.'는 구호를 로제토에 대입해 보면 좀 웃기는 문장이 나온다. '1만 시간을 연습해서 마을이 되자?'

캐나다의 하키 선수 중 성공한 사람의 대다수가 1월에서 3월 사이에 태어났다. 이는 점성술 이야기가 아니다. 이유는 캐나다가 1월 1일을 기준으로 나이를 세기 때문이다. 9세에서 10세인 아이들을 대상으로 선수 후보군을 찾는데, 사춘기 이전의 아이에게 약 열두 달의 발달 기간은 엄청난 차이다. 몇 달 더 발달한 아이가 한두 번의 기회를 더 부여받게 되고, 그 기회는 더 많은 기회로 이어진다. 그게 누적되면 뛰어난 선수와 그저 그런 선수의 차이로 이어진다. 핵심은 '기회'의 부여인데, 생각해 볼 점은 그 기회가 태어난 달에 따라 달라진다는 것이고, 대부분의 사람은 태어나는 월을 조정할 수 없다.

글래드웰은 인류 역사상 부자였던 사람들의 명단을 보니 상당수가 19세기 중반에 태어난 미국인이라고 했다. 그 이유는 1860년대에서 1870년대에 미국에서 철도가 건설되고 월스트리트가 만들어졌기 때문이다. 1830년대에 태어나야 그 기회를 잡기에 가장 적절했다는 말이다. 재력으로 아웃라이어가 되고 싶다면, 아쉽다. 우리 모두는 기회를 놓쳤다.

빌 게이츠는 1968년에 시애틀의 사립 학교 레이크사이드에 있었다. 그 학교의 어머니회에서 3천 달러를 투자해서 컴퓨터 터미널을 설치해 줬다. 그리고 그건 컴퓨터 클럽의 학생들 차지가 됐다. 물론 빌 게이츠는 유능했고 똑똑했다. 그건 사실이지만, 그가 프로그래밍의 1만 시간을 쌓을 수 있었던 이유는 여러 우연의 결과로, 대학에서도 컴퓨터 클럽이 거의 없었던 1960년대에 공유 터미널로 프로그래밍을 할 수 있는 고등학교에 있었기 때문이다. 빌 게이츠는 글래드웰과의 인터뷰에서 처음에 이렇게 말했다고 한다.

"저는 아주 운이 좋았어요."

기회 말고도 아웃라이어를 만드는 요소는 유산이다. 쌀농사 문화의 아시아인이 수학을 잘한다는 등의 내용이 나온다. 한국인으로서 아주 흥미로운 예시가 나오는데, 언어학자 손호민이 회사원 김씨와 과장 사이의 대화를 묘사한 장면이다.

과 장:	날씨도 <u>으스스</u>하고 출출하네. (한잔하러 가는 게 어때?)
회사원 김씨:	한잔하시겠어요? (제가 술을 사겠습니다.)
과 장:	괜찮아. 좀 참지 뭐. (그 말을 반복한다면 제안을 받아들이도록 하지.)
회사원 김씨:	배고프실 텐데, 가시죠? (저는 접대할 의향이 있습니다.)
과 장:	그럼 나갈까? (받아들이도록 하지.)

이 대화를 글래드웰이 해석한 부분이 압권이다. "대화 참여자가 서로 상대방의 의중을 세심하게 짚어 가며 말하고 듣는다는 점에서 이 미묘한 대화에는 일종의 아름다움이 존재한다." 나는 이 부분에서 흔한 말로 현웃 터졌다. 이런 화법은 청자 중심인데, 대화를 알아듣는 것은 듣는 사람의 몫이다. 이건 그냥 문화다. 옳고 그름이 아니고 모든 문화에는 장점도 단점도 있다는 뜻이다. 다만 문화는 개인이 특정한 행동을 하도록 압박을 가할 때가 있음을 알아야 한다. 그리고 그런 청자 중심의 화법이나 권위주의적인 의사소통은 고장 난 비행기를 비바람이 몰아치는 밤 공항에 착륙시켜야 하는 조종사에게는 적당하지 않다.

글래드웰은 단 한 명에게 주어진 기회가 백만 명에게 주어지면 무슨 일이 일어나겠느냐고 질문한다. 유산이라는 문화를 이해하고, 더 많은 사람에게 기회가 제공될 환경이 만들어진다면 묻혀 있던 수많은 잠재력이 드러나 세상을 더 풍요롭게 할 수 있지 않겠느냐고 말이다. 그러니까 1만 시간을 갈고닦아 전문가가 되자는 말은 관점이 살짝 비껴 있다. 정말 1만 시간을 수련하고 싶다면, 그렇게 문화를 만드는 게 빠를 것이다. 혼자 힘으로 문화를 바꾸기 어렵다면 그런 문화가 있는 곳을 찾아가는 게, '억세게 좋은

운'을 만들기에 그나마 확률이 높을 것이다.

1만 시간의 본질, 신중한 연습

이제 1만 시간의 법칙의 원조 이야기를 들어 보자. 콜로라도대학교와 플로리다주립대학교 심리학 교수를 역임한 스웨덴 출신의 세계적인 심리학자 안데르스 에릭슨이 그 주인공이다. 에릭슨은《1만 시간의 재발견》(영어 원제는 《PEAK》이다.)이라는 책에서 '타고난 재능이란 없다.'고 주장한다. 노력해도 안 되는 이유는 '더 열심히' 하지 않았기 때문이 아니라, '다르게' 하지 않았기 때문이라고 한다. 올바른 방법으로 '의식적인 연습deliberate practice'을 하면 누구나 모든 영역에서 잠재력을 개발할 수 있다. 의욕보다 중요한 것은 올바른 방법이다.

에릭슨의 1만 시간에서 기억해야 할 개념은 심적 표상mental representation이다. 당신은 개를 보면 개라고 생각하는가? 아니면 말티즈인지 요크셔테리어인지 푸들인지를 구분하는 사람인가? 후자라면 개에 대한 심적 표상이 발달한 것이다. 생선회를 먹을 때 생선과 무채를 구분하는 것으로 만족하는가, 아니면 광어와 우럭은 물론 농어와 놀래미, 참치의 대뱃살과 아가미살을 구분할 수 있는 사람인가? 후자라면 생선회에 대한 심적 표상의 질이 높은 것이다. BMW를 보면서 국산 차인지 외제 차인지 헷갈리는 사람인가, 아니면 차종을 시리즈 넘버로 구분하는 사람인가? 후자라면 차에 대한 심적 표상이 뛰어난 것이다.

육상이나 수영, 암벽 등반 등에서 뛰어난 움직임을 보이는 스포츠 선수든지, 피아노 연주자나 오케스트라 지휘자, 조각가 등 예술가든지, 그 밖에 바둑 기사나 셰프, 운전 기사나 생선회를 구분하는 사람들까지 모두 다 심적 표상을 사용한다. 이 글을 읽는 당신은 글이나 좋은 책에 대한 심적 표상이 있기 때문에 그것과 내 글을 계속 비교하고 있을 것이다. 나 역시 좋은 책에 대한 심적 표상이 있고, 거기에 최대한 가까운 글을 써내려고 무던 애쓰고 있다.

의식적인 연습은 심적 표상을 발달시키고, 심적 표상은 의식적인 연습을 돕는다. 그래서 1만 시간에서 기억해야 할 두 번째 개념은 의식적인 연습이다. 의식적인 연습은 단순한 연습과는 세 가지가 다르다.

첫 번째, 명확하고 구체적인 목표가 있다. 볼링을 칠 때 1번 핀과 2번 핀 사이를 정확히 맞추기 위해 중지를 언제 빼서 어느 타이밍에 회전이 먹히게 하겠다는 사람과, 그냥 굴리면 신나는 사람의 기량 향상 속도는 분명 다를 것이다.

두 번째, 자신의 안전지대comfort zone에서 살짝 벗어나야 해서 고도의 집중이 필요하다. 볼링공을 정확히 굴리기 위해 스텝과 팔의 진자 운동의 타이밍을 맞추려면 편한 대로 팔다리를 움직여서는 안 된다. 몸을 제어해야 하기 때문에 어렵고 불편하다. 편한 동작을 계속 반복하는 것으로 1만 시간을 채운다면 전문가가 되기는 어렵다. 안전지대를 벗어난다는 것은《탤런트 코드》에서 봤던 스위트 스폿과 거의 비슷한 개념이다.

세 번째는 피드백이 존재해야 하고 그에 따라 행동이 변경돼야 한다. 그렇게 수정하려면 그 행동에 대한 심적 표상이 있어야 한다. 첫 단계에서는 교사나 코치에게 피드백을 많이 받을 수도 있다. 기량이 향상될수록 심적 표상 또한 발달해서, 자신이 스스로 피드백할 여지가 많아진다.

이런 관점에서 에릭슨과 공동 연구자들이 바이올린 연주자나 발레 무용수 등을 관찰하고 계산해 봤을 때, 의식적인 연습을 약 20세 전까지 1만 시간 정도를 수행한 사람이 최우수한 기량을 발휘하더라는 게, 1만 시간의 법칙이다. 그리고 그의 책《1만 시간의 재발견》에서 친절하게 한 챕터를 할애하며, 말콤 글래드웰이 티핑한 1만 시간의 법칙에서 옳은 것과 잘못된 부분, 미진한 부분을 설명한다. 저널리스트와 학자의 관점 차이가 품격 있게 드러나는 점이 매력적이다.

1만 시간이냐 7천4백 시간이냐는 대부분의 직장인들에게 중요하지는 않다. 안데르스 에릭슨이 논문을 발표한 이후로 수많은 학자의 반박과 재반박이 이어지고, 글래드웰과 에릭슨도 서로 완전히 동의하지는 않는다고 하니 그런 어려운 문제는 그들에게 맡겨도 된다. 여기에서 중요한 것은, 에릭슨은 재능에 의한 성공을 거의 부정한다는 점과 노력과 성실함에도 '올바른' 방법이 있다고 주장한다는 점이다. 그리고 그 방법이 의식적이 연습인데, 이건 스포츠 스타에서부터 평범한 사람의 일상생활까지 '모든' 영역에 해당한다고 주장한다.

이 지점에서 에릭슨의 의식적인 연습은, 글래드웰이 단순화한 1만 시간의 법칙과는 결이 다르다는 걸 느낄 수 있다. 에릭슨은 자신의 논의에서 운에 대한 부분을 핵심으로 다루지 않는다. 에릭슨의 1만 시간의 법칙과 의식적인 연습은 전문가를 연구하는 과정에서 발견됐지만, 기본적으로는 아주 약간이라도 나은 성과를 바라는 사람이라면 어디에든 누구든 사용할 수 있다고 말한다.

1만 시간은 하루 8시간으로 계산하면 3년 하고도 5개월이 넘는 시간이다. 하루 3시간으로는 9년이 넘는다. 주 5일도 아니고 매일이다! 명절도 대체 휴무도 없이 말이다. 1만 시간을 수련해야 전문가가 될 수 있다는 관점은, 에릭슨의 의식적인 연습과는 거리가 멀고, 글래드웰이 말한 기회와 유산의 관점과도 유사성이 적다. 게다가 당신의 목표가 트리플 악셀이 아니라 회식 자리에서 삼겹살을 더 맛있게 굽는 것이라면, 1만 시간까지는 필요하지 않을 것이다.

📚 참을 수 없는 시간의 가벼움, 20시간

　이제 아주 가볍고 경쾌하게 분위기를 바꿔 보자. 1만 시간의 법칙보다 훨씬 가벼운 제목인, 조시 카우프만의 《처음 20시간의 법칙》이다. 안데르스 에릭슨은 제대로 된 연습 방법이 아니라면 몇 만 시간을 투자한들 기량이 늘지 않는다고 지적하는데, 카우프만은 정확히 그 지점에서 다른 실행을 한다. 내가 행복하게 즐기기 위함이지, 우쿨렐레 세계 챔피언이 되겠다는 게 아니라는 것이다. 에릭슨도 모든 영역에서 1만 시간이 필요한 것은 아니고 어떤 영역에서는 2만 5천 시간이 필요하기도 하고, 200시간이면 되는 영역도 있다고 한다. 카우프만은 아주 영리하게, 시간을 최소로 투자해 하나의 기능을 익히고 즐기는 방법을 소개한다.

　스스로를 배움 중독자라고 말하는 저자의 이 책은 아주 유쾌하다. 20여 시간을 투자해서 본인이 직접 즐기게 된 취미들, 요가와 우쿨렐레, 윈드서핑과 바둑을 소개하는 것도 재미있다. 카우프만의 책에는 "이런 젠장, 말콤 글래드웰!"이라는 제목의 챕터도 있다. 카우프만은 아웃라이어와 안데르스 에릭슨의 1만 시간의 법칙과, 캐럴 드웩의 성장 마인드셋도 이해하고 있다.

20시간 정도, 상대적으로 적은 시간을 투자해서 어떤 기술을 쓸 수 있게 하는 것은, 학습과 습득과 훈련의 차이를 이해하는 데서 시작한다. 학습과 습득의 차이는 외국어 공부를 생각하면 금세 이해가 될 것이다. 예전에 잠깐 만났던 이탈리아인 친구는 영어를 엄청 잘했다. 청산유수로 선생님과 말하는 걸 보면서 내심 부러웠는데, 'notice'라는 단어를 '노타이스'라고 발음하는 걸 보고 충격받았다. 어려운 단어가 아닌데 발음을 저렇게 확실하게 틀리다니! (notice는 '노티스'라고 발음해야 한다.) 하지만 아무 문제가 없었다. 언어 학습과 언어 습득은 굉장히 다른 영역이다.

습득한 기술을 반복적으로 연습하는 것이 훈련이다. 5킬로미터를 뛰는 방법과 42.195킬로미터를 뛰는 방법의 기본은 같다. 기술을 반복적으로, 스위트 스폿을 공략하면서, 그릿을 갖고 계속 훈련하다 보면 더 잘하게 된다. 처음 20시간의 법칙은 학습과 습득, 훈련의 과정을 최대 효율로 영리하게 하는 방법이다.

논외로, 기술 습득과 자격증 취득 요건의 차이에서 생기는 괴리감을 생각해 보자. 신속한 습득의 핵심 요소는 창의성, 융통성, 실험의 자유다. 인증 과정이라는 것은 그 이유를 정확히 알기 어려운 기준들을 충족해야 할 때가 많다. 물론 유용한 기술을 습득하는 것과 인증 기준을 맞추는 것이 쉬운 일은 아니다. 차량이 많은 도로에서 끼어드는 것은 운전에서 굉장히 중요한 기술이지만 면허 시험장에서 구현하기는 어렵다. 하지만 많은 기준이 기술 습득과는 크게 관련 없는 채로 존재하기 때문에 낭비되는 에너지에 아쉬운 마음이 크다.

1인 사업가이자 집안일도 하고 아이도 돌보는, 바쁘기로는 둘째라면 서러울 카우프만이, 몇 달 새에 요가와 우쿨렐레와 윈드서핑과 바둑을 배웠다. 카우프만의 기본적인 믿음은, 뇌는 가소성이 있어서 발전을 멈추지 않는다는 것과 기술의 습득에는 지름길이 없다는 것이다. 뇌는 쓰는 대로 변하고 그건 모든 사람이 그렇다. 연습 없는 지름길은 존재하지 않는다. 당신 자신을 믿어라. 믿기지 않는다면, 당신의 뇌를 믿어라. 연습 없는 지름길이 존재하지 않는 것처럼, 연습으로 가지 못할 길도 없다. 극복해야 할 오직 하나는, 좌절감뿐일지도 모른다.

삶은 한 장 차이다

사방이 어두운 방에 딱 눈 하나 크기 만한 구멍이 있다. 그 빛을 옆에서 보는 것과 거기에 눈을 대고 밖을 바라보는 것은 많이 다를 것이다. 1만 시간이라는 구멍이 있다고 해 보자. 옆에서 바라보면 1만 시간은 그냥 1만 시간이다. 그게 뭐란 말인가? 나는 그게 얼마나 대단한 시간인지 나눗셈을 해 보고 나서야 알았다. 대체 누구를 위한 법칙이란 말인가? 누구에게 도움이 되라고 명절도 없는 3년 5개월을 하루 여덟시간씩 훈련해야 된다는 법칙을 만든 거야?

눈을 대고 들여다보니 조금 다른 이유들이 보였다. 나는 단어 외우기나 골프로 챔피언이 되고 싶은 마음은 없지만, 목적의식 있는 연습이 무엇인지 이해했고 일부분은 나에게 적용해 볼 수도 있을 것 같았다. 안데르스 에릭슨이라는 사람이 피도 눈물도 없는 비정한 코치 같았는데, 알고 나자 좀 엄격한 할아버지 같다는 생각도 들었다. 조시 카우프만은 뭔가 엄격한 선생님 밑에서 같이 배우는 장난기 많은 선배 같은 느낌이다. 마치 이렇게 말하는 느낌 아닐까.

"야, 선생님 말씀은 다 맞아. 근데 누가 1만 시간을 연습하고 앉아 있냐? 너 이것만 하고 살 거야? 난 하고 싶은 게 훨씬 더 많은데! 20시간 정도만

하면, 나만큼은 할 수 있을 거야!"

이제 1만 시간이라는 말을 들으면 나에게는 이전보다 더 많은 이미지가 떠오른다. 1만 시간이라는 단어가 주는 부담감도 훨씬 덜하다. 그리고 그걸 주장하는 사람들의 근본적인 믿음이 변화가 가능하다는 희망에 뿌리를 둔다는 사실이 기쁘다. 그렇게 조금 더 넓어진 생각의 폭은 나를 조금은 더 행복하게 만드는 것 같다.

'콩고 왕자'로도 알려진 라비, 조나단, 파트리샤 남매의 동영상을 본 적이 있다. '깜시'라는 말을 듣고는 '한국 사람들은 말을 정말 잘 만들어 낸다, 깜시 너무 심하다'며 숨이 넘어가게 웃는 그들을 보면서 정말 많이 반성했다. 공감하지 못하는 사람은 아무것도 할 수 없다. 세상을 바꾸는 건 물론이고 자기 자신조차 바꿀 수 없으며, 오직 할 수 있는 것은 다른 사람에게 상처를 주는 일뿐이다. 내게 피부색이 다른 친구가 한 명만 있었더라도 저런 말을 무심히 할 수 있을까. 어떤 말이 나쁘다는 걸 인지하는 것과 느끼고 공감하는 것은 정말, 아주 많이 다르다.

책은 왜 읽는가. 나 하나 바꾸지 못할 것이라면 수십, 수천만 권을 읽는다 한들 대체 어디에 쓸 것인가. 나를 바꾸지 않고 내 고집을 더 공고히 세울 것이라면 차라리 안 읽는 편이 낫지 않을까. 1만 시간은 알아서 뭐하는가. 그게 내 삶에 한 점이라도 변화를 주지 못한다면 무슨 의미가 있는가. 책을 머리가 아닌 삶으로 읽을 것이 아니라면, 책이 나를 이끄는 곳으로 나아갈 생각이 없다면 말이다.

잘난 척 포인트!

- 이제 '아웃라이어'라는 단어를 들으면, "안데르스 에릭슨은 아세요?"라고 물어라. 상대가 모른다면 당신이 활개 치면 된다. 상대가 안다면? 그럼 아직은 조심할 때다. 안데르스 에릭슨을 들어 봤다고 하면 '의식적인 연습(deliberate practice)'에 대해 아느냐고 물어라. 모른다면 당신이 활개를 칠 때다. 그마저도 안다면? 그냥 들어 줘라. 많이 아는 사람인 것 같으니.
- 처음 20시간의 법칙으로 기술 하나를 연마해 보라.
- 욤비 토나(Yiombi Patrick Thona)는 콩고 민주공화국의 비밀정보국에서 일하다가 정치적 비리를 폭로하고 난민으로 위장해 한국에 망명했다. 광주대학교 교수이자 사회 운동가로 활동한다. 자녀들이 유튜브 영상에 많이 나온다. 공익법센터 어필의 김종철 변호사가 욤비 토나의 난민 소송을 대리했었다. 에코팜므의 박진숙 대표와 욤비 토나 공저인 《내 이름은 욤비》가 있다.

아웃라이어

말콤 글래드웰 지음 | 노정태 옮김 | 최인철 감수 | 김영사 | 2009.1.15.

Q : 진짜 성공의 비결은 뭘까?

A : 기회와 유산이다.

책 첫 장에 친절하게 아웃라이어의 정의가 나온다. 본체에서 분리되거나 따로 분류돼 있는 물건, 혹은 표본 중 다른 대상들과 확연히 구분되는 통계적 관측치를 뜻한다. 당연히 책에서는 후자의 뜻으로 쓰였다. 총 2부로 구성돼 있는데, 1부에서는 아웃라이어를 만드는 기회Opportunity를, 2부에서는 유산Legacy을 살폈다.

1부 기회 파트에서는 아마도 《아웃라이어》를 통틀어 가장 많이 회자될 빌 게이츠와 비틀스가 1만 시간 정도를 학습할 상황에 처했었다는 이야기가 나온다. 그보다는 조금 덜하지만 어쨌든 조금은 알려진, 생일이 1월에서 3월생인 아이들이 하키 선수로 성공할 확률이 높다는 통계도 나온다. 아직 어릴 때 열 달 이상의 발달 차이로 인해 한두 번의 '기회'를 더 받을 수 있기 때문이라는 것이다.

아웃라이어를 만드는 '기회'에 대한 의미를 폭넓게 파악하기 위해, 조금 덜 알려진 듯한 이야기를 들여다볼 필요가 있다. 1부 5장에서는 조셉 플롬이라는 변호사가 아웃라이어가 된 이유를 유태인이기 때문에, 1930년대에 태어났기 때문에, 가치 있는 일을 하고 있다는 믿음을 부모에게 받았기 때문이라고 설명한다. 미국의 1930년대는 대공황기의 경제적 어려움이 반영돼 앞뒤 10년에 비해 출생률이 현저히 낮았다. 이때 유태인들은 출신 배경 때문에 대형 로펌에서 거절당하곤 했다. 그들은 부모로부터 자율성과 복잡성, 노력의 결과의 연관성을 보여 주는 문화를 보며 자랐다. 그래서 뉴욕의 위대한 변호사는 아웃사이더이면서 부모에게 일의 가치를 물려받은 것과, 1930년대 초에 태어난 것이 큰 장점이 된다는 것이다. 글래드웰은 이렇게 썼다.

"혼자서 성공하는 사람은 없다."

여기까지만 봐도 성공은 1만 시간의 학습이나 천재적인 지능 같은 유전적 우월함이 아니라 다양한 기회의 조합으로 발생한다는 걸 알 수 있다.

2부는 문화적 유산이 성공에 미치는 영향을 살펴본다. 네덜란드의 사회학자인 기어트 홉스테드의 연구 중에서 '권력 간격 지수PDI: Power Distance Index라는 게 있다. 특정 문화가 위계질서와 권위를 얼마나 존중하는지 나타내는 지표다. 책에서는 두 건의 비행기 추락 사건을 다룬다. 하나는 1990년 콜롬비아 항공사의 아비앙카 52편, 다른 하나는 1997년 대한항공 801편이다. 두 추락 사고는 당시 기장과 부기장의 의사소통이 명확하지 않았기 때문인데 PDI가 상위권에 꼽히는, 즉 위계질서와 권위가 몸에 익은 나라 중 두 곳이 바로 한국과 콜롬비아다. 위기 상황에서 비행기를 조종해야 하는 사람으로는 적합하지 않은 문화가 있는 것이다.

기회와 유산이 조합될 때 성공의 가능성이 꽃핀다. 글래드웰은 이렇게 썼다. "우리는 빌 게이츠를 바라보면서 우리가 사는 세상은 열세 살 소년도 최고의 억만장자가 될 수 있는 곳이라며 자화자찬한다. 하지만 그것은 잘못된 생각이다. 우리가 사는 세상은 오직 단 한 명의 소년에게만 1968년도에 시간 공유 터미널을 무제한으로 이용할 수 있도록 허용했다. 만약 백만 명의 소년에게 같은 기회가 주어졌다면, 오늘날 얼마나 더 많은 마이크로소프트가 활약하고 있을까? 만약 캐나다에 7월에서 12월에 태어난 아이들을 위한 또 다른 리그가 있다면 우리는 두 배로 많은 성인 하키 스타를 확보할 수 있을 것이다."

성공을 위해 치열한 노력과 집중력은 중요하고 당연히 필요하다. 1만 시간 정도를 노력할 수 있는 사람이라면 응원을 듬뿍 받아도 되리라. 하지만 일상적인 것에서 벗어나는 놀라운 성공은 극단적으로 말한다면, 1만 시간의 노력 때문에 생기는 게 아니다. 성공은 역사, 공동체와 문화적 유산, 그리고 기회들이 조합돼 일어나는 것이다. 그게 《아웃라이어》가 말하는 성공에 더 가까울 것이다.

1만 시간의 재발견

안데르스 에릭슨 · 로버트 풀 지음 | 강혜정 옮김 | 비즈니스북스 | 2016.6.30.

Q : 노력은 왜 우리를 배신하는가?

A : 노력과 성실에도 전략이 필요한데, 그게 '의식적인 연습'이다.

올바른 노력을 해야 하는 전제는 두 가지다. 하나는 타고난 재능이 없기 때문이고, 또 하나는 뇌가 쓸수록 발달하는 가소성을 갖고 있기 때문이다.

2장에서 런던의 택시 운전사의 뇌를 측정한 내용으로 뇌의 가소성을 설명한다. 런던은 중심가인 채링 크로스에서 반경 9킬로미터 내에 약 2만 5천 개의 거리가 있다고 한다. 런던 택시 운전사가 되기 위한 시험이 세계에서 가장 어렵다는 말이 있을 정도다. 단순히 거리와 건물을 아는 것뿐 아니라 한 지점에서 다른 지점으로 이동하는 가장 효율적인 방법과 그 능력을 증명해야 런던에서 택시를 운전할 수 있다.

뇌에서 기억력 증진에 관여하는 부분은 해마인데, 런던의 택시 운전사의 뇌를 MRI로 촬영하니 버스 운전사나 혹은 비슷한 연령의 다른 직업을 가진 사람보다 후위 해마가 컸다. 실험자는 이것이 타고난 재능이 아님을 확인하기 위해 한 가지 실험을 더 했다. 택시 운전사 지망생의 뇌를 촬영한 것이다. 지망생들 사이에서는 후위 해마 크기의 차이가 없었다. 몇 년 후이들 중 시험에 통과하지 못한 사람과 통과해서 택시 운전사로 일하는 사람의 뇌를 촬영했더니, 택시 운전 자격증을 획득하고 계속 훈련한 사람들의 후위 해마가 유의미하게 커졌음을 발견했다.

3장에서는 심적 표상을 설명한다. 심적 표상이란 사물, 관념, 정보 등 뇌가 생각하고 있는 모든 대상에 상응하는 심적 구조물을 뜻한다. '모나리자'라고 하면 그 순간 떠오르는 이미지가 모나리자에 대한 심적 표상이다. 런던의 택시 운전사는 머릿속에 아주 정교한 심적 표상을 갖고 있다. 육체적 훈련도 심적 표상이 없으면 쓸모가 없다. 최고의 타자는 강속구를 일관되게 쳐 낼 수 있는데, 그건 하나하나 생각해서 하는 행동이 아니다. 날아오는 공을 예측해서 반응해 보고 피드백하면서 심적 표상이 고도로 발달된 것이다.

가소성과 심적 표상을 이해한 뒤, 에릭슨이 주장하는 '의식적인 연습'의 일곱 가지 원칙을 살펴보면 된다. (본문에서는 편의상 세 가지로 나눴는데, 여기에서는 일곱 가지를 모두 소개하겠다.)

첫째, 효과적이고 전문적인 훈련 기법이 수립된 기술을 연마하는 것이 좋다. 설계하거나 피드백해 줄 수 있기 때문이다. 둘째, 개인의 컴포트 존을 벗어난 지점에서, 최대치에 가까운 노력을 기울여야 한다. 셋째, 명확하고 구체적인 목표를 갖고 진행한다. 모호하거나 전반적인 향상을 목표로 하지 않는 것이다. 넷째, 신중하고 온전히 집중해야 되며 실행자 본인이 계획적이어야 한다. 단순히 코치의 지시를 따르는 것 이상의 의식적인 집중이 요구된다. 다섯째, 피드백과 그에 따른 행동 변경이 따른다. 여섯째, 효과적인 심적 표상을 만들어 내는 데 신경 쓴다. 일곱째, 기존에 습득한 기술의 일부, 특정 부분을 집중적으로 개선하는 과정이 수반돼야 한다.

책은 총 8장으로 구성된다. 가소성과 심적 표상, 의식적인 원칙을 설명하는 2, 3, 4장이 이 책의 뼈대라고 볼 수 있다. 1장은 노력의 배신은 방법이 잘못됐기 때문이라는, '올바른' 노력을 설명하기 위한 배경이다. 5, 6, 7장에서는 직장에서, 일상생활에서, 정상급의 수준에서 의식적인 연습을 활용하는 사례들을 살펴본다. 8장은 에릭슨의 근본적인 믿음, 즉 재능이라는 지름길이 없다는 내용을 자세히 설명한다.

마지막 9장에서는 연습하는 인간, '호모 엑세르켄스Home exercens'를 주장한다. 의식적인 연습으로 우리 자신과 자녀들, 의료와 교육과 기술 등 사회 전체에 크나큰 변혁이 일어날 것이라고 한다. 꼭 정상급의 경지에 도달하지 않은 사람이라도 자신의 삶을 통제하고 능력을 향상시키는 도전을 즐기면서 의욕 넘치고 만족감이 충만한 삶을 살 수 있을 것이라 기대한다. 개인적으로는 이 책을 '훈련'이라는 주제의 단 한 권으로 꼽는다.

처음 20시간의 법칙

조시 카우프만 지음 | 방영호 · 조혜란 옮김 | 알키 | 2014.1.20.

Q : 되도록 부담감을 느끼지 않고 새로운 것을 배울 수 있는가?
A : 가능하다. 그것도 20시간이면 된다.

조시 카우프만은 20시간 정도의 적은 시간을 투자해서 최대의 효율을 거둘 수 있다고 주장한다. 말콤 글래드웰과 안데르스 에릭슨이 주장한 '1만 시간의 법칙'의 핵심을 카우프만은 잘 이해한다. 그 법칙이 틀렸다는 것이 아니라, 다만 '의식적인 연습'을 어느 정도 해야 하는지에 대한 이해가 다른 것이라고 해석한다. 즉 전문가 수준의 골퍼가 되기 위해서는 1만 시간 이상 오랜 기간 의식적인 연습을 해야 하는 게 맞지만, 친구들과 가끔 재미있는 시간을 보내는 게 목표라면 그 충분한 시간의 정도는 훨씬 줄어든다는 것이다.

저자는 스스로를 배움 중독자라고 표현한다. 되도록 부담을 줄이면서 새로운 기술을 배울 수 있다면 얼마나 좋을까? 이 질문에서 카우프만의 20시간의 법칙이라는 프로세스가 나올 수 있었다. 배움 중독자답게, 스스로 요가와 우쿨렐레, 윈드서핑과 바둑 기술을 습득한 경험을 들려준다. 학문적이지 않고 아주 실제적으로 기술을 습득하는 방법임을 설득력 있게 보여주는 것이다.

20시간에 새로운 기술 연마하기는, 4단계로 구성돼 있다. 1단계는 분리다. 분리는 기술을 최소 하위 단계로 나누는 작업이다. 2단계는 학습으로, 그 분리한 하위 단계의 기술을 지능적으로 익히고 시행착오를 겪는 단계다. 3단계는 연습에 방해되는 시간적, 물리적, 정신적 방해 요인을 없애는 제거 단계다. 4단계는 최소 20시간 정도로 하위 기술을 실습하는 연습 단계다.

2단계 학습과 4단계 연습이 비슷하게 느껴질 수 있는데, 여기에서 학습은 효과적인 실행에 돌입하기 전 사전 정보를 습득하는 단계라고 볼 수 있다. 혼란스러워하는 자신을 인정하고 최악의 상황을 가정해 보거나, 기대 수준을 조정하는 일 등이 모두 이 단계에 속한다. 반면 4단계의 연습에서는 핵심 장비나 도구를 입수한다든지, 스톱워치를 사용한다든지 하는 식의 실행 단계라 할 수 있다.

책은 매우 쉽게 읽히지만, 저자가 이런 프로세스를 만들기까지 이론적으로 탐구한 배경이 허술하지는 않다. 뇌의 가소성과 캐럴 드웩의 성장 마인드셋을 언급하면서 이를 자신의 기술 습득 프로세스에 접목한다. '인지-연합-자동화'의 흐름을 따르는 신경 생리학의 입장도 간단히 살펴본다. 익히고자 하는 기술을 하위 기술로 쪼개서 하나씩 습득한다는 건 《탤런트 코드》의 심층 연습과도 궤를 같이한다.

저자도 말하듯, 우리는 시간이 없어서 엄두를 못 내는 일이 많다. 그리고 정말 시간이 없어서 어쩔 수 없다고 스스로도 생각해 버린다. 카우프만은 그렇지 않다고 말한다. 새로운 기술을 배우려는 시도는 아주 쉬운데, 실제보다 더 크게 느껴지는 두려움과 좌절감, 의심 때문에 시작조차 못하는 경우가 훨씬 많다는 것이다. 해 보지 않으면 감이 오지 않기 때문에 목표가 어디 있는지 모르고 막막할 수 있다. 그걸 저자는 20시간, 아니 10시간이라도 간단히 시작해 보는 것으로 극복할 수 있다고 말한다.

이 책에서 훑듯이 참고하는 《아웃라이어》나 《1만 시간의 재발견》, 《마인

드셋》 같은 일정한 이론적 배경이 뚜렷한 책들과 병행해서 읽어 보면, 습득
에 대해 한결 풍성한 관점을 가질 수 있을 것이다.

노력이
배신당하지 않도록

《노오력의 배신》

/

네가 뛰어났던 건, 성공에 대한 욕망 때문이 아닌 실패에 대한 두려움 때문이었지.
그래서 위대해지지 못한 거야.

＜닥터 스트레인지＞ 中

책을 한 권만 읽은 사람이 제일 무섭다는 말이 있다. 어렵지 않게 짐작할 수 있듯이, 비판을 허락하지 않는 완고함을 경계하는 말일 것이다. 차라리 책을 아예 안 읽은 사람은 스스로 부족함을 느낄 가능성이라도 열려 있지만, 한 권만 읽고 그게 다라고 생각하는 사람은 답도 없다.

앞서 입에 침이 마르게 《그릿》을 찬양하는 글을 썼지만, 불편한 진실을 언급하겠다. 그릿에 대해 비판적인 의견도 만만치 않다는 것이다. 그리고 비판적인 의견도 충분히 근거가 있다. 개인적으로는 '아침형 인간'이라든지 '마시멜로 이야기' 같은 성공 시리즈보다 더크워스의 방대한 그릿 연구가 훨씬 더 탄탄하다고 생각한다. 아침형 인간이 더 성공할 확률이 높다거나 참을성이 높으면 성공한다는 식의 단순한 결론과 비교할 때, 성공은 재능 곱하기 노력의 제곱이라는 결론도 단순하기 그지없다. 하지만 결론 자체보다, 그 단순한 결론을 어떻게 증명해 냈는지가 메시지의 신뢰도를 더 높일 때가 있다. 그런 면에서 그릿의 이론적, 실험적 토대는 안정적인 편이다.

그릿을 둘러싼 비판의 관점은 여러 가지지만, 내가 공감하는 관점은 크게 두 가지다. 첫 번째, 그릿에는 '왜'가 없다는 지적이다. 왜 그렇게 노력에 노력을 거듭해서 뭔가를 이뤄야 하는가? 그게 바람직하고 이타적이지 않은 목적이라면 그런 때에도 그릿은 작동하는가? 만약 그런 그릿이 사람들을 고통에 빠뜨리고 세상을 후퇴시킨다면 그 경우에는 무슨 의미인가?

북클럽에서 앤절라 더크워스의 《그릿》을 읽었을 때 회원 한 분이 자기가 알고 있는 그릿의 전형을 말해 줬다. 그는 바로 다름 아닌 어벤저스 시리즈의 최대 빌런(창작물에서 악당을 의미한다.), 타노스였다. 엄청난 능력과 어긋난 신념으로 우주의 절반을 죽여 버리는 타노스를 잘못된 그릿에 대입해 본 후 우리 모두 한참을 웃었다.

'왜'가 있는지, 그리고 그 '왜'가 어디를 향하는지는 상당히 중요한 주제다. 다만 그릿 자체의 논점에서 조금 벗어난다고 말해 두는 정도로 정리하겠다. 남들에게 인정받으려고 시간을 지키는 사람도 있고, 사람들에게 신뢰감을 주고 싶어서 시간을 지키는 사람도 있다. 그 사람의 진짜 '왜'가 무엇인지는 시간만이 보여 줄 수 있다. 그릿을 이용해서 남을 구하는 사람도 있고, 우주의 반을 없애는 사람도 있을 수 있다. 꼭 순서가 있는 것은 아니지만, '왜'는 그릿보다 큰 범주의 개념이다. 이 책 2장의 시작이 'Why'인 이유이기도 하다.

그릿을 비판하는 두 번째이자 내가 더 마음이 가는 관점은, 시대적이고 한국적인 상황에서의 비판이다. 말하자면 그릿, 즉 노력을 강조하는 것이 자칫 노력지상주의 내지는 노력이면 다 된다는 잘못된 결론을 강조하게 될 수 있다는 것이다. 노력한다고 다 되지 않는다. 때문에 잘못된 노력맹신주의에 휩싸인 뒤 실패라도 하면 더 큰 좌절감에 빠지거나 극단의 냉소주의로 흐를 가능성도 있다. 세계사에 유례없는 성장 신화를 이룩한 한국에서 특별히 더 이상하게 적용될 가능성은 굉장히 높다.

그릿은 결국 성실이라는 말 아닌가? 성실하게 노력하면 다 잘될 거라는 잘못된 약속으로 홀리면서 '열정 페이'를 강요하는 것은 아닌가? 언젠가는 다 잘될 건데 아직은 그 언젠가가 아니라고 희망 고문하는 것은 아닌가? 결국 그릿도 노력만을 강요해서 '노오력'하게 만드는 수단 아닐까? 내 열정이 결국 이용당할 뿐이라는 이 기분 나쁘고 불편한, 하지만 그냥 무시하기 어려운 진실의 조각을 조금 더 파헤쳐 보고자 한다.

요즘 애들은 정말 버릇이 없는가

2015년을 설명하는 트렌드로 집밥, 홈퍼니싱, 가성비 등을 꼽을 수도 있겠지만 그 불안의 근저에서 회자된 '헬조선'을 빼놓을 수 없다. 자기계발의 의지를 '금수저, 흙수저론'이 파먹고 있다. 이런 사회에서 청년들에게 많은 노력을 하라는 건 불합리해 보인다. 많은 노력을 해 봤는데 안 된다는 질문에는 이런 답이 돌아온다. 더 많은 노력을 하라고. 그 더 많은 노력을 조롱하는 단어가 '노오력'이다.

노력은 개인으로서 할 수 있는 모든 자원을 활용하는 것이라면 '노오력'은 그 이상을 요구한다. 그 이상이라는 것은 사실 개인이 감당하기 힘든,

그래서 구조나 나라가 감당해 줬으면 하는 영역인데 그걸 개인의 문제로 돌려 버릴 때 개인은 극도로 불안한 상황에 처하게 된다.

이런 상황에 우리나라의 청년들의 선택은 어떻게 될까? 수많은 경우를 지나치게 압축하는 듯하지만, '공시족'과 '탈조선'으로 나눌 수 있겠다. 공무원 시험을 준비하는 '공시족'은 2016년 기준 국가직 7, 9급만 30만여 명에 달하고 지방직 공무원 지원자와 준비중인 사람까지 추산하면 85만 명이 넘을 것으로 본다. 합격율은 2퍼센트가 되지 않는다. 4수, 5수도 허다하다. 그러다가 한국이 도저히 내가 살 수 있는 곳이 아니라고 생각하는 사람이 호주로든 일본으로든 탈출한다.

문제는 이런 분위기의 원인을 노력의 부족함으로 볼 수 있느냐는 것이다. '요즘' 청년들이 3포(연애, 결혼, 출산을 포기)에 5포(취업, 내 집 마련 추가 포기)에 7포(인간관계, 희망 추가 포기)를 넘어 N포 할 정도로 나약하고 의지가 부족하다고 말이다. 정말 노력의 부족함이 문제라면 해답은 간단하다. 타노스를 뛰어넘을 그릿이면 된다.

정말 '요즘 애들이 나 때와는 다르다.'고 생각하는 분들이 주변에 있다면 꼭 말씀드리길 바란다. 그 말은 기원전 469년에 태어난 소크라테스도 한 말이라고. 한비 등이 저술하고 집대성했다고 알려진 《한비자》에도 요즘 젊은 것들은 스승이 가르쳐 줘도 배우려 들지 않는다는 말이 나온다고 한다. 한비는 기원전 280년경 태어난 사람이다.

1950년대부터 1960년대생이 보고 자란 것은 무엇일까? 전쟁을 딛고 일어서 경제적 풍요를 만드는 모습, 민주화를 이뤄 내는 모습이었을 것이다. 1988년에는 올림픽을 개최한 것도 엄청난데 종합 4위를 기록하는 기염을

초독서

토한다. 나는 1980년생이다. 1960년생이 올림픽을 봤을 나이에 내가 경험한 것은 서브프라임 모기지 사태로 불리는 세계 금융 위기였다. 1990년생은 상황이 더하다. 2008년 금융 위기를 맞을 때 스무 살이 안 됐고, 이들은 그보다 10년 전에 국가부도의 위기를 겪었다.

1990년생의 눈으로 드라마를 구성해 보자. 초등학교를 다니는데 산 같고 기둥 같던 부모님이 무너지고 집이 가난해지는 것을 본다. 대학 입시를 걱정하고 있는데 자기계발의 화신이자 나름의 롤 모델이었던 형이나 언니가 야근을 밥 먹듯하며 피폐해지는 것을 본다. 평생 직장을 믿다가 끝이 안 좋은 부모님을 본 이들이 기업을 신뢰하지 않게 되고, 그나마 공정해 보이는 공무원에 도전하는 것이 너무나 자연스럽지 않은가? 지원서를 100개씩 써 가며 입사해서 부모님께 빨간 내복을 사드린 오빠나 누나가 과로로 만성 위염에 시달리며 골골대는 것을 본 이들이 '한국에는 답이 없다.'고 생각하는 것은 열정이 부족한 게 아니라 지극히 상식적인 판단이라고 볼 수 있지 않을까?

모든 인간은 특별하다. 그러면서도 다 특별하니까 또 모두 특별할 것 없이 평범하다. 〈찰리와 초콜릿 공장〉 등 유쾌한 작품으로 사랑받는 영국 소설가 로알드 달은 그의 책 《마틸다》에서 작고 조숙한 아이 마틸다가 눈에서 에너지를 발산해 물컵을 넘어뜨리는 기적을 일으키는 장면을 그렸다. 그런 마틸다에게 담임인 하니 선생님이 한 말은 너무도 지혜롭다.

"너 자신을 특별하다고 생각지 않는 것이 좋을 것 같구나."

네 살 때부터 찰스 디킨스의 작품을 읽어 온 마틸다의 지적 능력을 정말 특별하다고 생각하면서도, 특별하지 않다고 말해 줄 수 있는 하니 선생님은 좋은 교육자의 심성 모형이 된다.

모든 인간이 그렇듯이, 1950년대생도 1990년대생도 그리고 나도, 별로 다를 것 없이 열정적이라는 말을 하고 싶다. 유독 열정이 부족한 그런 세대는 없다. 또는 좌절을 끊임없이 겪으면서도 계속 노력할 의지를 활활 불태울 수 있는 세대도 없다. 요즘 세대가 특별히 더 버릇이 없다거나 야망이 없다는 생각은 도무지 근거가 없다. 열정이 있느냐 없느냐 하는 문제를 개인이나 그 세대로 돌리는 것은 정말 개구리가 올챙이 적 생각 못하는 것이다.

요지는 개인별로 차이가 있는 문제와 사회 구조적인 문제를 같은 관점으로 바라보지 않았으면 하는 것이다. 길이는 자로 재고 무게는 체중계로 잰다. 개인적인 문제는 개인적인 해결책을 제시하는 것이 옳고, 구조적인 문제는 구조를 살펴보는 것이 지극히 정상적인 반응이다. 노력을 하느냐 안하느냐를 판단하기 전에 선행돼야 할 것은, 그 문제가 노력의 유무 그리고 더 많은 노력의 유무로 해결될 문제인지를 판단하는 것이다.

노력은 결국 이용당하는가

요즘 애들이 특별히 버릇 없는 것도 아니고, 요즘 세대가 유독 열정이 부족하다고 보기 어렵다는 말을 했다. 그렇다면 '그릿'이 노력지상주의를 강화해서 '열정 페이'를 부추긴다는 비판이 나오는 이유는, 이런저런 말로 미화해도 결국 노력은 이용당한다고 생각하는 사람이 있다는 뜻이 된다. 정말 그러한가?

조한혜정, 엄기호 외 공저의 《노오력의 배신》을 읽은 후 내 기분은 한마디로 분노 더하기 절망이었다. 난 자기계발을 좋아한다고 생각했는데 그게 알고 봤더니 내 세대가 선택할 수밖에 없는 길이었다는 것이고, 이제 그 길이 배신을 때리고 있다. 학자금 대출을 취업 후 몇 년 동안 지겹도록 갚아

나가는 삶이 당연한 줄 알았는데 사실 사회의 불합리 때문에 내 노력이 어디론가 흘러 사라지고 있었다는 생각도 들었다. 그렇게 등골을 파먹히면서도 그걸 모르고 여지껏 살아왔다니, 호구도 이런 호구가 있을까. 그런 '노오력'이 배신당하는 게 당연하다는 분석을 체계적으로 듣고 나니, 에너지가 충만한 상태인 분노와 에너지가 없는 상태인 절망이 혼합돼 굉장히 '병맛' 같은 상황이 되는 느낌이었다. '나, 뭐였지?'

내 노력이 이용당하고 있는가 아닌가 하는 문제는 주관적으로 판단할 수밖에 없다. 개인의 해석을 누가 뭐라고 할 수 있겠는가. 그게 맞고 틀리는지는 감히 타인이나 사회가 판단할 수 없다. 극단적으로 전 사회가 서로의 등골을 빼먹고 있더라도 그 안에서 개인의 노력을 보존하는 공동체가 존재할 수 있고, 전 사회가 개인의 권리를 보장해도 누군가는 이용당할 수 있다는 말이다. 이용당하느냐 아니냐 판단의 문제가 오롯이 개인의 주관에 달린 사안이라는 걸 전제했을 때, 한국 사회에서 노력이 이용당하고 있느냐는 질문에 대한 내 대답은, 불행하게도 '대체로 그런 것 같다.'다.

이전 회사에서 일할 때는 야근을 밥 먹듯이 했었다. 좋지는 않았지만 딱히 못 견딜 정도로 싫지도 않았다. 비효율이 많았지만, 일을 배우는 건 재미있었다. 하지만 그게 당연한 건 아니라는 걸 알지 못했다. 직장 생활이 6시 땡 하면 퇴근할 수 있다고 애초에 생각해 본 적이 없었기 때문이다. 아내는 매일 물어봤다. "오늘도 늦어?" 10년 넘게 그 회사를 다니는 동안 내 기억에 야근이 없던 날은 열 손가락으로 셀 수 있을 것 같은데, 일주일에 다섯 번을 지치지 않고 질문해 준 아내에게 이 자리를 빌려 감사하다.

본부장을 했던 시절에는 직원들이 야근을 하기 원한 적은 없었다. 입장 바꿔 놓고 생각해도 내가 쓸데없다고 생각하는 걸 시켜야 할 이유를 못 찾왔기 때문이다. 나는 야근을 하고 싶은데 직원들이 눈치 보인다고 해서 같이 퇴근한 뒤 나만 커피숍 가서 일한 적도 많다. 내가 야근을 시키지 않은 가장 큰 이유는 그들의 야근이 딱히 내 삶에 도움이 된다고 느껴지지 않았기 때문이다. 물론 여기까지는 내 생각일 뿐이고 실제로 직원들이 야근을 안 했다고 느끼는지는 알 수 없다. 내가 스스로 야근하는 데 큰 문제를 못 느꼈기 때문에, 야근을 열심히 하며 일을 찾아서 하던 직원들을 내심 더 좋게 평가했을 가능성이 상당히 높기 때문이다. 내 말과 내 마음과 내 행동이 달랐다면 대부분의 직원들은 문제를 제기하기보다는 '알아서' 맞추는 방법을 선택했을 가능성이 크다.

난 워크 앤드 라이프 밸런스, 통칭 '워라밸Work and Life Balance'을 그다지 신뢰하지 않는다. 일과 삶의 균형이라고? 나 좋아서 하는 일에 균형이란 게 존재할 수 있는지 의문이고, 일과 삶이 분리되는 개념이라고도 생각하지 않기 때문이다. 일 안 하겠다는 사람에게 시키기도 어렵지만, 일 하겠다는 사람 말리기도 비슷하게 어렵다고 생각하는 편이다. 이런 내가 선배나 상사일 때, 차마 다 말하지 못한 채 '노오력'으로 '이용당하는' 직원이 없었다고 말하기는 어려울 것이다.

워라밸을 의미 있다고 생각하는 부분은 따로 있다. 누구나 일할 때는 신나서 열심히 하고, 쉬고 싶을 때는 자기 권리 내에서 쉬면 되는데, 사회적인 압박으로 잘 안 되는 경우가 있다. 연차는 자녀 졸업식에만 낼 수 있는 게 아니라, 어느 날 갑자기 오락실 가서 놀고 싶을 때 내도 되는 거다. 그러다가 우연히 딸아이를 오락실에서 만나 용돈 쥐어 주면서 엄마한테 말하지 말라고 하건 말건 그게 무슨 상관인가?

그런데 연차를 쓰는 사람을 주방에 나타난 쌀벌레 보듯 쳐다보는 조직이 있다고 해 보자. 그런데 그런 조직이 하나가 아니고 사회 전체적으로 많다고 해 보자. 그게 당연하다는 어떤 사회적인 합의 내지 압박이 있다면, 그건 사회와 조직과 개인을 병들게 만든다. 이 때문에 개인과 조직과 사회가 최소한의 룰을 갖자고 한다면, 그리고 그게 '워라밸'이라면 그건 의미가 있다. 즉 구조적인 문제에 대한 최소한의 대안이다. '최소' 이 정도는 해야 한다는 것이지, 그것만 하면 된다는 '최대'가 아니다.

다시, 노력은 결국 이용당하는가라는 질문을 돌아보자. 대답은 '대체로 그런 것 같다.'였다. 그럼 어떻게 해야 하는가? 노력은 개인적인 것이고, 이용당하는 문제는 구조적인 것이다. 노력을 권장하려면, 구조적으로 이용할 수 없는 문화를 만드는 것이 선결돼야 한다. 그리고 최대한의 노력을 하는 것의 유익을 당사자가 누릴 수 있게 한다면, 혹은 적어도 당사자가 누린다고 느낄 수 있게 해 준다면, 노력이 '노오력'으로 변질되는 일은 조금 줄어들 것이다.

노력할 수 있는 곳은 어디인가

그래서 노력을 좋은 것으로 생각하는 조직이 되려면, 신뢰가 필요하다. 내 노력이 '노오력'이 되지 않는다는 신뢰를 가질 수 없다면 노력을 권하는 대상을 의심의 눈길로 바라볼 수밖에 없을 것이다. 내 노력의 결실을 내가 누릴 수 있어야 노력할 맛이 난다. 노력할 이유, '왜'를 스스로 가진 사람이 조직을, 단체를, 사회를 신뢰할 수 있다면 말이다.

신뢰가 추상적이라는 걸 인정한다. 내가 '신뢰trust'를 정의할 때는 '신용credit'과 구분한다. 신용은 과거에 뿌리를 두고 있다. 신용의 의미로 '널 믿는다.'고 할 때는 놀라울 게 없다. 그럴 만해서 믿을 수 있는 것이다. 카드

한도와 대출 이자가 그렇다. 그에 비해 신뢰는 아직은 불확실한 미래에 기초한다. 그 미래를 어느 정도는 보여 줄 수 있어야 노력을 말할 수 있다.

서로 신뢰를 쌓기 위한 나의 전제는 '경계boundary'를 명확히 하는 것이다. 내가 생각하는 신뢰는 따뜻하지 않다. 온도로 치면 차가운 것이 신뢰다. 경계를 확인하는 작업은 조금은 불편한 일이다. '대충 이 정도면 서로 알아들었을 것 같은데'에서 멈추지 않고 꼬치꼬치 확인하는 것이 누구에게나 편한 일은 아닐 것이다. '정情'으로 대표되는 한국적인 정서를 고려하면 더 낯선 일일 수도 있다. 하지만 사람이 절대 같을 수 없고 이해보다는 오해가 더 많다는 사실을 받아들인다면, 서로의 경계선을 확인하지 않고는 신뢰로 가기 어려움도 인정할 수 있을 것이다.

다시 본부장 때의 이야기를 하면, 나는 직원들과 같이 밥 먹는 걸 불편해했다. 혼자 밥 먹기를 좋아하기도 하지만, 정말 근본적인 이유는 직원들이 내 수저를 놔 주고 물 한 컵을 떠 주는 게 도무지 어색했기 때문이다. 난 손과 발이 있는 사람이라서 수저 놓고 물 먹는 건 내 손으로 할 수 있다. 그리고 물컵에 물을 떠 놨는데 안 먹고 있다가 밥을 다 먹고 나면 그 물 위에 먼지 한두 개 떠 있는 게 싫다. 평소 그다지 위생적인 사람이 아닌데도, 유난히 식당에서 물컵 위에 먼지가 둥둥 떠 있는 건 싫어한다. 정말 딱 그 이유뿐이다. 계속 직원들을 피해 다니자, 보다 못한 직원 하나가 물었다.

"저희랑 밥 같이 먹는 거 싫으세요?"

"아니, 그냥 설명하기가 귀찮아서 그런 건데. 그리고 이거 다 설명하고 나면 결국엔 사람들이 이상한 놈으로 보거나 불편해하더라고. 차라리 어른들이랑 먹으면 내가 수저 놓고 물 따르고 다 하면 되는데, 나보다 어린 직원들은 내가 수저 놓지 말라고 하면 오히려 안절부절하는 것 같고. 물 따르지 말라고 하면 자기만 물 먹고 나는 안 따라 주는 게 불편한 것 같고…."

주절주절 구질구질 다 설명하고 났더니 그 직원의 표정, '정말 이 사람 뭘까?' 하는 눈치였다. 그 후로는 쑥스럽지만 그냥 별난 습관 가진 사람 정도로 남을 수 있었다. 자기 물 따르면서 "본부장님, 물 따라 드릴까요? 괜찮다구요?" 하고 물어봐 주기도 했다. 직원들은 나를 겸상 안 하는 오만한 사람으로 오해하지 않을 수 있었고, 나도 꼬치꼬치 서로의 선을 확인했을 때 오는, 아주 작지만 재미있는 이익이었다.

노력할 수 있는 곳은, 신뢰가 있는 곳이다. 신뢰는 미래에, 서로의 마음을 알 수 없는 불확실한 영역에 기초한다. 그 불확실한 곳을 믿을 수 있는 곳으로 만들 방법은 서로의 경계선을 명확히 확인하는 것이다.

모두가 특별하지 않게, 혹은 모두가 특별하게

'노는 게 남는 거다.'라는 신조를 가진 선배가 있다. 만나면 항상 유쾌한 그 선배를 보면 신기했다. 선배의 논지는 이거다. '놀아도, 안 놀고 겁나게 열심히 살아도 성공할 확률은 높지 않다. 놀지도 않고 열심히 살아서 성공할 확률이 조금 높을지도 모르겠지만, 그 정도 차이는 미미하다. 그렇게 안 놀고 살다가 성공 못하면 억울할 것이다. 그런데 놀다가 성공을 못하면? 그건 당연하다. 그리고 재미있게 논 시간은 남을 것이다. 그러다 혹시 알아? 놀다가 성공하면 그건 완전 좋은 거니까.' 그냥 노는 사람인 줄 알았는데 놀이와 성공의 철학을 완성한 분이었다.

노는 게 남는 것처럼, 노력도 남는다. 노는 것처럼 했던 노력은 나에게 고스란히 남을 것이다. 내가 노력을 제곱에 곱빼기로 할 수 있는 곳에는 신뢰가 있다. 그 판 위에서 나의 노력은 이용당하지 않을 것이다.

많은 사람이 아는 불가사리 이야기가 있다. 모래사장으로 떠밀려 온 수천 마리의 불가사리가 있는 바닷가에서 한 노인이 한 마리씩 바다에 던져 주고 있었다. 한 남자가 묻는다. "시간 낭비 아닐까요? 수천 마리의 불가사리가 있는데, 한두 마리 살려 준다고 의미가 있습니까?" 노인이 웃으며 한 마리를 또 바다로 던져 주고는 대답한다.

"지금 저 불가사리에게는 의미가 있지요."

우리 모두는 특별하지 않다. 유난히 열정적인 세대도 유난히 패배적인 세대도 없고, 모두 비슷한 사람들이다. 우리 모두는 우리보다 나이가 많거나 권위적인 사람을 조금은 불편해하고, 우리보다 젊은 사람들을 질투한다. 우리 모두는 갈등을 불편해하고 변화를 두려워한다. 우리는 모두 남이 한 것보다 내가 한 걸 대단하게 여긴다. 우리는 모두 내 노력이 결실을 맺을지 몰라서 불안하다.

그래서 우리 모두는 특별하다. 우리가 기울이는 노력은 특별하다. 지금 이 순간 나밖에 할 수 없는 일이어서 그렇다. 똑같은 노력을 해도 똑같은 느낌을 받지는 않기 때문이다. 아니 똑같은 느낌을 받았더라도 그 느낌을 경험하는 것은 나 외에는 누구도 할 수 없는 일이다.

이게 '노력'이 '노오력'이 되지 않고 '그으릿'이 될 내 대답이다. 이용당하는 것 아니냐는 의심에 그릿을 변호하는 내 입장이다. 모든 노력의 순간을 충실히 느끼고 살아 내겠다고 다짐했을 때 찾아오는 뿌듯함이 있다. 나의 '왜'는 나만이 세울 수 있다. 나의 '기브Give'는 나만 할 수 있다. 거기에 들이는 나의 노력은 남을 것이다. 나는 어제보다 조금 더 노력한 내가 될 것이고, 그 노력의 시간들은 행복하다. 다른 사람에게도 의미가 있냐는 질문은 중요하지 않다. 지금 나에게 의미가 있고 나에게 특별하다는 게 중요하다. 오늘 다시, 그릿이라는 이름의 불가사리를 바다에 던져라. 그 불가사리에게는 큰 의미가 있을 것이다.

잘난 척 포인트!

- '그릿'과 '노오력'에 대한 논의를 위해《노오력의 배신》외에 참고한 책은 두 권이 더 있다.
- 《90년생이 온다》의 저자인 임홍택은 CJ그룹에서 브랜드매니저로 마케팅 업무를 담당하고 있다. 신입 사원 입문 교육과 소비자팀 VOC 분석 업무 등을 경험했다고 한다. 1982년생인 저자가 1990년대생을 '간단함, 병맛, 솔직함'이라는 키워드로 분석하는 통찰이 뛰어나다. 단순 에세이 수준이 아니다. 여러 통계 자료와 칼럼 등을 꼼꼼히 검토했고, 소비나 직장 생활에서 세대에 따른 변화를 설득력 있게 보여 준다. 1980년대생과 1990년대생의 차이에 대한 그의 통찰에 도움을 받았다.
- 《명견만리》는 KBS 1TV에서 방영된 시사 교양 프로그램을 명견만리 제작팀이 책으로 정리해서 낸 시리즈다. 1권 인구 부분에서 청년 투자에 대한 내용과, 2권 중국 부분에서 중국의 1980년대 생(바링허우)과 1990년대생(주링허우)에 대한 내용에서 한국의 상황을 비교해 생각해 볼 수 있었다.
- 타노스에게 죽었는지 알려 주는 사이트가 있다. (http://www.didthanoskill.me/) 참고로 나는 살아남았다!

노오력의 배신

조한혜정·엄기호·최은주·천주희·이충한·이영롱·양기민·강정석·나일등·이규호 지음 | 창비 | 2016.4.15.

Q : 한국에서 청년의 '가난' 문제의 원인은 무엇이며, 그 해결책은 무엇인가?

A : 원인은 '살벌함의 공정함'에서 찾을 수 있다. 청년 문제가 전 세계적인 문제이면서
동시에 전 세계적으로 해결책이 없는 실정이기 때문에, 메시아적인 해결책은
존재하지 않는다고 봐야 한다. 도시를 '공통'의 것으로 만들기 위한 '공동'의 노력,
그리고 그걸 위한 신뢰의 회복이 필요하다.

이 책이 나오게 된 때의 배경을 아는 게 도움이 된다. 초판은 2016년에 발간됐는데, 주 저자라고 할 수 있는 조한혜정과 엄기호를 비롯한 총 열 명의 이름을 지은이 목록에 올렸다. 이 책은 연세대 청년문화원이 서울시로부터 수탁 운영하는 청년과 청소년의 창의적 공공 지대를 표방하는 하자센터(서울시립청소년직업체험센터)에서 기획했다. 공저자인 하자센터의 연구원들과 팀장들이 실제로 청년들과 여러 모임을 하며 그들의 이야기를 인터뷰로 담아낸 내용도 여러 개 담겨 있다. 즉 2016년 시점에서 청년의 관점으로 한국 사회에서의 노동의 의미를 돌아보고 앞으로의 방향을 제시하고자 하는 것이다.

1장은 헬조선이라는 키워드로 '노오력'을 살펴보고 있다. 노오력이라는 단어는 노력을 조롱하는 의미로 쓰인다. 이걸 자세히 들여다보면 한쪽에는 노력하면 된다는 시절, 혹은 그런 믿음이 있고 반대편에는 노력해도 안 된

다는 시대, 혹은 그런 믿음이 있음을 알 수 있다. 한국에서는 노력해도 안 된다는 비관 혹은 믿음, 그런 절망적인 상황을 끊임없이 삶에서 확인하는 사람들의 집단적인 인식이 표현된 단어가 바로 '헬조선'이다. 이런 사회에서 노력을 요구하는 것이 '노오력'으로 청년들의 냉소를 받는 것이다. 책에서는 자기계발이나 자아실현을 위해서가 아닌 생존을 위한 노력이 강요되는 현실, 무한 경쟁 체제를 그 원인으로 본다. 그리고 그 승자 독식의 경쟁 체제에서는 노력으로도 넘을 수 없는 장벽들이 생기게 된다.

여기에 대한 청년들의 결론을 다룬 내용이 2장에서 4장이다. '노오력'을 강요하는 사회에 대한 간단한 답은 '노답', 즉 답이 없다는 것이다. '노답'이라는 건 내가 답을 못 찾는 게 아니라 세상에 답이 없다는 의미고, 이면을 들여다보면 세상이 내 비명을 듣지 않는다는 뜻이라고, 책에서는 썼다.

이런 인식은 자신을 포함한 주변 모두를 '벌레화'하는 단계로까지 발전했다. 이전에는 그냥 말이 좀 많았던 사람을 '설명충'이라고 하고, 다른 사람보다 조금 더 진지할 때가 많은 사람을 '진지충'이라고 표현한다. 불행으로 평등하고, 혐오의 힘으로 지속되는 사회에서 청년들은 '헬조선'을 '탈조선' 하기를 꿈꾼다. 사실 이 모든 현상은 한국만의 것은 아니다. 일본에서도 프리터(정규직이 아닌 아르바이트나 파트 타이머 등으로 생계를 유지하는 사람)가 있고, 이탈리아의 실업난은 젊은 청년들을 영국이나 독일, 프랑스 등으로 떠나게 하는 원인이다. 즉 한국의 청년들이 이상하게 부적응적이고 열정이 없다고 보기 어려운 문제인 것이다.

마지막 5장에서는 이런 현실을 바꿀 대안 몇 개를 제시한다. 청소년 교육 부분에서 제안하는 '전환학년제'나 '갭이어gap year'제도의 핵심은 안식년과 비슷한 개념으로, 청년들이나 청소년들에게 사회를 탐구할 시간적 여유를 준다는 의미로 보인다. 청년 국민 배당 제도나 청년 자치 특구 같은 제안은 오해와 논란의 여지도 많겠지만, 기본 개념은 지자체나 비영리단체 혹은 지역 공동체 등에서 많은 실험이 진행되는 영역이다. 그걸 국가나 정책 차원으로 고민하고 토론해 보는 것은 저자들의 말처럼 시급해 보인다.

5장의 제목은 "이 지옥을 사라지게 할 마술"이다. 희망적이지만 어떤 의미에서 반어적이라고도 볼 수 있는 것은, 그런 마술 같은 해법은 존재하지 않기 때문일 것이다. 저자들도 책 서두에서 이 문제가 이미 전 지구적이며 때문에 역설적으로 메시아적인 해법은 없다고 말한다. 5장 마지막 소제목은 이렇다. '그냥 그렇게 둘러앉는 것' 무엇을 만들어 내기 전에 그런 이야기를 시작하고 듣는 것이 필요하고, 어찌 보면 그것밖에는 우리가 할 수 있는 일이 없는지도 모른다.

3-6

비합리적인 인간들과
함께 살기 위하여

《넛지》《상식 밖의 경제학》

/

내 등 뒤편에서 쓰러진 친구 부르면 아무 망설임 없이 이제껏 달려온 그 길을
뒤돌아 달려가 안아 줄 그런 넓은 가슴을 주소서

노댄스(신해철, 윤상의 프로젝트 그룹) 〈기도〉 中

경제학자가 쓴 책을 좋아하는가? 나는 싫어하지는 않
지만, 읽을 때는 약간 부담스럽다. 나는 책을 두세 권을 동시에 보는 방법
을 선호하는 편이다. 한 권을 내리 읽을 때보다 덜 지루하기 때문이다. 비
슷한 분야의 책 두세 권을 왔다 갔다 하면서 읽으면 사례가 촘촘히 겹치는
느낌이 들어 더 재미있다. 다른 분야의 책들을 같이 읽어 나가면 전혀 예상
치 못한 만남을 가져다주기도 한다.

예를 들어 알렉상드르 졸리앵의 《인간이라는 직업》은 얇은 편이지만 예
상보다 지루한 느낌이었는데, 416 세월호참사 시민기록위원회 작가기록단
이 쓴 《금요일엔 돌아오렴》과 겹쳐지면서 만화경 같은 슬픔을 만들어 냈
다. 김희경의 《이상한 정상가족》을 읽을 때쯤 스웨덴의 동화 작가인 아스

트리드 린드그렌의 《꼬마 백만장자 삐삐》를 집어 들게 됐다. 부, 모와 자녀가 있어야 정상적이라는 이상한 이데올로기를, 부모도 없고 입만 열면 거짓말을 술술해 대는 삐삐가 유쾌하게 획 날려 버리는 착각이 들었다.

경제학자의 책은 이렇게 왔다 갔다 재미있게 읽기에는 좀 더 집중이 필요하기 때문에 부담이 있다. 《넛지》를 처음 읽을 때 《그릿》과 같이 읽었는데, 《그릿》을 덮고 다시 《넛지》를 펴면 이전에 읽은 게 기억이 안 나서 머리가 복잡한 적이 많았다. 경제학자들은 농담도 나름의 스타일이 있어서 제대로 읽지 않으면 농담을 했는지 안 했는지도 알기 어렵다.

세스 스티븐스 다비도위츠라는 데이터 과학자가 쓴 《모두 거짓말을 한다》에서 재미있는 가설을 제시한다. 책 끝부분에서 조던 엘렌버그라는 수학자가 사람들에게 많이 인용되는 문장이 책의 앞부분과 뒷부분 중 어디에 집중돼 있는지에 따라 그 책을 끝까지 읽었는지 파악할 수 있다고 세운 가설을 소개한다. 물론 여러 변수와 오류가 있겠지만, 얼마나 많은 사람이 책을 끝까지 읽을까 하는 의문과, 그 의문을 빅데이터를 이용해 풀어 보려는 시도가 재미있다.

이 가설에 따르면 노벨 경제학상 수상자인 대니얼 카너먼의 《생각에 관한 생각》을 다 읽은 사람은 독자의 7퍼센트 정도로, 토마 피케티라는 프랑스 경제학자의 《21세기 자본》을 다 읽은 사람은 3퍼센트 정도로 추산할 수 있다. 그래서 다비도위츠는 책의 끝부분을 쓸 수 있었다. 극히 소수만이 읽게 될 망할 결론 부분이니까.

쉽게 말해 경제학자가 쓴 책은 모두 읽기가 좀 빡세다는 말이다. 행동 경제학은 굉장히 흥미로운 영역이다. 흥미롭다는 이유는 애덤 스미스로 대표되는 전통 경제학에 비해 훨씬 인간적이기 때문이다. 그래서 인간적인 당신과 나 같은 사람의 말도 안 되는 바보 같은 행동을 이해하는 데 큰 도움이 된다. 그리고 당신과 나 빼고 나머지 모두의 '또라이'들과 함께 사는 방법을 배우기에 유용하다.

물론 수많은 경제학자와 그보다 더 많은 책이 있겠지만, 간단히 맛만 보고 나 사는데 조금씩 써먹기만 하면 되기 때문에 여기서는 두 권만 살펴보고자 한다. 리처드 탈러와 캐스 선스타인 공저인 《넛지》와, 댄 애리얼리의 첫 책 《상식 밖의 경제학》이다.

📚 하고 싶은 대로 해, 꼬치꼬치 간섭할 테니

꼬치꼬치 간섭할 테니 너 하고 싶은 대로 하라는 건 무슨 말인지 모르겠다. 답은 정해져 있으니 너는 내가 원하는 대답만 하면 된다는 '답정너'를 말하는 건가? 그런데 이 말도 안 되는 듯한 개념이 《넛지》를 뒷받침하는 핵심이다.

'넛지nudge'의 단어 자체의 의미는 '팔꿈치로 슬쩍 찌르다, 특정한 방향으로 살살 몰고 가다, 특정한 수준에 이르게 하다' 정도다. 넛지는 사람들이 선택할 방법을 설계하는 방법 중 하나로써, 강요나 금지와는 구분된다. '은근하게' 선택을 유도하는 게 넛지의 핵심이다.

이 은근슬쩍한 정신, 이를 《넛지》의 저자들은 자유주의적 개입주의lib-ertarian paternalism라는 말로 표현한다. 두 단어 모두 정치적으로나 문화적으로 많이 사용되기 때문에 처음 들을 때 호감이 생기기가 쉽지 않다. 쉽게는 사람들이 선택할 때 개입은 하지만, 선택하는 이들의 자유를 보존한다는 의미다. 여기서 개입주의로 번역한 'paternalism'이라는 영어 단어를 검색해 보면 어처구니 없게도 '온정주의' 또는 '가부장주의'라는 뜻이 나온 다. 'pater'가 아버지라는 뜻이기 때문인데, 그래서 아버지적인 관계로서의 권위를 의미하는 단어다. 국가나 기업에서 지배와 보호의 특성을 갖고 국 민이나 직원을 대하는 방식을 뜻한다. 노사 관계에서 온정주의라고 하면 고용주는 온정을 갖고 보호하고 직원은 더욱 노력하는 협조 관계를 뜻하게 된다.

이 정도 이해한 뒤 다시 개입주의라는 단어를 보면, 번역자가 고심한 흔적이 느껴진다. 자유를 지켜 주면서 어떤 간섭을 하는 것, 또는 간섭 은 하지만 자유를 지켜 준다는 게 'libertarian paternalism'의 뜻일 텐데, 여 기에 가부장주의나 온정주의는 둘 다 이해를 돕기에 어려운 표현이다. 'paternalism'을 권위주의로 번역하는 경우도 가끔 있는데, 번역자가 선택한 개입주의가 조금 더 넛지의 개념에 가까워 보인다. 넛지는 무조건 선택지 를 늘려 준 후 방임하는 것이 아니다. 사람들의 선택에 영향을 미칠 의도를 갖고 개입하는 걸 분명히 하는 개념이다. 그렇지만 강제하지 않고 개인의 자유를 보존하면서 슬쩍, 거들 뿐이다.

5일 전에 튀긴 팝콘을 먹으면 기분이 어떨까? 그 팝콘을 받은 사람들 대 부분이 맛이 없다고 했다. 그런 팝콘을 절반에게는 큰 통에, 나머지 절반에 게는 작은 통에 나눠 줬다. 큰 통을 받은 사람이 작은 통을 받은 사람보다 팝콘을 평균 53퍼센트 더 많이 먹었다. 맛이 없는데도 말이다.

미국의 텍사스 주에서는 고속도로에 버려지는 쓰레기를 줄이고 싶었다. 많은 자금을 들여 시민의 의무를 강조하는 캠페인을 벌였다. 결과는 대실 패였다. 쓰레기를 버리는 대다수의 사람들은 18~24세의 남자였는데, 그들은 권위에 저항하는 걸 좋아했던 것 같다. 그래서 아마 굉장히 남성적이었을 인기 풋볼팀의 선수들이 등장해 맥주 캔을 찌그러뜨리며 "텍사스를 더럽히지 마!"라는 광고를 만들었다. 유명 가수들을 출연시키기도 한 이 "텍사스를 더럽히지 마!" 캠페인 후 1년 만에 쓰레기는 29퍼센트가 줄었고, 6년 후에는 72퍼센트가 감소했다고 한다.

접히는 도마 등의 상품으로 혁신을 이어 가는 '조셉조셉'이라는 브랜드가 있는데 주방용품을 주로 취급한다. 창립자인 리처드 조셉과 안토니 조셉 형제의 이름은 몰라도 집에는 이들이 만든 주방용품 하나 이상 있는 분이 많을 것이다.

물을 많이 먹으면 좋다는 걸 모르는 사람은 흔치 않다. 성인 하루 물 섭취 권장량이 1.5에서 2리터 정도라는데, 마음은 굴뚝 같아도 얼마 마셨는지 기억하기가 어려운 경우가 많다. 이 브랜드에서 나온 물병의 용량은 400밀리리터인데, 뚜껑을 돌리면 딸깍 소리와 함께 도트 하나가 생긴다. 한 번 먹고 딸깍, 두 번 먹고 딸깍, 이렇게 도트 네 개를 채우면 하루 권장량 섭취 끝이다. '물을 먹어!'가 명령이고 '제발, 날 봐서라도 물을 먹어 줘.'가 사정이라면 조셉조셉 워터보틀은 넛지다.

모두가 돈에 관심이 많을 테니 넛지가 돈 모으게 해 주는 이야기를 해 보자. 저축을 많이 하면 좋다는 건 누구나 안다. 또 많은 사람이 그렇게 하고 싶어 하지만, 여유가 없다고 생각하는 경우가 많다. 《넛지》에는 미국의 퇴직 연금인 401(k)가 나오는데, 회사가 근로자에게 분담 기여금을 부담하는 제도다. 이게 실제로 다른 저축이나 투자에 비해 좋은 상품인지는 논외로 하고, 저축을 늘리기 위해 가입하는 것이 좋다고 가정하자. 근로자의 미래를 좀 더 안정적으로 만들어 줄 저축을 더 늘리려면 어떻게 해야 할까? 가입 방식을 처리하는 두 가지 방식, 옵트 인opt-in과 옵트 아웃opt-out 방식 중에서 선택하면 된다.

옵트 인과 옵트 아웃은 개인정보수집에 동의하는 방식에 대한 용어다. 옵트 인은 개인이 정보 수집을 동의해야만 수집할 수 있고, 옵트 아웃은 개인이 정보 수집을 허용하지 않겠다고 명시해야 수집을 금지한다. 즉 저축이나 연금에 가입하기 위해 근로자가 직접 신청서를 써야 한다면 옵트 인 방식이고, 가입하지 않겠다고 명시적으로 의견을 표명하지 않는 한 자동으로 가입되는 게 옵트 아웃 방식이다. 좋은 저축 프로그램이 있고, 가입하고 싶은 근로자가 있다고 해도 가입을 위해 작성해야 할 서류가 한 더미라면 우선 미뤄 놓고 '나중에' 생각하고 싶을 수 있다. 물론 그 나중은 다시는 돌아오지 않는 경우가 허다하다. 아예 자동 가입이 되도록 해 놓고, 싫으면 얼마든지 해지할 수 있도록 한다면, 선택의 자유를 해치지 않을 수 있다.

옵트 인과 옵트 아웃으로 넛지를 이용하는 대표적인 사례를 장기 기증 영역에서 찾을 수 있다. 장기 기증에서 옵트 인 방식을 취하는 독일은 12퍼센트의 국민이 장기 기증에 동의했는데, 옵트 아웃을 선택한 오스트리아에서는 99퍼센트의 국민이 동의했다. 장기 기증 의사를 묻는 온라인 설문 조사에서도 옵트 인 조건과 옵트 아웃 조건으로 설문에 차이를 줬더니 장기 기증에 동의하는 사람이 40퍼센트에서 80퍼센트로 큰 차이를 보였다.

인간이 원래 그래서

사실 옵트 인과 옵트 아웃 등으로 선택을 조종하는 것은 윤리적으로 여러 반론을 받을 여지가 있다. 장기 기증은 생명을 살리는 일이지만 그걸 다른 누군가에게 강요할 수는 없는 일이다. 그럼 넛지는 개인의 선택권을 방해한다고 볼 수 있지 않을까? 누군가가 먼저 혹은 상위에서 내 선택을 조종한다는 것은 불쾌할 뿐 아니라 평등에도 위배된다. 결국 개인이 선택할 수 있도록 최대한 정보를 제공하고 그 선택에는 어떠한 강제도 없도록 하는 것이 가장 합리적인 것으로 보일 수 있다.

그런데도 넛지를 주장하는 이유는 뭘까? 그 이유는 인간이 원래 합리적이지 않은 존재라고 생각하기 때문이다. 탈러와 선스타인은 이를 '이콘Econ'과 '인간Human'의 차이라고 말한다. 이콘은 호모 이코노미쿠스home economicus: 경제적 인간를 의미하는데 인간이 합리적으로 생각하고 가장 좋은 것을 선택할 수 있는 존재임을 믿는 것이다. 인간은 누구나 최대로 자유를 누린다면 최대로 좋은 선택을 할 것이다. 시장도 아주 멋지게 돌아갈 것이다. 인간이 진짜 이콘이라면 말이다.

현실이 그렇지 않다는 걸 누구나 안다. 웬만한 헬스클럽은 신년에 호황을 누린다. 바로 여러분과 나 같은 사람이 많아서다. 이제부터 술 마시면 개라고 해 놓고는 개가 될 때까지 술을 마신다. 사바세계는 인간Human들로 가득하다. 그리고 여기서 행동 경제학의 매력이 나온다.

사람들은 비현실적인 낙관주의를 갖고 있다. 상당히 많은 사람이 자신을 평균 이상이라고 생각한다. 운전자들 중 90퍼센트 이상이 자신의 운전 실력이 평균 이상이라고 생각한다. 교수들의 94퍼센트가 자신이 평균적인 교수보다 낫다고 생각한다. 통계 수치는 낙관적이지 않지만, 이혼할 거라고 예감하며 결혼하는 사람들은 거의 없다. 한국의 창업 기업 중 3년 후에도 남아 있을 기업의 수는 40퍼센트가 되지 않는다고 한다. 창업하는 사람들 대부분이 자신이 60퍼센트에 해당할 거라고 생각하지 않는다.

난 이중인격자는 아니지만, 내 안에는 두 개의 자아가 있다. 계획 자아와 실행 자아인데, 이 둘은 능력의 차이가 크다. 보통 계획 자아가 훨씬 힘이 세다. 하루 주기로 아침에는 계획 자아가 춤추지만, 잠이 들기 직전에는 실행 자아가 연주하는 장송곡에 맞춰 계획 자아의 멘탈은 붕괴돼 있을 때가 허다하다. 내일도 그럴 것임을 알면서도 또 계획을 세운다.

행동 경제학은 전통 경제학에 비해 인간을 바라보는 시선이 희망적이지 않다. 암울하다고 할 정도로 냉정하다. 행동 경제학자들은 인간이 이성적이기보다는 상황의 영향을 많이 받는다고 말한다. 비교하지 않아야 할 때도 비교하고, 감정은 비효율적으로 작동하며, 근시안적으로 행동한다고 한다. 희망이 없을까? 당연히 그렇지 않다. 실제적인 행동이 더 진실에 가깝다. 실제적인 인간을 알고 받아들일 수 있다면 대처할 수도 있다.

행동 경제학은 심리학과 경제학을 연결한 학문이다. 인간이 실제로 어떻게 반응하는지, 그리고 그건 왜 그러한지를 궁금해하고 원인을 밝히고 싶어 한다. 행동 경제학을 아직까지는 전통 경제학에 비해 비주류로 볼 수는 있지만, 주류와 비주류를 구분하는 중요한 기준 중 하나가 실험과 검증과 통계적인 도구들을 활용하는 과학적 방법론을 사용하느냐 하는 것이다. 행동 경제학에서 중요한 위치를 차지하거나 노벨 경제학상을 수상하는 행동 경제학자들 대부분이 과학적 방법론을 사용해서 인간이 그렇게 합리적이지는 않다는 것들을 증명해 냈다. 전통 경제학의 중요한 전제인 인간이 합리성은 최근에는 그다지 믿을 만하지 않다고 인정하는 분위기다.

그러니까 인간이라는 종의 특성을 있는 그대로 관찰한다는 점에서 행동 경제학은 희망적인 학문이다. 전통이든 비주류든 있는 그대로의 인간을 알아야 그 위에 비즈니스의 토대를 세울 수 있다. 고전파 경제학의 주류 경제 관념을 형성하는 데 지대한 영향을 미쳤다고 평가받는 영국의 경제학자 알 프레드 마셜의 연구실 문에는 이런 말이 써 있었다고 한다. "런던의 빈민굴에 가 보지 않은 자는 이 문을 두드리지 말라." 마셜이 한 말 중 가장 많이 회자되는 말은 이것이다. "차가운 머리, 뜨거운 가슴." 인간을 있는 그대로 바라보지 않고는 그 무엇도 이야기할 수 없다.

한 번 하면 또라이, 자꾸 하면 캐릭터

나는 슬랩스틱 코미디를 그다지 좋아하지 않는다. 몸치에 가까운 나는 몸을 격렬하게 움직이는 개그를 보면 부러우면서도 불편함을 느끼기 때문이다. 게다가 거기에 체중과 관련된 요소가 들어가면 조금 더 불편해한다. 이런 내가 이국주에게 마음의 무릎을 꿇었던 것은 영화 〈타짜〉를 패러디한 '먹짜' 영상이었다. 영화의 유명한 대사를 패러디해서 "이 고기가 세 점이 아니라는 것에 내 모든 고기와 혓바닥을 건다."라고 했을 때는 배를 잡고 굴러다니며 웃었다. 이것이 진정한 아웃라이어의 모습 아닐까.

한두 명 가다 말면 다시 잡초로 덮일지 몰라도 많은 사람이 가면 길이 생긴다. 강물이 아무리 깊어도 돌을 계속 던지다 보면 어느 순간 우뚝 솟을 것이다. 꾸준함은 내게 여전히 불편한 몸 개그의 영역마저도 인상을 바꾸게 만들었다.

인간이 비합리적이라는 게 정말 또라이처럼 이때 다르고 저때 다르다면 화목하게 같이 사는 것은 불가능에 가까운 일이 될 것이다. 하지만 인간은 그냥 또라이가 아니라 자꾸 반복하는 특성이 있는 것 같다. 일관성 있게 틀리는 존재에 대한 이야기가, 바로 댄 애리얼리의 《상식 밖의 경제학》이다.

이 책의 원제는 《Predictably Irrational》인데, 직역하면 '예상대로 불합리한, 예상 가능하게 비이성적인'이라는 뜻이다. 상식 밖의 행동을 하는 게 인간이지만, 그 경향을 예측할 수 있다는 의미다. 그래서 그 비상식적인 일관성을 관찰하면 인간을 움직이는 힘을 알 수 있고, 그럼 조금 더 좋은 결정을 할 수도, 더 나은 삶을 살 수도 있을 것이다.

인간이 합리적이라는 것을 반박하는 사례를 살펴보자. 당신이 펜을 사려고 했는데 2만 5천 원이었다. 15분 거리에 있는 다른 문구점에서 똑같은 제품을 1만 8천 원에 본 기억이 났다. 7천 원을 아끼기 위해 15분의 발품을 팔겠는가?

다음은 정장을 사야 한다. 면접과 명절과 사내 행사와 조문까지 한 번에 다 해결할 좋은 정장을 봤는데 가격이 45만 5천 원이다. 사려는 순간에 어떤 손님이 15분 떨어진 다른 백화점에서 44만 8천 원에 같은 정장을 팔고 있다고 알려 준다. 이때도 기꺼이 발품을 팔겠는가?

대니얼 카너먼과 아모스 트버스키가 수행한 실험이었던 이 사례에서, 많은 사람이 처음 펜을 살 때는 기꺼이 15분의 수고를 감당했지만 정장을 살 때는 그렇게 하지 않았다. 2만 5천 원에서 7천 원을 아끼는 것은 절약의 폭이 커 보이지만, 몇 십만 원 하는 정장에서 7천 원을 아끼는 것은 사소해 보이기 때문이다. 그런데 전통 경제학이 말하는 인간의 합리성에 따르면, 이러나저러나 7천 원을 아낄 방법이고 15분 거리만큼 감당해야 하는 대가도 동일하다. 하지만 비교의 대상을 어디에 두느냐에 따라 다른 결정을 하게 된다는 것이다.

이런 예상 가능한 비합리성의 피해를 줄이기 위해서는 비교의 순환 고리를 끊어야 한다. 더 많이 가질수록 더 많은 것을 갖고 싶어 하기 때문이다. 사람은 비교가 필요 없는 영역에서도 비교를 멈추지 않는 비합리적인 존재임을 아는 게 중요하다.

댄 애리얼리는 이 책에서 인간이 두 개의 세계에서 산다고 말했다. 하나는 사회 규범이 지배하는 사회고, 다른 하나는 시장 규범이 지배하는 사회다. 돈이 얼마나 효과가 있는지 알아보기 위해서 실험을 했다. 이스라엘에 있는 탁아소에서 아이를 늦게 찾으러 오는 부모에게 벌금을 부과해 본 것이다. 벌금 부과 이전에는 약속한 시간보다 아이를 늦게 찾으러 가게 되는 부모의 경우 미안함은 있지만 돈을 내지는 않았다. 그럼 이제 벌금을 내게 됐으니, 피해를 줄이고자 하는 합리적인 인간들이라면 아이를 빨리 찾으러 가게 되지 않을까?

그런 일은 일어나지 않았다. 애리얼리의 표현에 따르면 보육 교사에게 느끼는 미안함이라는 '사회 규범'이 없어져 버리고, 어떤 서비스에 대해 정당한 대가를 지불하는 '시장 규범'이 자리 잡게 된 것이다. 이제는 늦어도 미안해할 필요도, 그 미안함에 다음번에는 제시간에 아이를 데려가려고 노력할 이유도 없어진 것이다. 돈만 내면 되니까.

사람은 이렇다. 돈을 내는 것이 손해니까 '이콘'이라면 그걸 피할 것이다. 하지만 사회 규범은 시장처럼 적절한 가격을 매기기 어렵다. 저 실험 후 탁아소는 다시 벌금 부과 정책을 없앴다. 그 이후 부모들은 다시 사회적인 죄책감을 느끼면서 아이를 빨리 데려가려고 했을까? 그렇지 않았다. 벌금마저 없어지자 늦게 데리러 오는 횟수가 조금 더 늘었다. 이를 통해 시장 규범이 사회 규범과 부딪히면 사회 규범이 밀리고, 그 이후에는 다시 사회적인 관계의 질서로 돌아오지 못한다는 것을 알 수 있다. 이런 일은 이콘들의 세상이 아닌, 인간들의 세상에서 벌어진다.

이래도 저래도, 인간들과 함께

《마왕 신해철》은 신해철의 유고집이다. 그의 사후 고인의 배우자가 컴퓨터에서 발견한 수십 개의 파일이 있었다고 한다. 거기에 신해철의 밴드인 비트겐슈타인과 재결성된 N.EX.T에 합류했던 데빈이 탈퇴한 후 신해철이 쓴 글이 있다. 데빈과 자신의 이야기를 인터넷에 올리고는 강북강변도로를 질주하다가 가드레일을 정통으로 들이받는 사고를 낸 것으로 보인다. 자동차 수리 견적은 2천만 원 정도였다고 하고, 갈비뼈 하나에 금이 가고 심한 타박상과 찰과상을 입었지만 다른 사람을 다치게 하지는 않아서 다행이었다고 고인은 썼다.

죽기 직전에 인생 전체가 주마등처럼 스쳐 지나갔다고 하면서, 신해철은 차 안에서 누군가의 목소리를 들었다고 한다. "직진을 하면 넌 죽는다. 다른 사람들은 슬퍼할지 몰라도 너는 영원한 고독으로부터 해방되지. 그러나 왼쪽으로 핸들을 돌리면 넌 살아날 것이다. 그리고 네가 증오하고 경멸하는 자들과 싸움을 계속하겠지. 그 선택은 항상 인간에게 있다."

본인도 "믿거나 말거나."라고 썼고, 글 끄트머리에는 나 영원히 있는 거 아니고 당연하게 살아 있는 거 아니니까 팬들에게 나 있을 때 잘하라는 시크한 주문까지 잊지 않는다. 나에게 신해철은 투사의 이미지로 기억된다. 밴드라는 희귀한 자원을 변호하던 것부터, 음악인으로서 구조적인 문제에 거침없이 도발하고, 사회 문화적인 이슈를 넘어 정치적인 의견까지 드러내는 일을 멈추지 않았던 인물이다. 독설과 공격적인 이미지 때문인지, 밴드의 멤버를 자주 바꿔서인지 오만하다는 평도 많이 듣는 걸 보면서, '그냥 서태지처럼 신비주의로 가도 될 텐데.' 하며 안타까워한 적도 많았다.

충분히 성깔 있고 독립적인 세계도 있어서 그 안에서 자족하며 도도하게 살 수 있지만, 그렇게 하고 싶은 음악이라는 영역도 결국에는 인간들과 함께 진흙탕에서 뒹굴고 굴러야 한다는 걸 아는 뮤지션이었다고 한다면, 팬으로서 너무 미화하는 걸까. 그가 〈안녕, 프란체스카〉라는 시트콤에서 말도 안 되는 대주교 역할로 나와 '스카'를 연발할 때는 정말 내가 다 부끄러울 정도였다. 이후 〈무릎팍 도사〉, 〈100분 토론〉, 〈라디오스타〉 등 여러 곳에서 그는 개그맨과도 뒤지지 않는 입담의 소유자이자, 거침없는 언변의 패널이자, 팔불출 애처가이자 아버지의 다양한 모습을 보여 주고는 했다.

생각해 보면 인간이 다 그렇지 않은가. 당신도 나도 천 가지 얼굴을 가진 사람들 아닌가. 그리고 똑같이 그런 사람들과 어울리며 살아가야 하는 사람들이지 않은가. 불편하더라도 천 가지 모습을 받아들이지 않으면, 편한 틀에 맞춰 나에게 편한 것만 받아들이고 싶어질 것이고, 그렇게 사람과 사람을, 한 사람의 일부를 분리해 나가면서 '갑질'이 생기는 것 아닌가. 이콘들의 세상이 아닌 지겹도록 부딪치는 사람들의 세계에서 같이 어우러지는 게 비즈니스 아니겠는가. 행동 경제학이 약간의 도움이 되기를 바란다.

잘난 척 포인트!

- 리처드 탈러의 다른 책으로는 《승자의 저주》, 《똑똑한 사람들의 멍청한 선택》이 있다. 탈러의 책은 경제학 전공자가 아니라도 흥미롭게 얻을 정보가 많다. 하지만 두껍다. 그리고 탈러는 경제학자다. 건투를 빈다.

- 댄 애리얼리는 최근 코미디언이자 저술가인 제프 크라이슬러와 공저로 《부의 감각》이라는 책을 썼다. 원제는 《Dollars and Sense: How We Misthink Money and How to Spend Smarter》인데, 부제의 뜻은 '돈에 대해 오해하는 방식과 더 똑똑하게 소비하는 법' 정도가 되겠다. 《상식 밖의 경제학》의 돈 버전 정도라고 생각하면 될 것 같다. 제목만 읽으면 당장 돈을 막 벌 것 같다. 꼭 말해 주고 싶은 것은, 애리얼리도 경제학자라는 사실이다. 400쪽이 넘는 책이라는 사실도 언급해 둔다.

- 대니얼 카너먼은 심리학자로서는 최초로 노벨 경제학상을 수상한 사람이다. 《생각에 관한 생각》은 행동 경제학의 바이블이라고 불린다. 원제는 《Thinking, Fast and Slow》다. 700쪽이 넘는다는 사실을 언급해 둔다. 대니얼 카너먼의 단짝이라는 아모스 트버스키와의 우정과 비하인드 스토리를 쓴 책 《생각에 관한 생각 프로젝트(원제: The Undoing Project)》는 비교적 얇은 편이고(400여 쪽), 저자인 마이클 루이스가 글을 진짜 잘 쓰는 저널리스트라서 더 재미있게 읽을 수 있을지 모른다. 그런데 마이클 루이스도 전공이 경제학이다. 이제 경제학자들의 책을 읽을지, 그들의 뒷담화를 하며 살지 결정하자. 어느 쪽도 괜찮다.

넛지

리처드 탈러 · 캐스 선스타인 지음 | 안진환 옮김 | 리더스북 | 2009.4.20.

**Q : 인간은 합리적이고 이성적인 판단을 하는 존재라서,
선택에 개입하지 않아야 하는가?**

A : 그렇지 않다. 인간은 비합리적일 때가 더 많기 때문에,
선택의 자유를 훼손하지 않는 범위 내에서 적절한 개입을 할 필요가 있다.
인간의 행동 방식을 현격하게 변화시키는 것이 '넛지'고,
그런 힘을 이용해서 더 나은 결과를 만들 수 있다.

'넛지nudge'라는 단어는 '팔꿈치로 슬쩍 찌르다.'라는 의미로, 이 책에서는 사람들의 선택을 설계해 주는 여러 방식 중 하나를 뜻한다. 언뜻 모든 인간이 개별적으로 원하는 것을 선택할 수 있도록 보장하는 완전 자유가 가장 좋을 것 같지만, 실제로는 현명한 넛지가 더 좋은 결과를 가져온다. 여기에 전제는 두 가지인데, 하나는 알고 보면 인간은 완전히 합리적이지는 않고 바보일 때도 많다는 사실이고, 다른 하나는 엄밀히 말해 중립적인 선택 설계라는 것은 없다는 사실이다. 이 때문에 강요가 아닌, 즉 개인의 자유를 해치지 않는 수준으로 개입해 사람들의 선택이 현명하고 가치를 높일 수 있도록 하는 것이 필요하다는 게 《넛지》의 기본 전제다.

이 책은 총 4부로 구성돼 있다. 1부는 인간이 체계적으로 틀리는 방식을 살펴본다. 인간은 자신은 평균 이상이라고 생각하면서 부풀리지만 남들에 대해서는 그렇지 않다. 이익을 얻는 보상보다, 손해를 보는 피해를 훨씬 더

크게 느낀다. 무엇이 옳다고 생각해도 집단이 다른 방향으로 움직이면 거기에 동조하고 따라 간다. 이런 인간들이 더 좋은 선택을 해서 삶을 더 행복하게 영위할 수 있도록 돕는 것이 넛지의 기능이다.

인간 본성에 대한 이해와 그를 위한 선택 설계인 넛지의 관점으로 2부와 3부에서는 각각 돈을 사용할 때와 사회 문제에 대처할 때를 살폈다. 2부 돈 파트에서는 크게 저축과 주식 투자를 다루고, 3부 사회 파트에서는 사회 보장과 장기 기증, 환경 운동과 결혼 등을 살폈다. 저축하면 좋다는 걸 알고 본인도 하고 싶어 하는데, 그만큼 저축하지 못하는 사람에게는 어떤 도움을 줘야 할까? 환경을 더 잘 보호할 환경을 만드는 것이 가능할까? 결혼하는 커플들이 더 행복하게 살거나, 이혼할 때 덜 피해를 입도록 도와줄 제도가 있을까?

넛지를 설계하는 일에는 다섯 가지 요소를 포함한다. 첫째, 저항 경로가 최소화되는 기본값, 즉 디폴트default를 설정해야 한다. 둘째, 오류를 미리 예상하고 그 부분을 설계에 반영해야 한다. 셋째, 너무 많은 안으로 곤란을 겪지 않도록 선택지를 조직화해 줘야 한다. 넷째, 적절한 피드백을 제공해 줄 수 있어야 하고, 마지막 다섯째, 인센티브가 선택에 미치는 영향을 수정하거나 중요한 부분을 부각할 수 있어야 한다.

4부에서는 여러 반론들에 대한 대답과, 비교적 작게 일상에 적용해 볼 미니 넛지들을 소개한다. 미리 오류를 예상하고 적절한 피드백을 제공하는 것이 넛지 설계의 요소라는 저자들의 주장을 생각해 볼 때, 4부는 부가적이면서도 좋은 설계처럼 느껴진다. 여러 사례로 헬스 프로그램이나 점진적 기부 증대, 이메일 발송 전 교양 검사 등 그 자체로 흥미로운 일상의 소재도 다루지만, 선택 설계라는 다소 광범위한 주제를 내 스스로 어떻게 적용해 볼지 아이디어를 얻을 수 있는 효과가 있다.

아인슈타인의 상대성 이론이 없었다면 GPS가 없었을 것이라고 한다. GPS 없이는 네비게이션도 없을 것이다. 내가 미처 다 이해하지 못한 것들이 사실은 내 일상을 채우고 있을 때가 있다. 얼마 지나지 않아 행동 경제학도 그런 위치에 있을 것이다. 아니, 이미 가득한 듯하다.

상식 밖의 경제학

댄 애리얼리 지음 | 장석훈 옮김 | 청림출판 | 2008.9.5.

Q : 나는 왜 이런 행동을 할까? 내 선택은 이성적일까?

A : 전통 경제학이 인간을 바라보는 관점과는 달리, 인간은 비이성적일 때가 많은 것 같다.
하지만 그건 예상 가능한 방식으로 비이성적이다.

2008년에 처음 출간됐다. 인간이 합리적이지 않다는, 그것도 항상 비합리적이라는 도전적인 주장을 한 이 책이 나왔을 때 댄 애리얼리는 40세였다. 인간이 가끔 비합리적이기도 하다는 정도가 아니라, 근본적으로 비이성적이고 자주 틀린다. 이 정도로는 경제학계의 코페르니쿠스라는 별명을 얻을 만큼 새롭다고 할 수 없지만, 이런 비합리성이 '예측 가능한' 것이라는 주장으로 애리얼리는 전통 경제학을 뒤집어 놓았다.

이 책의 원제는 《Predictably Irrational》이다. '예측 가능하게 비이성적인' 정도의 뜻인데, 애리얼리의 다른 저작도 이런 식으로 표현한 게 있다.《거짓말하는 착한 사람들》로 번역된 책의 원제는 《The Honest Truth About Dishonesty》이다. 직역하면 '부정직함에 대한 정직한 진실' 정도가 되겠다. 이렇게 살짝 비튼 역설적인 표현으로 자신이 말하려는 핵심을 날카롭게 압축해 보여 준다. 어쨌든 인간이 예측 가능하게 비합리적이라는 표현은 행동 경제학의 잠재력을 드러내는 전 세계적 선언이 됐다.

인간은 비교 대상이 없으면 어떤 것의 가치를 잘 알기 어렵다. 브래드 피트와 조지 클루니의 사진을 보여 주고 누가 멋있냐고 물으면 거의 50대 50으로 응답이 나온다. 그런데 브래드 피트의 얼굴을 일그러뜨린 사진, 정상 브래드 피트 사진, 정상 조지 클루니 사진을 보여 주고 고르게 하면? 이때는 정상적인 브래드 피트 사진을 고르는 사람이 76퍼센트로 치솟는다. 이는 우리가 어떤 판단을 내릴 때, 그 자체의 가치를 결정하는 것이 쉽지 않다는 뜻이다. 즉 우리는 비교 대상이 있어야 가치를 매길 수 있다. 때로는 그 비교 대상이 얼토당토않은 것이라 해도, 인간의 판단에는 예측 가능하게 비이성적으로 작동하는 것이다.

정직한 사람과 부정직한 사람은 차이가 클까? MIT의 기숙사 공동 생활 구역에 있는 냉장고의 예시가 나온다. 여섯 개들이 콜라 한 팩을 몰래 넣어 놓고 나오면, 72시간 안에 콜라가 모두 사라졌다. 그런데 이번에는 콜라와 함께 1달러짜리 지폐를 여섯 장을 넣어 놓는다. 돈은 얼마나 빨리 없어졌을까? 돈은 72시간 동안 아무도 손대지 않았다. 직장에서 500원짜리 펜 하나는 그냥 들고 나와도 별로 가책이 없지만, 아무도 보지 않을 때 500원짜리 동전이 공동 탁자 위에 있는 걸 봐도 갖고 나오는 사람은 꺼림칙함을 느낄 것이다. 우리는 사소한 부정행위를 합리화하는 경향이 있다. 이런 경향을 줄이는 방법이 재미있다. 강제하거나 통제하는 방법은 효과가 없었고,

사전에 십계명이나 직업 윤리에 대한 맹세를 상기시키는 집단의 부정행위가 극적으로 줄어들었다.

애리얼리는 0이라는 숫자가 얼마나 인간을 비이성적으로 만드는지 보여준다. 온라인 서점 아마존에서 두 가지 상품권을 제시했다. 10달러짜리 상품권을 공짜로 받는 것과, 20달러짜리 상품권을 7달러에 사는 것 중 어떤 것을 선택할 것인가? 조금만 생각해 보면 당연히 7달러를 주고 20달러짜리 상품권을 사는 게 13달러 이득이므로 10달러 짜리 상품권을 공짜로 받는 것보다 낫다. 하지만 인간은 그걸 계산해서 합리적인 선택을 하는 존재가 아니었다. 공짜라는 사실이 비합리적인 인간을 움직이는 것이다.

공짜 점심free lunch이라는 단어는 19세기 말부터 20세기 초반 미국의 술집에 유행했던 상술이다. 한 잔이라도 마시면 술 한잔 값보다 훨씬 비싼 점심을 공짜로 주는 것인데, 주인은 대부분이 술을 더 많이 마실 것이라 기대한다. 표준 경제학자는 모든 경제 주체가 합리적이므로 이런 '공짜 점심'은 없다는 입장이다. 하지만 이 책 곳곳에서 애리얼리는 비합리적이고 비효율적인 '공짜 점심'들을 보여 주면서, 이런 일들을 잘 수정해 나가야 최적의 시장을 만들 수 있다고 한다. 인간 행동의 수수께끼는 무궁무진하므로, 따라서 인간 본성을 바라보는 관점을 수정해야 한다. 언제, 어디에서, 어떻게 잘못된 결정을 내리는지 알면 우리는 좀 더 행복하게 살 수 있을 것이다. 비합리적인 인간들과 함께 말이다.

3-7

이제
때가 왔다

《슬램덩크》

/

영감님의 영광의 시대는 언제였죠…?
난 지금입니다!

<슬램덩크> 中

책이 끝나 갈 때쯤 돼서야 부끄럽게 고백하는데, 사실
나는 만화를 좋아한다. 허세를 부리며 아는 척하겠다고 자기계발서나 경
제, 경영서를 온통 열거했지만, 사실 내가 제일 좋아하는 건 만화책이다. 만
화책 한 질 쌓아 놓고 맥주에 땅콩도 곁들여 놓으면 경영서 따위 땔감으로
써도 좋다. 그렇다고 좋아하는 만화책의 취향이 유별나거나 남들이 잘 모
르는 만화가를 줄줄이 꿰지는 않는다. 남들 다 알 만한 만화책을 나도 좋
아하는 정도다. 딸은 《마법천자문》을 좋아한다. "딸, 그래도 글밥이 좀 많
은 책을 읽는 습관을 들여야 하지 않겠니?" 아버지답게 한마디하고는 잠깐
펼쳐 봤는데, 오! 완전 재미있다. 손오공과 삼장이 함께하는 모험 이야기에
엄청 몰입된다. 왜 아이들이 자꾸 손바닥을 펼치면서 한자 마법을 쓰는지

도 이해가 된다.

많은 사람이 신혼 생활을 시작할 때 잘 갖추지 못하고 시작하는 것처럼, 우리 부부도 그랬다. 돈도 집도, 안에 갖출 것도 부족하니 허례허식 빼고 필요한 것만 사자고 했다. 그 와중에 내가 "그래도 이건 혼수로 꼭 해 와야 한다."라고 주장했던 게 바로,《슬램덩크》애장판 전질이었다. 요즘에도 삶이 힘들고 방향이 필요할 때면 한 번씩 정독한다.

앞서 인용한 강백호의 명대사는 전국 대회 2회전 상대인 산왕공고와의 대결 막바지에서 나온다. 북산의 명물 강백호는 놀라운 운동 신경과 뛰어난 재능으로 북산에 없어서 안 되는 바스켓맨으로 성장했고, 전국 최강 산왕공고의 진영을 흔들어 놓았다. 그러다 경기 도중 등을 다치는데, 매니저에게 선수 생명이 위험할 수도 있다는 경고를 듣는다. 교체 투입을 반대하는 감독과 매니저에게, "내 영광의 시대는 바로 지금"이라는, 지금도 수많은 팬의 마음을 뒤흔드는 저 명대사를 날리며 경기에 투입된다.

혹시 살면서 '바로 지금'이라는 감각을 느껴 본 적이 있는가? 난 없다. 아니, 없는 것 같다. 사람들 대부분이 그렇지 않은가? 항상 지난 후에야 생각이 난다. 발표할 때 꼭 했어야 하는 주옥 같은 대사는 항상 나중에 생각이 난다. 말싸움할 때 이 말 한마디면 완전히 끝나는 거였는데 하는 말도 잠자리에 누워 이불을 덮고 나면 생각이 난다.

'바로 지금'이라는 감각은 이성과 감정과 의지가 한순간에 최대치로 만날 때 생긴다. 지정의知情意는 그 순간 바로 직전까지 자신이 걸어온 삶의 궤적에 맞닿아 있다. 나라는 한 존재가 지금까지 생각하고 고민한 것, 느껴 온 것, 그리고 포기하지 않고 지속한 시도들이 어느 한 순간 한 지점에 모여 나와 만나는 것이다. 게다가 한 개인이 다 결정할 수 없는 외부 환경이 영향을 미치고 그런 것들을 뭉뚱그려 우리는 '운'이라고 부른다. '바로 지금'이라는 감각은 오랜 시간 이성과 감정과 의지를 지속해 온 사람이 운까지 좋아야 경험할 수 있다. 쉽게 말해 굉장히 만나기 어려운 순간이라는 뜻이다.

그런데 과연 그걸로 끝일까. '바로 지금'이라는 초월적인 몰입 상태는 그냥 운에 맡겨 둔 채로 우리는 매일의 삶을 멍하니 죽여 나갈 수밖에 없는 걸까. 아인슈타인이 했다고도 알려진 말, "매일 똑같은 일을 반복하면서 다른 내일을 기대하는 것은 미친 짓이다." 바로 지금을 여기 내 삶으로 바로 가져올 수 있는, 이전과 다른 방법을 생각해 보자. 책도 뭔가 다른 걸 가져왔으니까, 만화책으로 말이다.

📚 모두가 성장하는 이야기

흔히 하기 쉬운 오해가, 《슬램덩크》가 재능으로 무장된 사람이 가득한 천재열전이라고 생각하는 것이다. 우리의 사랑스러운 강백호가 맨 끝에 날려주는 대사 "물론! 난 천재니까."는 그 시절 독자들의 만용을 활활 불태우고는 했다. 중학교 때부터 천재로 이름을 날린 서태웅, 그 서태웅보다 잘하는 윤대협, 그 윤대협보다 잘하는 정우성, 센터 라인에는 채치수에 변덕규, 이정환까지 등장인물 모두가 천재 같다.

물론 배경이 고교 농구인 것을 전제로 해 두자. 인류의 중고등학생 시절은 대부분 아름다움을 동경하고 인기를 갈구하지만 현실은 그에 전혀 미치지 못하는 찌질한 상태인 게 평균이다. 재능 신화로 점철된 문화에서는 타고난 재능을 부러워하게 돼 있다. 《슬램덩크》의 주요 구성원도 천부적인 재능을 타고난 듯 보이고, 주변 인물들도 그런 재능을 인정하고 동경한다. 하지만 작품 내에서 연습과 성장을 다루는 뉘앙스는 결코 가볍지 않다.

강백호는 설정부터가 점프력과 순발력 등 운동 신경이 그 어느 누구보다 뛰어나게 나온다. 하지만 농구 풋내기로 드리블부터 패스, 리바운드 등 기술을 하나하나 착실히 익혀 간다. 아주 작게 언급되지만 강백호는 농구부에 들어간 뒤 모든 연습 후에 드리블과 패스 등 개인 기본기 연습을 쉰 적이 없다. 전국 대회 직전에 슛 2만 개를 연습하는 부분은 '의식적인 연습, 질적으로 다른 연습'을 보여 주는 결정판이다. 이 연습으로 강백호는 전국 최강팀과의 경기에서 마지막 골을 결정짓는다.

해남의 슈터 신준섭은 중학교 때는 센터였지만 고교 농구부에서 힘과 점프력, 순발력 등 뭐 하나 구별되는 능력을 보여 주지 못한다. 감독에게 센터는 무리라는 말을 들은 후, 하루 500개씩 슛 연습을 거르지 않으며 '상승', 항상 이긴다는 칭호를 가진 해남고교의 슈터가 된다. 이에 비해 북산의 재능 있는 슈터 정대만은, 담배는 피우지 않았지만 연습을 못했던 방황기를 거쳐 체력이 바닥나 버린다.

최강 산왕의 센터 신현철은 '키도 크고 농구도 잘한다.' 보통 몸싸움이 격한 골 밑 플레이를 자주 해야 하는 센터는 드리블이나 슛을 많이 하지 않는 편인데, 신현철은 190센티미터 이상의 장신이면서 몸이 크고 힘도 센데 드리블도 잘하고 슛도 잘한다. 그는 고교 입학 당시 신장이 165센티미터였는데 1년 동안 25센티미터가 자라는 설정으로 나온다. 덕분에 가드에서 포워드를 거쳐 센터가 된다. 센터 본연의 플레이도 훌륭한데 가드와 포워드 스타일의 기술도 구사할 수 있는 그를 보고 농구 잡지 기자가 내리는 평가가 바로, '포지션을 바꿀 때마다 엄청난 노력을 했음이 틀림없다.'는 것이다.

서태웅은 눈부신 천재 캐릭터로 나온다. 그런 그가 상대방의 반칙으로 한쪽 눈을 거의 뜨지 못해 원근감이 없는 상태에서 슛을 성공하고 날리는 대사는 "몸이 기억한다. 몇 백만 개나 쏘아 온 슛이다."였다. 서태웅보다 더 천재인 정우성은? 네 살 때부터 아빠와 일대일로 농구를 해 왔다. 켄터키 할아버지로 기억되는 북산의 안 선생님은 강백호와 서태웅이 지금껏 본 적 없는 특별한 소질을 갖고 있다고 생각하지만, 그가 우리의 주인공 강백호에게 하는 대사는 "서태웅보다 세 배 더 연습하지 않으면 고교 시절 동안 그를 따라잡을 수 없다."였다. 우리에게 강렬한 인상을 남기는 인물들이 모두 엄청난 연습을 통해 성장한다.

팀워크

《슬램덩크》에 등장하는 많은 인물이 매력적이어서 천재성과 천부적인 재능을 떠받들고 싶을 수 있지만, 한 개인의 성장을 든든히 받쳐 주는 팀워크를 놓치면 안 된다. 북산의 주장 채치수는 원래 전국 제패를 목표로 동료들을 숨막히게 하던 사람이었다. 같은 학년, 같은 팀 멤버였던 정대만과도 협력하지 못하고 자기 위주의 플레이를 고집한다. 하지만 슈터인 정대만에게 기회를 열어 주기 위해 상대편 수비수를 온몸으로 막아 내는 등 마지막에는 자신은 져도 팀은 지지 않는다는 믿음을 가지게 됐다. 산왕전에서 마지막 작전 타임 때는 팀원들에게 "고맙다."라고 말할 정도로 성장한다.

서태웅은 고교 1학년이라고는 믿기 어려운 폭발적인 득점력을 자랑한다. 그런 그가 윤대협에게 들은 지적은, 일대일을 할 때와 시합에서의 플레이가 동일하다는 점이었다. 혼자 모든 걸 해 버리는 그가 한 발 더 성장할 수 있었던 것은, 동료에게 패스를 하게 되면서부터다.

핀치에 몰린 산왕전 시합에서 강백호는 공격 리바운드를 잡아 내라는 과업을 갖고 다시 경기장으로 들어온다. 그때 같은 팀 동료들이 강백호의 손을 붙잡아 주면서 주문을 건다.

"공이여 붙어라!"

"집단으로 돌았냐? 주문 따위로 리바운드를 잡을 것 같냐."

강백호는 퉁명스럽게 대답한 후 경기장으로 나갔다. 그리고 이상할 정도로 흔들림 없는 집중력을 경험한다. 이런 식으로 누군가에게 필요한 존재가 되어 기대를 받은 적이 처음이었기 때문이다.

혼자 이루는 것이 아닌, 다함께 이전과는 다른 무엇이 '되어 가는' 게 팀워크다. 연습을 통한 성장은 팀워크와 만날 때 그 가치가 배가된다. 강백호는 리바운드와 끈기를, 송태섭은 스피드와 감성을, 정대만은 지성과 3점 슛을, 서태웅은 폭발력과 의지를, 채치수와 권준호가 쌓아 온 토대 위에 올려 만든 게 북산이라는 '팀'이다. 안 선생이 북산이라는 팀이 꼭 알기 바랐던 그게 바로 "우리들은 강하다."라는 의미다.

내가 《슬램덩크》에서 제일 좋아하는 캐릭터는 백호 군단이다. 중학교 때부터 5인조 바보 군단이었던 백호 군단은 전체적으로는 개그 코드를 담당하는 역할이지만, 강백호의 2만 번의 슛 연습을 돕는 최고의 동료들이기도 하다. 그중 양호열은 강백호가 농구에 몰입하면서 이전과는 달라지는 모습을 알아채고 지원한다. 산왕전에서 강백호가 같은 편이지만 라이벌인 서태웅과 부딪혀 결정적인 기회를 놓쳤을 때, 그게 일부러 방해하거나 실수한 게 아니라 2만 번을 연습하던 슈팅 포인트에 서서 패스를 기다리고 있었다는 걸 알아채는 것도 양호열이다.

백호 군단 최고 명장면은 역시, 정대만이 깡패 친구들과 함께 북산 체육관으로 몰려와 단체 패싸움을 해서 농구부가 해체될 위험에 처했을 때다. 고교 1학년생의 실제 상황이라고 생각하면 정말 끔찍할 정도의 싸움 장면이 지나간 후, 이 처참한 광경이 선생님들에게 발각된다. 이때 양호열은 기지를 발휘해 선생님들 앞에서, 사실은 본인과 친구들이 싸움을 건 것이라고 거짓말해 북산의 농구부를 지켜 낸다. 양호열의 순간적인 대처는, 정대만의 친구로 같이 농구부를 박살 내러 온 영걸의 도움을 이끌어 내기도 한다. 영걸은 이후 '불꽃남자 정대만' 팬클럽의 창시자가 된다. 팀워크를 만들어 내는 캐릭터, 멋지지 않은가?

리더십

아무래도 주인공 팀인 북산고의 감독 안 선생님의 인지도가 가장 높겠다. 하지만 현실에 대입해 보면 고교생에겐 좀 가혹한 면이 있다. 채치수와 강백호의 부상에도 교체하지 않았다는 점이 가장 비난받는 점이다. 《슬램덩크》에 나오는 감독들의 인격을 설정이 아닌 다큐로 받으면 세상에 이런 비인격자들이 없을 정도다. 해남의 남진모 감독은 이길 때는 부채질이나 하면서 더없이 온화하다가도 게임이 다급해지면 부채를 부러뜨리거나 라커를 부셔 버릴 듯 쾅쾅 때리기도 한다.

현실적으로 가장 본받을 리더십을 체화한 사람으로는 능남의 유명호 감독을 꼽겠다. 신입생 모집에 심혈을 기울여 정대만, 송태섭, 서태웅을 영입하려고 했으나 실패한다. 하지만 현재 구성된 팀 선수들의 특성과 장점을 잘 살려 최고의 팀을 만들어 낸다. 유명호 감독이 영입하려다 실패한 세 명이 북산으로 갔다는, 안 선생님 거저먹기 설정까지 감안하면 자신이 원하는 팀원을 찾아 나서는 유명호는 그 자체로도 훌륭한 리더의 자질을 가졌다고 할 수 있다.

유명호 감독의 또 훌륭한 점은, 책임을 자신에게 돌릴 줄 아는 리더의 모습을 가졌다는 점이다. 황태산이라는 뛰어난 공격수가 섬세한 성격이라는 걸 모르고 혼내면서 성장시키려고 했는데, 황태산은 그 스트레스를 이기지 못하고 감독을 때려 무기한 활동 정지를 당한다. 그걸 유명호 감독은 자신의 실수라고 인정하며, 다시 돌아와서 참 다행이라고 생각한다. 북산과의 마지막 경기에 패한 뒤, 패인은 자신이며 선수들은 최고의 플레이를 했다고 말하는 장면에서 유명호 감독의 날카로운 피드백과 겸허한 리더십은 빛을 발한다.

그 외에는 농구를 즐겁게 하도록 극단적인 런앤드건을 구사하는 풍전의 노감독이나, 전국 제패라는 목표를 향해 불도저처럼 나아가는 채치수 정도를 생각해 볼 수 있겠지만 아무래도 《슬램덩크》에서 리더십 부분을 더 참고할 사람은 많지 않다. 그런 중에 리더십의 요체에 대해 꼭 생각해 볼 점이 하나 있으니, 그게 바로 안 선생님의 '동기 부여 리더십'이다.

안 선생님은 미국으로 가겠다는 서태웅에게는 우선 우리나라 최고의 선수가 되라는 말을 한다. 서태웅은 국내에 남기로 결정하며 많은 지도 편달을 부탁한다고 말한다. 안 선생님은 전국 최고 강호인 산왕과의 경기에서, 매우 불리한 상황에 강백호에게 말한다.

"나뿐인가? 아직 이길 수 있다고 생각하는 건."

강백호가 안 선생에게 포기한 것이 아니냐고 묻자 안 선생은 이렇게 대답한다.

"포기하면 그 순간이 바로 시합 종료예요."

희망을 계속 갖고 있는 것은 쉽지 않은 일이다. 입으로만이 아니라 마음 깊숙한 곳에서 희망을 놓지 않는 일은 정신적, 신체적으로도 지치는 일이다. 상황이 쉽지 않을 때, 해 볼 만큼 다 해 봤다는 생각이 들 때, 남들조차도 그래도 고생했다고 위로해 줄 때라면 더욱더 유혹에 휩싸이게 된다. 그 모든 걸 딛고 마지막까지 희망을 놓지 않는 것이 리더의 사명이다. 리더는 희망을 놓지 않음으로써 주변 사람들에게 동기를 부여해 주는 사람이다.

이미 수많은 절망을 맛봤지만 이겨 낸 사람이 리더다. 겪은 절망의 크기가 클수록 희망을 놓지 않고 꽉 잡고 있는 근육의 힘이 더 세다. 절망의 시간을 통과한 리더가 희망을 놓지 않으면 포기하려던 사람은 다시 일어설 힘을 낸다. 그렇게 동기의 불씨를 살려 주는 사람이 리더다. 포기를 모르는 불꽃남자 정대만은, 가장 힘든 순간에 단념하지 않게 해 준 안 선생님의 한마디로 탄생했다.

"마지막까지, 희망을 버려선 안 돼."

증거가 더 필요한가? 바로 지금이다

이 글을 읽는 당신의 영광의 시대는 언제인가? 이미 지나갔는가? 아니면 먼 미래에 언젠가는 꼭 오리라 기대하며 오늘을 날려 보내고 있는가? 당신의 영광의 시대가 언제인지 내가 자신 있게 말해 줄 수 있다. 바로 지금이다.

강백호를 보라. 정대만과 채치수를, 권준호와 양호열을 보라. 그래 봐야 만화 아니냐고 할지 모르겠다. 실존 인물이 아니지 않은가? 그렇게 생각한다면, 그릿을 밝혀 낸 앤절라 더크워스를 보라. 스스로 천재가 아니라고 하는 더크워스가 이뤄 낸 업적을 보라. 완전히 밑바닥으로 추락했다가 '왜'를 발견하고 삶의 의미를 되찾은 사이먼 사이넥을 보라. 성장 마인드셋을 가지고 분투하는 캐럴 드웩을, 체크리스트와 싸우며 더 나은 의사가 되려고 애쓰는 아툴 가완디를 보라.

이들은 사실 다 천재니까 나에게 적용하기는 좀 다르다고 생각할지도 모르겠다. 그래, 사실 더크워스는 맥킨지에 입사할 정도의 수재이고, 아툴 가완디도 알고 보면 대단한 사람 아닌가. 애덤 그랜트는 아이비리그 중 하나인 와튼스쿨의 최연소 종신 교수다. '뭐, 나같이 평범한 사람과는 출발부터가 다른 사람들 이야기 아니겠어?'

아마존이 약 1조 3천억 원에 인수한, 자포스를 일궈 낸 토니 셰이는 어떤가? 셰이는 스스로 자신이 천재가 아니라고 한다. 그런데 《딜리버링 해피니스》 같은 책을 2주 만에 써 내는 걸 보면 천재가 맞는 것 같다. 그럼 마윈은 어떤가? 집안 배경 없고, 돈 없고, 못생긴 남자를 댜오쓰屌丝라고 한다는데, 전형적인 댜오쓰라고 할 수 있는 마윈은 "내가 성공한다면 80퍼센트의 사람이 성공할 수 있다."라고 했다. 그래도 나와는 다른, 평범하지 않은, 애초부터 다른 천재적인 인물은 참고 사항이 되기가 어려운가?

가상의 인물도 안 되고, 현존하는 천재적인 인물도 안 되고, 밑바닥부터 갖은 고생 다 하면서 성공한 사람도 안 된다고 하면, 누구의 사례를 보여 주면 믿을 건가? 현존하는 사람들 중 아주 평범하고 나와 비슷하거나 나보다 못해 보이는 사람의 사례를 듣고 나면 그때는 마음이 움직일 것인가?

영광의 시대는 바로 지금이다. 무슨 증거가 더 필요한가? 과거가 나를 만들었지만 내가 살고 있는 때는 바로 지금이다. 미래를 보며 살아가지만 내가 살아갈 시간은 바로 지금뿐이다. 바로 지금이 대단한 시간이라서가 아니다. 바로 지금이 특별히 위대한 의미가 있기 때문이 아니다. 변화할 시간이 바로 지금뿐인 이유는, 바로 지금이 아니면 다른 어떤 시간도 의미가 없기 때문이다. 바로 지금이 아닐 수도 있지만, 그렇다면 그 어떤 시간에도 당신은 변화할 수 없을 것이다. 당신과 나에게는 바로 지금 외에는 어떤 시간도 주어지지 않는다.

바로 지금이다. 변화할 시간은 바로 지금뿐이다. 실패하지 않겠냐고? 물론이다. 당연히 실패가 예정돼 있다. 하지만 반드시 실패하게 될 변화를 시작할 시간이 지금뿐이다. 책을 읽어라. 대부분의 책에는 좋은 말이 쓰였다. 한 줄을 읽어도 좋으니 바로 지금, 그 말대로 살아라. 좋은 말대로 살려는 바로 지금이 많아질수록 당신의 삶은 좋아질 것이다. 좋은 말을 많이 아는 것과 바로 지금, 좋은 말처럼 살려는 삶을 시작하는 것은 천지 차이다.

지금의 모습에서 변화돼 더 나다운 내가 되고 싶은 모습이 있는가? 믿어라, 당신은 그 모습이 될 수 있다. 마윈이 그랬고, 토니 셰이가 그랬고, 아툴 가완디가, 애덤 그랜트가, 말콤 글래드웰과 다윗이 그랬다. 그 사람들이 다 당신도 가능하다고 했다. 안 선생님이 그랬고 정대만이 그랬고, 강백호가 그랬다. 더 어떤 증거가 필요한가? 대체 얼마나 더 늦어야 당신의 지금을 찾을 수 있는가? 바로 지금이 아니라면 대체 언제인가? 지금 이 글을 읽고 있는, 바로 지금 말고 당신이 가진 다른 시간이 있는가?

잘난 척 포인트!

• 1990년대를 강타한 《슬램덩크》는 한국에서는 <주간 소년 점프>에 연재됐고, 이후 애니메이션

으로도 제작됐다. 일본에서 1억 부가 넘게 팔리면서 이노우에 다케히코는 자비를 들여 북산 멤버들의 일러스트와 감사 편지를 주요 일간지 전면 광고로 싣기도 했다. 그리고 1억 부 돌파 기념 이벤트로 일본의 한 폐교를 빌려 칠판에 <그로부터 10일 후>를 그린다. 《슬램덩크》의 수많은 등장인물이 이후 어떻게 지내고 있는지를 그렸는데, 칠판 앞에 펜스 등의 안전장치가 전혀 없었음에도 3일 동안 수많은 관람객이 다녀갔지만 전혀 훼손되지 않았다고 한다. 아무도 지울 수가 없어서 결국 작가가 자기 손으로 지웠다는 후문이 있다. 《슬램덩크 그로부터 10일 후》가 출간돼 있다. 미야모토 무사시의 이야기를 그린 《베가본드》도 많은 사랑을 받았다.

	일의 의미	비즈니스 기본기	학습과 성장
하	나는 왜 이 일을 하는가?	비폭력대화	처음 20시간의 법칙
하	최고의 리더는 아무것도 하지 않는다	성공하는 사람들의 보고 습관	
하		절대 실패하지 않는 비즈니스의 비밀	
중	기브 앤 테이크	Yes를 이끌어내는 협상법	마인드셋
중	리더는 마지막에 먹는다	어떻게 원하는 것을 얻는가	그릿
중	드라이브	체크! 체크리스트	1등의 습관
중	너츠! 사우트웨스트 효과를 기억하라		탤런트 코드
상	효율적 이타주의자		1만 시간의 재발견
상			

전략	마케팅	기타 상식
티핑 포인트	포지셔닝	노오력의 배신
	노자 마케팅	
맥킨지식 사고와 기술	스틱!	아웃라이어
다윗과 골리앗		블링크
피터 드러커의 자기경영노트		
		넛지
		상식 밖의 경제학

자신을 뛰어넘은 당신을 응원한다

응원가는 싫지만 응원은 해 주길 바래

_<인생론>, 오지은

응원한다.

응원한다, 당신을.

지금 이 글을 읽고 있을 당신을, 진심으로 응원한다.

물론 이 책을 다 읽으면 좋겠지만, 만약 이 책에서 당신이 단 문장만 보게 된다면 꼭 이 말을 보게 되기를 바란다. 당신을 응원한다.

책을 끝까지 다 읽는 사람이 얼마나 있을지 의문이지만, 당신이 멋진 사람이어서 여기까지 읽게 된다면 참 좋겠다. 혹시 우연히 펼쳐서 제일 처음 이 부분을 보게 됐다면 참 좋은 일이다. 당신을 응원한다.

나는 이 책의 구성을 3장 21꼭지로 잡았다. 약간의 세부 사항이 조금 바뀐 부분도 있지만 막바지에 처음 기획을 다시 돌아보니 거의 그대로였다. 믿기지 않겠지만《슬램덩크》도 처음 기획안에 포함돼 있던 주제다. 원고를 쓰기 시작할 때 글의 방향을 정하지 않았던 꼭지가 단 한 개 있었는데, 그게 바로 이 마지막 장이다.

마지막 장은 본 원고를 다 쓴 뒤, 다시 처음부터 읽은 후 방향을 정하고자 했었다. 소설가 김연수는 이렇게 말한 적이 있다.

"'초고'는 초고가 아니라 구토를 유발하기 때문에 '토고'다."

내가 쓴 초고를 처음부터 다시 읽는 일은 생각보다 많은 용기가 필요했다. 구역질을 이겨 내며 내 글을 다시 읽은 후, 나는 지금 이 글을 읽고 있을 당신에게 진짜 하고 싶었던 한마디가 무엇이었는지 알 수 있었다. 그건 바로, 내가 당신을 응원한다는 말이다. 그러니까, 믿어 달라. 내가 구토를 참아 가며 찾아낸 말이다.

어떻게 여기까지 흘러와서 이 책까지 집어들게 되셨는지 모르겠다. 직장 생활을 하다가 돌파구가 필요했을 수도 있고, 아이디어를 얻고 싶었는지도 모르겠다. 당신의 주변에 당신을 생각하는 좋은 사람들에게 선물로 받았을 수도 있다. 아니면 서점에서 돌아다니다가 실수로 떨어뜨려 더럽혀진 책을 차마 슬쩍 다시 올려놓기가 미안해서 사게 됐는지도 모를 일이다.

당신 삶의 여정이 얼마나 고단한지 나는 미처 모른다. 이 책이 부디 당신에게 조금이나마 도움이 되기를 간절히 바라지만, 실제 어떨지는 모르겠다. 내가 언급한 저자들과 작가들을 좋아하게 될지, 아닐지도 알 수 없다.

그 책들을 통해 내가 알게 되고 얻게 된 것들을 잘 전달해 주고 싶었지만 당신이 내 의견에 동의할지 불쾌해할지 역시 알 수 없다. 하지만 이것만은 확실하게 말할 수 있다. 내가 당신을 응원한다. 당신은 내 응원을 받기에 부족함이 없는 사람이다. 내가 당신을 응원하기에 부족한 사람일 수는 있지만 말이다.

감기는 약 먹으면 칠 일, 안 먹으면 일주일 간다는 농담이 있다. 책, 그까이 꺼 읽어도 안 읽어도 삶은 항상 쉽지 않은 것 같았다. 읽어도 안 읽어도 힘든 게 삶이라면 굳이 고된 독서를 택할 이유가 있을까. 나만 빼고 다른 사람들은 참 수월하게 살아가는 것처럼 보였고, 나는 아담한 언덕 한 고비 넘는 것조차 숨을 헐떡거리는 한심한 사람처럼 느껴졌다. 사실 지금도 크게 다르지는 않다.

하지만 책을 읽으면서 알게 된 것은, 내가 좋아하는 저자들이 날 응원하고 있다는 사실이다. 돕는 사람이 되라는 응원, 자율적으로 결정하라는 응원, 리더가 되라는 응원, 목적을 품고 살라는 응원, 성장하고 더 나은 사람이 될 수 있다는 그 수많은 응원을 받으며 난 책이 시키는 대로 사는 사람이 되겠다는 결심을 할 수 있었다.

좋은 삶을 사는 방법은 딱 두 가지다. 우선 좋은 방향을 정할 것. 그리고 그 길에 좋은 디테일들을 채울 것. 두 가지가 좋아야 좋은 책이다. 주제가 좋아야 하고, 한 문장 한 문장이 좋으면 된다. 좋은 커피는 두 가지가 좋은데, 우선 향이 좋고 다음에 혀에 닿을 때 맛이 좋다. 좋은 사람은 좋은 생각을 하면서, 좋은 행동과 좋은 말을 하는 사람이다.

내가 받았던 과분한 응원들을 이제 좋은 사람, 당신에게 보낸다. 꼭 가 닿기를. 당신이 좋은 삶을 살아 내는 데 한 획이라도 도움이 되기를, 좋은 삶을 살겠다고 버텨 볼 약간의 힘이라도 줄 수 있기를, 당신 주변의 소중한 사람들의 좋은 삶을 지켜 주는 든든한 나무 같은 사람이 되기를, 간절히 빌며 쓴다. 당신을 응원한다고.

김효주

감사의 말

유노북스의 이현정 편집자의 연락을 받을 때쯤, 나는 눌와의 김영은 편집자가 선물해 준 책을 읽고 있었는데, 그 책은 양춘미라는 편집자가 쓴 책이었다. 내 책은 편집자가 시작해서 편집자가 마무리했다고 봐도 무방하다. 수많은 책에 쓰인 감사의 말 중, 좋은 부분이 있다면 편집자의 수고이고 허접한 부분은 저자의 책임이라는 말이 진부한 겸손의 표현이라고 생각했던 적이 있다. 책을 써 보니 그건 수천만 권의 책을 통해 검증된 과학적인 사실이라는 걸 알게 됐다. 부족한 원고의 가능성을 높게 봐 준 이현정 편집자께 깊은 감사를 드린다.

회의 때마다 원고의 완성도를 높여 주신 유노북스의 직원분들과 유경민, 노종한 대표님께도 감사의 말씀을 드리고 싶다.

㈜리디아알앤씨의 임미숙 대표님께 감사드린다. 자신의 직원이 책을 낸다고 했을 때 진심으로 기뻐하고 응원해 주는 사장님이 많지 않다는 사실을 생각해 볼 때, 난 직장 복이 있는 사람이다. 배워서 남 주자는 정신으로 오늘도 좋은 기업 문화를 만들어 가시는 임미숙 대표님이 있어 대한민국의 미래가 밝다. 리디아알앤씨는 머지 않아 세계 최고의 기업이 될 것이다.

변방의 쩌리들께 감사드린다. 영혼이 있는 분노로 항상 혁신을 이끌었던 보형, 처음엔 견제했지만 나중에는 누구보다도 힘이 돼 준 석근, 90년대생다운 홍과 독립성을 겸비했지만 90년대생답지 않은 신뢰와 믿음으로 끝까지 기획실을 지켜 줬던 은주, 이 엄청난 조합으로 함께 일할 수 있었던 시간은 나에겐 다시 오기 힘든 행운이었다. 나보다 책 많이 읽는 재주꾼이자 태생적 망나니 P군, 그가 있어 그 회사는 아직도 버티고 있다. 만화 주인공 같은 총체적 핸섬을 갖춘 B군, 그대를 통해 난 남자끼리도 진짜 우정의 교류가 가능하다는 걸 알았다. 조만간 또 변방에서 즐거운 모임을 가지자.

에코마케팅의 문헌주 이사님께 감사드린다. 임원이 된 것도 좋은 일이지만, 그보다 그대가 고된 시간을 견뎌 낸 것이 더 멋진 일이라고 생각한다. 서로를 자랑스러워해 줄 수 있는 친구가 있다는 건 감사한 일이다. 물론 그대가 가끔씩 선물로 주는 캐나다 맥주도 감사하다.

빅퍼즐 북클럽 회원들께 감사드린다. 힙한 패션 감각을 자랑하던 구권효 편집장님, 밝고 큰 리액션으로 항상 활기를 준 김영은 편집자님, 리디아알앤씨 조상 총괄팀장 제니, 물류팀 긍정의 아이콘 제롬, 매번 큰 웃음 주시던 타노스 최 과장님, 조각 같은 얼굴의 20대 젊은 피 한에게 감사드린다.

얼치기 강사의 진행이 매끄러울 리 없건만 넉넉히 받아 줬던 여러분이 있어, 책을 같이 나눈다는 게 얼마나 즐거운 일인지 알 수 있었다. 기회를 만들어 주신 빅퍼즐 강도영 소장님께도 지면을 빌어 감사의 말씀을 전한다.

낳아 주신 부모님께 감사드린다. 소싯적 유도를 하셨던 아버지께서 약주를 하시고 즐거우실 때 장난으로 날 메치면 난 진짜로 넘어 가고는 했다. 남자가 나이를 먹어도 체력이 있어야 한다는 것, 그리고 서툴러도 가족과 가정을 진심으로 사랑해야 한다는 걸 나는 아버지를 통해 배웠다. 평생을 교육자로 사시고 지금까지도 자녀들의 스승이신 어머니께서, 내가 국민학교 4학년 때 건네 주신 《내가 정말 알아야 할 모든 것은 유치원에서 배웠다》가 없었다면 지금의 나도 없을 것이다. 두 분 모두 오래오래 건강하시길 빈다.

아내의 부모님께 감사드린다. 부모란 어떤 존재이기에 이리도 아낌 없는 사랑을 주는 건가 싶어 마음이 먹먹해질 때가 많다. 하나뿐인 딸을 댜오쓰에게 보낸 것도 모자라 딸과 사위의 딸까지 예뻐해 주시는 장인어른과 장모님이 없었다면 내가 이 책을 쓰긴 어려웠을 것이다. 사위가 책을 쓴다고 하니 대단한 일 하는 줄 아셔서 항상 죄송스럽다. 더 많이 사랑하며 살아야겠다.

아내와 딸에게 감사드린다. 아는 척하며 사는 사람을 가장으로 둔 죄로 그들이 감당해야 하는 삶의 짐이 크다. 이 책은 아내와의 공동 저작이라고 봐야 한다. "재미없어."라든지, "너무 길어." 같은 촌철살인의 피드백이 있어서 그나마 조금 더 읽을 만한 글이 되었을 것이다. 이 책에서 재미있는 구절이 있다면 아내의 공이고, 재미가 없거나 이해가 잘 안 되는 부분이 있다면 아직도 여전한 나의 몫이다. 아빠가 열심히 설명하면 "뭔 말인지 하나도 못 알아먹겠네."라고 해 주는 딸이 있어 감사하다. 네가 살아가야 할 세상을 좀 더 이해할 수 있게 만드는 게 아빠의 일일 것이다.

마지막으로 내가 사랑한 저자들과, 이 글을 여기까지 읽고 있을 독자(그런 분이 혹시나 있다면)에게 감사드린다. 나를 정리하기 위해 시작한 글이지만, 누구 한 명에게라도 의미가 있을 수 있다는 믿음이 아니었으면 끝까지 쓰기는 어려웠을 것이다. 즉 당신에게 가 닿아야 완성되는 일이기 때문에 독자에게 감사하는 것은 지극히 당연한 일이다. 도움이 되길 바란다. 혹시나 글에 여전히 미숙한 부분이 있다면 책을 쓰는 동안 술을 많이 못 마셔서 그런가 보다 하면서, 친구의 술주정 정도로 이해해 준다면 고맙겠다. 우리 모두, 끝이 보일수록 처음처럼.

한 권으로 끝내는 직장인 필독서 32

초독서

ⓒ 김효주 2019

1판 1쇄 2019년 4월 22일
1판 2쇄 2019년 5월 7일

지은이 김효주
펴낸이 유경민 노종한
기획마케팅 우현권 금슬기 남지훈
기획편집 이현정 박익비 윤정원
책임편집 이현정
디자인 남다희
펴낸곳 유노북스
등록번호 제2015-000010호
주소 서울시 마포구 양화로7길 71, 2층
전화 02-323-7763 **팩스** 02-323-7764 **이메일** uknowbooks@naver.com

ISBN 979-11-89279-48-6 (03190)
값 17,000원

• ― 이 도서의 국립중앙도서관 출판예정도서목록(CIP)은 서지정보유통지원시스템 홈페이지(http://seoji.nl.go.kr)와
국가자료공동목록시스템(http://www.nl.go.kr/kolisnet)에서 이용하실 수 있습니다.(CIP제어번호: CIP2019012999)